名师名校名校长

凝聚名师共识
唤起名师关怀
打造名师品牌
培育名师群体

　　　　陶西平

本书是广东省教育科学规划2022年度课题"新课标理念下SECG以'趣'赋能音乐大单元主题设计与教学实施策略研究"（编号2022YQJK086）的研究成果

基于SECG教学模式的中小学音乐大单元主题教学设计与实践研究

戴智 ◎ 主编

东北师范大学出版社

长 春

图书在版编目（CIP）数据

基于SECG教学模式的中小学音乐大单元主题教学设计与实践研究 / 戴智主编. — 长春：东北师范大学出版社，2024.3
ISBN 978-7-5771-1074-5

Ⅰ.①基… Ⅱ.①戴… Ⅲ.①音乐课—教学设计—中小学 Ⅳ.①G633.951.2

中国国家版本馆CIP数据核字（2024）第072682号

□责任编辑：邓江英　　　　□封面设计：言之凿
□责任校对：刘彦妮　张小娅　□责任印制：许　冰

东北师范大学出版社出版发行
长春净月经济开发区金宝街118号（邮政编码：130117）
电话：0431-84568023
网址：http：//www.nenup.com
北京言之凿文化发展有限公司设计部制版
北京政采印刷服务有限公司印装
北京市中关村科技园区通州园金桥科技产业基地环科中路17号（邮编：101102）
2024年3月第1版　2024年5月第1次印刷
幅面尺寸：170mm×240mm　印张：22.75　字数：454千

定价：58.00元

编委会

主　编：戴　智

副主编：丁　俊

编　委：（排名不分先后）

夏志宸　陈培立　张小茜　尹　翠　何　敏　谢宇钦
王丽娜　廖力华　周宇杰　张惠婷　陈烨晴　刘心如
苗慧慧　张琼文　曾英姿　应　梓　袁　萍　王唯颖
黄柠柠　于佳佳　周镇宇　潘旭峰　任倬榕　郑石明

带着思想行走在教与研的路上

在生活中,有的人羡慕陀螺,因为它"转"出了精彩人生;有的人羡慕烟花,因为它一飞冲天,散开点点美丽;有的人羡慕那个穷和尚,因为他矢志不渝,终于到达南海,完成了自己的心愿……羡慕,只是羡慕而已。事实上,羡慕者大都或缺乏勇气、或缺乏实干、或缺乏持久,但更多的是因为缺乏舞台,所以未能实现自己的梦想。深圳市戴智名教师工作室成立开始就为成员们搭建了这样一个舞台,在一系列的"教·研·行"中,让所有的羡慕者都动起来,一段充满"阳光"的日子就这样开始了。

翻开《基于SECG教学模式的中小学音乐大单元主题教学设计与实践研究》一书,我清晰地看到工作室成员们的研修足迹,欣赏到成员们教学设计的深度,也见证了SECG教学模式的历程。本书阐述了工作室主持人戴智老师如何把音乐学科核心素养以及新课标理念落地,引领成员们思考;如何有效实施大单元教学,让学生想学、爱学、乐学,去赏识、唤醒、鼓舞、激励学生,带领着成员们在探寻中不断进步。

纵观全书,戴智老师首次提出SECG以"趣"赋能新音乐课堂教学模式,勾勒SECG以"趣"赋能音乐大单元主题教学设计范式,建构以学生学习为中心"素养导向"的四个模块教学设计和教学策略。整个教学设计由"激趣S—探趣E—创趣C—得趣G"四个模块组成。四"趣"每个模块都有具体的理论指导与诠释,与艺术学科的四个核心素养暨审美感知—艺术表现—创意实践—文化理解,一一对应、相得益彰,贯穿艺术学习的全过程。对中小学音乐教育工作者来说,本书是实用的教学参考工具，对其他音乐教育者来说，也是难得的一线辅助研究材料。

戴智名教师工作室提出SECG以"趣"赋能教育理念，引领市区36名成员，探索"笔尖上的旋律"成长模式，推动教师专业成长的新路径，在新课标背景下提供了新的育人样本，为省市区教育承担着一位名师应有的引领责任。戴智名教师工作室还有更多的生成性功能值得我们去关注。

再次祝贺戴智老师引领的团队著作《基于SECG教学模式的中小学音乐大单元主题教学设计与实践研究》顺利出版。

胡樱平
深圳市教育科学研究院音乐教研员

胡樱平，广东省深圳市教育科学研究院音乐教研员，正高级教师，中国教育学会音乐教育专业委员会理事，深圳市教育学会音乐专业委员会秘书长，全国义务教育阶段音乐教材副主编及教材教法培训专家，广东省基础教育学科（高中音乐）教研基地项目主持人。全国中小学音乐教师第二届基本功比赛一等奖、全国第四届中小学音乐现场课评比一等奖、广东省2019年基础教育教学成果一等奖获得者，深圳市高层次人才，享受政府津贴专家。

同心同行，向明亮那方

名师工作室作为全体成员的成长共同体，在支持和参与学科研究领域学习的环境中，以合作、共享和创新实践为目的的共同研究过程中，实现工作室全体成员的共同发展和成长，是引领和带动本学科团队实现学科育人素养提升的有效途径。

一、工作室理念

广东省"粤派名师"戴智音乐学科工作坊，深圳市戴智名教师工作室，现有成员36名，整个团队来自深圳市福田、宝安、龙岗、龙华、大鹏等六个区、20所学校的中青年音乐教师组成，涉及小学、初中、高中三个学段，涵盖器乐、声乐、作曲、舞蹈、戏剧影视表演等专业。其中研究生学历占比达36%，有7位副高级职称、6位中层干部、8位科组长，以及学科带头人、市区级课题主持人、区级骨干教师和教坛新星等，整个团队建设布局合理、层次丰富，是一支专业度很高，凝聚力很强，合作度很浓的优秀团队。

戴智名教师工作室以"音乐学科为纽带，以现代培训理论为依托，以专业引领为抓手，以课题研究为载体，以课堂教学为主场，以行动研究促成长"，本着"用情、用爱、用真"的教学主张，基于理论与实践的需要，通过独特的教学主张把全体工作室成员凝聚在一起，构筑一种推动教师专业成长的新样态，提供一个引领教师专业发展的新路径。"笔尖上的旋律"——是工作室一张闪亮的名片。这张名片以写好三大主旋律为线轴，一是教育科研的旋律为主课题，二是素养导向的旋律为成长线，三是送教公益的旋律为爱的延伸。以富有个性的团队文化建设和研修活动，把工作室建成"情境学习的平台" "学术研究的平台" "互助共享的平台" "引领辐射的平台"，帮助名优教师找到专业成长的突破口，使工作室真正成为集教育科研、理论研究、专题培训、实践探索、专业指导和成果推广于一体的教师高质量发展共同体。

二、新课标理念

2022年4月颁布的《义务教育艺术课程标准（2022年版）》提出了素养导向，引入大观念、大任务、大单元或大主题驱动的问题式学习、项目学习、主题学习、任务学习等综合教学形式，重构课程内容，优化呈现方式，使各部分内容彼此间建立有机联系，实现"少而精"，做到"纲举目张"。大单元教学对于促进音乐教育对学生综合素养的实际提升具有重要意义，推行音乐大单元主题设计与教学实施对于落实新课标相关要求，使学科核心素养培养目标真正得以落地具有重要价值。秉承问题即课题的理念，戴智名师带领成员开展省级、市区级课题研究。现正开展——广东省教育科学规划2022年度中小学教师教育科研能力提升计划项目"新课标理念下SECG以'趣'赋能音乐大单元主题设计与教学实施策略研究"的课题研究（立项号：2022YQJK086）。

三、新模式建构

（一）模式提出

戴智名师工作室首次提出SECG以"趣"赋能音乐大单元主题教学设计理念，构建以学生学习为中心"素养导向"的四个模块教学设计和教学范式，着力打造SECG以"趣"赋能新音乐课堂教学模式。其模式由"激趣（Stimulate interests）—探趣（Explore interests）—创趣（Create interests）—得趣（Gain interests）"四个模块组成，名称来自四个模块的英文首字母；其设计理念源自《义务教育艺术课程标准（2022年版）》中的：指向核心素养的教学，超越零散的知识、技能，要求教师整体把握教学内容，将教学内容有机整合起来，促进学生对知识进行整体联系和建构，并形成深层次联结，实现从知识、技能的掌握到意义建构的发展，提升综合解决问题的能力。

首先整个SECG音乐大单元教学模式是以新课标为引领，以目标为线轴，自上而下层层展开，自下而上层层保证，既形成了目标体系，又构成了一个对策网络；其次建立层级性的课时目标，将需要学习的知识与获得的能力遵循逻辑性、渐进性的原则落实到每一个课时；最后，设计合适的教学活动，让单元目标和课时目标落实到环节目标中去达成。同时强调知识整合，注重提升学生的综合学习能力，注重教学设计中的整体性和关联性，偏重趣味性和实践性，侧重教学评价和设计理念，看重教学反思和设计亮点，为教师提供教学指引和教学方法选择，同时也培养教师撰写教学设计和教学反思的能力。

（二）单元建构

基于SECG以"趣"赋能课堂流程实践探索，我们将中小学教材重构为欣赏系列主题单元、音乐知识系列主题单元、乡音乡情主题单元、歌唱系列主题单元四个大单元模块。SECG音乐大单元主题教学设计除了运用"四趣"模块勾勒主线条之外，还有详细的教学设计范式。

（1）每个单元开篇都统一设有单元内容概述、单元学习目标、单元教学安排、单元学习评价、单元教学建议、单元音乐活动设计、单元前后关联，单元教学实施过程等八个介绍单元整体教学设计的环节。

（2）单元里每个课时的教学设计都有教材分析、学情分析、教学目标、教学重点、教学难点、教学准备和教学过程等统领课时教学任务的环节。

（3）每个课时中的活动主题都由"激趣—探趣—创趣—得趣"4个模块构成，每个模块都包含活动目标、活动步骤、活动评价和设计理念。

（4）每个模块活动主题都由任务来驱动，最后由活动环节来达成。

（5）单元教学设计的末尾还有单元教学反思和单元设计亮点。

我们最终希望通过SECG以"趣"赋能音乐大单元主题教学设计模式的运用，达到：整体音乐教学内容设置合理，能够符合新课标相关教育教学效果要求；各音乐大单元间学习内容层层递进，学生能够通过标准化的学习方法学习相关内容；音乐大单元内各部分教学重点突出，通过引导教学可以快速提高学生发掘学习内容乐趣的能力；学生能够清楚学习到的内容，并对课程未涵盖的个人兴趣点提出思考和想法，促进教学模式的不断改进，形成良性闭环的效果。

（三）"趣"的理念

不同于一般教学设计和实践中的趣味性教学，SECG将"趣"的理念从头贯穿至尾。并针对小学、初中、高中三个不同学段学生的年龄和心理特征，设计出：小学的"趣"教学主张教师主导与牵引，"由外向内"浸润的"学习趣"，初、高中阶段的"趣"教学主张让孩子坐在驾驶位，"由内向外"产生的"牵引趣"。"趣"的理念让学生在每个教学环节中都能保持最佳的学习状态，帮助学生构建从学科知识—学科能力—应用迁移的知识体系，进一步引导其对教学内容进行深入理解，继而创造，达到音乐学科核心素养的全面提升，同时，四个模块分别为教师提供了不同的教学策略及方法，教师可根据大单元教学内容进行灵活选择与运用。

四、足迹的远方

工作室多次参与省市区精准扶贫、推进基础教育高质量发展、走进粤港澳大湾区美育教学研讨会等公益项目，先后"走进龙华""走进深大""走进大鹏""走进云浮市""走进肇庆市""走进河源市""走进汕尾市"等跨区域联合教研，把SECG以"趣"赋能的教育理念辐射到各地，带动区域联动，促进教学质量均衡化，帮助区域教师提高教科研水平，SECG以"趣"赋能教学理念得到最大化检验。工作室多项活动也得到《人民日报》（粤教育发展栏目）、南方PLUS、《中学生报》、深圳新闻网、《南方教育时报》纸质版、深学APP等媒体全方位的深度报道30次，如《示范引领！省"粤派名师"戴智音乐学科工作坊送教肇庆》《把有趣的音乐课送进乡村课堂！福田名师为河源音乐课堂赋能》《走进深圳大学，唱响青春的歌谣》……工作室的运行得到了社会的关注，扩大了影响力，传播了工作室理念与文化。

五、结语

本书以花城版小学音乐以及人音版初、高中音乐中的欣赏课系列进行大单元主题教学设计。整个欣赏系列由戴智名教师工作室全体成员参与设计，经过撰写、修改、说课、打磨等流程，最终精选部分大单元教学设计定稿出版，集结了各位名师的教学智慧。在教学设计中，他们以SECG教学模式重构课堂，将SECG教学理念融入课堂，从"激趣（Stimulate interests）—探趣（Explore interests）—创趣（Create interests）—得趣（Gain interests）"四个维度设计教学活动，注重"趣"的生成与延展，力图打造深受孩子们喜爱的音乐课堂，在"趣"味盎然的教学活动中促进孩子们核心素养的形成与发展。希望本书的出版能为一线音乐教师建构大单元设计模式以及教学策略带来一些参考与启发。

戴智
2024年2月

上 篇　花城版小学音乐赏析

一年级上册第16课《冬天的节日》教学设计 …………………………… 2
一年级下册第8课《小鸭和大灰狼》教学设计 …………………………… 13
二年级上册第5课《到这里来参与音乐》教学设计 ……………………… 25
二年级下册第12课《找乐器的游戏》教学设计 …………………………… 37
三年级上册第9课《音乐中的小动物》教学设计 ………………………… 49
三年级下册第6课《五彩缤纷的音色世界（一）》教学设计 ………… 61
三年级下册第8课《你唱我来和》教学设计 ……………………………… 72
四年级上册第2课《秋天的联想》教学设计 ……………………………… 84
四年级上册第8课《动物狂欢节》教学设计 ……………………………… 93
四年级下册第5课《五彩缤纷的音色世界（二）》教学设计 ………… 119
五年级上册第10课《五彩缤纷的音色世界（三）》教学设计 ………… 133
五年级下册第10课《五彩缤纷的音色世界（四）》教学设计 ………… 149
六年级上册第7课《五彩缤纷的音色世界（五）》教学设计 ………… 169
六年级下册第4课《舞蹈音乐天地》教学设计 …………………………… 189
六年级下册第8课《我的肯塔基故乡》教学设计 ………………………… 205
六年级上册第12课《儿童歌舞剧——〈法图姑娘〉》教学设计 ……… 214

1

下 篇　人音版中学音乐赏析

七年级上册第三单元《草原牧歌》教学设计…………………………224

七年级下册第四单元《美洲乐声》教学设计…………………………238

八年级上册第五单元《国乐飘香》教学设计…………………………253

八年级下册第二单元《乐海泛舟》教学设计…………………………274

九年级上册第二单元《魅力歌剧》教学设计…………………………294

九年级下册第四单元《非洲灵感》教学设计…………………………312

高一年级上篇第一单元《学会聆听》教学设计………………………327

高一年级下篇第十二单元《复调音乐的巡礼》教学设计……………342

上 篇

花城版小学音乐赏析

一年级上册第16课《冬天的节日》教学设计

深圳市坪山实验教育集团坪山实验学校　廖力华

一、内容概述

内容简介：本课是花城版一年级上册第16课，位于教材末。本课选取了两首作品作为学习内容，歌曲选用了旋律优美动听的《新年好》和一首描绘西方国家圣诞节日场景的《铃儿响叮当》。通过演唱两首欢快活泼的节日之歌，学生可以体会节日的欢庆氛围。本课结合不同节日的特点，设计了用串铃、双响筒及三角铁等打击乐器为歌曲伴奏，以提高学生演奏打击乐器的实践能力。本课抓住律动这条主线，结合不同节日的特点，帮助学生理解音乐作品的特点，让学生精确完整地体验音乐形象。

作品联系：首先，本课均为描绘盛大节日的主题音乐作品，能够让学生在学习与欣赏时感受不同节日的氛围及人们对美好生活的向往；其次，两首作品都为脍炙人口的儿童歌曲，学生在学唱时朗朗上口，容易激发学生的情感共鸣；最后，两首歌曲的旋律动听，节奏轻快活泼，很适合低年级学生体验与感知。

教学价值：通过SECG教学模式在本单元的建构，在两首音乐作品中，学生通过不同层次的聆听感知、音乐表现及即兴创编等音乐实践活动，获得丰富直观的音乐体验，从而感知蕴含在音乐中的美感。《铃儿响叮当》与《新年好》的教学不仅在学生创编律动的过程中能够很好地激发学生的音乐表现力，充分地发挥了学生的想象力与创造力，还能让学生在小组配合、集体创编等教学形式中梳理合作意识，培养学生的团结协作能力。

二、学习目标

审美感知：结合中国新年及春节气氛，感受歌曲的情感表达，并探索中外节日活动的差异。聆听歌曲《新年好》《铃儿响叮当》，感受人们对美好生活的情感表达及对他人的真挚祝福。

艺术表现：能用欢快轻松的声音演唱歌曲《铃儿响叮当》，根据歌曲旋律及歌词创编简单的舞蹈动作；能用准确的音高演唱《新年好》并利用打击乐器为歌曲创编合适的伴奏。

创意实践：通过聆听欣赏、创编表演、打击乐创编等活动，激发学生的学习兴趣，建立充满趣味的课堂。

文化理解：了解《铃儿响叮当》及《新年好》两首歌曲的创作背景，丰富学生的人文知识，让学生深入感知圣诞节及新年节日氛围、节日活动及习俗，并拓展中国新年习俗，体会不同文化的异同。

三、教学安排

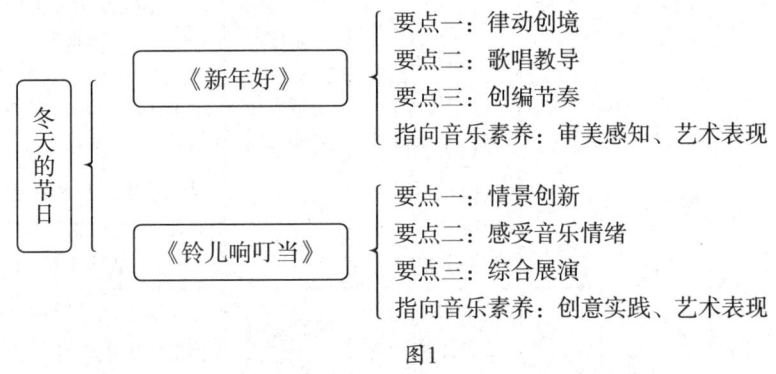

图1

四、学习评价

表1

评价内容	评价目标	评价方式	评价结果运用
感知音乐节奏	感知音乐节奏的特点	自评、师评	了解学生的感知能力，为下一环节做铺垫
感知音乐情绪	感知音乐的情绪	自评、师评	能体会歌曲表达的情绪
演唱歌曲，哼唱主题旋律	准确演唱歌曲，准确地听辨出三种不同风格的音乐	自评、师评	能流畅地演唱歌曲
小组创编	用律动和打击乐器为歌曲伴奏	自评、小组互评、师评	音乐会演

五、教学建议

重、难点解决：

（1）通过律动、对比聆听、创编节奏、画图形谱以及制作贺卡等音乐活动学唱歌曲，让学生感知与体验节日的欢乐与美好。

（2）通过感受音的高低，准确模唱歌曲旋律，探索不同打击乐器的音色，并创编合适的伴奏。

六、活动设计

表2

作品名称	活动主题	活动目标	关注要点	活动设计
《新年好》	创境感知——新年音乐会	引出本节课的主题，创设新年氛围	创设课堂氛围	律动体验音乐，情境揭示主题
	灯笼音符——"铃"动新年	运用体态律动，学唱歌曲	注意歌唱时的音准	运用体态律动，增强学习趣味
《铃儿响叮当》	圣诞图谱——响亮的铃铛声	了解圣诞节的相关知识，学唱歌曲	感知旋律特点	引导学生设计相关图形，来表示歌曲的旋律特点与结构特征
《新年好》《铃儿响叮当》	双节同庆——快乐的律动	运用打击乐器或身体律动为歌曲创编伴奏	激发创造能力	教师演唱两首歌曲，组织学生自由创编伴奏，小组表演
	"唱"写贺卡——真挚的祝福	制作贺卡，互送祝福	培养实践能力	学生动手制作贺卡；唱贺卡，互赠贺卡送祝福；课堂总结，展望新年

七、前后关联

表3

之前	之后
一年级上册第14课《学童谣 唱儿歌》、一年级上册第15课《迎春的节日》	二年级下册第6课小提琴独奏曲《新春乐》片段

八、教学实施过程

第一课时 《新年好》《铃儿响叮当》

【教材分析】

《新年好》是一首英国儿童歌曲，3/4拍，F大调，由两个乐句构成一段体结构。有规律的"XXXX"节奏贯串全曲，旋律发展主要采用模进的手法进行，音乐优美、流畅，表现了人们在新年到来之际欢乐歌舞、互相祝贺的愉快心情。《新年好》这支歌流传于世界各地，尽人皆知，深受广大人民喜爱。歌曲旋律流畅上口，简单易学。

《铃儿响叮当》是一首曲调流畅、情绪欢快的美国歌曲，歌曲为再现的二段体结构，由美国管风琴演奏家彼尔彭特作曲。生动的歌词描绘了一群孩子冒着大风雪坐在马拉的雪橇上，他们的欢声笑语伴着清脆的马铃声回响在田野，表现了孩子们热情奔放的性格，抒发了他们热爱美好生活的真挚情感。

【学情分析】

一年级的孩子们对音乐学习的积极性非常高，喜欢唱歌，喜欢举手发言表现自己。孩子们对一切事物都充满着好奇心，他们好动、模仿能力极强，喜欢参加各式各样的音乐活动。通过近一个学期的学习，学生已经养成了较好的聆听及演唱习惯，会轻轻地唱歌。同时，学生已经初步感知了"音的强弱、长短及快慢"等音乐要素。大部分学生对《新年好》及《铃儿响叮当》的旋律很熟悉，已经积累了一定的歌曲经验。

【教学目标】

一、在歌唱与欣赏中，感受节日的欢乐与美好，体会节日歌曲带来的轻松愉悦的氛围及温馨的情感。

二、通过模仿、对比聆听、体验、律动、创编等音乐实践活动，用轻快的声音演唱歌曲《铃儿响叮当》及《新年好》，并选择合适的打击乐器为乐曲伴奏。

三、通过聆听音乐等多种学习活动，了解各国节日习俗及歌曲背景知识，同时能用轻快自然的声音演唱歌曲。

【教学重、难点】

重点：感受歌曲带来的节日气氛，激发学生的情感共鸣，并将情感通过歌声及肢体表现出来。

难点：用欢快活泼的声音唱歌曲《新年好》及《铃儿响叮当》片段。

【教学准备】

多媒体课件、钢琴、打击乐器、卡纸、彩笔。

【教学过程】

活动主题一：激趣《"创境感知"——新年音乐会》

一、活动目标

1. 聆听新年音乐，创设情境，让学生在快乐的节日氛围中进入音乐课堂。

2. 了解各国的新年风俗。

3. 通过体验新年风俗，营造愉快的、充满趣味性的教学过程，使学生的学习兴趣倍增。

二、活动步骤

（一）趣味律动初体验

1. 开始新年音乐会，播放有关新年的歌曲，让学生随音乐律动，感受节日氛围。

2. 教师介绍各国的新年风俗，让学生初步了解新年。

图2

（二）情境再现引主题

1. 引出歌曲《新年好》，聆听音乐并提问聆听时的感受。（欢快、热烈）

2. "新年习俗我知道"游戏，请学生抢答关于新年的一些常识。

3. 播放图片，介绍中国的新年习俗，强化学生民族自豪感及爱国情怀，激发学生学习歌曲的兴趣。

图3

三、活动评价

表4

评估项目	评估维度	评估办法（观察）	评估等级（参考）		
			A	B	C
歌曲律动	在歌曲律动中的参与度	观察	积极体验	基本参与	参与不积极
感知音乐	聆听音乐的情绪	聆听、讨论、问答	准确回答	较准确回答	回答不完整

四、设计理念

音乐课程的基本性质是注重学生亲身参与音乐活动来增强音乐感知体验。本活动主题为聆听新年歌曲，一方面将"听"转化为"动"，让学生通过肢体感受音乐；另一方面，在介绍新年习俗时，拓宽学生的视野。本活动主题一运用SECG教学模式之"激趣"环节，以"趣游新年"为引，引导学生在愉快轻松的氛围中享受音乐带来的快乐，激发学生学习的兴趣，体现出趣味教学的课堂，为进一步的欣赏和学唱歌曲做好铺垫。

活动主题二：探趣"灯笼音符"——"铃"动新年

一、活动目标

1. 引出圣诞节，并介绍圣诞节的风俗习惯。
2. 聆听《铃儿响叮当》，在主题旋律中跟随音乐哼唱。
3. 模唱《新年好》旋律，加入简单的动作。
4. 引导学生利用轻巧活泼的声音演唱歌曲。
5. 通过对比赏析引导学生探究趣味，感受歌曲带来的浓浓的节日氛围。

二、活动步骤

（一）趣"听"音乐

1. 引出课题

师：在西方国家，每年在过新年之前他们还有一个盛大的节日，就像春节一样。同学们知道是哪个节日吗？（圣诞节）

2. 播放歌曲《铃儿响叮当》，在音乐中介绍圣诞节的来历及习俗，并提问学生的感受。

图4

（二）趣"想"音乐

1. 展示圣诞图谱，再次聆听歌曲并学习歌曲的结构。

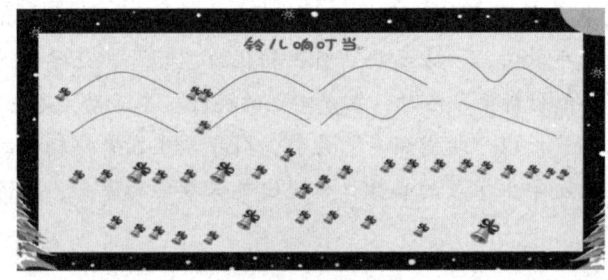

图5

2. 使用声势律动教唱歌曲主题旋律。

3. 再次聆听歌曲，让学生用不同的动作表示歌曲乐段，强调歌唱顺序。

4. 师：伴随着活泼的铃铛声，我们的脚步继续向前，听：这是什么声音？（鞭炮声）你知道为什么要放鞭炮吗？因为人们在迎接新的一年的到来！我们一起去看看吧！

（三）趣"唱"音乐

1. 创设情境：新年的大街上挂满了灯笼，可真热闹呀。小灯笼邀请我们一起感受节日的氛围呢，我们一起来欣赏吧！

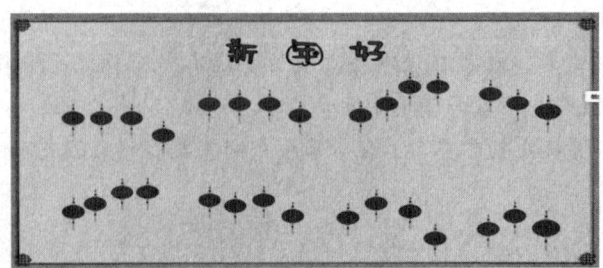

图6

2. 演唱歌曲旋律，加入简单的舞蹈动作（拜年的动作）。

3. 出示完整曲谱，进行歌曲对唱。

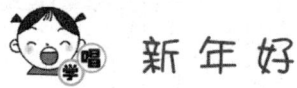

1=F 3/4
中速

英国儿歌
杨世明 译配

| 1 1 1 5 | 3 3 3 1 | 1 3 5 5 | 4 3 2 - |
新年好呀，新年好呀，祝贺大家 新年好！

| 2 3 4 4 | 3 2 3 1 | 1 3 2 5 | 7 2 1 - ‖
我们唱歌，我们跳舞，祝贺大家 新年好！

图7

三、活动评价

表5

评估项目	评估维度	评估办法（观察）	评估等级（参考）		
			A	B	C
聆听	速度、情绪变化	能听辨歌曲中的速度、情绪	能听辨和感受	基本能听辨	完全不能听辨
学唱	演唱歌曲	能流畅地演唱歌曲	能流畅地演唱	基本能流畅地演唱	演唱不流畅

四、设计理念

本主题活动中引入"图形谱"，并运用柯尔文手势及灯笼音符，形象生动地让学生体验与感知音的高低。结合圣诞、新年元素增加学生学习唱谱的趣味性，同时创设情境，引导学生演唱，让学生体验歌曲中的节日氛围。本活动主题运用SECG教学模式之"探趣"环节，以"趣味感悟"为媒介在课堂中启发学生，将问题作为载体，创设出充满趣味的课堂情境。

活动主题三：创趣"双节同庆"——快乐的律动

一、活动目标

1. 聆听两首节日歌曲，感受节日氛围。

2. 利用打击乐器或身体律动，为歌曲创编合适的伴奏，活跃课堂氛围，丰富歌曲表现，调动学生的学习积极性。

二、活动步骤

（一）妙趣打擂台

教师播放两首歌曲范唱音乐，引导学生进行擂台比赛，进而能够积极地用律动

展示歌曲。（前两环节学习的）

(二) 雅趣创节奏

1. 请学生用打击乐器进行节奏创编。

2. 组织学生小组展示，并引导学生齐奏。

3. 播放歌曲伴奏，完整演唱两首歌曲，同时加入节奏创编。

三、活动评价

表6

评价项目	评价维度	评价办法（观察）	评价等级（参考）		
			A	B	C
律动擂台	体态律动展示	表演	积极参与	基本参与	较少参与
律动创编	是否完整表达	表演、评价	积极创编	能够创编	创编困难

四、设计理念

这一环节设计了节奏创编活动，较好地烘托了节日气氛。学生在多样化、综合化的实践活动中通过师生合作、同伴协作，创编、感受《铃儿响叮当》和《新年好》的节日氛围，获得愉悦的情感体验。本主题运用SECG教学模式之"创趣"环节，以"精导妙创"为美，通过串烧歌曲、创编节奏，提升学生的音乐创造力。

活动主题四：得趣"唱"写贺卡——真挚的祝福

一、活动目标

利用课前准备好的卡纸，制作属于自己的节日贺卡，书写祝福语，教师选取部分贺卡用《新年好》的旋律带唱，并与同学互相赠送。

二、活动步骤

(一) 心灵手巧制贺卡

1. 介绍贺卡样式及制作方法。

2. 学生试制贺卡。

3. 设计贺卡封面。

4. 创作新年、圣诞贺词。

(二) 小小贺卡表心意

1. 在小组内评出优秀的作品，并由教师带领学生用《新年好》的旋律唱出贺词。

2. 将你制作的小贺卡送到朋友的手中。

3. 说一说：你喜欢这张贺卡吗？为什么？

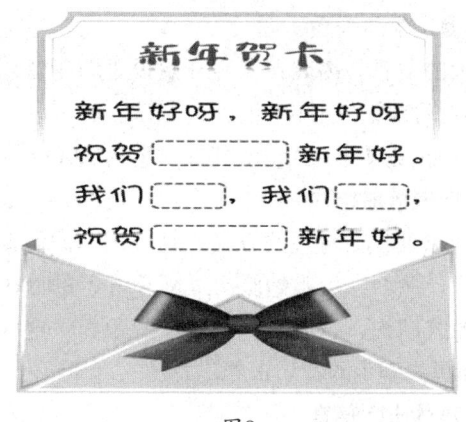

图8

（三）总结课堂望新年

德育渗透：让学生自己总结本节课的收获，并引导学生热爱传统文化，热爱生活。

三、活动评价

表7

评价项目	评价维度	评价办法（观察）	评价等级（参考）		
			A	B	C
总结概述	是否完整总结	讲述	完整总结	能够总结	总结不到位

四、设计理念

首先，本主题活动以培养学生实践动手能力为主要目的，让学生通过自己动手制作贺卡培养发散思维与动手能力；其次，在互相赠送贺卡的环节，拉近学生之间的距离与友谊；最后，引导学生自己总结本节课的收获，巩固音乐知识技能，增强学生的音乐素养。本活动主题运用SECG教学模式之"得趣"环节，以"相映成趣"为和，通过总结归纳，锻炼学生的概括能力，引导学生提出问题、解决问题，让学生再次回顾，巩固知识。

九、教学反思

本课的教学在新课标的理念下，遵循以审美感知为核心，让学生在教学活动中感受愉悦的情感体验，树立正确的价值观。同时，教师积极调动学生的主观能动性，激发学生的学习兴趣，使学生主动参与课堂活动，丰富教学环节，创设良好的课堂氛围，让学生获得高质量的审美体验，全面提升学生的音乐素养。

（一）创设情境，激发学生兴趣

本单元主题为冬天的节日，因此在课程开始设置新年音乐会，不仅可以联系上一单元，还可以创设节日情境，引导学生进入课堂。聆听歌曲《新年好》后介绍世界各国的新年习俗，可以拓宽学生视野。一年级学生的求知欲与好奇心被充分调动。

（二）利用图谱，把握歌曲结构

引入"图形谱"，以独特而直观的方式，将音乐不同的要素具体化、形象化，利用歌曲元素设计图形。例如，用鞭炮画出《新年好》的旋律线以及用圣诞元素画出《铃儿响叮当》的曲式结构，拉近学生与乐谱的距离。这样有利于培养学生视唱及旋律感知能力，不断提高学生的音乐素养。

（三）制作贺卡，巧妙进行德育

在制作贺卡的活动中，以培养学生实践动手能力为主要目的，学生通过自己动手制作贺卡培养发散思维与动手能力；在互相赠送贺卡的环节，拉近学生之间的距离与友谊。

（四）不足之处

在课程设置时，考虑到学生大多学过《新年好》和歌曲《铃儿响叮当》，因此讲课内容安排在一个课时；在实际教学中应根据一年级学生的实际情况，拆分为两课。

十、设计亮点

（一）多元融合，创建丰富的音乐课堂

本课把内容、活动、表演、实践、创作很好地融合在一起，设计的教学环节适合学生，深受他们的喜爱。制作贺卡、节奏创编、新年音乐会、圣诞图谱还有精美富有童趣的幻灯片，都是非常贴近学生心理、年龄的教学过程设计。

（二）巧用图谱，丰富歌曲的教学层次

教师在教授《新年好》和《铃儿响叮当》时运用歌曲相关元素创作图形谱，拉近学生与音乐谱例的距离，激发学生对旋律线的把握，将认读曲谱形象化，同时运用可视化音乐激发学生的学习热情与积极性。

（三）体态感知，增加乐曲的韵律美感

在教学中，教师可以看到学生能在体态中体验音乐的魅力，能在实践中感受音乐的美。教师可以培养学生灵敏的听觉能力，也可以引导学生体会到表演音乐和演唱好歌曲带来的愉悦心情。

一年级下册第8课《小鸭和大灰狼》教学设计

深圳市福田区红岭科技小学　丁　俊

一、内容概述

内容简介： 本课是一年级下册第8课，是对"音色"要素的学习。乐曲节选了交响乐童话《彼得与狼》中带有情节的音乐片段，在复习巩固上学期学过的表现大灰狼的乐器——圆号的基础上，认识一种新乐器——双簧管。

作品联系： 在一年级上册第12课《小兔子乖乖》的学习中，孩子们认识了代表大灰狼音色的乐器——圆号，在一年级下册第8课《小鸭和大灰狼》的学习中，孩子们将继续感知并加深对圆号这一乐器的印象，同时认识一种新乐器——双簧管。

教学价值： 具有情景性、角色性的音乐欣赏，是深受低年段孩子们喜爱的、比较容易接受的欣赏方式。通过SECG教学模式在本课的建构，教师可以培养学生"听"变化、"想"旋律、"辨"音色的习惯，让学生慢慢养成聆听音乐的习惯，并在趣味性学习的过程中，激发学生欣赏音乐的兴趣，让学生掌握一定的赏析音乐的方法，为今后音乐欣赏课的学习打下基础。

二、学习目标

审美感知： 能听辨出音乐中双簧管和圆号出现的地方。

艺术表现： 在完整地欣赏音乐时，能结合音乐旋律的进行展开想象，并能为音乐配上表演和旁白。

创意实践： 通过营造氛围、创编表演、设计旁白等活动，活跃学生思维；通过实践，提高学生的艺术创造力和创新能力。

文化理解：感受圆号和双簧管的音色特点，了解乐器的发展背景，掌握乐器的外形特点。

三、教学安排

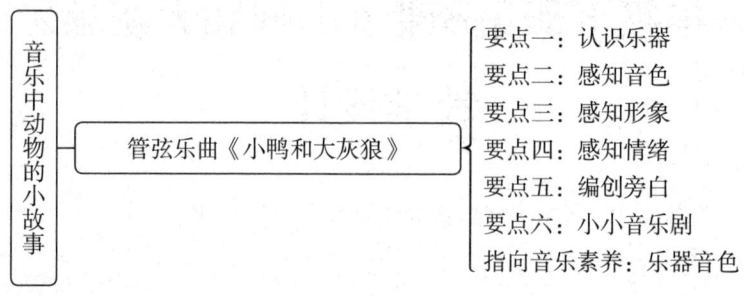

图1

四、学习评价

表1

评价内容	评价目标	评价方式	评价结果运用
认识圆号与双簧管	能通过看图片、辨音色，说出乐器的名称	教师评价或生生互评	了解学情，改善方法
音乐要素感知	准确感知音乐中快慢、强弱的变化	教师评价或生生互评	为下一环节做准备
情绪情感体验	感知音乐要素的变化，体会情绪情感的变化	生生互评	可形象生动地进行角色表演
编创旁白	能根据音乐表现的情境，设计旁白	组内互评或教师评价	完成音乐剧的旁白创作
小小音乐剧	分工明确，表演精彩	全员互评	进行音乐剧表演

五、教学建议

重、难点解决：

（1）能听辨出音乐中出现的双簧管和圆号的音色。

（2）能合作完成旁白的编创并进行小小音乐剧的表演。

六、活动设计

表2

课时	作品名称	教学设计侧重点	关注要点	活动设计
第一课时	《小鸭和大灰狼》	介绍圆号和双簧管	乐器音色	听音乐、辨音色
		赏析作品	分析要素变化，感知音乐形象	完整欣赏、分段赏析
		创作、表演	编创旁白，表演情境	小小音乐剧

七、前后关联

表3

之前	之后
一年级上册第12课《小兔子乖乖》	二年级下册第5课《音乐中的动物世界》——长笛独奏曲《小鸟》主题（选自交响童话《彼得与狼》）

八、教学实施过程

第一课时　《小鸭与大灰狼》

【教材分析】

这段音乐节选自作曲家普罗科菲耶夫为儿童写的交响乐童话《彼得与狼》。这部交响乐童话完成于1936年春，同年在莫斯科一次儿童音乐会上首次演出。作曲家在该作品中运用了圆号、双簧管、长笛等乐器来刻画角色形象，再配上作曲家本人撰写的朗诵词。该作品形式新颖，意义深远，广受喜爱。本段音乐是小鸭和大灰狼之间发生的故事，大致表现了以下场景：

清晨，太阳冉冉升起，树上的小鸟喳喳喳地叫着、唱着（长笛），池塘里的小鸭嘎嘎嘎地叫着、游着（双簧管），它们一会儿聊天，一会儿争吵。大树后正在休息的大灰狼（圆号）听到了小动物们的吵闹声，它探出头来，看到了白白胖胖的小鸭子，忍不住迈步向小鸭子靠近。小鸭子呢？完全不知道危险即将来临，它还在水里悠闲地游着，不时地仰头唱几句。大灰狼一刻也不想忍耐了，它离小鸭子越来越近，脚步声越来越重……突然，小鸭子发现了大灰狼，它尖叫着，猛地冲上岸，慌不择路地向前跑着，可是它最终没有逃脱，只见大灰狼猛地一扑，一口将小鸭子吞进了肚子。

【学情分析】

本课是小学阶段第一节管弦乐曲的欣赏课,对于一年级学生来说有一定的赏析难度,因此教师要选择适合本年龄段的教学方法,如选用聆听、游戏、表演、创作等交错穿插的方式来感受旋律、听辨音色、分析乐曲,这样既增加了课堂趣味性,又有利于提高学生对乐曲的理解。在一年级上册《小兔子乖乖》的学习中,学生对圆号的音色有了初步的认识,在本课的学习中继续加深对圆号音色的了解,同时要认识一种新乐器——双簧管,并通过聆听、对比,能听辨出两种乐器的不同音色。

【教学目标】

1. 能听辨出音乐中双簧管和圆号出现的地方。
2. 在完整地欣赏音乐时,能结合音乐的进行,为音乐配上旁白。

【教学重点】

能听辨出音乐中出现的双簧管和圆号的音色。

【教学准备】

多媒体资料、钢琴。

【教学过程】

活动主题一:激趣《玩声游趣,辨音色,引激情》

一、活动目标

1. 玩听力游戏,引导学生区分圆号和双簧管的音色,激发学生的学习兴趣。
2. 复习歌曲《小兔子乖乖》,用三种乐器演奏《小兔子乖乖》,并能听辨出不同乐器的音色。

二、活动步骤

(一)不同人声趣玩歌曲

1. 教师和学生一起复习演唱一年级上学期的歌曲《小兔子乖乖》,提示学生用清脆的声音模仿小兔子,用温柔的声音模仿兔妈妈,用低沉沙哑的声音模仿大灰狼。

2. 播放由小提琴、大提琴和圆号演奏的《小兔子乖乖》的片段,引导学生听音色回忆认识的乐器的名称和特点。

(二)不同乐声趣辨音色

教师和学生一起玩游戏——"猜猜谁来了"。

1. 播放圆号演奏的《小鸭与大灰狼》中的旋律片段,请同学们仔细聆听,分辨是哪种乐器在演奏(出示圆号图片),并选择合适的词来形容圆号发出的声音是怎样的。(低沉、浑厚)

2. 播放双簧管演奏的《小鸭与大灰狼》中的旋律片段,请同学们仔细聆听,分辨是哪种乐器在演奏(出示双簧管图片),并选择合适的词来形容双簧管发出的声

音是怎样的。（柔和、甜美）

3. 介绍新朋友——双簧管。（双簧管是木管类乐器，管子由木制成，乐器的吹口里面有两个簧片。双簧管最初形成于17世纪中叶，18世纪已成为交响乐队的主要木管乐器并得到广泛使用，常常在乐队中担任主旋律，是出色的独奏乐器）

4. 随机播放两种乐器演奏的音乐片段，请同学们抢答并说出是哪种乐器在演奏。

圆号（低沉、浑厚）　　双簧管（柔和、甜美）

图2

三、活动评价

表4

评估项目	评估维度	评估办法（观察）	评估等级（参考）		
			A	B	C
文化理解	双簧管的介绍	介绍、问答	完全了解	基本了解	不太了解
音色辨别	能听辨两种乐器的音色	聆听、比较、问答	全部正确	基本正确	不太正确

四、设计理念

音色是声音与众不同的特性，无论是大自然的声音、人声还是乐器声等，都具有独一无二的特性，即不同声音的特征就是音色。从孩子们的身心发展规律来说，他们在婴幼儿时期已经能无意识、无目的地去感受不同声音的音色。而作曲家为了表达自己的作品内容和思想感情，常常会用不同的音色去进行处理，因此音色是音乐表现的重要手段之一。本活动主题一运用SECG教学模式之"激趣"环节，以"趣玩歌曲""趣辨音色"导入新课，目的是引导学生在充满趣味性的氛围中感受音色的不同，为进一步聆听和分辨乐器——双簧管和圆号的音色做了铺垫。

活动主题二：探趣《仔细品，分段探乐有妙招》

一、活动目标

1. 能听辨出音乐中双簧管和圆号出现的地方。
2. 在完整地欣赏音乐时，能结合音乐的进行，感知音乐表达的意境。
3. 通过逐段赏析，引导学生探旋律、探变化、探意境、探想象，去解开作品蕴含的意境之美。

二、活动步骤

（一）讲故事，激发学生的好奇心

师：我们刚才听到不同乐器演奏的声音，可以感受到乐器音色的区别。在很多年前，一位名为普罗科菲耶夫的作曲家，用不同乐器的声音模仿不同的角色形象，用音乐为孩子们讲述了一个非常有趣的交响乐童话故事——《彼得与狼》，今天我们要听到的音乐就是其中的一段《小鸭和大灰狼》，这一段究竟描绘了什么内容呢？让我们一起来听听吧。

（二）听音乐，趣赏、趣玩、趣探乐

1. 完整听赏音乐片段《小鸭与大灰狼》。

师：我们来完整地听一下这段音乐，同学们可以发挥自己的想象力，去感受音乐描绘了什么样的情境。

2. 跟随老师的引导，发挥想象力，师生一起逐段赏析乐曲。

（1）以肢体语言为线索，想象乐曲A部分表达的情境。

师：我们来听听这一小段音乐向我们描绘了什么。

师：这一段音乐一开始就用了渐强的力度来表现，给人一种恢宏明亮的感觉，好像太阳冉冉升起一样。

图谱设计：

图3

师：新的一天到来了，在森林里会发生一些什么样的奇妙故事呢？请继续观察老师的动作，想一想：音乐家还告诉了我们什么呢？

师：同学们知道老师刚才做的动作代表了什么角色吗？它在做什么呢？

图谱设计：

图4

师：那你们还能从音乐中找到小鸟的声音吗？如果能找到，请你们也做出小鸟的动作。

图谱设计：

图5

师：在这一段音乐中，我们感受到了太阳冉冉升起，也听到了小鸟在枝头的叫声，现在请同学们随着音乐继续观察老师的动作，想一想：又有哪个小动物被我们找到了？

师：这是哪个小动物呢？它在做什么呢？

图谱设计：

图6

师：你们知道小鸭子的角色是由哪种乐器演奏的吗？（双簧管）

（2）聆听音乐B部分，感受音色变化塑造的不同的角色形象。

师：我们接下来继续聆听音乐，同学们听完后可以说说这一段音乐由什么乐器演奏，给你带来了什么样的感受。（圆号）（可怕、阴森等）

图谱设计：

图7

师：这一段圆号演奏的旋律给大家带来了害怕的感觉，那么大灰狼它究竟在做什么呢？让我们再听一遍音乐，同学们可以边听音乐边做动作来表达自己的想象。

图谱设计：

图8

（3）感受乐段C部分中速度和力度的变化，体会变化对情境的影响。

师：从刚才的音乐中同学们都感觉大灰狼离小鸭子越来越近了，心里紧张、着急、害怕得不得了，可是小鸭子在干什么呢？它知道大灰狼来了吗？我们来听下一部分音乐。

图谱设计：

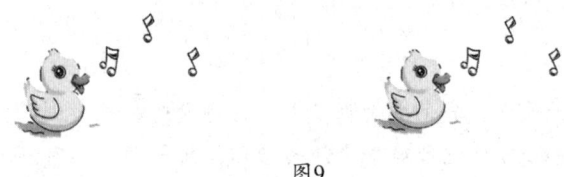

图9

师：小鸭子可真是粗心大意，那么大灰狼会放弃吗？我们继续往下听。

图谱设计：

图10

三、活动评价

表5

评估项目	评估维度	评估办法（观察）	评估等级（参考）		
			A	B	C
听力	力度变化	能听辨出音乐中的强弱变化，并感受到情绪的变化	能听辨和感受	基本能听辨和感受	不太能听辨和感受
听力	速度变化	能听辨出音乐中的速度变化，并感受到情境的变化	能听辨和感受	基本能听辨和感受	不太能听辨和感受
听力	音色对比	能听辨出乐曲中圆号和双簧管的音色	能听辨	基本能听辨	不太能听辨

四、设计理念

一年级小学生初次接触欣赏作品，他们对于"如何听""如何赏"还是一片空白。因此在低年级的欣赏课中，本活动主题二运用SECG教学模式之"探趣"环节，通过小段落乐曲的多次聆听，引导学生探索乐器音色变化赋予的角色特性；探索力度、速度变化带来的情境变化；探索如何在音乐中去玩、去动、去演、去想，唤醒学生爱玩爱动的天性，使他们沉浸在充满趣味性的音乐探索活动中，建立对音乐作品的经验链接，唤起他们对音乐的真实表达。

活动主题三：创趣《齐上阵，师生合作创精彩》

一、活动目标

1. 在表情表演、肢体表演以及情境表演和旁白设计的基础上，引导学生逐步加深对音乐的理解，对作品建立完整的印象。

2. 通过活动化、游戏化的学习设计，激发学生对乐曲欣赏的喜爱，让学生"想"表达、"敢"表达、"乐"表达，提高表现力，建立自信心。

二、活动步骤

（一）听音乐、看图谱，多感官协作赏乐曲

观看图谱，完整听赏全曲。

图谱设计：

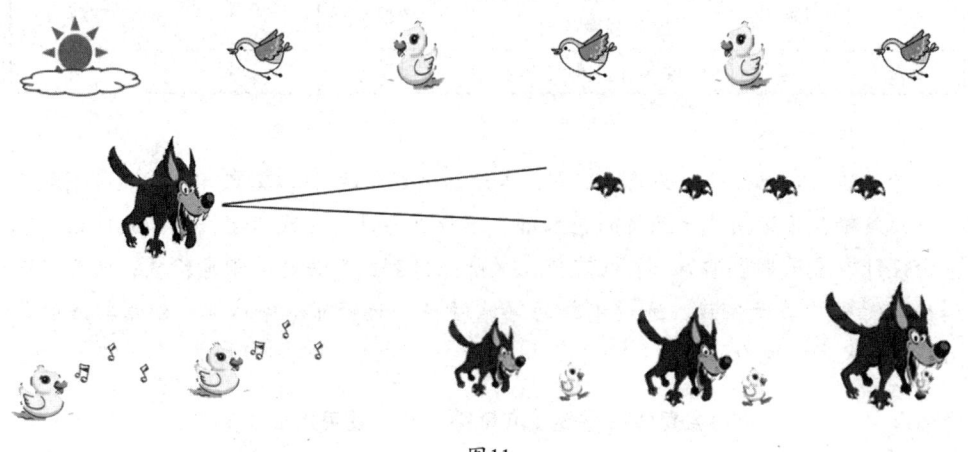

图11

（二）小表演、大舞台，多模式表演燃激情

1. 师生讨论如何随着音乐的情绪变化进行表情表演和肢体表演。

师：同学们想一想，刚才听音乐的时候，我们有感觉到轻松愉快吗？有感觉到紧张害怕吗？每当感到轻松愉快或紧张害怕的时候我们可以用什么表情或动作来表现呢？

2. 播放音乐，请学生用表情或肢体语言来随着旋律进行表演，教师给予鼓励。

（三）你也来、我也来，小小音乐剧展风采

1. 师生共同为音乐编创旁白，将之变成小小音乐剧。

教师引导学生使用简洁的语言，在音乐每一次变化的节点设计旁白，让音乐与表演衔接得更紧密。

例如：

（1）清晨，太阳缓缓升起……

（2）正在树后睡懒觉的大灰狼被吵醒了，它打了个大大的哈欠，伸伸懒腰，揉揉眼睛，探出头来……

2. 分角色表演：让学生自愿选择表演角色，如旁白、大灰狼、小鸭子、小鸟等，然后随音乐进行小小音乐剧的表演。

3. 无角色表演：意味着每一名学生都是表演者，当音乐表现哪个角色的时候，学生就表演相应的角色，可选一名学生或教师为整场表演配旁白。

三、活动评价

表6

评估项目	评估维度	评估办法（观察）	评估等级（参考）		
			A	B	C
编创	创造力	紧扣音乐主题，对旁白进行创意设计	新颖	正常	一般
表演	表现力	能投入音乐表演中去	生动形象	正常	一般

四、设计理念

为了进一步感知音乐的艺术形象，本活动主题三运用SECG教学模式之"创趣"环节，鼓励学生运用音乐独特的艺术语言进行创造性的实践活动，例如表情设计、旁白设计、音乐剧表演等。在此环节，教师应做到鼓励先行、创意获赞；学生应做到想象无限、勇于实践。通过不断的思维碰撞，教师可以培养学生创意实践的能力，提高艺术表现力。

活动主题四：得趣《有所得，学以致用促成长》

一、活动目标

1. 了解作者和作品的创作背景。

2. 通过师生交流在课程中的收获，引导学生了解欣赏作品的方法，为下一次同类型课程的开展奠定基础。

二、活动步骤

（一）认作者，了解作品背景

师生讨论：《小鸭和大灰狼》节选自交响乐童话《彼得与狼》，是作曲家、钢琴家和指挥家普罗科菲耶夫为儿童创作的、带有故事朗诵的交响乐童话。《彼得与狼》创作于1936年春，是普罗科菲耶夫的代表作品之一。他自幼学习音乐，6岁写出第一首钢琴曲《印度加洛普舞曲》，长大后进入圣彼得堡音乐学院学习，20岁举办首次个人音乐会。他一生作品无数，创作题材广泛，有芭蕾舞剧、歌剧、交响乐、协奏曲等,被艺术界誉为20世纪最著名的作曲家之一。

（二）谈感想,学会学以致用

师生讨论：

1. 想一想：我们今天欣赏《小鸭和大灰狼》的时候,用了哪些方法呢？（聆听、想象、游戏、创编、表演等等）

2. 如果下次再上音乐欣赏课,你们准备怎么欣赏作品呢？（提前查找资料、上课仔细聆听、充分发挥想象、勇于大方表达等等）

三、活动评价

表7

评价项目	评价维度	评价办法（观察）	评价等级（参考）		
			A	B	C
认识音乐家	了解其代表作	聆听、互动	认真聆听、积极互动	较认真、较积极	不太认真与积极
乐曲赏析方法	总结本节课是怎样欣赏作品的	互动、问答	积极互动	较为积极	不太积极

四、设计理念

一节有意义的课,除了教师知道自己教授了什么,学生也应该知道自己学习了什么。本活动主题四运用SECG教学模式之"得趣"环节——通过了解作品的创作背景和音乐家的故事,让学生了解世界多元文化音乐知识,即"得知识"；在师生讨论如何欣赏音乐作品的环节,带领学生归纳总结赏析方法,即"得方法"；在讨论如何用所学方法去欣赏其他作品的环节,进行能力迁移,即"得致用"。整个互动交流的过程中,师生收获满满,回味无穷。

【板书设计】

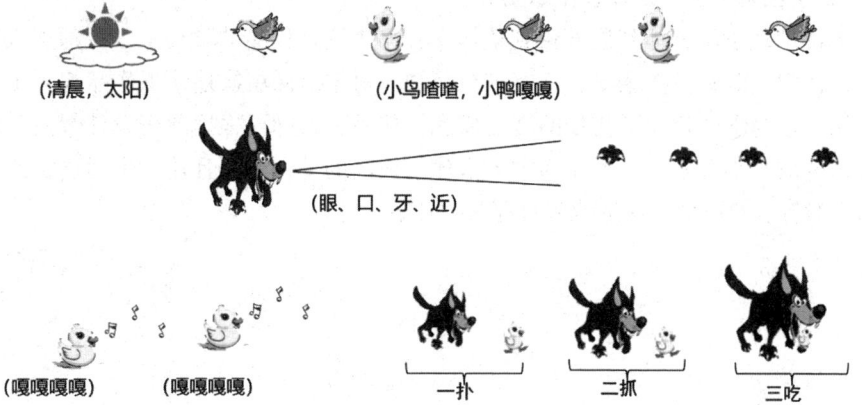

九、教学反思

本课是一节小学一年级的欣赏课，也是整个小学阶段的第一节欣赏课，教学内容为交响乐童话《彼得与狼》中《小鸭与大灰狼》的段落。为了让学生养成聆听的习惯、初步掌握赏析作品的方法，教学设计主要考虑了以下几个方面：

（一）遵循学段特点，多种方法融合

对于小学一年级的孩子来说，能静下心来欣赏交响乐作品是一件很不容易的事情。首先要面临的问题就是听不懂，听不懂就会导致没兴趣。基于此，本课在设计时将"故事为导""旋律为线""图谱为引""表演为点""创作为眼"等多种方法进行融合，增强课程趣味性，激发学生想象力，使其保持学习的热情。

（二）明确学科特点，重点体验为主

在多种教学方法融合的过程中，保持学科音乐性的特点，引导学生在聆听、表演等基础上进行音乐体验，参与音乐活动，初步建立音乐鉴赏的意识，收获音乐鉴赏的能力。

（三）建立学科自信，激发学习热情

在教学的过程中，教师应关注学生、尊重学生、以生为本、以生为荣，不断鼓励学生参与活动，对他们的亮点及时给予肯定，使他们建立音乐能力的自信心，从而激发学习音乐的热情。

十、设计亮点

（一）音色对比，元素变化有意义

在"激趣"和"探趣"环节中，通过聆听、对比等方法，引导学生听辨圆号和双簧管的音色，并能在感知音乐元素——强弱快慢的基础上，去领会作品表达的情境变化。

（二）图谱为引，创作表演乐无穷

本课的教学由整体到局部再到整体。在学生欣赏作品的过程中，教师加入图谱设计，让学生既有整体感受，又有细节感知，对于更深层次地认识作品起到了很好的作用，也为学生建立了初步的赏析概念。然后，教师再根据图谱设计旁白，将一段音乐变成小小音乐剧，不仅为学生搭建了表演的舞台，而且让学生通过实践表演去增强对音乐的记忆，这是整节欣赏课的升华。

二年级上册第5课《到这里来参与音乐》教学设计

深圳市福田区梅山小学　袁　萍

一、内容概述

内容简介：本课是二年级上册第5课。为更好地体现"音乐以审美为核心"的教育理念，教材新开辟了"到这里来参与音乐"这一栏目，让学生尽情投入经典、富有美感内涵的音乐中，在感受音乐美的同时，参与音乐活动，与音乐互动，进一步巩固已学习过的音符——1（do）、2（re）、3（mi）、4（fa）。

作品联系：《两颗星星》是1970年德国电影《英俊少年》的插曲片段，这课在这里没有歌词，要求学生在歌谱中有手号地方打手号随音乐一起唱出相应的唱名。著名歌星曾翻唱过这首歌曲《两颗星星》，名叫《两颗小星星》；以及四年级下册第4课歌曲《小小少年》同为该电影的经典插曲。

教学价值：这是德国影视作品《英俊少年》的一首插曲，通过SECG教学模式在本课的建构，对激发学生欣赏电影音乐和对识谱的学习兴趣，培养学生在学习音乐知识过程中养成用柯尔文手势打手号、唱谱的习惯，提升个人音乐素养有着极为重要的促进作用。

二、学习目标

审美感知：影视插曲《两颗星星》体现了"音乐以审美为核心"的教育理念，让学生尽情投入经典、富有美感内涵的音乐中，在感受音乐的美的同时，参与音乐活动，与音乐互动。

艺术表现：在陶醉于音乐的过程中进一步巩固已学习过的音符——1（do）、2（re）、3（mi）、4（fa）。

创意实践：通过读谱、打手号和口风琴演奏等活动，提高学生艺术实践能力，发散艺术思维。

文化理解：通过对《英俊少年》电影的了解，让学生能像主人公海因茨那样积极乐观地面对所有的困难，用自己的智慧和爱心克服困难，勇敢地迎接生活的挑战。

三、教学安排

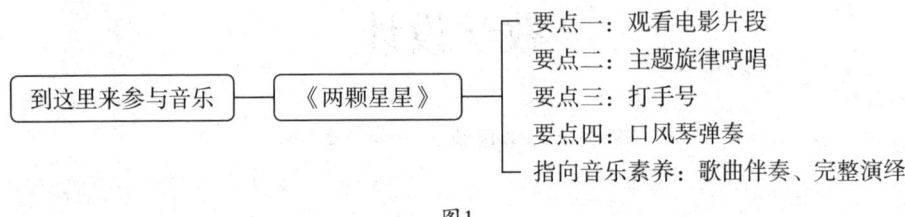

图1

四、学习评价

表1

评价内容	评价目标	评价方式	评价结果运用
观看电影片段	能通过影片说出自己的感受	教师评价或生生互评	了解学情，改善方法
音乐要素感知	准确用柯尔文手势打手号和唱音名	教师评价或生生互评	为下一环节做准备
口风琴弹奏	用C大调一手位指法弹出1、2、3、4四个音	组内互评或教师评价	完成口风琴弹奏
小小音乐表演	分工明确，表演精彩	全员互评	进行弹、唱接龙表演

五、教学建议

重、难点解决：

1. 能唱出已经学习过的音符唱名——do、re、me、fa，以及打出对应的柯尔文手势。

2. 能跟唱《两颗星星》a片段，并模仿教师在歌谱中有手号的地方打手号随音乐一起唱出相应的唱名。

3. 体会"XXXX.X.X."的节奏型表现的坚定情感。

六、活动设计

表2

课时	作品名称	教学设计侧重点	关注要点	活动设计
第一课时	《两颗星星》	介绍故事梗概	通过影片说出自己的感受	欣赏电影片段
		巩固已学音符	模唱、打手号	完整欣赏
		口风琴弹奏	用C大调一手位指法弹奏	弹、唱表演

七、前后关联

表3

之前	之后
一年级上册第8单元《3（mi）、5（sol）短曲》	三年级上册第2课《快乐的罗嗦》，四年级下册第4课《认知音乐节奏（四）》

八、教学实施过程

第一课时 《两颗星星》

【教材分析】

《两颗星星》是电影《英俊少年》的插曲，是一首C大调12/8拍的歌曲，两个乐句旋律大部分相同，而且旋律大多呈阶段上下行，节奏型相同，很有规律，这段也是整个作品最有特点、最容易记住的地方。歌曲旋律轻松、愉快，朗朗上口。

【学情分析】

二年级的学生好奇心强，活泼好动，善于模仿，身心可塑性强。由于学生注意力集中的时间较短，教师在教学方法的选择上应主要采用游戏的形式，让学生在玩中体验，运用多种活动增强学生参与的广度和深度，使他们在亲身体验中进行有效的学习，保持他们学习的欲望和兴趣，从而提高学习效果。

【教学目标】

1. 欣赏电影原声中歌曲《两颗星星》以及中文版《两颗小星星》，让学生感受歌曲的旋律。

2. 跟唱《两颗星星》a片段，并模仿教师能在歌谱中有手号的地方打手号随音乐一起唱出相应的唱名。

3. 通过对《两颗星星》欣赏和介绍，引导学生面对困难应当有一个积极乐观向上的心态。

【教学重点】

巩固已经学习过的音符唱名——do、re、me、fa，以及其对应的柯尔文手势，用嘹亮歌声随音乐哼唱歌曲，感受歌曲中自豪的情绪。

【教学准备】

收集音响、教材资料、制作课件、钢琴、口风琴。

【教学过程】

活动主题一：激趣《观看影片，视觉激发兴趣》

一、活动目标

1. 欣赏德国电影《英俊少年》中的插曲《两颗星星》的视频，通过视觉激发学生的兴趣。

2. 通过富有趣味性的活动，让学生在轻松愉快的学习过程中，体验音乐之美，领略音乐魅力。

二、活动步骤

（一）猜片名，激发情感共鸣

1. 师：同学们平时看电影吗？大家看的是不是以动画片居多啊？今天我们参观影音博览园，参加"听音乐猜片名"的游戏。分别聆听3首电影片段音乐并猜出歌名，如《小头爸爸与大头儿子》《冰雪奇缘》《天空之城》等电影的主题曲或配乐。

2. 介绍影视音乐。

影视音乐主要由配乐和歌曲两部分组成。

（二）看影片，联觉感受会情意

聆听歌曲《两颗星星》，引出影片《英俊少年》。

师：今天老师给大家看一个德国电影的片段，它的名字叫《英俊少年》，听完电影插曲说说你的感受。

（三）讲故事，了解主人公品质

听教师讲述《两颗星星》与《英俊少年》的故事，了解故事梗概。

师：《英俊少年》属于合家欢类型的电影，讲述一名叫海因茨的英俊少年，因为母亲去世、父亲被人诬陷贪污了银行的钱，于是被寄养在那个对父亲一直反感而且个性自私保守的外公家里。起初，外公对这个外孙子也是横挑鼻子竖挑眼，但后来经过与纯真朴实的海因茨交往才慢慢发觉这个外孙子的可爱与懂事。前来帮助海因茨的女律师也很喜欢他，并跟他父亲互相产生好感。后来海因茨找到了真正的凶手，但却被真凶发现并绑架，而勇敢聪明的海因茨跟匪徒斗智斗勇，成功唤来警察并制服匪徒，与外公、父亲和女律师一起组建了一个和谐美满的家庭。

三、活动评价

表4

评估项目	评估维度	评估办法（观察）	评估等级（参考）		
			A	B	C
文化理解	电影故事情境	提问观察，师生交流	完全了解	基本了解	不太了解
音乐感知	影视插曲的音乐情绪	聆听、总结	完全正确	基本正确	感知较低

四、设计理念

通过视觉激发学生的学习兴趣，让学生初步感受音乐情感，把握歌曲感觉。本活动主题运用SECG教学模式之"激趣"环节，即"看电影片段、了解故事情节"导入新课，目的是借助电影情境激活课堂，引导学生在充满趣味性的氛围中学习乐曲，为后面的演唱形式做铺垫。

活动主题二：探趣《听音乐，探歌曲节奏节拍》

一、活动目标

1. 探索歌曲的节拍特点。
2. 在完整欣赏音乐时，能跟着音乐唱出唱名和打手号。

二、活动步骤

（一）听歌曲，探讨演唱特点

1. 初次聆听歌曲《两颗星星》，比较刚才的音乐，演唱有什么特点？让学生了解这个片段的演唱特点，采用什么演唱形式？

探讨结果：这段音乐没有歌词，直接用唱名演唱。

注意：请学生关注歌词与演唱形式的特点，为后面的演唱做铺垫。

2. 再听《两颗星星》（片段）的演唱，当唱到教材上有手号的地方时，全体同学学打着手号，跟随歌曲录音轻声用"la"跟唱。

（二）听旋律，感受节奏特点

1. 画拍复习、律动体验。

聆听，跟随音乐律动感知节奏感。

师：请同学们聆听，跟着音乐打拍子，学生自己打，或跟着老师来打拍手、捻指、拍腿、捻指。跟随音乐律动、画拍，让学生更好地体会音乐所表现出来的坚定与自信。

图2

2. 探索歌曲节拍：师生探讨歌曲属于12/8拍。

介绍8/12拍子特的四拍子特点学习8/12拍子的划拍方式。

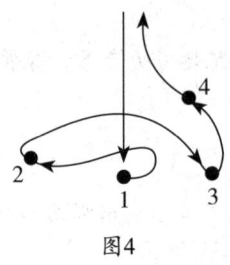

图3

师生交流：《两颗星星》这首歌曲的节拍比较少见，是以八分音符为一拍的，每小节有十二拍，有些同学刚刚跟着音乐可能每小节画了十二下，也有一些同学每小节画了四下。因为它的韵律感和四拍子非常相似，所以也是可以画四下来感受。

师生交流：12/8拍可以用4/4的指挥图示指挥。

图4

3. 找出重复的节奏型。

师生交流：这个节奏在歌曲中反复出现，在书上找一找，圈一圈，打打节奏型。

（XXX|X.X.XXX|X.X.XXX|X.X.XXX）

图5

4. 用已学的知识巩固这首乐曲开头是弱起拍。
5. 学习指挥手势。

师：在内心打"4个3拍"，一个小节就是："1-23，2-23，3-23，4-23。"打拍子：（1）伸出你的右手。（2）照着简谱下的箭头打拍子。（3）手指运行速度要均匀,不可时快时慢。(4)当手指运行到箭头时,即表示所对照音符的时值结束。

注:在手指打拍子时,嘴里要轻轻地跟着哼唱,音高唱不准没关系,先解决了时值,再练习音准。

6. 有感情地指挥。

师:教师用打拍子指挥的方法与学生一起活动,随着歌曲再次指挥出欢快、活泼的情绪,提示和帮助学生找准打手号的位置。

(三)打手号,唱唱名,感音高

1. 看图,师生一起复习柯尔文手势并唱唱名。

图6

2. 想一想,做一做,玩音乐手势游戏。

请同学们把柯达伊手势与唱名连起来。

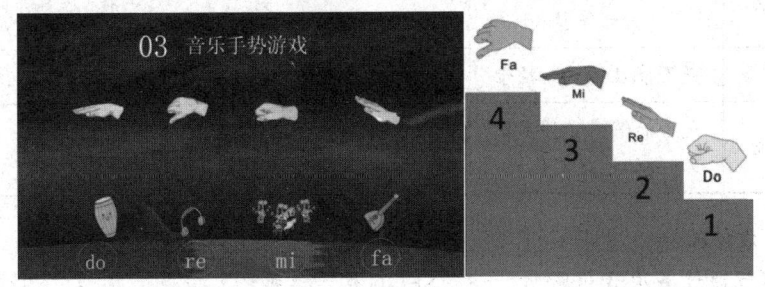

图7

3. 打手号,接龙唱。

教师唱方框以外的旋律,学生唱方框以内的旋律(这次用唱名演唱,学生演唱时打手号,顺便提及反复记号)。

(四)分乐句,了解歌曲结构

教师交流:歌曲可以分为几个乐句?为什么这样分?

分乐句说原因:两句相似,同头异尾。

（五）完整唱，感受歌曲情绪

1. 聆听原声歌曲（德语）：播放歌曲，边听边轻声唱。
2. 随钢琴演唱：要求用美好的声音发自内心地将欢快、自信的情感表现出来。
3. 探讨a段的歌唱情绪与语气，学习旋律线条。

师：边指挥边唱曲谱，注意用方法和情感演唱。

（1）清新自然，平和语气。

（2）力度加强，自信。

① 用肢体语言表现音乐情绪。

② 身随心动，感知音乐。

师：旋律比较平稳，使用多次同音重复，显得坚定有力。

4. 练习歌唱方法：

师：怎样才能唱出这种欢快、自信、明亮的歌声？a段歌曲要轻声学唱，并学唱感受本部分的情绪及旋律走向。

5. 再次有感情地演唱歌曲。电影原声中海因茨演唱的是F调，与教学录音有所不同，如果学生在高音处演唱有困难，建议教师提醒学生可以打手号轻声哼唱。

三、活动评价

表5

评估项目	评估维度	评估办法（观察）	评估等级（参考）		
			A	B	C
歌唱能力	是否能够唱准唱名、打好手势	观察、聆听歌声	好	一般	差
音乐知识点	是否能理解12/8拍子	交流	能	一般	不能
音乐体验	是否能够感受到主人公的情绪变化	交流、提问、回答	好	一般	差

四、设计理念

本环节通过多次音乐聆听，运用SECG教学模式之"探趣"环节，通过多次聆听，唤醒孩子们本能所存在的身体运动感觉。教师通过模唱、挥舞旋律线、柯尔文手势等方式来帮助学生理解首调唱名音级之间的高低关系，使抽象的音高关系变得直观、形象，用直观的手势表示各音的相对高度，引导学生观察手势、掌握音准。

活动主题三：创趣《玩创音乐，乐器齐合奏》

一、活动目标

通过玩游戏、玩乐器、齐合奏的学习设计，激发学生对乐曲欣赏的喜爱，让学生养成听、唱、奏、演的综合能力,结合乐谱与演奏技巧,促进学生对乐谱基础知识的学习。

二、活动步骤

(一) 来合作,感受合奏之乐

1. 游戏分组。

用卡纸做标有1(do)、2(re)、3(mi)、4(fa)的音符头饰或胸牌,把学生分成四组,教师随意弹奏《两颗星星》(片段)中的一句旋律时,当歌曲唱含有他们小组代表的音时,小组成员起立,并打手号演唱该小组代表的部分。如:听到"3.3.3."时,所有戴着"3"音标志的学生站起来打"3"的手号并唱出"3.3.3."。

2. 学弹口风琴。

出示口风琴指法图,请同学们在口风琴上找到(C调)1、2、3、4四个音的位置,分别弹奏出来。

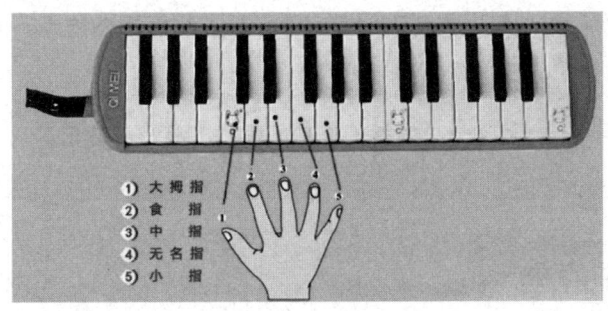

图8

3. 师生接龙弹奏。

教师弹钢琴,每组学生用口风琴分别弹奏自己组所对应的音(看指法表)。

4. 生生合作,两组弹口风琴,另外加入打击乐器伴奏。

师:刚才你们弹得很棒!现在让我们加入打击乐器(摇铃、三角铁等)为歌曲伴奏。

5. 再次完整合唱。(要求:注意音准,轻声、和谐地演唱)

(二) 声情唱,完整演绎作品

1. 跟着伴奏完整歌唱。

师:请同学们演唱的时候注意气息和情感,用通畅、圆润的声音演唱,并学会控制声音,寻求和谐、均匀的集体音色。

2. 小组合作表演。

"声、动"激趣。

三、活动评价

表6

评估项目	评估维度	评估办法（观察）	评估等级（参考）		
			A	B	C
口风琴演奏	视谱、指法	能否按照指法要求弹奏	很好	一般	比较困难
合作表演	整齐、配合	能投入音乐情境表演中去	整齐	一般	不整齐

四、设计理念

这部分教学为口风琴弹奏和学生合奏表演。本活动主题三运用SECG教学模式之"创趣"环节，鼓励学生运用音乐素养进行创造性的实践活动，即不仅会聆听音乐，还能看乐谱（唱）奏，养成学生听、唱、奏、演的综合能力，通过乐谱与演奏技巧的结合，促进学生对乐谱基础知识的学习。

活动主题四：得趣《作品延伸，了解影视音乐》

一、活动目标

1. 了解作者和创作背景。
2. 预习下节课内容，并做初步了解。

二、活动步骤

（一）比较听，了解影视音乐

1. 观看"有声"与"无声"的动画，让学生谈谈感受。
2. 影片中音乐起到什么作用？

（描绘画面、渲染气氛、抒发感情、突出主题、烘托背景、推动情节）

（二）谈感受，学习主人公品质

师：这节课同学们的表现非常棒，老师衷心地希望你们也能像英俊少年海因茨那样积极乐观地面对生活，并让音乐成为你们生活中的一部分。非常感谢同学们，这节课上到这里，谢谢。

（三）设作业，课后延展分享

1. 把歌曲《两颗星星》分享给家人。
2. 用口风琴弹奏打手号的音，与同学合作完成。

三、活动评价

表7

评估项目	评估维度	评估办法（观察）	评估等级（参考）		
			A	B	C
了解影视音乐	了解其代表作	互动、问答	深度参与	积极参与	较多参与
柯尔文手势	巩固已学习过的音符1、2、3、4	聆听、互动	深度互动	积极互动	较好互动
口风琴弹奏	熟练地弹出1、2、3、4	互动、熟练	熟练	良好	一般

四、设计理念

一节有意义的课，除了教师知道自己教授了什么，学生也应该知道自己学习了什么。本活动主题四运用SECG教学模式之"得趣"环节，通过了解影视音乐和影片故事，让学生了解世界多元文化的音乐知识。

【板书设计】

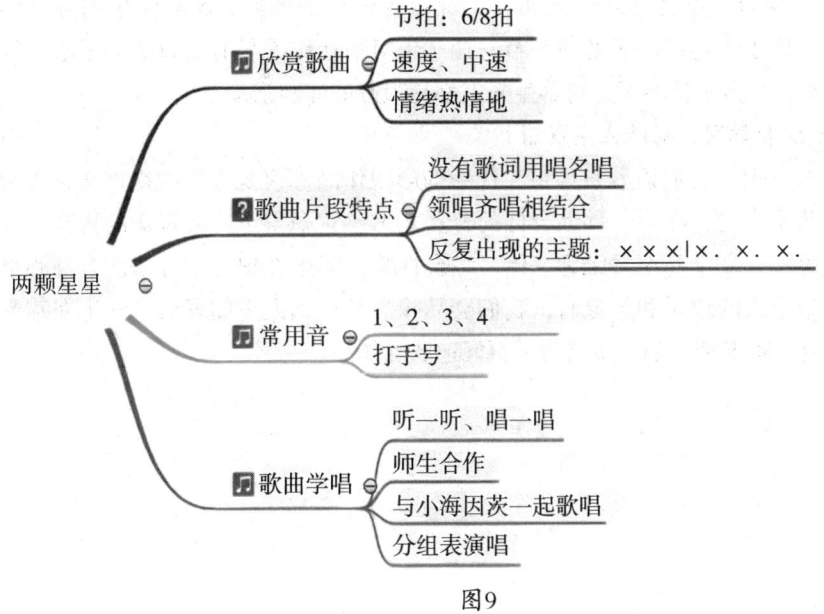

图9

九、教学反思

（一）游戏激趣，轻松掌握难点

本课是影视片段音乐，演唱特点是没有歌词，直接用唱名演唱。教师通过玩音乐手势游戏，让学生打手号连线唱名，让学生对柯达伊手号有了更直观的了解，从而让学生更熟悉手号与唱名之间的联系。教师利用生动的音像、图文颜色的变化，直观真实地呈现于学生面前，让学生轻松地掌握难点，增强演唱时的自信心。

（二）情感抒发，提升演唱表现

教师应引导学生深入地欣赏和歌唱作品，在人文思想方面引导学生像主人公一样积极乐观地面对生活。学生在歌唱中应注重情感的抒发和歌唱技能表现力的提高，在欣赏中以实践活动增趣来体验音乐的特点。

十、设计亮点

（一）视听联动，注重体验活动

音乐是听觉的艺术。音乐不具有语义的确定性和事物形态的具象性，因此学生只有亲身体验，才能更好地获得体验。教师可以从视觉、听觉、动觉等多觉联动中，刺激学生的多维度感知。比如，①观看音乐故事视频，激起学生的好奇感；②设计柯达伊手势连线唱名游戏环节，让学生对柯达伊手号有更直观的了解；③用口风琴弹奏、打击乐伴奏等，对学生来书都是很好的体验活动。

（二）综合学习，品味人生真谛

对于这堂课，我们以欣赏为主。优秀的影视作品不仅是人们的精神文化大餐，还是一种艺术享受，作为一种综合性的普及艺术，它赢得了广大观众的喜爱。影视集音乐、美术、文学乃至舞蹈为一体，综合性强，当坐在银幕或屏幕前全身心享受视听艺术带给人的快乐和想象时，我们会品味、领悟到人生的真谛。学生在感受音乐美的同时，跟老师学唱，也是为了更好地欣赏作品。

二年级下册第12课《找乐器的游戏》教学设计

深圳市福田区梅山小学　应　梓

一、内容概述

内容简介：本课主要是对过去学习的音色和节奏的复习回顾内容。教材编写了两个游戏活动，"找乐器"的游戏是复习巩固学习过的乐器的音色——小提琴、大提琴、圆号、双簧管、大管、长笛；"雨的节奏"则是对过去学习的节奏做一个总结和再巩固。通过这两个内容的学习，学生可以对过去学习的节奏和音色做个梳理与强化，并以此作为这两个音乐要素的阶段性小结。

作品联系：在二年级下册第5课《音乐中的动物世界》的学习中，孩子们认识了代表小鸟音色的乐器——长笛，以及代表狗熊音色的乐器——大管。在二年级下册第12课《找乐器的游戏》的学习中，孩子们将继续感知并加深对小提琴、大提琴、圆号、双簧管、大管、长笛这些乐器音色的印象。

教学价值：《义务教育艺术课程标准（2022年版）》要求从学生的兴趣、能力和需要出发，通过SECG教学模式在本单元的建构，结合学生的生活经验，遵循学生的生理、心理及审美认知规律，以学习为中心，为学生提供感受音乐、表现音乐、创造音乐及学习音乐文化知识的机会，为学生终身学习音乐及提高音乐审美素质奠定基础。

二、学习目标

审美感知：学生能从音乐中感受乐器音色带来的音乐美感，产生对乐器的学习的兴趣，并在音乐表演中感受到学习音乐的快乐。

艺术表现：①能够大致地模仿出6种乐器演奏的姿势。②在"找乐器"游戏中能够判断出乐曲中播放的是什么乐器。③能够根据播放的音乐片段判断出演奏的乐器并快速地做出演奏姿势。

创意实践：通过游戏教学、欣赏法、对比法等产生对本课提及的6种乐器的音色的初步音乐听辨能力。

文化理解：了解乐器的各种特征，掌握乐器的外形特点。

三、教学安排

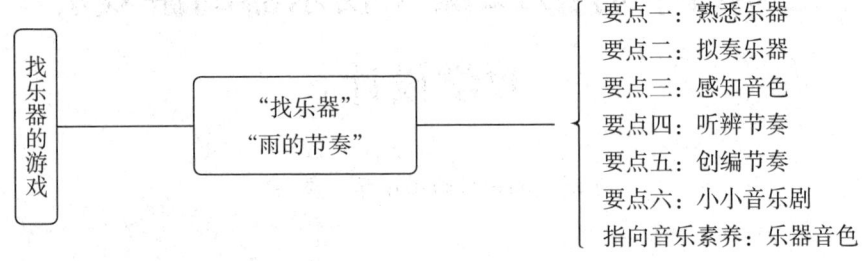

图1

四、学习评价

表1

评价内容	评价目标	评价方式	评价结果运用
对乐器音色的听辨能力	能够听辨乐器的音色	学生评价或教师评价	了解学生的掌握情况
节奏的掌握及运用	创编简短的节奏或旋律并唱出来	学生评价或教师评价	了解学生的掌握情况

五、教学建议

重、难点解决：

（1）能够根据高低音组辨析出音乐中出现的小提琴、大提琴、圆号、双簧管、大管和长笛的音色。

（2）能较平稳地把X、XX、XXXX、XXX这四种节奏表现出来。

（3）配合节奏的旋律编创。

六、活动设计

表2

课时	作品名称	教学设计侧重点	关注要点	活动设计
第一课时	《找乐器》	音色辨别	乐器音色	听音乐、辨音色
		节奏旋律创编	四种节奏	分段欣赏、完整欣赏

七、前后关联

表3

之前	之后
二年级下册第5课《音乐中的动物世界》——长笛独奏曲《小鸟》，管弦乐曲《大象》	三年级下册第6课《五彩缤纷的音乐世界（一）》——小提琴独奏曲《云雀》

八、教学实施过程

第一课时 《找乐器》

【教材分析】

本课时主要是对过去学习过的乐器的音色进行复习巩固，包括小提琴、大提琴、圆号、双簧管、大管和长笛。"找乐器"提供的6段音乐都是以前学习过的，在这里再次出现时以游戏的方式呈现。学生再听时，能听辨出各种乐器的音色，并能够对乐器演奏的音乐进行简单的理解分析。

【学情分析】

本课的学习者是小学二年级的学生，二年级学生的认知水平虽处在初级阶段，但基本形成完整的知识结构体系，并且认知和掌握了一些简单的音乐元素。由于学生所特有的年龄特点，学生对游戏的注意力占主要地位，以形象思维为主，同时对于抽象的音乐已经开始具有自己的理解能力，并能通过一些简单的方式表达出来。在本课开始之前，他们已经认识了小提琴、大提琴、圆号、双簧管、大管和长笛的外形特征和演奏方式，并对其音色产生了初步的感知，能够分辨音域和音色特征差距较大的乐器。

【教学目标】

1. 在"找乐器"的游戏活动中，初步感受音色，复习和巩固小提琴、大提琴、圆号、双簧管、大管、长笛等乐器的音色，并能够在这些乐曲中判断出这些乐器的音色。

2. 在"雨的节奏"游戏中复习和巩固"X、XX、XXXX、XXX"这4种节奏和四分休止符，并能用嗓音、打击乐器、拍打身体或创编情景等形式来表现游戏内容。

【教学重、难点】

重点：感受音乐要素所描绘的大峡谷暴风雨的景象。

难点：通过聆听让学生探索音响，了解音乐与生活的密切联系。

【教学准备】

打击乐、教材资料、制作课件。

【教学过程】

活动主题一：激趣《比比画画识乐器》

一、活动目标

通过猜谜语、看图片、模拟演奏认识小提琴、双簧管、长笛、大提琴、圆号和大管。

二、活动步骤

（一）乐器迷阵

师：同学们，今天老师带来了几个谜语，让我们把小脑袋动起来猜一猜谜语里说的是哪种乐器吧。

猜谜语：身像葫芦瓜，四弦身上挂，脖子一夹弓一拉，哆来咪发唱歌啦。

（谜底：小提琴）

猜谜语：肚子空又空，身上长着洞，吹来一阵风，歌声随风动。

（谜底：笛子）

（二）识乐奏乐

师：老师这里有六种乐器的图片，大家能否说出这些乐器的名字呢？

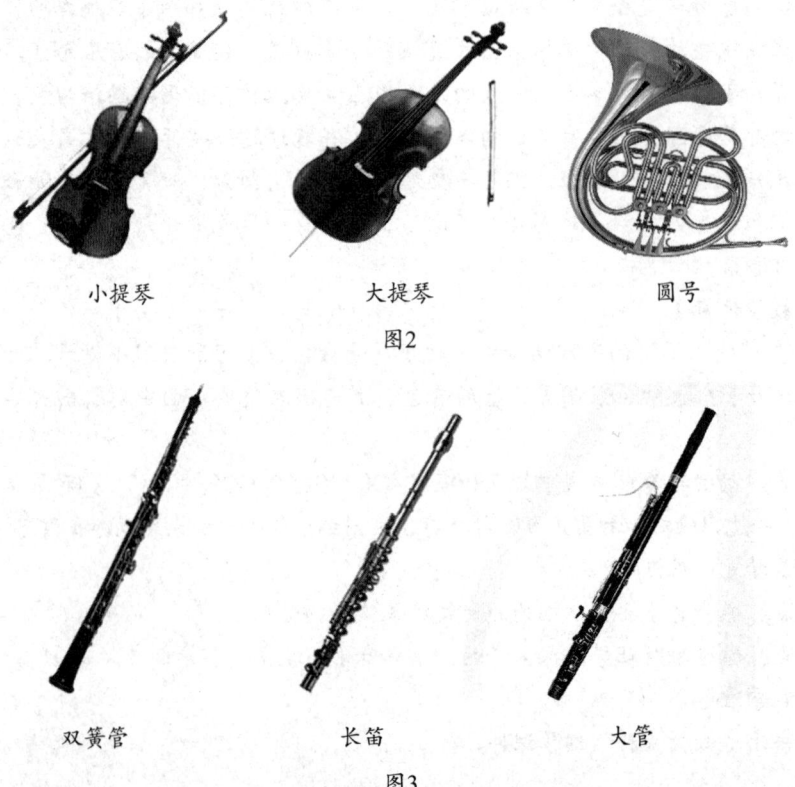

小提琴　　　　　大提琴　　　　　圆号

图2

双簧管　　　　　长笛　　　　　大管

图3

40

教师出示小提琴、双簧管、长笛、大提琴、圆号和大管的图片,让学生说出图片上的乐器,之后教师模拟每个乐器的演奏姿势。学生根据图片说出每个乐器的名字,并能和教师一起模拟演奏的乐器。

师:同学们,这些乐器都是怎样演奏的呢?你们注意观察老师模拟演奏六种乐器。(教师利用纸筒示范讲解六种乐器的演奏姿势)

随后,教师播放六种乐器的演奏视频,让学生跟随视频模拟乐器的演奏姿势,教师进行个别指导。(播放微课依次为小提琴、大提琴、圆号、双簧管、长笛、大管)

三、活动评价

表4

评价项目	评价维度	评价办法（观察）	评价等级（参考）		
			A	B	C
文化理解	能准确说出乐器名称	看图片、问答	完全了解	基本了解	不太了解
艺术表现	乐器姿势的掌握程度	做动作	完全正确	基本正确	不正确

四、设计理念

本环节从猜谜入手,激发学生兴趣,对学生认识乐器和乐器演奏姿势掌握程度进行检测。本活动主题运用SECG教学模式之"激趣"环节——"猜谜语""识乐奏乐"导入新课,目的是引导学生在充满趣味性的氛围中学习。

活动主题二:探趣《探寻音色形象之美》

一、活动目标

1. 在"找乐器"的游戏活动中,初步感受音色,复习和巩固小提琴、大提琴、圆号、双簧管、大管、长笛等乐器的音色,并能够在这些乐曲中判断出这些乐器的音色。

2. 初步感受乐器音色带来的音乐美感,产生学习乐器的兴趣,并在音乐表演中能感受到音乐学习的快乐。

3. 通过分乐器赏析引导学生探音色、探形象、探想象,去解开作品蕴含的意境之美。

二、活动步骤

(一)"声"临"器"境找乐器

师:同学们,有个叫晶晶的小朋友在森林迷了路,我们一起来帮她找到回去的路吧,这就需要同学们竖起耳朵认真听了。

教师边说故事边播放相应的音乐，请学生听完后回答这是什么乐器。

（二）集中"声"智找出口

教师将教材中出现的音乐顺序打乱，请学生听音乐，看看这次用了什么路线图，然后在教材上用彩笔或蜡笔画出来。

（三）绘声绘色会乐器

要求学生边听音乐故事边模仿乐器的声音表现出"晶晶"沿途所听到的乐器。

（四）谁是小小"演"奏家

1. 将全班分成两组并每次在每组中抽选六名同学带上小提琴、双簧管、长笛、大提琴、圆号和大管的头饰参加比赛，教师按照标准对答对的小组进行奖励。

标准：谁先快速抢到圈内进行演奏；

正确演奏乐器的姿势；

声情并茂地进行演奏。

2. 让全班同学根据听到的乐器，利用纸筒进行模拟演奏。

师：同学们能把听到的音乐用相对应的演奏乐器的动作"演"出来吗？

三、活动评价

表5

评价项目	评价维度	评价办法（观察）	评估等级		
			A	B	C
感知乐器音色	是否能够听到音色准确说出乐器名字	师生交流、提问	准确表达	能够表达	不太参与
参与程度	是否能够完成老师的要求	师生交流、提问、展示	完全正确	基本正确	不正确

四、设计理念

本活动主题二运用SECG教学模式之"探趣"环节，通过"探"乐器和教师的讲解，再将这些乐器"串"起来，带学生在"探"中学、学中玩，可以更好地激发学生的好奇心和聆听欲望，引导学生对乐器的音色进行感知和辨析。

活动主题三：创趣《踏着节奏来创编》

一、活动目标

1.通过游戏"雨的节奏"，让学生巩固X、XX、XXXX、XXX这四种节奏。

2.通过小组合作，结合五声音阶1、2、3、5、6、i，给节奏创编音乐短句。

3.能演唱自己编创的小曲，并配以乐器敲击节奏。

二、活动步骤

（一）猜猜、读读、听听

1. 猜谜语

师：身小力不小，团结又勤劳，有时搬粮食，有时挖地道。（谜底：蚂蚁）

2. 按节奏读句子

师：同学们，看看小蚂蚁在干什么？

2/4　X　X　X｜X　X　X｜X　X　X｜X　X　X｜
　　　小　蚂　蚁｜搬　大　山｜搬　呀　搬｜搬　回　家｜

3/4　X　X　X　X　X｜X　X　X　X　X｜
　　　大　山　有　多　大｜一　点　小　饼　干｜

师：你能按照节奏把这些句子读完整吗？

师：你知道小蚂蚁在什么情况下会成群地出来搬东西吗？

3. 听声音辨节奏

师：大家听听是什么声音？（PPT，雨声、打雷下雨的声音）

生：下雨的声音，先是小雨，接着是大一点的雨，后面又打雷下大雨。

师：都听出来是下雨的声音啦！那你是喜欢小雨还是中雨？或者大雨？

师：那你们能模仿一下各种下雨的声音或者用动作表现吗？

师：嗯，老师觉得你们模仿雨的动作和声音真像啊……

（二）寻找声音材料

可是，我们要去春游啊，如果雨一直下怎么办？要不我们先等等吧，看看雨会不会停下。我们一起来看看！（幻灯片出示）

① 幻灯片出示小雨的节奏：

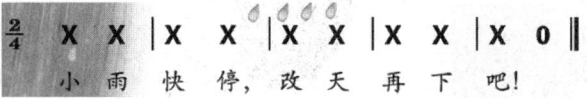

图4

师：你能帮老师读出来吗？你觉得要是给它配一个小乐器，配什么乐器好呢？你觉得哪种乐器适合小雨的声音？其中一组自选乐器打击节奏。

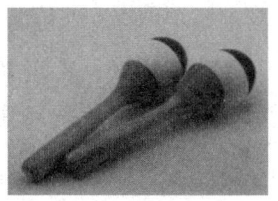

（沙锤）

图5

② 幻灯片出示中雨的节奏：

$\frac{2}{4}$ X X | X X X | X X X X | X X ‖
　　雨　呀　快停吧，我们要去　郊　游。

图6

师：接下来看看哪个小组能读这一条？我们再给中雨配个小乐器好不好？你觉得哪种乐器适合中雨的声音呢？小组用乐器打击节奏。

（响板）

图7

③ 幻灯片出示大雨的节奏：

$\frac{2}{4}$ X X X X　X X X X | X X X　X X X | X X X ‖
　　雨儿快停，雨儿快停，别下啦,别下啦，别下啦！

图8

师：这条哪个小组又能试试呢？我们再给大雨配个小乐器吧。

（铃鼓）

图9

④ 幻灯片出示雨即将停的节奏：

X X | X X X | X X | X X ‖
雨　儿　快停了，快要　停　了。

图10

师：剩下最后一个小组了，就你们啦！你们觉得用什么合适呢？老师启发用嘴最好了！嘘———

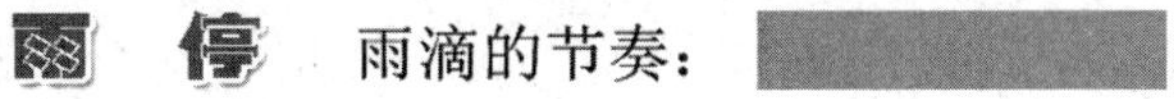

雨 停 雨滴的节奏：

图11

（三）合作创编、小组交流

1. 教师启发学生用X、XX、XXXX、XXX结合下雨的情节创编短旋律。

师：你能用我们以前学过的小音库中的五个音进行编创（1、2、3、5、6、i）吗？我们一起试试吧，分四个小组进行。

2. 教师随机选择每个小组创编的旋律在钢琴上试奏，全班同学评价选出比较合适的旋律，教师把它写在黑板上。

3. 全班一起试着唱唱学生自己编的歌曲，给予表扬及鼓励。

学生试唱时也要强调情绪与声音的配合！

（四）合作表演、汇报展示

教师把学生创编的作品进行指导整合，把各小组创编的乐句按雨的情节连成音乐剧，请同学们分角色表演出来（分旁白、歌唱组、伴奏组、声势组等）学生可配上伴奏（生活中的音源或敲击乐器）进行演唱。

三、活动评价

表6

评价项目	评价维度	评价办法（观察）	评估等级		
			A	B	C
创编	创造力	学生自评、他评、教师点评	好	一般	差
表演	表现力	师生交流、观察	有创新的	简单伴奏	没有灵感

四、设计理念

低年级音乐课中的节奏训练，一定要设计得有趣一点儿，好的设计会使节奏训练变得更有趣、更高效，起到事半功倍的作用。教师应让学生结合生活实际体会节奏，并能选用适当的打击乐器来展示各种节奏，在训练当中巩固四分音符、八分音符及十六分音符。为了进一步感知音乐的艺术形象，本活动主题三运用SECG教学模式之"创趣"环节——鼓励学生运用音乐节奏、五声音阶，旁白结合固定节奏为歌词进行创编音乐短句活动，在小组合作交流创编的过程中锻炼学生的自主学习能力。本活动以实践为主，通过师生不断的思维碰撞，点燃火花，培养学生创意实践的能力，提高艺术表现力。

活动主题四：得趣《归纳总结得知识》

一、活动目标
总结归纳所学过的乐器的音色特点和代表作。

二、活动步骤
1. 出示表7，教师任意挑选其中的片段播放给学生听。

表7

乐器名称	代表作品	音色特点
小提琴	器乐曲《小白兔乖乖》中的《兔妈妈》	柔和、悠扬
大提琴	交响乐童话《彼得与狼》中的《小鸭子》	浑厚、圆润、饱满
圆号	器乐曲《小白兔乖乖》中的《大灰狼》	高亢、清脆
双簧管	管弦乐曲《咆哮的老狗熊》	明亮、清透、多样
大管	交响乐童话《彼得与狼》中的《小鸟》	甜美、柔和
长笛	器乐曲《小白兔乖乖》中的《小白兔》	低沉、厚重

师：你们听到了什么？这是用什么乐器演奏的？这首曲子的名字是什么？这段音乐的音色有什么特点？请学生对照问题在表中用选择正确的答案并在口处画"√"。

2. 总结归纳（如表8所示）。

表8

乐器名称	代表作品	音色特点
小提琴	器乐曲《小白兔乖乖》中的《小白兔》	高亢、清脆
大提琴	器乐曲《小白兔乖乖》中的《兔妈妈》	柔和、悠扬
圆号	器乐曲《小白兔乖乖》中的《大灰狼》	浑厚、圆润、饱满
双簧管	交响乐童话《彼得与狼》中的《小鸭子》	甜美、柔和
大管	管弦乐曲《咆哮的老狗熊》	低沉、厚重
长笛	交响乐童话《彼得与狼》中的《小鸟》	明亮、清透、多样

三、活动评价

表9

评价项目	评价维度	评价办法（观察）	评估等级		
			A	B	C
综合表现	学生参与度、表现力、积极程度	观察	好	一般	差

四、设计理念

学生在回答这些问题的时候，不一定能用很专业的术语来表达，但是教师一定要引导学生学会如何去听辨和描述音色。本活动主题四运用SECG教学模式之"得趣"环节——教师通过图表的形式带领学生归纳总结乐器的音色，即"得方法"。音色是音乐的情绪，如低沉、厚重的音色可以表达悲伤，甜美、柔和的音色可以表达欢快。同时，音乐形象和乐器的音色有很大的联系，它不仅仅是音乐的旋律特征，如白兔妈妈和大灰狼的旋律是一样的，但是音乐的形象却不同，为什么？这是乐器的音色造成的。这是设置本课教学最重要、最关键的内容。

【板书设计】

2/4 X X X | X X X | X X X | X X X |
　　小 蚂 蚁 | 搬 大 山 | 搬 呀 搬 | 搬 回 家 |
3/4 X X X X X | X X X X X |
　　大 山 有 多 大 | 一 点 小 饼 干 |

九、教学反思

（一）多种游戏，激发兴趣，增强课堂趣味性

本课是一节小学二年级的音乐游戏课。通过"找乐器"的音乐游戏，学生能听赏并辨别出已学乐器的音色特征；通过"节奏多声"的音乐游戏，学生能加深对多声节奏的感受与表达。

（二）通力协作，轻松学唱

学生学会在音乐中与同伴通力协调，完成可参与的音乐活动中自己担任的部分。在学习过程中，学生能够紧跟老师的思路，学习起来比较轻松，学生在学习的时候，能够基本辨认出本课中出现的乐器的音色，有了很大的进步。

十、设计亮点

一节出色的音乐课总离不开构思精巧、充满新意的教学设计。本课的教学方法着眼于激活学生的心理需求，由浅入深，巧妙安排四个环节的教学。

（一）从"趣"入手，探寻音色形象

从"猜一猜"集中注意力，到"找一找"主动参与，再"演一演"自我表现，最后"编一编"激励评价。学生在兴趣盎然中主动学习，积极参与，认真倾听，入情演奏。本课既解决了节奏和听辨音色两个难点，锻炼了学生的思维，又培养了学生的能力，让学生掌握了学习方法，取得了教学上的有效突破。

（二）寻找声音，合作创编

教师应对学生由找到的各种声音创编出来的作品进行指导整合，把各小组创编的乐句连成音乐剧，请同学们分角色表演出来，把充满生活情趣的内容充实到教学中去，才能有效地激发学生的审美情感与审美愉悦，让教学内容真正使学生想学、爱学、乐学。

三年级上册第9课《音乐中的小动物》教学设计

深圳市福田区梅丽小学　张惠婷

一、内容概述

内容简介：本课分为：歌唱课——《数蛤蟆》、欣赏课——管弦乐曲《公鸡和母鸡》《吹口哨的人与狗》，总共两个课时。教师依据学生喜爱动物的兴趣点，在感知一个个栩栩如生的小动物形象的过程中，培养学生音乐欣赏的能力及音乐表现的能力。学生通过学唱歌曲，聆听管线乐曲，编创动作，启发音乐想象力，培养创造性思维，提高音乐审美力。

作品联系：在一年级下册第8课，音乐中动物的小故事——《小鸭和大灰狼》的学习中，学生了解到音乐中的不同动物形象，在三年级上册第9课《音乐中的小动物》的学习中，同学们会在参与聆听、律动、演唱、表演等多种活动中，进一步了解音乐形象，提升音乐的感知力、表现力。

教学价值：在课中，教师基于"以音乐审美为核心，以兴趣爱好为动力"的课程理念，结合学生喜好特点，从音乐要素入手，启发学生在聆听、表现歌曲时发挥想象，融合SECG教学模式在本课的建构，从激趣、探趣、创趣、得趣等维度出发，结合学生的身心发展特点，巧妙利用课堂常规设计教学活动，在歌唱、欣赏中提高音乐素养。

二、学习目标

审美感知：通过歌唱《数蛤蟆》、欣赏管弦乐曲《公鸡和母鸡》《吹口哨的人与狗》，夯实音乐基础，渗透正向审美引导，让学生在丰富的音乐活动中形成良好的审美观。

艺术表现：在角色扮演、乐器演奏、歌唱律动等音乐实践活动中体会音乐情绪的表现对动物形象的诠释，并能尝试编创不同的音乐片段，表现动物形象。

创意实践：在听一听、唱一唱、演一演、编一编等系列活动中激发学生的音乐兴趣。

文化理解：了解四川民歌特色以及世界文化的多样性，明白动物是人类的朋友，培养学生热爱大自然、爱护小动物的美德。

三、教学安排

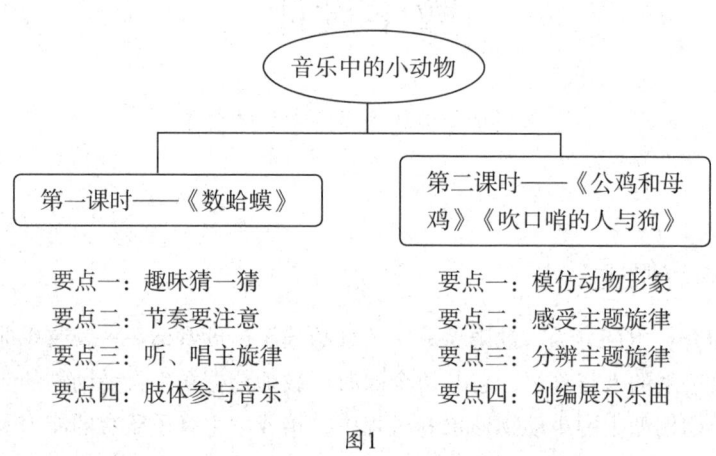

图1

四、学习评价

表1

评价内容	评价目标	评价方式	评价结果运用
旋律欣赏聆听	熟悉主题	教师评价或生生互评	贯彻教学目标
音乐节拍表现	感知音乐的节拍	教师评价或生生互评	能完整流畅地参与节拍活动
歌唱主题	歌唱主题	师生互评	能用自然优美的声音演唱音乐主题
音乐编创	自主编创音乐节奏以及主题形象	小组合作，生生互评	能够感受音乐形象，并进行节奏、旋律编创
了解音乐要素	丰富音乐知识储备	组内互评或教师评价	能理解歌唱曲和欣赏曲的风格特点以及音乐要素

五、教学建议

重、难点解决：

（1）能在音乐活动中自然、童趣地演唱四川民歌《数蛤蟆》，并能了解本课中的几首乐曲的音乐主题。

（2）感受和体会几首乐曲表现的不同形象和特点，并能根据主题创作表演。

六、活动设计

表2

课时	作品名称	教学设计侧重点	关注要点	活动设计
第一课时	《数蛤蟆》	猜一猜	感受音乐节奏	节奏游戏
		唱一唱	完整演唱歌曲	设计丰富多样的演唱游戏
		创一创	创编节奏和律动表现歌曲	用创编的节奏和律动为歌曲伴奏
第二课时	《公鸡和母鸡》《吹口哨的人与狗》	人声模仿	能否模仿动物声音	模仿游戏
		主题分辨	参与乐段创作，激发想象力	跟随音乐加入自我创作
		合作表演	能否表演动物形象	音乐主题表演

七、前后关联

表3

之前	之后
一年级下册第8课：音乐中动物的小故事——《小鸭和大灰狼》	四年级上册第8课：名曲回放——管弦乐组曲《动物狂欢节》

八、教学实施过程

第一课时　《数蛤蟆》

【教材分析】

《数蛤蟆》是一首活泼风趣、地方色彩浓郁的儿童歌曲，歌曲为2/4拍，歌词中的"花儿梅子希"是具有地方语言特色的衬词，歌曲用唱唱、算算的方法，赞颂了太平盛世。

【学情分析】

低年级学生以形象思维为主，具有好奇心强、活泼好动、模仿能力强的身心特点。本课在歌曲的学习上，依照学生身心发展的规律，从视觉、听觉出发，抓住学生的注意力，让学生轻松自然地参与音乐活动，并且感受到歌唱与创编带来的魅力，营造愉悦的课堂环境，让一每名学生的身心都能沉浸其中。

【教学目标】

1. 用轻松、自然的声音活泼、快乐地演唱歌曲《数蛤蟆》。

2. 根据音乐形象，用打击乐器编配伴奏，自主创编歌词，进行简单的表演。

【教学重点】

活泼、生动、有感情地演唱歌曲《数蛤蟆》。

【教学准备】

多媒体资料、钢琴。

【教学过程】

活动主题一：激趣《我们一起猜一猜》

一、活动目标

（1）玩猜谜游戏，引导学生在歌曲节奏中接龙，激发学习兴趣。

（2）歌词填空，引导学生自主发现歌词规律，为后续学唱做铺垫。

二、活动步骤

猜一猜：

1. 播放《数蛤蟆》伴奏，教师根据节奏"XXXXXX X"念出谜语：水中有位歌唱家，穿件绿色花衣裳，唱起歌来呱呱叫，田里数它本领大。猜一猜它是谁？并尝试模仿它的叫声"呱呱呱呱呱呱呱"

2. 小青蛙还有一位好朋友，跟它长得非常相似，大家知道它是谁吗？教师出示蛤蟆的图片，并播放伴奏音乐，有节奏地念歌词，与学生完成接龙。

问：一只蛤蟆几张嘴，几只眼睛几条腿？

答：一只蛤蟆一张嘴，两只眼睛四条腿。

问：两只蛤蟆几张嘴，几只眼睛几条腿？

答：两只蛤蟆两张嘴，四只眼睛八条腿。

三、活动评价

表4

评估项目	评估维度	评估办法（观察）	评估等级（参考）		
			A	B	C
趣味接龙	节奏回应	能否流畅用节奏完成谜语接龙	自信流畅地完成接龙	基本能完成接龙	较困难

四、设计理念

本活动主题一运用SECG教学模式之"激趣"环节，结合学生的身心发展特点，抓住学生喜欢探究的精神，以节奏猜谜的方式导出音乐形象——蛤蟆，通过师生合作的方式培养默契，引出歌曲、歌词规律，为后续歌词学唱做好铺垫。

活动主题二：探趣《我们一起唱一唱》

一、活动目标
1. 可以使用小乐器为歌曲进行简单伴奏。
2. 能跟随音乐完整演唱歌曲《数蛤蟆》。

二、活动步骤

（一）玩乐器

师：同学们，青蛙的叫声我们非常熟悉，那请你们猜一猜，蛤蟆应该怎么叫呢？老师手里有两件小乐器（木鱼、蛙鸣筒），请你们听一听，并选择最合适的小乐器。播放伴奏音乐，敲击歌曲节奏"XXXXXXX"，邀请同学上台感受小乐器蛙鸣筒，并且尝试敲击主题节奏。

（二）听、唱旋律

师：同学们，刚才我们模仿了蛤蟆的叫声，现在让我们一起来听听一首与蛤蟆有关的歌曲。

师：同学们，小蛤蟆们不仅吃害虫，还是田野里面的歌唱家，它们的叫声长短也各不相同，有呱、呱呱、呱呱呱、呱呱呱呱，我们也来加入蛤蟆们的音乐会吧，请你尝试着用"呱"跟随老师的钢琴，一起来唱一唱旋律吧！

师：同学们都感受到了歌曲非常活泼幽默的氛围，现在老师想考考你们，《数蛤蟆》这首歌数到了蛤蟆的几个部位呢？请你们仔细听听。

生：嘴、腿、眼睛。

师：让我们也一起加入数蛤蟆吧！请同学们手指歌词，轻声跟唱。

解释歌词："花儿梅子希、水上漂"属于地方四川方言，在音乐中也称为"衬词"，"衬词"的加入，能使歌曲更加生动形象，具有地方民歌的味道。

（三）多形式演唱

第一关：教师分段弹奏旋律，学生自主套词演唱。
第二关：跟随伴奏，师生接龙演唱。
第三关：跟随伴奏，全体同学用自然活泼的声音完整演唱。

三、活动评价

表5

评估项目	评估维度	评估办法（观察）	评估等级（参考）		
			A	B	C
歌曲演唱	演唱	能否跟随伴奏完整演唱	声音优美，自然演唱	完整演唱	演唱不流畅

四、设计理念

本活动主题运用SECG教学模式之"探趣"环节，以节奏探趣、旋律探趣等方式，让学生参与音乐活动中，循序渐进解决歌曲学唱环节中会遇到的常见问题，巧妙自然地从学生本体出发，以游戏的形式，发现歌曲规律，掌握歌曲演唱。

活动主题三：创趣《我们一起玩一玩》

一、活动目标

1. 听音乐，能跟随音乐使用小乐器用自编节奏进行伴奏，提升学生的节拍感知力。
2. 能根据歌曲中的动物形象，用肢体进行表演，提高音乐表现力。

二、活动步骤

（一）小乐器伴奏

1. 复习学过的节奏"XXXXXXXXXXXX"，并邀请学生根据节拍组合节奏，尝试用笔、尺子、水瓶等听音乐为歌曲伴奏。
2. 以小组为单位，邀请学生上台合作展示自己创编的伴奏，并在黑板上写出来。

（二）肢体律动

1. 播放音乐，引导学生有节奏感地模仿蛤蟆跳水的动作。
2. 组内推荐小伙伴邀上台展示，以节拍的方式模仿蛤蟆的跳水方式。

三、活动评价

表6

评估项目	评估维度	评估办法（表演）	评估等级（参考）		
			A	B	C
节奏、律动	创编	使用学习过的节奏以及肢体律动进行创编	能跟随音乐有主题地创编	基本能创编	编创概念模糊

四、设计理念

本环节运用了SECG教学模式之"创趣"教学模式，从学生最熟悉的节奏入手，鼓励编创，让每名学生都能享受不同节奏、不同打击乐组合在一起带来的不同节奏音响，发现音乐、享受音乐、创造音乐，并根据歌曲主题，有节拍地模仿小动物，最后营造舞台氛围，形成表演，在自主的音乐创造中实现教学目标。

活动主题四：得趣《我们一起想一想》

一、活动目标

1. 引导启发学生进行情景表演+打击乐+演唱，发展学生拓展性思维。
2. 能自主编唱第3、4段歌词，如"三只蛤蟆三张嘴……"充分体验歌曲带来的幽默、诙谐、机智的感受。

二、活动步骤

（一）情景表演

1. 全班分为：演唱组、打击乐组、表演组，学生根据自身特长自主选择加入其中一组，并进行排练。
2. 由每个小组成员选择两名同学，进行歌曲合演，注意演唱组歌声优美自然，打击乐组节拍稳定，表演组根据歌曲故事精选表演创作。

（二）补充歌词

邀请学生自主编创第3、4段歌词，并将歌词写下来，可以是其他动物的特征，并跟随歌曲伴奏试着演唱出来，旋律不变歌词变，观察学生对歌曲音高的掌握程度。

三、活动评价

表7

评估项目	评估维度	评估办法（表演）	评估等级（参考）		
			A	B	C
情景表演	学生合作	邀请学生上台分组展示	能跟随音乐完成精彩表演	能完整完成表演	表演有待提高
歌词改编	歌曲旋律	写下改编的歌词并唱出来	能用自己所填的歌词完成演唱	能完整演唱	不能完整演唱

四、设计理念

本活动主题四运用SECG教学模式之"得趣"环节，把课堂变为创意小舞台，充分享受与同学之间欢快愉悦的合作氛围，体验歌曲带来的诙谐、幽默、机智的感受，让学生能在音乐活动中收获掌声与自信心，并且将这一感受延续，让学生爱上音乐，享受音乐，在音乐中提高，在音乐中收获。

第二课时 《公鸡和母鸡》《吹口哨的人与狗》

【教材分析】

《公鸡和母鸡》是《动物狂欢节》里的一首管弦乐组曲,由作曲家圣-桑所作。乐曲以各种乐器生动地演绎动物们各种滑稽有趣的形象而闻名,整部组曲由十四首组成。本课节选了其中一首管弦乐曲《公鸡和母鸡》,通过欣赏钢琴与小提琴的音色,感受公鸡打鸣与母鸡下蛋的诙谐幽默的音乐氛围。《吹口哨的人与狗》是美国作曲家普赖尔于1905年创作的一首通俗管弦乐小曲。它描绘了小主人吹着口哨,和心爱的小狗在林荫道上散步的情景,该曲曲调轻松、活泼,形象逼真、可爱。

【学情分析】

三年级的学生已经具备了一定的音乐感受、创造能力,并且能正确欣赏乐曲,表现乐曲。在教学过程中,教师应抓住学生活泼、爱玩的特长,以动物形象为主线串联乐曲欣赏,让学生在情景中感受乐曲欢快的曲调、童趣的意境,充分发挥学生学习的主动性,让学生积极参与音乐的各种实践体验和音乐表现活动。

【教学目标】

1. 欣赏《公鸡和母鸡》及《吹口哨的人与狗》,能用动作表现音乐所表达的动物形象。

2. 通过聆听、律动、演奏、实践活动获得愉快的感受与体验,在音乐活动中培养团结合作的创新精神。

【教学重点】

1. 能区分乐曲的不同主题所表现的音乐形象。
2. 能用口风琴吹出主题旋律乐曲的片段。

【教学准备】

多媒体设备、口风琴、钢琴。

【教学过程】

活动主题一:激趣《动物模仿秀》

一、活动目标

1. 在熟悉的歌曲中回忆动物形象,并且模仿动物的形态。
2. 抓住音乐特点,感受公鸡和母鸡不一样的音乐形象。

二、活动步骤

创设快乐气氛:

播放童趣开场音乐,邀请学生自由地随音乐节拍模仿自己熟悉的动物形态、叫声。全班分为几个队伍，自由组队表演。要求：能跟随音乐节拍，音量适中，速度稳定，一边模仿声音，一边表演动作。

三、活动评价

表8

评估项目	评估维度	评估办法 （表演）	评估等级（参考）		
			A	B	C
表演	模仿动物	听音乐模仿自己熟悉的动物	能自信大方地模仿动物特点	能参与模仿	表演较为羞涩

四、设计理念

本活动主题一运用SECG教学模式之"激趣"环节，创设愉悦的音乐氛围，邀请学生模仿自己心中最熟悉的动物，并且能够与同组同学完成合作，在轻松愉悦的音乐环境中，唤起学生的表演天赋，引导学生树立团结合作的游戏精神。

活动主题二：探趣《情境体验》

一、活动目标

1. 感受音乐主题旋律，区分公鸡与母鸡不同的音乐表现。
2. 能够用动作随节拍模仿公鸡与母鸡。

二、活动步骤

（一）节奏模仿

教师播放音乐《公鸡和母鸡》并跟随音乐有节奏地模仿公鸡和母鸡走路，学生可自由选择模仿。

学生自由选择节奏如：

公鸡：‖：X X ｜ X X ：‖（走 走）

母鸡：‖：X X X X ｜ X X X X ：‖（跑 跑）

（二）音色感受

完整欣赏乐曲，分辨钢琴和小提琴的音色，引导学生听到钢琴音色能够模仿公鸡走路以及公鸡叫声"喔喔喔"，听到钢琴和小提琴交错时模仿母鸡快跑以及不停咯咯叫的主题音乐。

（三）角色扮演

学生分组进行角色模范，扮演公鸡和母鸡，在听到公鸡的主题音乐时，模仿公鸡啼叫声并自然模仿公鸡雄赳赳气昂昂的样子。听到母鸡的主题音乐时，模仿母鸡快步走时的样子以及母鸡下蛋声。

三、活动评价

表9

评估项目	评估维度	评估办法（表演）	评估等级（参考）		
			A	B	C
表演	分辨音乐主题	根据不同主题表演	带有个性地完整表演	能完整表演	不能表演

四、设计理念

本活动主题二运用SECG教学模式之"探趣"环节，以音乐中的公鸡和母鸡主题为背景，鼓励学生根据主题不同的音色特点进行探究式的模仿表演，发挥了学生的想象力，也进一步提升了学生对音乐主题的感知能力。

活动主题三：创趣《创作表现》

一、活动目标

1. 能跟随音乐自由、形象地进行创作表演。
2. 能哼唱主题旋律片段，并能尝试用口风琴吹出小孩吹口哨与狗的形象。

二、活动步骤

（一）根据音乐主题模仿动物形象

播放《吹口哨的人与狗》，出示人与狗的图片，请学生根据音乐变化，自由地模仿乐曲形象，并说说乐曲最后出现了什么声音，思考作曲家为什么要这样安排，请学生在脑海中构思一个故事，并完整描述出来。

（二）根据音乐主题演奏动物形象

根据乐曲当中出现的不同形象，尝试在口风琴上面找音高并配以短小合适的节奏，吹奏出来，感受自己用声音来模仿动物形象（小狗叫声低沉，口哨声较高），并请两组同学上台表演，一组是表演组，一组是吹奏组，跟随音乐自由表演。

三、活动评价

表10

评估项目	评估维度	评估办法（吹奏）	评估等级（参考）		
			A	B	C
编创	声音创造力	能否自己吹奏出合适的属于小狗和人的音	新颖	正常	一般

四、设计理念

本活动主题三运用SECG教学模式之"创趣"环节——鼓励学生运用音乐独特

的艺术语言进行创造性的实践活动，并且融合模仿进行表演，教师鼓励学生自信大胆地上台展示，并且有序协调好班级小组之间的合作演习，培养学生创意实践的能力，提高艺术表现力。

活动主题四：得趣《动物狂欢会》

一、活动目标

1. 感受两首不同风格的乐曲，并制作表格，比较音乐要素之间的不同。
2. 能够在两首管弦乐曲中构思情节参与表演，实现从聆听升华到表演。

二、活动步骤

（一）要素对比

教师再次完整播放两首乐曲，并且引导学生从音乐的节拍、速度、演奏乐器、情绪、表现形象上等进行音乐要素的对比，并邀请学生想想还有哪些音乐要素的对比可以罗列上，总结这节课所学的音乐知识。

（二）动物形象表演

将班级学生分为两组，根据音乐要素的总结，鼓励学生根据音乐的发展，自我创编故事脚本，一组表演《公鸡和母鸡》，一组表演《吹口哨的人与狗》，并且相互给对方打分评价，培养逻辑思维能力，将音乐与表演融合，促进艺术文化之间的相互渗透，实现以美育人。

三、活动评价

表11

评估项目	评估维度	评估办法 （创作表演）	评估等级（参考）		
			A	B	C
表演	音乐与戏剧	从故事脚本、形象表演上进行评估	能合作完成精彩表演	能完成表演	不能完成表演

四、设计理念

本活动主题四运用SECG教学模式之"得趣"环节，本环节遵循以生为本的活动理念，在音乐活动中引导学生自主总结所学知识，并且根据音乐的情节走向，进行故事脚本的创编，开发想象逻辑思维能力，激发表演天赋，助力学生实现更高的艺术表现能力。

九、教学反思

（一）深挖潜能，实现多方位创作

本课在音乐活动的设计上，除了基本的视、听、唱之外，每个环节都鼓励学生大胆进行演和创。教师通过创设愉悦积极的音乐故事情景，启发学生无限的想象力以及创作灵感，让学生能在音乐中充分体验、感受、感悟、激发自身对音乐独特的理解能力，并通过演、奏、创的方式表现出来，最大限度地开发学生的创造力和自主体验式学习的能力。

（二）涵养品格，提高艺术修养

本课中的两首管弦乐曲短小有趣，但如果缺乏教师正确的引导学习，学生对于音乐的欣赏可能停留在浅显的听觉上，无法正确欣赏乐曲当中有趣的故事和形象的动物主题。针对此种情况，教师应在教学过程中充分给予学生表达、想象的空间，让学生敢于诉说、敢于想象、敢于尝试、敢于有不同的理解表达。教师应在整个教学过程中做好支架、引导的作用，培养学生的艺术品格，提高学生的艺术修养。

十、设计亮点

（一）方法灵活，激发学生的学习积极性

基于每名学生都是独特的人的教育理念，教师在本课设计了多种多样的音乐活动形式。每名学生的天赋不同，有的懂聆听，有的爱表演，有的心思细腻。基于此，教师更应该避免除了听就是唱的传统教学形式，而应该思维广阔，方法灵活，在欣赏中融入创和演，促进学生之间的合作，激发学生的学习积极性，培养学生的成就感，树立学生的学习自信心。

（二）创设情景，激发学生的学习兴趣

语言是教师与学生进行正常交流与传递信息的重要工具。在音乐教学中，教师要善于创设独特的音乐教学情景，用趣味的环节将学生带入特定的音乐情景中，引导他们深入感受与体会作品所蕴含的情感。在课堂教学中，教师要善于根据不同的音乐作品创设不同的音乐教学情景，在音乐情景创设过程中，要契合学生，从学生的兴趣爱好入手，走进他们内心的童趣王国，激发他们学习音乐的兴趣。

三年级下册第6课《五彩缤纷的音色世界（一）》教学设计

深圳市福田区竹香学校　王唯颖

一、内容概述

内容简介：本课是《五彩缤纷的音色世界》教学系列的第一部分，由两首具有代表性的器乐作品组成，主要安排学生认知音色。《空山鸟语》是我国杰出的音乐作曲家、音乐教育家刘天华的主要代表作之一。作品运用二胡丰富多变的音色及高超的演奏技巧，生动描绘了深山幽谷、百鸟争鸣的优美意境，是一首极富音乐形象的民族器乐独奏曲；《云雀》是罗马尼亚作曲家迪尼库（Dinicu）独具特色的作品，也是在小提琴高音E弦上绝无仅有的颤音名曲。该乐曲情绪欢快热烈，并巧妙地运用了小提琴上下滑指的颤音技巧，以极为明快欢腾的旋律，简练而富于动感的钢琴伴奏，表现了山林中云雀争鸣、阳光明丽、风景如画的一幕。

作品联系：两首乐曲都是器乐作品。《空山鸟语》和《云雀》都使用了模拟动物叫声的创作手法，运用了拉弦乐器创作鸟叫声。

教学价值：通过本课的学习，能让学生了解二胡、小提琴乐器的外形结构、演奏方法、音色特点，通过SECG教学模式在本课的建构，感受音乐模仿的乐趣，体会二胡、小提琴华丽优美的音色所描绘出来的鸟的音乐形象，让学生激发对大自然的热爱，感受大自然给人类带来的美好景象。

二、学习目标

审美感知：感受两首作品运用不同乐器带来的音色美，感知乐曲中不同音乐风格营造出的情感变化。例如，《空山鸟语》生动描绘了深山幽谷、百鸟争鸣的优美意境，是一首极富音乐形象的民族器乐独奏曲；《云雀》以极为明快欢腾的小提琴旋律，简练而富于动感的钢琴伴奏，表现了山林中云雀争鸣、阳光明丽、风景如画的一幕。

艺术表现：能哼唱部分乐曲的主题旋律，能模仿所学乐器的演奏姿势，能随乐曲的音乐编创律动表演，能根据所学的创作方法编创简单的旋律。

创意实践：通过营造氛围、创编表演等活动，活跃学生思维，提高学生艺术创造能力和实践能力。

文化理解：理解每首乐曲的知识，如乐曲的创作背景、曲式结构、创作方法，所有乐器的正确名称、形状结构等，激发对大自然的热爱。

三、教学安排

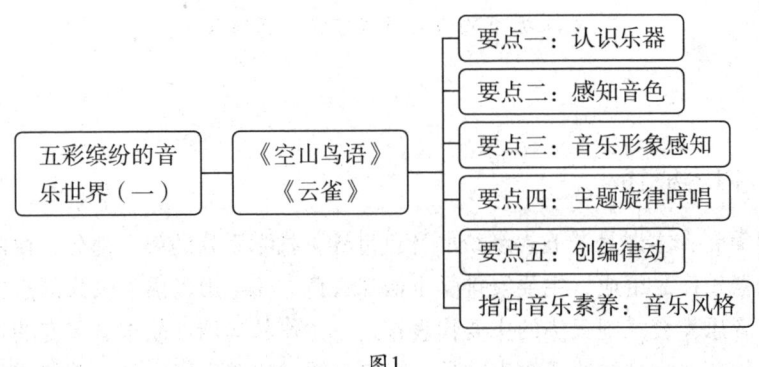

图1

四、学习评价

表1

评价内容	评价目标	评价方式	评价结果运用
认识《空山鸟语》《云雀》乐曲中二胡与小提琴两种乐器	能通过观察乐器的图片、聆听音乐、模仿演奏姿势，说出所学乐器的名称	学生评价或教师评价	了解学生掌握情况，便于复习时找准侧重点
主题旋律的哼唱	能哼唱或背唱乐曲中的某个主题旋律	教师评价	做旋律积累，为以后的音乐创作打基础
对音乐形象感知	通过聆听，能够用动作或语言将感知到的音乐形象表达出来	学生评价或教师评价	了解学生的感知能力，为以后的教学设计做参考
音乐创作	能跟音乐编创律动、创作简单的旋律	组内互评或教师评价	优秀作品可成为其他班级的创作参考

五、教学建议

重、难点解决：

（1）利用实物和乐器结构图，通过直接观察和对比观察，帮助学生认识本课所学的乐器。

（2）听辨乐器音色，可让学生先从听觉上感知乐器的音色，再用适当的形容词进行描述，能用简单的肢体动作表达每段乐曲的情绪和音乐形象，在合作表演中培养学生的音乐表现力和合作能力，从而加强学生对乐器音色的记忆。

（3）乐曲中大部分主题旋律节奏较难、音域跨度较大、演唱难度系数较高，因此可以运用聆听、分析、对比、哼唱、律动等活动，了解、认识和记忆乐曲中四个不同乐段的旋律特点，运用演唱等方式进行教学。

（4）教师在学生熟悉乐曲后通过探究性音乐教学方法和学生一起分段进行分析，使他们理解乐曲的曲式结构和乐曲表达的艺术形象。教师应在听辨猜乐段中加深学生对乐曲的熟悉，评价学生对乐曲的理解程度，最后用合作表演法通过师生合作表演音乐形象，让学生感受音乐模仿的乐趣，激发学生对大自然的热爱，提高学生的合作表演能力。

六、活动设计

表2

课时	作品名称	教学设计侧重点	关注要点	活动设计
第一课时	《空山鸟语》	介绍二胡	结构与音色	看结构图和听辨音色
		分析作品，感知形象	了解并能听辨五段体曲式结构，能用简单的肢体动作表达每段乐曲的情绪和音乐形象	分段欣赏、完整欣赏、模仿、律动、表述
	《云雀》	介绍小提琴	形状与音色	实物和图片，用演奏或聆听的方法辨别音色

七、前后关联

表3

之前	之后
三年级上册第11课：欣赏大提琴独奏曲《天鹅》、欣赏管弦乐曲《四小天鹅舞曲》	四年级下册第5课：欣赏大号独奏曲《查尔达斯舞曲》、欣赏铜管四重奏《快乐的号手》

八、教学实施过程

第一课时 《空山鸟语》《云雀》

【教材分析】

《空山鸟语》是我国杰出的音乐作曲家、音乐教育家刘天华的主要代表作之一。作品运用二胡丰富多变的音色及高超的演奏技巧，生动描绘了深山幽谷、百鸟争鸣的优美意境，是一首极富音乐形象的民族器乐独奏曲。

《云雀》是罗马尼亚作曲家迪尼库（Dinicu）独具特色的作品，也是在小提琴高音E弦上绝无仅有的颤音名曲。乐曲情绪欢快热烈，并巧妙地运用了小提琴上下滑指的颤音技巧，以极为明快欢腾的旋律，配合简练而富于动感的钢琴伴奏，表现了山林中云雀争鸣、阳光明丽、风景如画的一幕。在小提琴E弦亮丽、清悦、透明的音色表现下，高超的颤音绝技一气呵成。

【学情分析】

考虑到三年级学生的现状和自身学习民乐的优势，我首先进行视唱发声练习，让学生熟悉视唱乐曲中的主题旋律，为后面的学习做铺垫；其次，采取听赏情景教学，运用现代信息技术，让学生聆听乐曲，为学生创设了一系列优美的情景，激发学生的学习兴趣；再次，在接下来的学习中现场演奏二胡和小提琴，使学生更直观地了解二胡和小提琴的结构和音色特点，活跃课堂气氛，促进学生对知识的掌握，让学生充分认识民族乐器二胡和西洋乐器小提琴，并通过讲授使学生认识民乐大师刘天华，热爱我国民族乐器；最后，让学生体会小提琴华丽优美的音色所描绘出来的云雀的音乐形象，感受大自然给人类带来的美好景象。在学生熟悉乐曲后，教师通过探究性音乐教学方法和学生一起分段进行分析，使他们理解乐曲的曲式结构和乐曲表达的艺术形象，在听辨猜乐段中加深学生对乐曲的熟悉，评价学生对乐曲的理解程度，然后用合作表演法表演音乐形象，让学生感受音乐模仿的乐趣，激发对大自然的热爱，提高学生的合作表演能力。

【教学目标】

1. 通过欣赏、聆听，能辨别出二胡、小提琴音色。感受拉弦乐器和打击乐器所塑造的不同音乐形象，激发学生对民族器乐的喜爱之情，逐步培养民族自豪感。通过欣赏二胡独奏曲《空山鸟语》了解二胡的音乐与表现力，培养学生对民族音乐的感情，了解民族音乐家刘天华的生平。

2. 聆听《云雀》，体会歌曲，展开想象并尝试用自己的语言表述音乐要素与音乐情绪间的关系。

3. 通过欣赏《云雀》，体验乐曲带给人们欢快的情绪，认识小提琴，了解它的音色。

【教学重、难点】

重点：学习《空山鸟语》《云雀》，教师引导学生学习歌曲带来的感受。

难点：能听辨出二胡、小提琴的音色。能说出《空山鸟语》《云雀》乐曲的感受与理解。

【教学准备】

教材资料、制作课件、钢琴、二胡、小提琴。

【教学过程】

活动主题一：激趣《聆听音乐，感知音色形象》

一、活动目标

初步聆听乐曲片段，感受乐曲所表达的内容。

二、活动步骤

（一）唱听看，感受音乐形象

关于云雀：云雀是一类鸣禽，叫声高昂入耳。它飞到一定高度时，稍稍浮翔，又疾飞而上，直入云霄，故得此名。中华民族的文化光辉灿烂，源远流长，中华的民族音乐更是世界音乐的一朵奇葩。从以往的学习当中，我们大家已经初步了解到了民族乐器可分为拉弦乐器、弹拨乐器、吹管乐器以及打击乐器等。今天，老师将带你们进入拉弦乐器的世界。

（二）再听歌，体验乐器特点

乐曲欣赏。

师："请同学们听一段音乐，听完后告诉老师，听了这段音乐后，乐曲的情绪是怎样的？这是用什么乐器演奏的，你听到了些什么？"

三、活动评价

表4

评价项目	评价维度	评价办法（观察）	评价等级（参考）		
			A	B	C
文化理解	对拉弦乐器的了解	根据举手回答问题的情况进行判断	认真聆听	基本聆听	完全不听
音乐感知	对《空山鸟语》音乐形象的感知	根据举手回答问题的情况进行判断	完全正确	基本正确	不正确

四、设计理念

本活动主题一运用SECG教学模式之"激趣"环节——"趣玩人声""趣辨音色"导入新课，目的是激起学生的学习兴趣，活跃学习气氛，从而导入新歌曲的学习。为进一步聆听和分辨乐器——二胡和小提琴的音色做了铺垫。

活动主题二：探趣《哼唱主题，聆听模唱探结构》

一、活动目标

1. 探讨二胡的音色特点，介绍二胡：二胡的构造比较简，由琴筒、琴杆、琴皮、弦轴、琴弦、弓杆、千斤、琴码和弓毛等组成的。

2. 分段欣赏《空山鸟语》，哼唱主题旋律，了解乐曲的整体结构，感知乐曲表现的音乐形象。

二、活动步骤

（一）听音色，了解二胡结构

1. 聆听乐段，讨论乐曲是由什么乐器演奏的，是独奏曲还是合奏曲。

交流总结：这是一首二胡独奏曲，二胡始于唐朝，称"奚琴"，即二弦胡琴，木制，两根琴弦。乐曲的伴奏乐器是扬琴。

2. 看实物和图片了解二胡的结构。

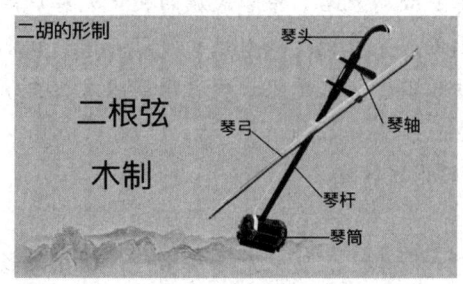

图2

3. 二胡在音乐表达上有很浓厚的情感，其音质清晰，而且饱满圆润，再加上二胡音色比较多变，让人们在欣赏的同时能很快地被带入音乐的情感中。

（二）分段欣赏，感受乐曲情绪

全曲共五段，另有引子和尾声。引子慢速带装饰音的八度、五度、四度的大音程跳进，恰似空谷回声，刻画出一种幽渺、静穆的意境，令人神往。第一、二段的音乐清新活泼，气氛活跃。第三、四、五段运用各种拟声的表现技巧，生动形象，展现出一幅鸟声四起、争相飞鸣的喧闹情景，表达了人们对美丽大自然的热情赞颂。尾声部分再现一段旋律，末句采用分解的大三和弦的上行旋律，明亮有力，表现人们对美好生活的热切追求。

（三）完整听，感受乐曲结构

1. 师：你觉得乐曲总共有几段？

2. 活动练习

（1）完整聆听乐曲，体验乐曲欢快的情绪。

（2）同学们请用自己有的打击乐器或者用手势、姿势等表达自己对乐曲的理解。

三、活动评价

表5

评价项目	评价维度	评价办法（观察）	评价等级（参考）		
			A	B	C
音乐感知	对乐曲速度、情绪、音色、旋律的感知	根据师生交流的情况，回答问题进行判断	准确表达	能够表达	无法表达
曲式结构	对乐曲结构的分析	根据回答问题的具体情况进行判断	完全正确	基本正确	不正确
参与程度	根据音乐律动、跟着主题哼唱	观察学生参与情况得出结论	积极参与	基本参与	很少参与

四、设计理念

本活动主题二运用SECG教学模式之"探趣"环节——力求通过哼唱主题、律动参与、分段聆听、对比欣赏、完整欣赏等方式，让学生对二胡的名称、结构、音色、演奏技巧，以及对乐曲的情绪、速度、表现内容、曲式结构等了然于心，培养学生对民族音乐的感情，提升音乐素养。

活动主题三：创趣《西洋拉弦乐器对鸟的表达》

一、活动目标

1. 让学生想象用不同乐器模仿鸟叫声，感受不同音色之美

2. 通过欣赏《云雀》，让学生感受拉弦乐器的魅力，理解乐器对于音乐形象的描绘。

二、活动步骤

（一）同时鸟叫齐模仿

1. 初听乐曲：你听到了什么？

这是美丽的云雀，它的叫声清脆明亮，非常动听，音乐家以它为题材创作了许多优秀的作品，有歌曲也有乐曲。

师：乐曲的情绪如何？

生：情绪欢快，旋律起伏多变，表现出云雀高空展翅自由翱翔。

师：你喜欢这首乐曲吗？为什么？是用什么乐器演奏的？

师介绍小提琴：小提琴广泛流传于世界各国，是现代管弦乐队弦乐组中最主要的乐器。它在器乐中占非常重要的地位，是现代交响乐队的支柱，也是具有高难度

演奏技巧的独奏乐器,与钢琴、古典吉他并称为世界三大乐器。

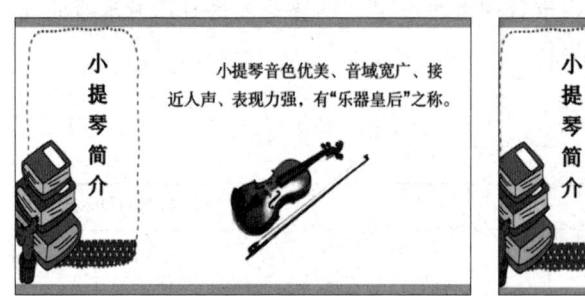 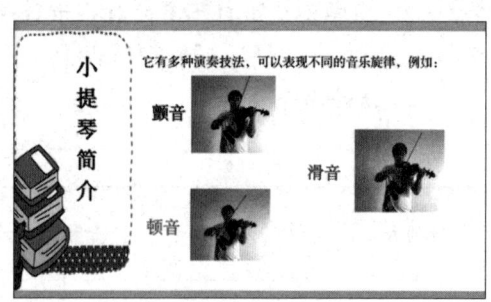

图3

2. 分段欣赏,云雀在琴弦上歌唱。

分段欣赏音乐主体,找出音乐主体最主要特征。

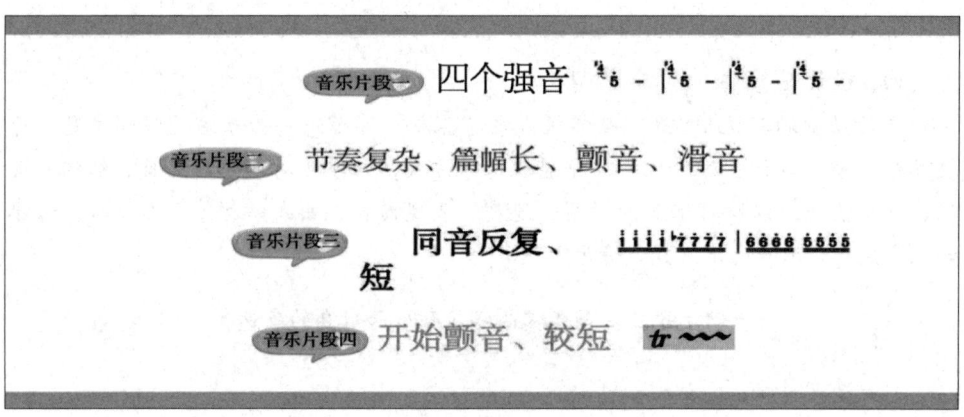

图4

(二)乐曲简介创律动

1. 这是罗马尼亚作曲家迪尼库(Dinicu)独具特色的作品。乐曲巧妙地运用了小提琴上下滑指的颤音技巧,以极为明快欢腾的旋律,配合简练而富于动感的钢琴伴奏,表现了山林中云雀争鸣、阳光明丽、风景如画的一幕。

2. 活动练习:

(1)完整聆听乐曲,体验乐曲欢快的情绪。

(2)请同学们演奏小提琴动作,完整聆听乐曲。

(3)让学生用自己有的打击乐器或者用手势、姿势等表达自己对乐曲的理解。

三、活动评价

表6

评价项目	评价维度	评价办法（观察）	评价等级（参考）		
			A	B	C
音乐理解	对乐曲中云雀的各种形态的感知	从学生回答问题的对错情况进行判断	完全正确	基本正确	不正确

四、设计理念

本活动主题三运用SECG教学模式之"创趣"环节——通过听音乐编故事，培养学生的想象力和编创能力。通过聆听、观赏、模仿、尝试等方式，学生了解小提琴乐器的音色特点和演奏方法，从而感受小提琴乐器的音乐魅力。

活动主题四：得趣《寻找乐曲，感受乐器，模仿大自然之美》

一、活动目标

1. 对比本课中所学主要乐器二胡和小提琴的特点。
2. 欣赏笛子独奏《苗岭的早餐》片段。
3. 引导学生进行课后欣赏延伸。

二、活动步骤

（一）听音乐连连线

播放《云雀》《空山鸟语》片段，在教师的引导下巩固聆听。

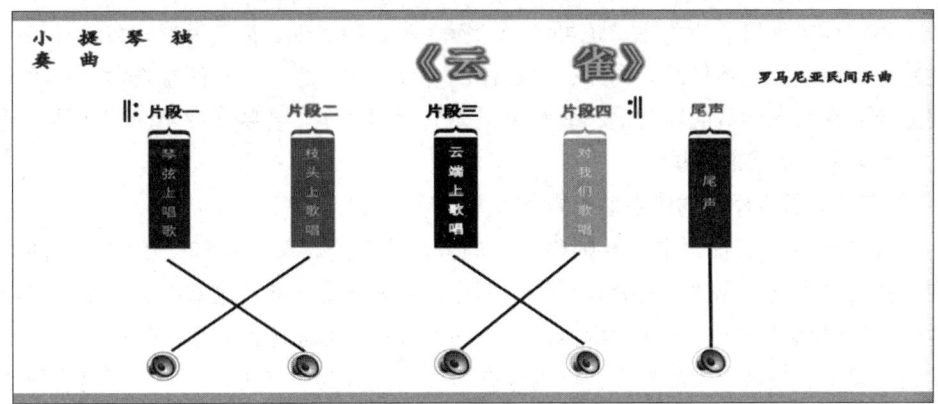

图5

（二）引导听，音乐描绘大自然的乐曲

播放《百鸟朝凤》，请同学们欣赏。

同学们，今天我们学到了些什么？你们对大自然又了解多少呢？大自然的美妙声音有吸引到你们吗？用音乐描绘大自然的乐趣是无穷无尽的，让我们一起去寻找发现吧！

三、活动评价

教师通过提问的方式，运用学生回答问题的对错比例，去判断学生对所学内容的掌握情况。

四、设计理念

本活动主题四运用SECG教学模式之"得趣"环节——通过对比回答的问题，加强学生对所学知识的记忆，拓展介绍描绘大自然鸟类的不同版本乐曲，引起学生课后学习的兴趣。

九、教学反思

本课都是器乐欣赏作品，一首二胡独奏曲，一首小提琴独奏曲。为了引导学生深入理解器乐作品，教学设计主要侧重以下几个方面。

（一）以激发学生的兴趣爱好为前提

兴趣是人对某种事物或从事某种活动所表现出来的积极、热情和肯定的心理倾向，是推动人们探求新事物、研究新问题，进而形成一种创新意识与能力的精神力量。在音乐欣赏课堂中，兴趣是一种动力，它会使学生与音乐之间保持联系，让学生不断了解音乐，在聆听音乐中学习音乐，并且享受音乐。这就要求我们在课堂教学中，时刻关注学生的兴趣点在哪儿，如何合理地将兴趣引导到课堂内容当中。

（二）以灵活多变的教学形式为方法

器乐欣赏课以聆听为主，也可结合"听、唱、哼、创、律"等形式多元开展，更好地帮助学生欣赏作品。同时，多媒体的有效运用，也是提高课堂教学的一项有利途径。在音乐欣赏的课堂上，教师可以充分利用文字、音频文件、图片文件、动画影像等多种形式的材料。

（三）以提高学生的综合鉴赏能力为方向

在音乐鉴赏课程当中，教师要完成的教学内容有很多。例如，欣赏内容的类别、音乐的主题、作曲家的介绍、音乐创作背景故事等。通过这些内容，学生可以理解一首作品具有丰富的文化内涵，同时能够表达内心思想的艺术。这就要求在欣赏的过程中，教师应不断提高自己的综合素质，充分利用好资料源，合理地引导学生如何去鉴赏音乐。

十、设计亮点

（一）音色对比，以趣为引

在课程设计的"激趣"和"探趣"环节中，教师通过聆听、对比等方法，引导学生听辨二胡和小提琴的音色，并以趣味的方式引导学生调动多感官，全身心投入音乐，参与音乐欣赏。

（二）鼓励创编，激发创造

音乐的魅力在于发展学生的创造性思维，引导学生自主思考，让学生更深层次地掌握作品，使他们富有激情地参与课堂，感受音乐的美好，增进学习兴趣，提高学生对音乐的审美体验和情感体验。

三年级下册第8课《你唱我来和》教学设计

深圳市福田区皇岗小学 曾英姿

一、内容综述

内容简介：本课是三年级下册第8课，是"音乐结构"要素卡农的学习。卡农是多声部音乐的基本形式，培养多声部演唱能力最适合从卡农开始。因此，本课安排了欣赏二部轮唱曲《卡农歌》，引出音乐术语"卡农"。本课的具体内容：演唱《救国军歌》前面部分，在实践体验中培养学生轮唱的能力，欣赏《保卫黄河》等，让学生进一步体验轮唱这一表现手法带来的美感。

作品联系：在三年级下册第4课《端午节》的学习中，学生在"节奏的多声游戏——朗诵《端午节》"中提高多声部的节奏能力，并在节奏中发现了卡农歌曲的元素。学生可以将通过对《端午节》的多声部节奏练习的掌握迁移到对卡农演唱形式更好地理解和学习中，再逐步发展其多声部的演唱能力。

教学价值：具有游戏性的音乐歌曲学习，一直是学生最喜爱且较容易接受的音乐教学方式。通过SECG教学模式在本单元的建构，培养学生"听"声部变化、"唱"歌曲旋律、"想"歌曲内涵的习惯，让学生慢慢养成怎样学唱歌曲的流程，并在趣味性学习的过程中，激发学生欣赏歌唱的兴趣，掌握一定的赏析音乐的方法，为今后音乐课的学习打下基础。

二、学习目标

审美感知：能听辨出卡农这一艺术形式，用实践感知轮唱的艺术魅力。通过欣赏《保卫黄河》，体验卡农的运用在表现作品磅礴的气势以及所蕴含的爱国情感上所起的作用。

艺术表现：用合适的速度、稳定的节拍演唱《救国军歌》前8小节轮唱部分，用实践感知轮唱的艺术魅力。

创意实践：通过创编表演、用卡农的形式做节奏练习等活动，活跃学生思维，提高学生艺术创造能力和实践能力。

文化理解：感知感受卡农歌曲的音乐特点，了解其背景，掌握创作特点。

三、教学安排

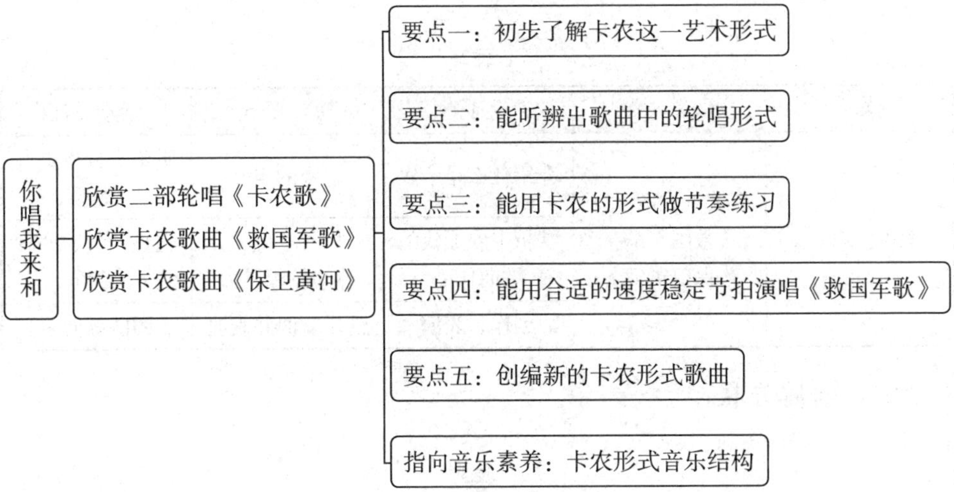

```
                              ┌─ 要点一：初步了解卡农这一艺术形式
                              │
                              ├─ 要点二：能听辨出歌曲中的轮唱形式
你      欣赏二部轮唱《卡农歌》  │
唱   ─ 欣赏卡农歌曲《救国军歌》 ├─ 要点三：能用卡农的形式做节奏练习
我      欣赏卡农歌曲《保卫黄河》 │
来                            ├─ 要点四：能用合适的速度稳定节拍演唱《救国军歌》
和                            │
                              ├─ 要点五：创编新的卡农形式歌曲
                              │
                              └─ 指向音乐素养：卡农形式音乐结构
```

图1

四、学习评价

表1

评价内容	评价目标	评价方式	评价结果运用
了解卡农的概念	能通过看歌谱和听音频分辨歌曲中的卡农形式	教师评价或生生互评	为下一环节做准备
音乐要素感知	准确感知歌曲中强弱的变化	教师评价或生生互评	为下一环节做准备
演唱歌曲《救国军歌》	通过演唱实践感知轮唱艺术	生生互评	了解学情，改善方法
二声部轮唱创作	能根据卡农的结构特点创编出新的卡农歌曲	组内互评或教师评价	完成小组演唱的歌曲创作
小组演唱表演	分工明确，表演精彩	全员互评	进行小组歌曲演唱表演

五、教学建议

重、难点解决：
（1）能听辨出歌曲或者器乐中的轮唱形式。
（2）能合作完成歌曲卡农形式编创并进行小团队表演。

六、活动设计

表2

课时	作品名称	教学设计侧重点	关注要点	活动设计
第一课时	《卡农歌》《救国军歌》《保卫黄河》	介绍什么是卡农	卡农的定义	听辨、分析重点要素
		赏析卡农形式的歌曲作品	分析要素变化，感知轮唱魅力	完整欣赏、分段赏析
		创作、表演	创作歌曲并表演	小团队歌曲表演

七、前后关联

表3

之前	之后
三年级下册第4课《端午节》	五年级下册第1课《卡农歌》

八、教学实施过程

第一课时　你唱我来和

【教材分析】

1. 《卡农歌》

二部轮唱曲《卡农歌》是黄自先生早年创作的歌曲，为训练轮唱而创作的。歌曲共有4个乐句，歌词简洁、朗朗上口，音乐活泼欢快、形象生动；歌词通俗明了，且词曲结合紧密自然，作曲家巧妙地运用作曲技巧，将两个声部的演唱顺序做了对调进行呼应，从而增强了音乐的趣味性；轮唱时必须注意二声部的强弱记号，要突出你唱我和的特点。作者独具匠心，设法通过欣赏本歌，使大家对"卡农"这种抽象难懂的结构有一个直观的形象理解。

2. 《救国军歌》

《救国军歌》创作于1935年，是一首著名的抗战歌曲，由塞克作词、冼星海作曲。《救国军歌》经新生合唱团首演并在上海抗日救国会组织的群众大游行中歌唱后，很快在全国流传开来。

3. 《保卫黄河》

《保卫黄河》是《黄河大合唱》第七乐章。歌曲采用齐唱、轮唱的演唱形式，具有广泛的群众性，是抗日军民广为传唱的一首歌曲。全曲采用了进行曲体裁，以短促跳动、振奋人心的音调，响亮的战斗口号，铿锵有力的节奏，同时配以快速大跳的动机和逐步扩张的音型，使歌曲充满了力量的感情，形象地刻画了游击健儿端起土枪洋枪、挥动大刀长矛，在青纱帐里、万山丛中，为保卫黄河、保卫全中国而战斗的壮丽场景。这首歌采用了民间打击乐节奏和广东狮子舞音乐旋律为素材，使歌曲显得明快、豪放，音乐形象分外鲜明，并具有浓厚的民族风格。

【学情分析】

本课是小学阶段第一节二部轮唱的歌曲欣赏课，《义务教育音乐课程标准（2011年版）》对3~6年级学段的多声部演唱要求是"能够用自然的声音、准确的节奏和音调，有表情地独唱或参与齐唱、轮唱、合唱"。为实现这一目标，教材在培养学生多声部演唱能力的内容安排上，先从多声部节奏入手。这对于三年级学生来说有一定的演唱难度，因此要选择适合本年龄段的教学方法，如选用聆听、游戏、创作等交错穿插的方式来感受旋律、听辨声部、分析歌曲，这样既增加了课堂趣味性，又利于提高学生对卡农形式的理解。在三年级下册《端午节》的学习中，学生对声部的节奏有了初步的认知，在本课中继续加深对卡农的认知和实践，并能通过聆听、对比、实践，听辨出卡农形式歌曲的特点与魅力。

【教学目标】

1. 欣赏《卡农歌》，了解卡农这一艺术形式，学习用卡农的形式做节奏练习。
2. 能演唱好《救国军歌》前8小节轮唱部分，用实践感知轮唱的艺术魅力。
3. 能结合卡农音乐的特点，创编新的卡农歌曲片段进行演唱表演。

【教学重点】

能听辨出歌曲或者器乐中的轮唱形成。

【教学准备】

多媒体资料、钢琴。

【教学过程】

活动主题一：激趣《找不同，引激情》

一、活动目标

1. 玩找不同的游戏，引导学生区别齐唱和二部轮唱，激发学习兴趣。
2. 复习节奏朗诵《端午节》，并能用合适的速度、稳定的节拍多声部朗诵《端午节》。

3. 通过富有趣味性的活动,让学生在轻松愉快的游戏过程中进行学习,感受音乐之美,提高音乐技能,获得玩乐的乐趣。

二、活动步骤

(一)朗诵《端午节》

1. 分4组四个声部进行节奏朗诵。
2. 让学生说一说,怎样才能合作好。(合作过程中怎样稳速度、稳节拍)

(二)听歌曲找不同

1. 教师和学生一起听音频歌曲小片段,先齐唱后分二声部轮唱。
2. 让学生结合图片说一说,有什么相同和不同的地方。

图谱设计:

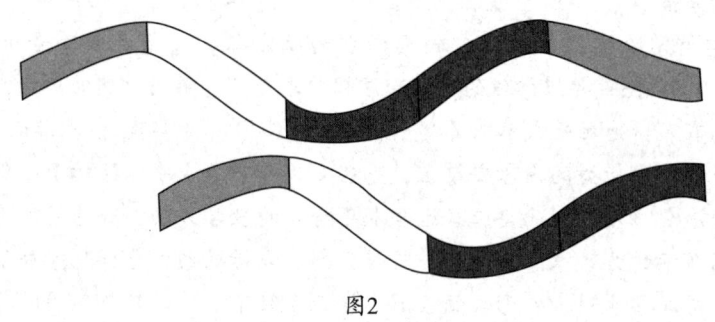

图2

(1)两条色带完全相同。
(2)第二行比第一行后出现。

三、活动评价

表4

评估项目	评估维度	评估办法（观察）	评估等级（参考）		
			A	B	C
文化理解	卡农的介绍	介绍、问答	完全了解	基本了解	不太了解
音乐结构辨别	能听辨齐唱和二部轮唱音乐形式	聆听、比较、问答	全部听辨正确	基本听辨正确	基本不正确

四、设计理念

卡农并非曲名,而是一种曲式,字面上意思是"轮唱"。卡农也是复调音乐的一种,原意为"规律"。一个声部的曲调自始至终追逐着另一声部,直到最后的一个小节,最后的一个和弦,融合在一起,给人以神圣的意境。卡农的所有声部虽然都模仿一个声部,但不同高度的声部以一定间隔进入,造成一种此起彼伏、连绵不断的效果。在卡农中，最先出现的旋律是导句，之后模仿的是答句。根据各声部高度不同的音程差，可分为同度卡农，五度卡农，四度卡农等。因此，卡农是多声部音乐的基本形式，要培养多声部的演唱能力最适合从卡农开始。本活动主题一运用SECG教学模式之"激趣"环节——"齐朗诵""找不同"导入新课，目的是引导学生在充满趣味性的氛围中学习卡农，为进一步卡农形式的歌曲演唱做了铺垫。

活动主题二：探趣《仔细品，分段探乐有妙招》

一、活动目标

1. 听赏歌曲《卡农歌》，了解卡农的定义。
2. 在完整地听赏《救国军歌》，能合作演唱前8小节轮唱部分。
3. 听赏《保卫黄河》，体验卡农的运用表现作品磅礴的气势以及所蕴含的爱国情感上所起的作用。
4. 通过听赏音乐作品引导学生探变化、探意境、探想象，去解开卡农的魅力。

二、活动步骤

（一）听歌曲，学生概括总结

师：有一位音乐家，他写了一首歌，就叫《卡农歌》。让我们一起听一听，到底什么是卡农，我们一起概况总结一下卡农的定义。

师：复听歌曲，听辨歌曲声部，说说与学过的二声部合唱有何不同。

学生复听歌曲，从歌词着手引导，分析卡农的特点：虽然你先我后，各唱各的调子，其实只有一个旋律。教师引出卡农术语：相同的旋律，在各声部先后出现，后面声部按一定的间隔依次模仿前一声部进行，成为卡农（轮唱、轮奏）。

（二）听歌曲，学生律动感受声部轮唱特点

学生再次聆听全曲，可采用一部分学生随着一声部旋律按节拍轻轻摆动双手，另一部分学生在休止两拍后随二声部旋律轻轻摆动双手；或者一部分学生随着一声部旋律按节拍轻轻拍手，另一部分学生在休止两拍后随二声部旋律轻轻拍手。

（三）听赏歌曲《救国军歌》，趣赏趣玩趣探乐

1. 完整听赏歌曲《救国军歌》。

师：我们来完整地听一首卡农形式歌曲《救国军歌》，同学们想一想，我们该怎么合作演唱出这种效果？

2. 跟随老师的引导，小组合作，演唱歌曲前8小节。

（教师教唱歌曲《救国军歌》一声部的前8小节旋律以及歌词）

师：（播放前8小节的音乐）和我们刚才唱的在形式上和情绪上有什么相同和不同的地方？

（形式上是合唱，情绪上比单声部更有推动力）

3. 教师将学生分成2组，进行8小节的轮唱训练。

（歌曲为二拍子的进行曲风格，一定要注意将每小节的强拍的感觉唱出来，不要太连贯，否则轮唱很容易变成模糊一片）

4. 教师播放歌曲，引导学生模仿军人整齐行进，体验进行曲风格。

5. 分成2组轮唱，在到自己那一组唱的时候才开始走，在有休止符的地方要做停顿，从而可以通过律动的形式，更好地辅助轮唱，同时也能表现乐句的感觉。

6. 教师播放歌曲，引导学生听辨歌曲齐唱部分以及卡农部分。

欣赏时可启发学生用适当的律动来表现歌曲的卡农部分，如齐唱部分用军人行进的动作表现，卡农部分分两部分学生，第一声部用拍手的动作拍打节拍，第二声部用拍腿的动作拍打节拍来表现。如下图：

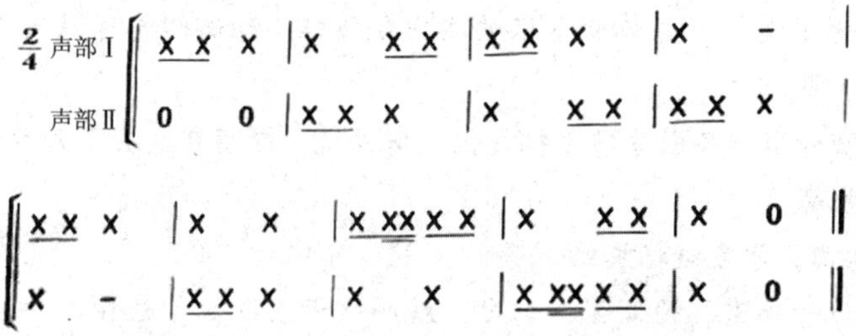

$$
\begin{array}{l}
\frac{2}{4} \text{声部I} \quad \| x\ x\ x\ |\ x\ \ x\ x\ |\ x\ x\ x\ |\ x\ \ -\ | \\
\quad\ \ \text{声部II} \quad \| 0\ \ \ 0\ \ |\ x\ x\ x\ |\ x\ \ x\ x\ |\ x\ x\ x\ |
\end{array}
$$

$$
\begin{array}{l}
\| x\ x\ x\ |\ x\ \ x\ |\ x\ x\ x\ x\ |\ x\ \ x\ x\ |\ x\ \ 0\ \| \\
\| x\ \ -\ \ |\ x\ x\ x\ |\ x\ \ x\ \ |\ x\ x\ x\ x\ |\ x\ \ 0\ \|
\end{array}
$$

图3

此环节学生按固定节拍拍打第一声部节奏，熟悉后分两组进行卡农；也可由教师编创两拍子的节奏，学生模仿，教师继续拍，学生不间断地模仿，就形成节奏的第二声部。还可以请基础好的学生来编创节奏，其他同学模仿。

（四）听赏歌曲《保卫黄河》，激发爱国热情

1. 听歌曲，谈感受。

师：作曲家还写了一首歌曲也是卡农形式的，让我们一起听听看（学生观看视频资料，引导学生讨论：视频展示的是发生在什么时期的事情？谈谈自己的感受）

2. 感受音乐，学唱歌曲。

学生观看视频《保卫黄河》，说说歌曲的音乐情绪及视频中表现的场景。

3. 哼唱歌曲，体验歌曲情绪。

学生聆听歌曲，并随钢琴轻声哼唱主旋律。引导时注意切分音、附点节奏、强拍上的休止符号的演唱。

4. 听辨主题变化，思考音乐情绪。

师：复听音乐，学生可轻声跟唱，引导学生思考每一次主题旋律出现，其演唱形式有何异同。

（主题旋律共演唱了4遍：第1遍和第4遍齐唱，第2遍二部轮唱，第3遍三部轮唱，最后一遍又回到齐唱）

师：分别演唱歌曲轮唱和齐唱部分，思考不同演唱形式有何不同的音乐情绪。

如：齐唱能激励人们前进，表达了坚强的决心和英雄气概和同心协力、一起抗战的情感；轮唱有一浪推一浪、前赴后继的感觉。

三、活动评价

表5

评估项目	评估维度	评估办法（观察）	评估等级（参考）		
			A	B	C
听力	声部对比	能听辨出歌曲中的声部变化，并感受到卡农带来的情绪变化	能听辨和感受	基本能听辨	完全不能听辨
演唱	二声部轮唱	能分别演唱歌曲中的二个声部，并能合作演唱好歌曲	能演唱和合作	基本能演唱	完全不能演唱

四、设计理念

三年级小学生初次接触二声部的轮唱作品，他们对于"如何赏""如何唱"是没有概念的。因此，本活动主题二运用SECG教学模式之"探趣"环——通过对多首二声部轮唱作品的多次聆听和部分作品的实践演唱，引导学生探索歌唱中声部变化的特点和乐趣，探索二部轮唱的演唱形式给歌曲带来的情绪变化，探索如何在音乐中去玩、去听、去唱、去想，唤醒学生对歌唱的本能，使他们沉浸在趣味性的音乐探索活动中，增强内心听觉，提高多声部聆听和演唱技能，建立起对声乐作品的经验链接，唤起他们对声乐作品的真实表达。

活动主题三：创趣《师生合作创精彩》

一、活动目标

1. 在了解卡农的演唱形式的基础上，引导学生进一步加深对卡农演唱形式的理解，形成完整的印象。

2. 通过活动化的学习设计，激发学生对二部轮唱演唱形式的喜爱，让学生"想"表达、"敢"表达、"乐"表达，喜欢歌唱，建立自信心。

二、活动步骤

（一）听音乐、看曲谱，选取创编内容

观看图谱边安静聆听，完整听完范例。

图谱设计:

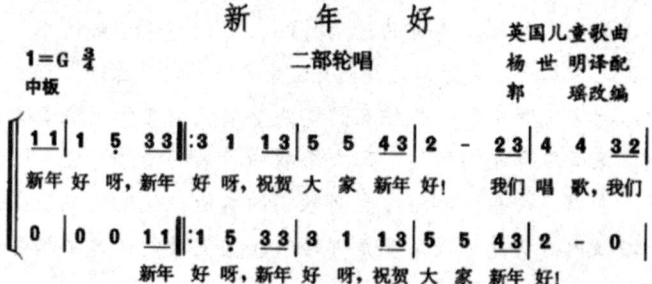

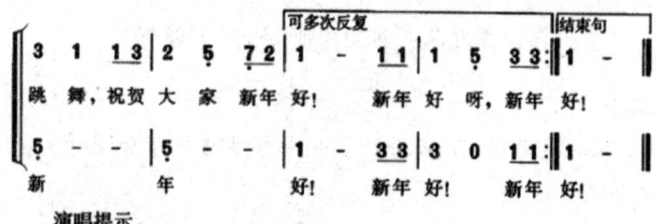

演唱提示:

这是一首著名的祝贺新年的歌曲,现改编为轮唱曲,第一声部保持原样,第二声部的结尾稍有变化。

图4

(二) 你唱我唱,一起唱

1. 师生讨论如何把学过的单声部歌曲改编成卡农。

师生讨论:同学们想一想,卡农要具备的几点要素?选一首我们学过的歌曲来进行卡农创编需要注意哪些地方?在合作演唱时需要注意什么事项?

2. 学生分小组进行讨论和练习，教师及时给予引导和鼓励。

（三）你也来、我也来，你我一起展风采

学生分小组展示成果，自己创编的卡农式歌曲。

三、活动评价

表6

评估项目	评估维度	评估办法（观察）	评估等级		
			A	B	C
编创	创造力	在把单声部歌曲创编成卡农歌曲的过程是否合理，展示方式是否能发挥想象力	新颖	正常	一般
表演	表现力	能投入音乐表演中	丰富	正常	一般

四、设计理念

为了进一步了解卡农的音乐特点，本活动主题三运用SECG教学模式之"创趣"环节——鼓励学生运用掌握的卡农定义进行创造性的创编实践活动，例如单声部歌曲创编成卡农形式歌曲、小组展示表演设计等。在此环节，教师应做到鼓励先行，及时引导，创意获赞；学生应做到想象无限，实践为主。通过师生不断的思维碰撞，点燃火花，学生培养了实践的能力，增进了对歌唱的兴趣，提高了艺术表现力。

活动主题四：得趣《有所得，学以致用促成长》

一、活动目标

1. 了解作者和作品的创作背景。

2. 通过师生交流谈论在课程中的收获，引导学生了解二部轮唱的演唱方法，为唱好多声部歌曲奠定基础。

二、活动步骤

1. 认作者，了解作品背景。

2. 谈感想，学会学以致用。

师生讨论：

（1）想一想，我们今天欣赏《卡农歌》《救国军歌》和《保卫黄河》的时候，同学用了哪些方法呢？

（聆听、对比、总结、实践演唱等）

（2）如果下次我们再上音乐歌曲欣赏课的时候，你们准备怎么欣赏声乐作品呢？

（提前查找资料、上课仔细聆听、充分发挥想象、勇于大方表达等）

三、活动评价

表7

评价项目	评价维度	评价办法（观察）	评价等级（参考）		
			A	B	C
认识音乐家	了解其代表作	聆听、互动	深度互动	积极互动	基本互动
声乐作品赏析方法	总结本节课是怎样欣赏声乐作品的	互动、问答	有思考回答	浅层次回答	回答一般

四、设计理念

所有的课堂教学结果都是希望教学内容能转化成学生自己的知识储备和技能提升，不光是靠教师在课堂上单方面的讲授，学生也应该知道自己学习了什么，下次遇到同样的内容应怎样自学。本活动主题四运用SECG教学模式之"得趣"环节——通过了解作品的创作背景和音乐家的故事，让学生了解世界多元文化音乐知识，即"得知识"；在师生讨论如何欣赏音乐作品的环节，带领学生归纳总结赏析方法，即"得方法"；在讨论如何用所学方法去欣赏其他作品，进行能力迁移，即"得致用"。

九、教学反思

本课是一节小学三年级的欣赏课，也是整个小学阶段的第一节二声部歌曲欣赏课。教学内容为黄自先生的《卡农歌》、冼星海先生的《救国军歌》《保卫黄河》三首二部轮唱作品。为了让学生养成聆听的习惯、初步学习卡农演唱、感受卡农魅力、进一步掌握歌曲作品的赏析方法，教师在教学设计主要采用了以下几点方法：

（一）遵循学段特点，多种方法融合

对于小学三年级的学生来说，能静下心来欣赏对比三首歌曲的特点和认真听辨二声部，并稳速度、稳节拍地尝试演唱卡农是一件并不容易的事情。最先面临的问题就是会把声部听混乱，尝试演唱时也会容易被其他声部左右，这些困难就会导致学生失去兴趣。基于此，本课在设计时采用了"听辨为导""欣赏多首作品为线""实践尝试为引""展示为点""创作为眼"等多种方法，增强了课程的趣味性，激发了学生的歌唱兴趣，保持了学生学习的热情。

（二）明确学科特点，体验感知为主

教师在多种教学方法融合的过程中，保持学科音乐性的特点，引导学生在聆听、实践、表演等基础上进行音乐体验，参与音乐活动，初步建立二声部的意识，让学生掌握歌曲鉴赏能力和卡农演唱的初步技能。

（三）建立学科自信，激发学习热情

教师在教学的过程中，应关注学生，尊重学生，以生为本，以生为荣，不断鼓励学生参与活动，对他们的亮点及时给予肯定，使他们建立对音乐的自信心，从而激发学习音乐的热情。

十、设计亮点

（一）歌曲对比，寻找卡农的定义

在课程设计的"激趣"和"探趣"环节中，教师通过聆听、对比、实践等方法，引导学生听辨歌曲中的卡农形式，并能在感知卡农演唱的基础上，一起定义何为卡农，在实践尝试演唱中领略卡农的魅力。

（二）实践感知，创作表演乐无穷

本课教学由三首卡农形式的歌曲欣赏组成，让学生在欣赏作品的过程中，去感知、分析、归纳、总结和实践演唱，最后一起讨论卡农的定义，让学生有参与感，对于后期培养多声部演唱能力起到了很好的作用。接着，教师再根据定义和范例，将一段单声部歌曲变成二部轮唱，这是整节欣赏课的升华，为学生建立了初步二声部演唱概念。

四年级上册第2课《秋天的联想》教学设计

深圳市福田区景鹏小学　郑石明

一、内容综述

内容简介：本课《秋天的联想》是为引进音乐要素"音色"的学习而设计的。"音色"这一概念在整套教材中是首次出现，以图画作为切入点，把图画与音乐完美结合在一起，描述的是秋天的色彩。引入音色的认知学习，为学生感受音乐、表现音乐、培养想象力和创造力提供了广阔而自由的空间。从聆听四种对比度相对明显的乐器音色——小号、大提琴、双簧管、三角铁开始，然后进入人声音色的听辨，主要聆听人声中童声、男声、女声三种音色，再进入竖笛的学习。《义务教育艺术课程标准（2022年版）》对演奏有明确的要求，学习课堂乐器的演奏方法，选择合适的课堂乐器进行简单的演奏或为歌（乐）曲伴奏，能参与各种形式的演奏活动，享受演奏的乐趣，每学年能演奏简单乐曲1~2首。本课的重要环节是激发学生学习竖笛的兴趣，初步掌握基本的持笛、吹方法；能用适中度、均衡的气息吹奏短音和连音。

作品联系：为五年级下册《声乐的演唱形式》《五彩缤纷的音色世界》和六年级上册《音乐风格》积累音乐素养，也为课堂乐器演奏积累吹奏技能。

教学价值：通过SECG教学模式在本课的建构，从聆听乐器演奏的音乐片段，听辨乐器的音色，再引入人声的音色，学习人声中童声、男声、女声三大类音色，从而分辨出人声的音色特点。在学吹竖笛环节，初步掌握基本的持笛、吹笛方法，激发学生学习竖笛的兴趣。

二、学习目标

审美感知：听辨出音乐中包含了哪些乐器，听辨出童声、男声、女声，初步学习竖笛。

艺术表现：能自信地描述不同的音色，能掌握吹奏竖笛的基本要领。
创意实践：能初步控制气息吹奏竖笛。
文化理解：热爱生活与自然，体会音乐与周围事物的紧密联系。

三、教学安排

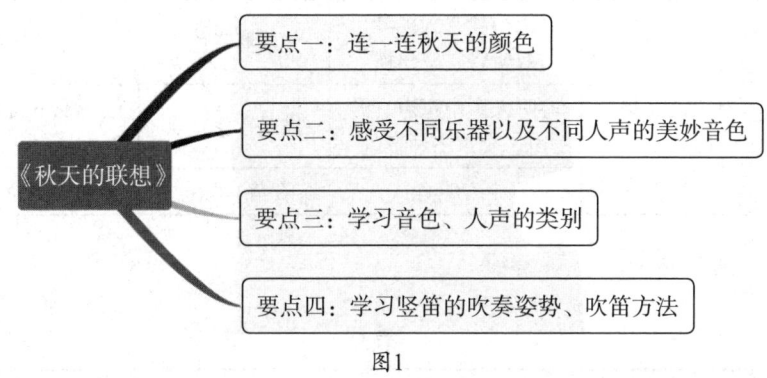

图1

四、学习评价

表1

评价内容	评价目标	评价方式	评价结果运用
连一连秋天的色彩	色彩与相关的词语连起来	教师评价或生生互评	导入，营造氛围
感受不同乐器以及不同人声的美妙音色	能通过看图片、辨音色，说出乐器的名称	教师评价或生生互评	训练对音色的听辨能力
学习音色、人声的类别	听辨不同人声的音色	生生互评	听辨出人声的类别
学习竖笛的吹奏姿势、吹笛方法	兴趣浓厚，学习认真	组内互评或教师评价	初步了解、培养兴趣

五、教学建议

重、难点解决：

（1）听辨出音乐中包含了哪些乐器，听辨出童声、男声、女声，初步学习竖笛。
（2）能初步体悟吹奏竖笛的姿势与气息、培养吹奏竖笛的兴趣。

六、活动设计

表2

课时	作品名称	教学设计侧重	关注要点	活动设计
第一课时	《秋天的联想》	介绍小号、大提琴、双簧管、三角铁	乐器音色	听音乐、辨音色
		聆听人声中童声、男声、女声三种音色	描述音色特点	说一说不同人声的特点与分类
		初学竖笛	姿势、气息	练习

七、前后关联

表3

之前	之后
二年级下册第5课《音乐中的动物世界》——长笛独奏曲《小鸟》主题（选自交响童话《彼得与狼》）	五年级下册第5课《声乐的演唱形式》、第10课《五彩缤纷的音色世界（四）》和六年级上册第1课《音乐的风格》

八、教学实施过程

第一课时 秋天的联想

【教材分析】

本课《秋天的联想》设计了把图画与音乐完美地结合在一起，通过图画的对比引出音色的概念；设计了从聆听乐器演奏的音乐片段，听辨乐器的音色；设计了人声分类及特点，学习人声中童声、男声、女声三大类音色，从而分辨出人声分类的音色特点；设计了初步学习竖笛，通过竖笛的介绍、吹奏姿势、吹奏气息的讲解，培养学生浓厚的兴趣。总体来说，本堂课给学生打开了全新的视角，给音乐素养分析和吹奏乐器种下了兴趣的种子。

【学情分析】

"音色"这一概念在整套教材中是首次出现。四年级的学生由于刚从三年级升上来还不能马上适应新的学习方式，课堂上大家都要比比看哪个小组的星星多，学习热情高涨。四年级的学生平时上课时纪律比较好，各个都很认真，学生的接受能力不错，对音乐充满浓厚的兴趣，学生在演唱时不喊唱，能认识到气息的作用，演唱时充满感情。所以，本堂课对于四年级的学生来说是一次新的征程，教师既要照顾到学生原有的学习方式,又要擅于开启学生分析与综合的思维能力。

【教学目标】
1. 听辨出音乐中包含了哪些乐器,听辨出童声、男声、女声三种人声音色。
2. 能自信地描述不同的音色,能掌握吹奏竖笛的基本要领。
3. 能初步体悟气息的控制吹奏竖笛。

【教学重点】
听辨音色、学习竖笛。

【教学准备】
多媒体资料、电子钢琴、竖笛、树叶。

【教学过程】

活动主题一：激趣《看颜色，联想美景》

一、活动目标
1. 看颜色，联想美景，完成连线。
2. 感悟颜色与音色的联系，让学生在轻松愉快的讨论中，开启视觉、听觉的想象之旅。

二、活动步骤
（一）色彩与词语的搭配
通过欣赏课本上的4幅色彩斑斓的图片，借助美术的色彩，让学生交流分享大自然里代表秋天的景色的素材，说一说秋天的色彩，并将秋天的色彩和恰当的词语连接起来。

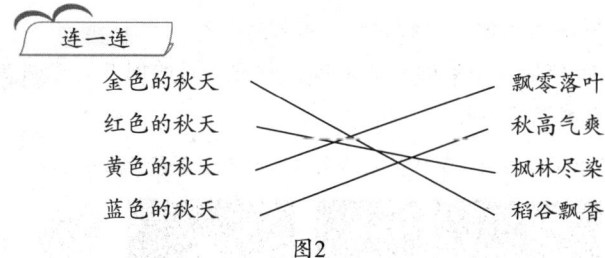

图2

（二）描绘色彩
来自秋天的色彩：下面请同学们用颜色来描述一下自己喜欢的秋天，只要能表达自己的感受就行（还可请几名学生到黑板上随意画）。

三、活动评价

表4

评估项目	评估维度	评估办法（观察）	评估等级（参考）		
			A	B	C
想象力	联想秋天的颜色与场景	介绍、问答	丰富	一般	匮乏
色彩与词语的搭配	连线	连线	正确	基本正确	不正确

四、设计理念

本活动主题一运用SECG教学模式之"激趣"环节——联想"秋天的色彩"导入新课，目的是打开学生的想象空间，领悟色彩与情景、音色的联系，为进一步学习分辨人声和乐器的不同音色做铺垫。

活动主题二：探趣《听听它是谁》

一、活动目标

1. 通过指导聆听，学生能把美术表现的秋天色彩牵引到乐器音色的听辨上，由视觉到听觉加以感受。播放大提琴、双簧管、小号、三角铁等乐器的声音。

2. 能听辨乐器的音色，并用恰当的词语描述音色特点。

二、活动步骤

（一）猜一猜，营造良好的聆听氛围

1. 教师播放小号、大提琴、双簧管、三角铁的声音和图片，介绍乐器的名称。
2. 让学生了解乐器是由不同的材料做成的。
3. 学生欣赏四种乐器演奏的乐曲片段，看看乐器的图片，分辨出他们的不同音色，引导学生说出乐器的名称。

音乐中每种乐器和人声都有着自己的声音色彩，简称音色。

小号　　　　　大提琴　　　　双簧管　　　　三角铁

图3

（二）说一说，描述乐器的音色

引导学生谈谈对这些乐器音色的感受，思考运用哪些词语可以恰当地形容这些乐器的音色。例如，双簧管的音色是甜美的，三角铁的音色是清脆的，小号的音色是嘹亮的，大提琴的音色是柔美的。

下面几个形容音色词语，分别用来形容刚刚所听到的哪种乐器的音色合适？

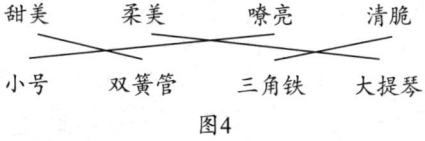

图4

三、活动评价

表5

评估项目	评估维度	评估办法（观察）	评估等级（参考）		
			A	B	C
听力	辨别乐器	能听辨出乐曲中乐器的音色	能听辨	基本能听辨	完全不能听辨
描述	音色特点	能说出音色的特点	生动描述	基本能描述	无法描述

四、设计理念

本活动主题二运用教学模式SECG之"探趣"环节——通过小段落乐曲的多次聆听，引导学生探索乐器的音色特性，表达个人想法，初步提升创意实践素养。

活动主题三：创趣《联想人声的色彩》

一、活动目标

1. 通过聆听与讨论，能够将人声分类。
2. 通过聆听感悟，能够找到歌曲中的不同音色，感受不同音色带给我们的不同感觉。

二、活动步骤

（一）辨音色，填答案

师：人的歌喉是一种特殊的乐器，是最为自然、最富有表现力的"乐器"。人声具有任何乐器也代替不了的美妙音色，它可以更直接地表达情感，打动心弦。下面，让我们欣赏歌曲片段，将正确答案填写出来。

《五彩缤纷的大地》　　　（童声）

《在那遥远的地方》　　　（男高音）

《玛依拉》　　　　　　　　（女高音）
《吐鲁番的葡萄熟了》　　　（女中音）
《嘎俄丽泰》　　　　　　　（男低音）

（二）说音色，连一连

1.了解人声的色彩：童声、男声（高中低音）、女声（高中低音），讨论各种不同人声的音色特点，教师示范与学生哼唱、聆听乐曲片段相结合，使学生体验且记忆深刻。

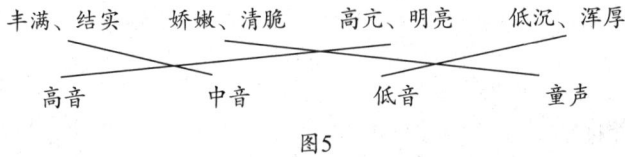

图5

2.师生总结：一般而言，人声分为三大类：童声、男声、女声。根据音域、音色的不同，男声可分为男高音、男中音和男低音；女声可分为女高音、女中音和女低音。

三、活动评价

表6

评估项目	评估维度	评估办法（观察）	评估等级（参考）		
			A	B	C
辨析音色	听力	辨别	完全正确	基本正确	不正确
描述与示范	表现力	描述	生动形象	一般	不会说

四、设计理念

本活动主题三运用教学模式SECG之"创趣"环节——辨出人声分类的音色特点。通过说一说、填一填、连一连等多种学习方法，能以对比、聆听、讨论、问答、趣味活动等实践环节，感受不同乐器以及不同人声美妙音色。

活动主题四：得趣《尝试演奏，激发兴趣》

一、活动目标

1.了解竖笛的发声原理。

2.在学习吹奏姿势、吹奏气息及欣赏竖笛乐曲中，对竖笛产生浓厚的兴趣。

二、活动步骤

（一）初识竖笛，发现美

创设情景，教师简单介绍八孔竖笛的种类，并富有表情地进行范奏，激发学生学习竖笛的兴趣。教师介绍竖笛的起源，播放国外竖笛演奏视频。教师简单介绍八孔竖笛的两种演奏体系，并教给学生区分德式和英式竖笛的方法（德式竖笛是从上往下数第五孔为小孔；而英式的竖笛则是从上往下数第四孔为小孔）。教师简单介绍八孔竖笛的构造、发音原理。

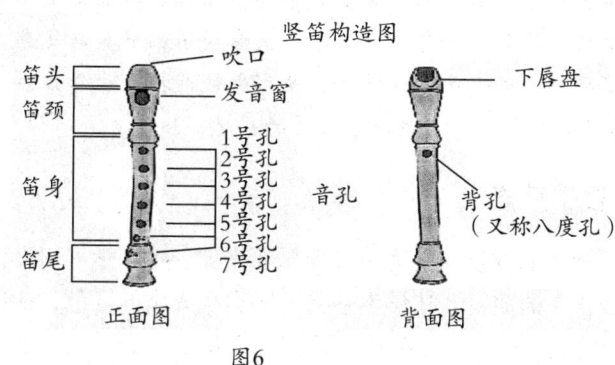

图6

师：我们要学习吹奏的高音八孔竖笛，是一种从顶端吹奏的小型哨嘴笛，分为笛头、笛身、笛尾三个部分。它音色柔和、甜美，可任意转调，富有歌唱性。（学生更是跃跃欲试）

（二）再识竖笛，体悟美

1. 学习吹奏八孔竖笛的姿势：（1）持笛方法：左手在上，右手在下，左手拇指按住笛身背面上方孔为背孔，左手食指、中指、无名指按1、2、3号孔。右手大拇指持笛身，食指、中指、无名指、小指按4、5、6、7号孔（教师边讲解边示范，边指导学生练习）。（2）演奏姿势：身体要自然端正，竖笛与身体的夹角保持40度左右，肩部放松，两臂自然下垂。手指、手腕放松，应注意用指肚按空，以使孔关闭严密。手指呈自然弧形，切忌瘪指。

2. 运气：气流强弱不同，也能获得不同的音高。例如，开同一音孔，气流越强，获得的音则越容易爆破；气流越弱获得的音则越柔和。教师引导学生做"按指""缓吹"练习。单音"5"的学习：教师向学生讲解"5"的指法和对口风的把握，并用竖笛进行交流变换节奏来吹奏。

3. 趣味活动：（1）"狗喘气"训练法；（2）"咬苹果"打开腔体训练法。

师：叫上你的好伙伴一起来练习吧。

三、活动评价

表7

评价项目	评价维度	评价办法（观察）	评价等级（参考）		
			A	B	C
认识竖笛	认真聆听	聆听、互动	深度参与	积极参与	基本参与
初学竖笛	积极参与	尝试吹奏	深度参与	积极参与	基本参与

四、设计理念

本活动主题四运用教学模式SECG之"得趣"环节——兴趣是最好的老师，由于四年级的学生好奇心强，乐于接受新事物，因此教师应激发学生学习竖笛的兴趣，让学生初步认识竖笛，并勇敢尝试学习吹奏竖笛的姿势与气息。教师在此过程中设计了"咬苹果""狗喘气"训练法，既形象地教授了吹奏方法，又提高了学生的兴趣，为学生今后的竖笛学习培养了浓厚的兴趣。

九、教学反思

本课《秋天的联想》是为引进音乐要素"音色"学习而设计的，并初步接触课堂乐器（竖笛）的演奏，让学生感受不同类型人声的音色，认识常见的中外乐器，感受其音色特点。教学设计主要采用了以下几点：

（一）多学科融合，促进学生联想思考

由于四年级的学生想象力丰富，教师应引导学生把词语、图画、景色等与声音联系在一起欣赏，丰富学生的联想思维，激发学生的想象力，让学生保持学习的热情。

（二）音色分辨，深化学生的感悟能力

在多种学科融合的过程中，教师应保持学科音乐性的特点，引导学生在聆听、想象等基础上进行音乐体验，让学生用自己的语言描述音色特点，初步建立音色的概念，收获音乐素养技能。

（三）注重兴趣，激发学习热情

为了激发学生学习竖笛的兴趣，在教学的过程中，教师应以生为本，关注学生，尊重学生，对他们的讨论及问题及时给予肯定，从而激发学生学习音乐的热情，让学生初步感受吹奏竖笛的乐趣。

十、设计亮点

（一）多感体验，给声音插上多彩的翅膀

教师在导入新课时，将音乐与秋天的图画联系在一起，这为导入音色的感知学习提供了广阔的想象空间，给学生插上了想象的翅膀，为学生了解音乐的感性特征做好铺垫。对比音色环节能给学生留下深刻的音色感悟。

（二）听中有辨，在兴趣中增强自信

教师应调动学生参与"聆听音乐"的积极性，激发学生的主观能动性，重视发挥学生在学习活动中的主体作用，在"人声类别""竖笛吹奏"环节中，重视学生的体验，激发学生的兴趣。

四年级上册第8课《动物狂欢节》教学设计

深圳市福田区新莲小学 刘心如

一、内容概述

内容简介：本课是法国作曲家圣-桑的管弦乐组曲《动物狂欢节》系列，这部组曲都是由四段独立的小曲组成的，其中部分曲目已经在前几册安排学习，本课作为一个回顾，在加深印象的同时对学习提出了更高的要求，通过其中六段曲目的再次学习进行感受节拍、听辨乐器、音乐主题、顿音音乐要素知识拓展。

作品联系：在二年级上册第6课《狮王进行曲》、二年级下册第13课《乌龟》、三年级上册第9课《公鸡和母鸡》、三年级上册第11课《天鹅》已经分别对《动物狂欢节》的几个曲目进行了学习，本课选择了《动物狂欢节》中的六个曲目《引子与狮王进行曲》《公鸡和母鸡》《大象》《袋鼠》《水族馆》《终曲》进行加深学习。

教学价值：新课标指出，教学中应激发学生听音乐的兴趣，鼓励学生对所听音乐表达独立的感受与见解，养成聆听音乐的习惯，逐步积累欣赏音乐的经验。通过SECG教学模式在本课的建构，通过在听赏基础上的参与感知，并在趣味性学习的过程中，加深学生对乐曲的体验，激发学生欣赏音乐的兴趣，让学生掌握一定的赏析音乐的方法，为今后音乐欣赏课的学习打下基础。

二、学习目标

审美感知：能分辨乐曲使用的乐器、音色，讨论音乐要素如何体现音乐形象，比如《终曲》。

艺术表现：欣赏并感受六个曲目的旋律，背唱简单的音乐主题，比如《引子与狮王进行曲》，生动地描绘音乐所表现的动物形象。

创意实践：通过营造氛围、编创律动、感知感受等活动，活跃学生思维，提高学生的艺术创造能力和实践能力。

文化理解：感受并表现节拍，了解关于"顿音"的音乐知识，听辨歌曲结构和音乐主题。

三、教学安排

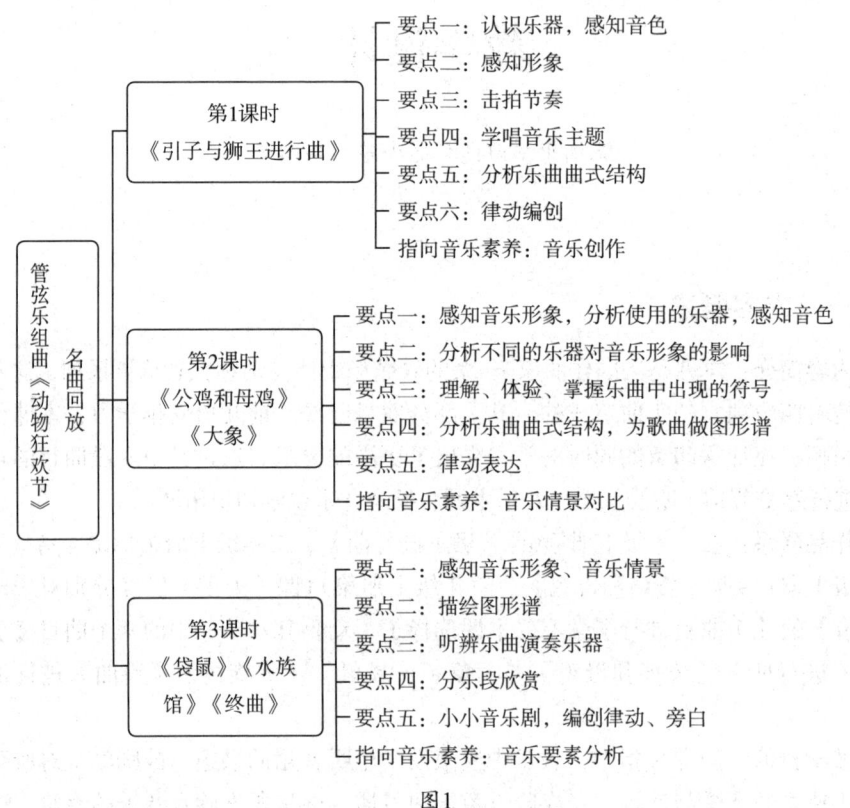

图1

四、学习评价

表1

评价内容	评价目标	评价方式	评价结果运用
听辨乐器	能通过看图片、辨音色，说出乐器的名称	教师评价、生生互评	了解学情，改善方法
音乐要素感知	感受节拍、听辨歌曲结构、学习音乐知识"顿音"	教师评价、生生互评	感受和想法转化为知识，加深印象

续 表

评价内容	评价目标	评价方式	评价结果运用
情绪情感体验	感知音乐要素变化，体会情绪情感的变化	生生互评	为下一环节做准备
小小音乐剧	随着音乐律动表演	全员互评	创编动作表现乐段音乐的形象特点

五、教学建议

重、难点解决：

（1）欣赏《动物狂欢节》的6个曲目，击拍基本的节奏，背唱《引子和狮王进行曲》的音乐主题。

（2）体会音乐形象，随音乐做律动，讨论音乐要素是如何体现音乐形象的，用合作的方式模仿、扮演乐曲中出现的动物。

六、活动设计

表2

作品名称	课时	教学设计侧重点	关注要点	活动设计
《动物狂欢节》	第一课时《引子与狮王进行曲》	分析作品	分析乐曲的曲式结构，分段欣赏，总结图形谱	制造悬念，情景导入，分段欣赏，在好奇心中开启课堂
		音乐理解能力	背唱音乐主题，击拍引子的节奏	为主题部分音乐形象的展示编创歌词
		感知音乐形象	音乐形象的体现，根据音乐形象编创小乐器伴奏	完整欣赏乐段，体会不同乐器音色表现乐曲的氛围和音乐形象
		创意实践	律动表达，体现音乐形象	即兴发挥，编创动作，结合节奏律动击拍表现音乐形象
	第二课时《公鸡和母鸡》《大象》	感知音乐形象	认识乐器，感知音色	实物对比，观看图片，听辨音色
		对比欣赏	感知不同乐器对音乐形象的影响	对比、体会乐器音色对音乐形象的表达
		音乐知识	理解掌握歌曲中出现的音乐符号，描绘图形谱	在乐曲的欣赏中代入这些不同符号的听觉音乐体验，使学生感受深刻

续表

作品名称	课时	教学设计侧重点	关注要点	活动设计
《动物狂欢节》	第三课时《袋鼠》《水族馆》《终曲》	感知音乐形象	感知不同音色的乐器所表现的音乐形象	听赏，对比
		音乐要素分析	分乐段欣赏，描绘图形谱	体会不同音乐形象和乐段的乐器表现
		律动表达	合作探究、总结陈述	为歌曲编创律动和旁白

七、前后关联

表3

与之前课程的关联
二年级上册第6课《狮王进行曲》、二年级下册第13课《乌龟》、三年级上册第9课《公鸡和母鸡》、三年级上册第11课《天鹅》

八、教学实施过程

第一课时 《引子与狮王进行曲》

【教材分析】

《引子与狮王进行曲》选自法国作曲家圣-桑的管弦乐组曲《动物狂欢节》，乐曲描绘了狮王还未出现就已经让人感觉紧张，它威风凛凛的神态配合钢琴和弦乐组节奏密集、力度渐强的演奏，让所有小动物感受到狮王的压迫。弦乐低音区的演奏，展现狮王出场时威风凛凛的神态和坚实的步伐，最后乐曲在狮王的吼叫中结束。乐曲通过引子、A乐段、B乐段、A乐段再现的乐曲结构描绘了狮王出场的趣味景象。

【学情分析】

本课是《动物狂欢节》组曲的第一章，威风凛凛狮子的音乐形象结合乐器特点、歌曲结构等知识适合四年级学生去体会学习。本课在听赏的基础上设计了一些感受感知、创意实践的活动，进一步培养了学生的欣赏能力。

【教学目标】

1. 积极参与音乐，通过欣赏、体验并感受，表现音乐刻画的音乐形象。

2. 能击拍引子的节奏并背唱音乐主题，分析乐曲的曲式结构。

3. 通过趣味活动体验音乐，编创、模仿狮子的音乐表现，培养学生的创造力和音乐参与体验。

【教学重点】

击拍基本的节奏，背唱音乐主题。

【教学准备】

多媒体资料、钢琴、小动物头饰、伴奏乐器。

【教学过程】

活动主题一：激趣《听声趣　声临其境》

一、活动目标

1. 通过欣赏《引子与狮王进行曲》，分析乐曲使用的乐器及音色，以及所描绘的音乐形象。

2. 了解歌曲背景，体会不同乐器和节奏所表现的不同音乐氛围，通过趣味性的乐曲片段，让学生在轻松愉快的学习过程中，感受音乐的魅力。

二、活动步骤

（一）感受音乐情景

播放《引子与狮王进行曲》，让学生猜猜谁来了。

师：上课前老师收到了一封邀请函，请我们去参加一个森林联欢会，我们赶快去吧，不然就要迟到啦！让我们看看，谁还没来呢？（播放音乐）听到声音，这是谁来了？

（二）体会音乐形象

1. 原来是狮王慢慢走来了！能不能把你想象的音乐当中小动物们和狮子的神态给大家展示一下，狮子是怎样出场的？（生展示）

师生交流：听到了狮子的吼叫声，狮子走路大摇大摆、目中无人的样子，很神气、很威严……

2. 再次聆听全曲，注意引子部分，请学生带着问题听音乐：哪一句让你感受到了森严的森林气氛，是由什么乐器演奏的？

师生交流：一开始的引子由弦乐组演奏，让人感觉到紧张具有压迫感，当由钢琴演奏的"X XX ｜ XX XX ｜ X X XX ｜ X······"的节奏出现时表现了森严的森林气氛。

3. 介绍歌曲使用的乐器。

师：前面课中我们学习了管弦乐器中的弦乐器家族，同学们还记得这个家族都有哪些乐器吗？（小提琴、大提琴、中提琴、低音大提琴）这首乐曲是单件乐器还是一个家族共同演奏呢？

师生交流：这首歌曲是管弦乐队共同演奏的，通常由弦乐、木管、铜管、打击乐等不同乐器组合而成。有时因创作意图和演出条件的不同，可对乐队编制进行适当调整，或加用钢琴、竖琴、钢片琴等。

（三）介绍乐曲

今天我们学习的管弦乐曲目《引子与狮王进行曲》是法国作曲家圣-桑的《动物狂欢节》的第一首小曲，音乐运用漫画式的笔调，惟妙惟肖地表现了标题的内容。其形象的造型生动而别出心裁，幽默而略带戏谑。

三、活动评价

表4

评估项目	评估维度	评估办法（观察）	评估等级		
			A	B	C
参与程度	音乐情景体会	感受、展示	认真聆听	基本聆听	体会极少
音乐理解	音乐形象表现	聆听、问答、展示	积极参与	基本参与	需老师再次讲解

四、设计理念

本活动主题一运用SECG教学模式之"激趣"环节——从感受情景入手，由听觉开启对本首乐曲的学习，目的是引导学生在充满趣味性的氛围中学习，从音乐感受引入音乐形象的展示，将思考的画面和音乐相结合，激发学生的好奇心，让学生初步了解乐曲的音乐形象，为下面的分段学习做准备。

活动主题二：探趣《探新知，分段欣赏更巧趣》

一、活动目标

1. 分段欣赏全曲，感受歌曲情绪及不同乐段的音乐氛围，为每个乐段设计图型谱。
2. 分析了解歌曲结构：引子+A+B+A1，用优美的嗓音哼唱音乐主题。
3. 通过逐段赏析引导学生探索乐曲的旋律之美、情景之趣、想象之独特。

二、活动步骤

（一）分段赏，狮王争霸

1. 引子部分。

森林里真是太热闹了，老师也去参加了森林大会，看到了威风的狮王，刚才我们知道了当由钢琴演奏的"X XX ｜ X X XX ｜ X X XX ｜ X· · · · · · "节奏出现时表现了森严的森林气氛。

图谱设计：

图2

2. 欣赏A乐段，哼唱主题。

（1）刚才我们欣赏了全曲，同学们觉得哪个乐句适合表现狮子出场，仿佛狮子迈着威严的脚步慢慢走来？是用什么乐器家族演奏的呢？

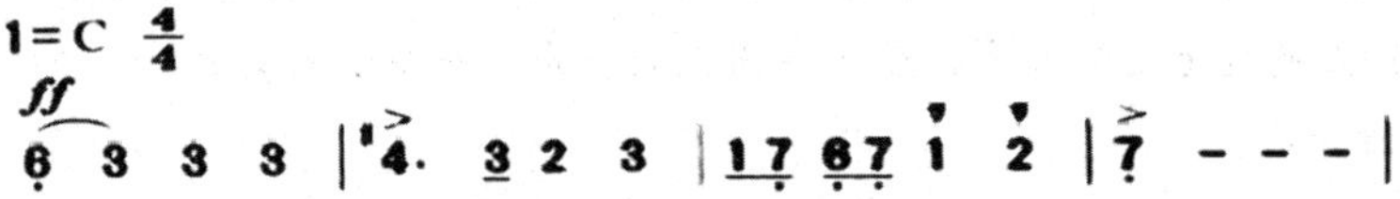

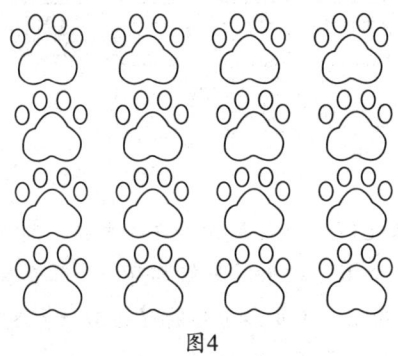

图3

师生交流：这一句是我们乐曲的主题乐句，由弦乐器家族演奏，你能用"啦"哼唱一下给老师听吗？

（2）让我们正式迎接狮子的出场，跟钢琴一起唱一下主题乐句吧，跟老师一起动起来，加上你们的表情或肢体语言，我看看哪只小狮子更有狮王风范！

图谱设计：

图4

3. 欣赏B乐段。

同学们，你能用图谱线条或者旋律线来表现一下狮子的吼叫吗？

交流总结：老师用三种旋律线来表现狮子的吼叫声，你们看看哪一条合适呢？

① · · · · · ·

② ∩∩∩∩∩∩∩∩

③ ————————

狮子的吼叫声一共在乐曲中出现了多少次？用什么乐器演奏的呢？你能模仿一下狮王的叫声吗？我看看哪只小狮子更适合当狮王！（5次，钢琴演奏）

B段图谱设计：

图5

4. 欣赏A1乐段。

我们继续往后听,思考哪个熟悉的乐句又出现了?与第一次出现有什么不同吗?请你听到熟悉乐句的时候请你做出对应的动作来表现。

师生交流:在钢琴的高音区再现了狮王的主题乐句,在结尾的时候进行了变奏,仿佛狮王慢慢走远的背影,最后在狮王的一声吼叫中结束全曲。

图谱设计:

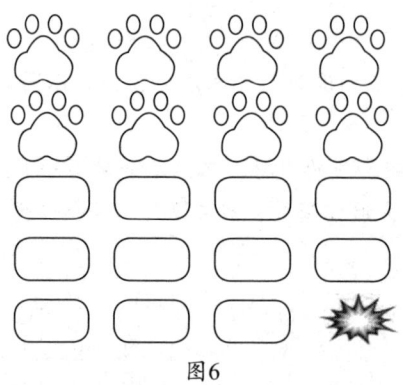

图6

(二)总结乐曲结构

同学们,我们刚才跟随狮王一起参加了森林大会,听完全曲感觉狮王真是太酷了!你们有没有发现,每个乐句结束的时候都有一个乐器会出来暗示一下,好像总结一下,是什么乐器的声音呢?(钢琴)你能够总结一下这首乐曲的曲式结构吗?

师生共同填写曲式结构:引子+A+B+A1。

三、活动评价

表5

评价项目	评价维度	评价办法(观察)	评估等级		
			A	B	C
音乐理解	歌曲结构分析	图谱总结	完全正确	基本正确	需要老师再次讲解
	主题乐句分析	哼唱、分辨演奏乐器			
音乐情绪感知	动作表现乐曲情绪	师生交流、提问、展示	准确表达	能够表达	不太理解

四、设计理念

本活动主题二通过SECG教学模式之"探趣"方法——通过多次音乐聆听,感受、体会、探索不同乐段的音乐情景变化,总结分析乐句特点转化为图形谱,同时鼓励学生在音乐中表演、探索、玩耍，使他们乐学乐听，通过聆听、对比、总结、体会音乐情景，增强学生对音乐的理解，让学生熟悉歌曲结构，为后面编创乐曲律动做准备。

活动主题三：创趣《趣乐其中　感创律动》

一、活动目标

1. 有感情、表情地表演音乐形象的同时击拍节奏，为主题编创歌词。

2. 通过趣味性、游戏性的活动设计，为乐曲编配合适的乐器伴奏，让学生在师生合作的活动中勇敢表达自己的想法，提高自信心，建立音乐兴趣。

二、活动步骤

（一）乐之声

配合图形谱，完整聆听全曲，在主题处可以跟随哼唱。

图谱设计：

图7

（二）趣之创

1. 为主题部分编创歌词。

同学们，在听的过程中我看到当狮王向我们走来的时候有的同学忍不住起来迎接狮王了，还有很多小狮子们模仿起了狮王威武的步伐，还有的同学哼唱着狮王出场的主题音乐。那么我们就来欢迎一下狮王到我们家做客吧！

小组讨论：为主题编写什么样的歌词能够表现狮王威风凛凛的样子？让我们来试试。

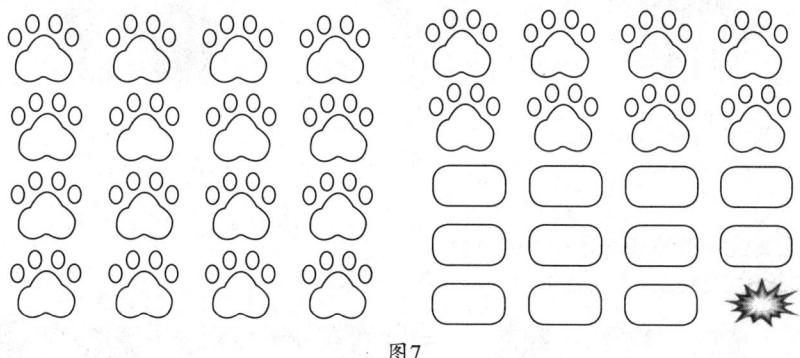

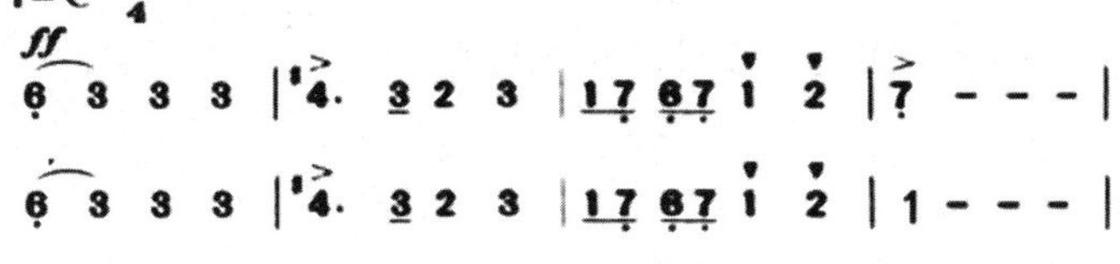

图8

比如：狮王来了雄壮威武，我的叫声吼吼吼，狮王来了雄壮威武，大家一起向前走。

2. 为歌曲编创伴奏。

现在我们有了主题音乐，有了歌词，狮王开心极了，想邀请我们一起去参加森林大会，请同学们再次动脑思考，我们用什么样的乐器为狮王伴奏能让小动物们都羡慕我们跟狮王一起出场呢？

老师这里准备了一些乐器，请你们小组讨论后决定要使用的乐器，尝试自行编创伴奏展示。

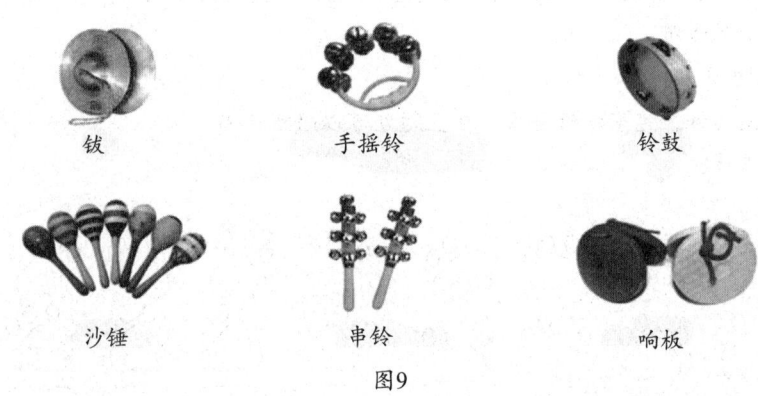

图9

师生交流（图形谱伴奏——引子）：

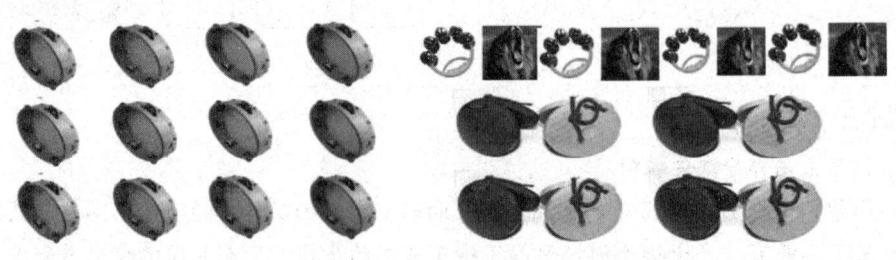

图10

3. 狮王对我们的音乐非常满意，现在老师击拍一段节奏，你们听一听熟悉吗？

4/4　× ×× | × × ×× × ×× | × × ×× × ||

这段节奏和哪个乐段节奏相似呢？（引子）那让我们在狮王出场前给它一个惊喜吧。请与老师一起击拍节奏，在引子部分表现。

三、活动评价

表6

评价项目	评价维度	评价办法（观察）	评估等级		
			A	B	C
音乐编创能力	为主题编写歌词	交流、展示	奇思妙想	流畅通顺	灵感不足
音乐表达能力	为歌曲编创乐器伴奏	交流、观察	有创意	完整伴奏	灵感不足

四、设计理念

本活动主题三运用SECG教学模式之"创趣"环节——感统合一，通过思维发散对乐曲进行音乐语言化、展示性创造，着重于让不爱唱的孩子从乐器伴奏方面发展兴趣，让不爱动的孩子从为歌曲编创歌词的语言化方面进行拓展和展示，加强小组合作；培养协作能力，引导学生感受音乐的多元化魅力，提升音乐素养。

活动主题四：得趣《完整演绎，妙趣横生》

一、活动目标

在音乐律动中唱游乐曲，大胆表现，发散思维，合作探究，生动地演绎乐曲。

二、活动步骤

思律动，音乐剧表演家就是我。

1. 师生齐上阵，为每个乐段的节点编创旁白，变成一场森林音乐剧。

例如：

（1）一大早，小动物们就急匆匆地在森林大道上排起了队……

（2）小鸟从远处飞来，盘旋着紧张地通知大家："来了，来了！他走来了"……

2. 狮王觉得我们为它而作的音乐太棒了，它准备去下一个森林参加聚会，要从我们的森林里选出新的狮王。请大家小组合作，思考如何在歌曲里表现狮王的威武勇猛，请配合音乐，自行选择乐器，请小组表演，并授予"小小音乐家"称号。

（1）分角色表演：让学生自愿选择表演角色，戴上头饰，一名同学扮狮王，其他同学表演小动物们的角色和旁白，随音乐进行小小音乐剧的表演。

（2）无角色表演：每一名同学都可以选择自己喜欢的角色，都可以当狮子，随着音乐进行表演，老师来做旁白。

三、活动评价

表7

评价项目	评价维度	评价办法（观察）	评估等级 A	B	C
音乐编创能力	为歌曲编创旁白	交流、展示	有创意	通顺流畅	灵感不足
音乐表达能力	音乐剧展示	交流、观察	完美演绎	完整表达	灵感不足

四、设计理念

本活动主题四是SECG教学模式之"得趣"环节——通过对前面环节的学习，同学们已经有了对旋律、律动、节奏的积累，本环节把这些知识能力进行串联，通过唱游、音乐剧的形式汇总表现出来。得趣——得到了乐曲的知识、乐曲的乐趣。

【板书设计】

引子音乐：串铃。

节奏：4/4 X XX | X X XX X X XX | X X XX X ||

旁白：一大早，小动物们就急匆匆地在森林大道上排起了队……

A乐段音乐：铃鼓。

思考旁白：_____。

B乐段音乐：手摇铃+配音+狮王怒吼。

A1乐段音乐：铃鼓+手摇铃+狮王怒吼。

第二课时 《公鸡和母鸡》《大象》

【教材分析】

《公鸡和母鸡》《大象》同出自《动物狂欢节》，把这两首歌放在一起进行欣赏，大象沉着笨重的脚步声和公鸡、母鸡轻巧的脚步声及鸣叫声形成强烈的音乐形象对比。

《公鸡和母鸡》由钢琴和小提琴奏出以同音反复组成的音调和顿音，模仿公鸡报晓和母鸡咯咯的啼叫声，仿佛它们在对话或吵架，生机盎然，十分有趣。

《大象》的主题取自柏辽兹的戏剧传奇《浮士德的沉沦》精灵之舞的一句旋律，在原作中其旋律轻盈飘逸，而圣-桑在这里却用它来表现笨拙可笑的庞然大物——大象，两者形象可为截然不同。作曲家选用低音提琴作为主奏乐器，两架钢琴为之伴奏。这段音乐描绘了一头大象正踏着圆舞曲节奏欢乐起舞的情景。它的身躯虽然庞大而笨重，但是跳起舞来，形态却十分可爱。

【学情分析】

根据新课标的基本理念，立足于学科核心素养。对于四年级的学生来说，他们已经有了初步欣赏歌曲的能力，本课将审美感知、艺术表现、文化理解融入音乐课堂，通过聆听、模仿、戏剧等多种方式启发学生的音乐想象，培养学生的创造性思维，提高学生的音乐审美力。

【教学目标】

1. 欣赏两首乐曲，体会不同的音乐形象所使用的乐器和音色。
2. 通过学习乐曲，理解乐曲中出现的音乐符号，体会乐曲的曲式结构。
3. 在听赏的体验基础上参与并感知，用肢体语言和律动随音乐表现不同的音乐形象。

【教学重、难点】

重点：体会不同的音乐形象，分析曲式结构，哼唱主题旋律。

难点：分析不同乐器的音色对音乐形象表现的影响。

【教学准备】

课件、打击乐器、人物头饰。

【教学过程】

活动主题一：激趣《新朋友，声趣欢乐多》

一、活动目标

1. 欣赏《公鸡和母鸡》，分析乐曲使用的乐器、音色以及描绘的音乐形象。
2. 通过富有特色的乐段分析主题，在轻松聆听的过程中体会音乐的乐趣。

二、活动步骤

（一）听音响，猜猜我是谁

1. 同学们，今天家里还来了两位新朋友，请你仔细聆听，猜猜是哪种动物？（播放乐曲）乐曲播放完毕展示图片，咱们的朋友在这些图片里面吗？

图11

2. 再次欣赏乐曲，模仿生活中公鸡和母鸡的叫声，思考乐曲哪一句表现了公鸡和母鸡的音乐形象。

公鸡：

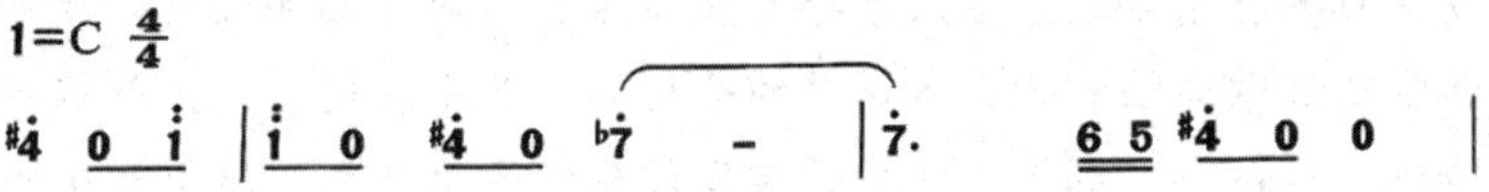

图12

母鸡抱蛋：

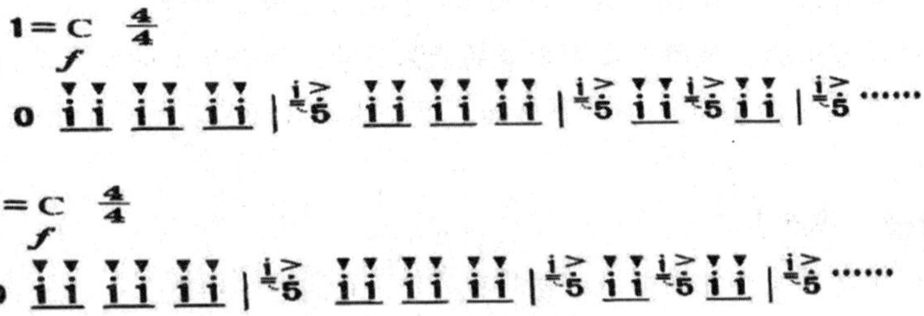

图13

（二）趣思考，主题旋律难不倒

1. 主题旋律分析。

（1）完整欣赏乐曲，感受乐曲的情绪与速度。

（2）数数乐曲中出现母鸡抱蛋的主题共多少次？（4次）每当该主题音乐出现时，画上一只鸡蛋。

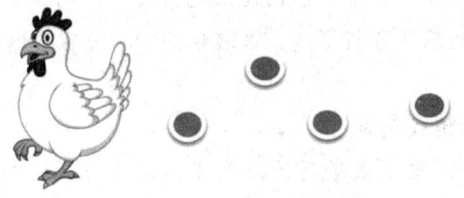

图14

2. 带着问题再次聆听全曲，听完后分小组进行讨论：

（1）母鸡抱蛋的主题4次的出现分别用了哪些乐器演奏？

第1次出现：钢琴演奏主题。演奏者用钢琴断奏的演奏方法来表现。

第2次出现：小提琴演奏主题。紧接着钢琴第1次的主题演奏后，小提琴在下一小节模仿钢琴的旋律，以卡农旋律的形式出现，仿佛描写了鸡群中母鸡此起彼伏的"咯咯"叫声。

第3次出现：小提琴演奏主题。音变高了。

第4次出现：小提琴演奏主题。音变得更高了。

（2）你听到公鸡报晓的声音了吗？请听到时跟着哼唱。

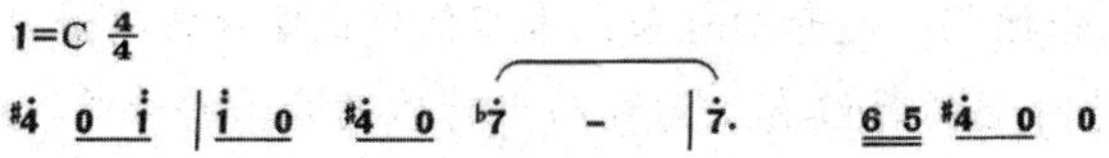

$1=C \frac{4}{4}$

图15

三、活动评价

表8

评价项目	评价维度	评价办法	评估等级		
			A	B	C
音乐理解	分辨演奏乐器的音色	提问	完全正确	基本正确	需老师再次讲解
	分析曲式结构和旋律进行	提问、交流			
音乐感知	音乐形象表现与理解	交流展示	完全理解	基本理解	需老师再次讲解

四、设计理念

主题一运用SECG教学模式之"激趣"环节——通过听觉、视觉、感觉多方面激发学生的学习兴趣来导入新课，在看到音乐形象的图片之前先听音乐感觉，激发好奇心，再展示图片进行观察，令学生印象深刻，再通过分析主题为下面的探趣环节做准备。

活动主题二：探趣《唱游，音乐形象我知道》

一、活动目标

1. 哼唱主题旋律，注意顿音记号和重音记号，复习相关音乐知识。

2. 通过感知主旋律体会音乐形象，创造自己心中的音乐形象，并通过肢体语言配合音乐律动，发现美、感受美、表达美，探究作品的乐趣。

二、活动步骤

（一）主题哼唱

1. 请跟随老师的琴声，哼唱音乐主题。

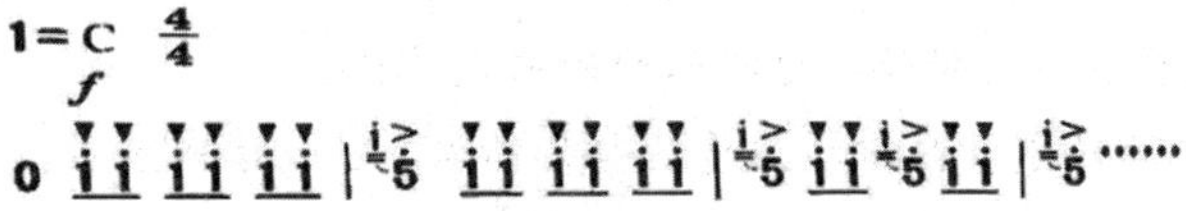

图16

这首乐曲用非常简单的同音反复表现了母鸡抱蛋的诙谐幽默的音乐形象，我们的朋友们邀请我们跟他们一起开心起来，谁模仿得最像就将鸡蛋分给我们！

2. 同学们刚才哼唱的时候有注意到两个特殊的音乐符号吗？唱到这个符号的时候在乐句上有什么不同的感觉吗？

师生交流：两个符号分别是顿音记号▼和重音记号＞，出现顿音记号＞的音要唱得短促、轻快，比如母鸡下蛋"咯咯"的声音，出现重音记号的音要唱得重一些，稍突出一点儿。老师总结了个口诀：▼——黑三角，小又小，唱的短促又轻巧。＞——小鸭嘴，尖又凸，唱的稍重又突出。

3. 让我们重新寻找音乐感觉，再次哼唱主题旋律吧。

（二）乐动展示

再次播放乐曲，我们的小鸡朋友邀请我们去他们家里玩，让我们跟着音乐模仿公鸡、母鸡的样子走去他们的家里玩耍吧！请看老师的模仿像不像，配合音乐展示一下在你心中公鸡和母鸡的形象吧！

三、活动评价

表9

评价项目	评价维度	评价办法	评估等级		
			A	B	C
音乐理解	根据音乐符号进行主题乐句哼唱	观察、展示	准确表达	大致表达	需要老师再次讲解
表现模仿能力	音乐律动，表现音乐形象	观察、模仿、展示	完美展示	通顺演绎	需要老师协助

四、设计理念

本环节运用SECG教学模式之"探趣"环节——通过主题乐句的模唱，体会不同音乐符号对音乐情绪的影响，探索力度、速度带来的情景变化。根据主题的演唱和分析，展示音乐形象，师生一起律动展示，沉浸在趣味音乐活动中，表达内心音乐感受。

活动主题三：创趣《听音色，不同形象欢乐多》

一、活动目标

1. 通过欣赏《大象》，分析乐曲使用的乐器和音色，以及描绘的音乐形象。

2. 能根据强弱关系打拍子，分析乐曲的曲式结构。

3. 通过趣味活动随歌曲律动，总结歌曲知识，在玩乐中学习，激发对音乐的热爱和趣味体验。

二、活动步骤

（一）听音乐，体会音乐形象

1. 播放《大象》的乐曲片段，听辨该音乐描写的是什么动物。

师生交流：从乐曲的速度、声音的高低来体会，你感觉这段音乐表现的是体型庞大还是娇小的动物呢？请从图片中找灵感。

图17

2. 大象朋友觉得我们欢迎得不够热烈，请大家跟音乐轻轻哼唱，手画三拍子，一起打着拍子等待它走来吧，再次播放乐曲。

（二）品主题，感受音乐形象

1. 播放《大象》的音乐主题，小组讨论：乐曲中演奏旋律的乐器有哪些？哪些担任伴奏乐器，哪些担任主奏乐器？

师生交流：演奏旋律的乐器是低音大提琴和钢琴，钢琴担任伴奏乐器，低音提琴担任主奏乐器。

2. 乐曲里面哪个乐器表现了大象？是什么样的形象？

师生交流：乐曲里面用低音提琴表现了大象低沉又诙谐的音乐形象，仿佛抬着笨重的脚步在跳舞。

3. 让我们再次聆听音乐主题，随歌曲哼唱一下吧。

图18

（三）心随乐动，学在实践

1. 请同学们与老师一起模仿一下这些可爱的大象吧，听着音乐，你可以模仿大象笨重的脚步，也可以为大象击拍，注意拍出强弱拍。做得最好的同学，老师会发大象的帽子头饰给他。

2. 总结曲式结构。

师生交流：同学们，通过刚才的随音乐律动，你们发现歌曲一共有几段？（3

段)有几处相似乐句?(第1、3段相似)所以你能告诉老师这首乐曲的曲式结构吗?(A+B+A)

三、活动评价

表10

评价项目	评价维度	评价办法	评估等级		
			A	B	C
音乐理解	听辨乐曲表达的音乐形象,分辨重音节拍,听辨歌曲使用的乐器,歌曲结构分析	交流、展示	全部掌握	基本了解	大致明白
音乐表达	音乐形象模仿,肢体律动表达	交流、观察	完美表现	大致表现	灵感不足

四、设计理念

本环节运用SECG教学模式之"创趣"环节——通过音乐的艺术展示,从乐器、律动来进行知识的输入与总结,不是单一地靠听辨来总结曲式结构,通过律动表达,寓教于乐,从实践中总结知识要点,体会音乐的魅力,提高艺术表现能力和理解能力。

活动主题四:得趣《知所得,学习思考有收获》

一、活动目标

1. 对比《公鸡和母鸡》与《大象》使用的不同乐器,感受不同乐器对音乐氛围和形象的影响,并与前面学过的"狮王"做音乐形象的对比。

2. 通过师生交流总结在课程中的收获,分析欣赏音乐作品的方法,为下一次同类型课程的开展奠定基础。

二、活动步骤

(一)听赏看,乐器特点要记牢

1. 乐器特点对比。

表11

音乐形象	主奏乐器名称	乐器分类	音色特点	演奏方法
狮王	大提琴	弦乐器组	庄严、浑厚	拉弦
公鸡、母鸡	小提琴		尖锐、明亮	
大象	低音大提琴		低沉、浑厚	

2. 乐器形态对比。

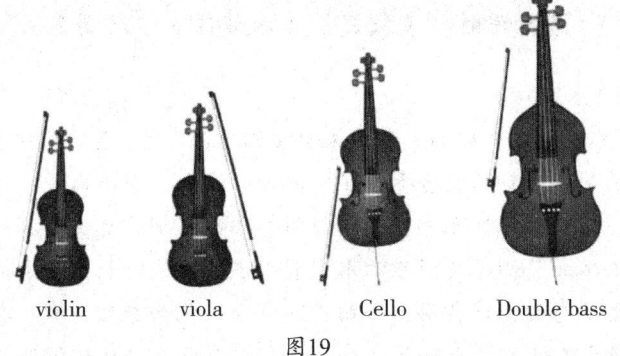

图19

（二）师生交流收获多

1. 同学们，本课欣赏了3个不同的音乐形象，关于欣赏音乐作品的方法你有什么收获呢？

师生交流：从演奏乐器、音乐形象、情绪、节奏来分析，感知音乐形象，注重听赏感受。

2. 师生交流总结在课程中的收获，为下一次同类型课程的开展奠定基础。

三、活动评价

表12

评价项目	评价维度	评价办法	评估等级		
			A	B	C
音乐理解	对不同乐器的音色、外形特点的分辨与记忆，对音乐形象的表现的总结	交流、展示	全部理解	基本理解	大致明白
欣赏方法	尝试从情绪、节奏来分析，感知音乐形象，注重听赏感受	交流、观察	全面掌握	基本掌握	需要老师讲解分析

四、设计理念

本活动主题四运用SECG教学模式之"得趣"环节——通过综合对比，教师引导学生找到学习、欣赏歌曲的方法，总结对比"得知识"；启发学生讨论遇到新的歌曲如何运用得到的知识去欣赏分析，既"得方法"。学习的目的是有收获和学会学习方法，师生在本堂课中通过交流合作，收获满满。

【板书设计】

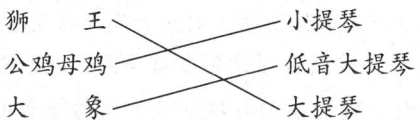

第三课时 《袋鼠》《水族馆》《终曲》

【教材分析】

《袋鼠》《水族馆》《终曲》都是来自法国作曲家圣-桑的管弦乐组曲《动物狂欢节》。《袋鼠》用双钢琴交替奏出了跳跃性的音型,刻画出袋鼠轻快而敏捷的身影,互相追逐、嬉戏、无忧无虑。《水族馆》中两架钢琴奏出节拍交错的琶音,展现了微波荡漾的水面、阳光在清澈的水中直射水底,这时长笛和小提琴以灵动的旋律奏出仿佛千姿百态的鱼群在游,整曲美丽得令人犹如身临其境。在《终曲》中,当所有动物到齐之后,狂欢开始了,小动物们整齐而有序地出场做最后的谢幕,乐曲生机勃勃、充满趣味。

【学情分析】

《袋鼠》《水族馆》以及《终曲》的欣赏给学生以不同的音乐氛围和音乐体验,钢琴和弦乐器、木管乐器的结合使乐曲的色彩更加丰富,同时音乐技巧的加入,比如顿音和休止符交错组成的节奏型,连音和顿音速度、力度的变化使得这几首乐曲的音乐感觉各不相同,学生有了前面赏析《引子与狮王进行曲》和《大象》《公鸡和母鸡》的经验,对于这三首乐曲的分析会更加游刃有余。

【教学目标】

1. 积极参与音乐,通过欣赏《袋鼠》和《水族馆》,从音色、连音、力度等方面分析并听辨演奏的乐器。

2. 欣赏《终曲》,讨论音乐要素是如何体现音乐形象的,能以聆听、哼唱、对比的方法体会音乐旋律,分析音乐主题,提高音乐素养

3. 通过趣味活动体验音乐,在合作的方式中思考和编创小动物们的音乐形象,对自己和他人的表演做简单的评价,培养学生的创造力和音乐参与体验。

【教学重点】

哼唱主题旋律,了解音乐要素对音乐形象的塑造作用。

【教学准备】

多媒体资料、钢琴、小动物头饰。

【教学过程】

活动主题一:激趣《听音色,小动物们乐趣多》

一、活动目标

1. 通过聆听《袋鼠》分析乐曲使用的乐器和音色,以及描绘的音乐形象。

2. 通过游戏、编创动作、连断音对比等音乐实践活动体会不同乐器和节奏所表现的不同音乐氛围,通过趣味性的乐曲片段发展学生的想象力,让学生在轻松愉快

的学习过程中感受音乐的魅力。

二、活动步骤

（一）体会音乐形象

1. 课前谜语——"猜猜我是谁"。

师：森林大会进行到了一半，有一位远方的朋友也急匆匆地赶来了，听听它给我们出的谜语吧，让我们猜猜它是谁？一物长得真奇怪，肚皮下面有口袋，孩子袋里吃和睡，跑得不快跳得快！

师生交流：是的，答案就是袋鼠！我们的新朋友。

2. 伴随着音乐，我们的朋友走来啦！播放《袋鼠》《水族馆》。

师：请你聆听下面两首乐曲，选择两首乐曲代表的图画。

图20

3. 介绍动物朋友袋鼠（播放视频）：教育学生要热爱大自然，爱护动物。

（二）感受音乐情景，描绘乐曲图形谱

1. 孩子们，刚才我们观看了关于袋鼠的视频，你们能告诉老师，袋鼠是怎样走路的吗？请你来模仿一下。

师生交流：袋鼠走路的姿势具有跳跃性，动作很轻巧。

2. 咱们前面已经尝试了为歌曲创作图形谱，请你再次聆听乐曲，尝试用"点"和"线"来描绘歌曲旋律，并说说你的见解。

师生交流（图形谱）：

⌒⌒⌒⌒····⌒⌒⌒····乐曲以多次的点和部分短促的线组成，因为旋律短促、跳跃，符合袋鼠灵巧、跳跃、活泼的音乐形象。

（三）听辨歌曲使用乐器

师：前面课中我们学习了管弦乐器中的弦乐器家族，同学们还记得这个家族都有哪些乐器吗？（小提琴、大提琴、中提琴、低音大提琴）这首《袋鼠》所使用的是我们非常熟悉的什么乐器呢？

师生交流：这首歌曲是由钢琴演奏，顿音和休止符交替组成的轻捷跳动音型，惟妙惟肖地模仿出袋鼠灵巧的跳跃本领。

（四）与乐共舞

再次聆听乐曲《袋鼠》，随歌曲旋律节奏变化，模仿袋鼠的动作，注意在连断音的地方停顿，看谁模仿的袋鼠最灵动。

三、活动评价

表13

评估项目	评估维度	评估办法	评估等级		
			A	B	C
参与程度	体会音乐情景和表达音乐形象	感受、模仿	认真聆听	基本体会	需要再次感受
音乐理解	图形谱展示	聆听、展示	完美展示	基本表达	需要教师协助

四、设计理念

本活动主题一运用SECG教学模式之"激趣"环节——从音乐感受入手，以听觉和音乐感受练习判断歌曲音乐形象，开启趣味音乐课的学习。学生在有趣的音乐氛围中感受、参与、展示音乐形象，加强对图形谱的理解，为对比学习下面其他乐曲做准备。

活动主题二：探趣《对比学，不同乐趣感受多》

一、活动目标

1. 感受音乐形象，欣赏全曲设计、图形谱，分辨歌曲演奏的乐器。

2. 通过逐段赏析探究每个乐段所表现的不同音乐情景和音乐氛围，随音乐思考设计律动，感受乐曲的旋律之美、情景之趣。

二、活动步骤

（一）感受歌曲情景和音乐形象

1. 感受音乐形象。

聆听歌曲，思考歌曲表现了怎样的音乐画面？

师生交流：这首乐曲让人感受仿佛鱼儿游在水中，珊瑚在阳光的照射下波光粼粼，水草也随着水波荡漾，表现了水底世界的奇幻和神秘。

2. 再次欣赏全曲，分析主奏乐器。

再次聆听乐曲，钢琴表现水波，鱼儿在水里游的部分由小提琴奏出，主题乐句反复出现，好像水波不断荡漾循环，长笛的出现让海底世界更加神秘，珊瑚在光照下若隐若现、波光粼粼。

师生交流：观看《水族馆》的演奏视频，找出主奏乐器。

（二）分段欣赏，随乐律动

1. 这首乐曲的意境太美了，你能根据音乐旋律尝试再次用"点"和"线"画出乐曲的图形谱吗？

师生交流：乐曲旋律具有流动性，可以由波浪线表现歌曲的图形谱。

图形谱：

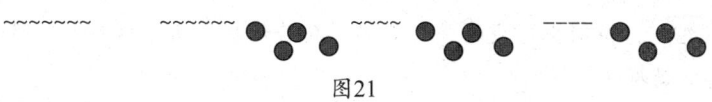

图21

2. 老师准备了几个卡片，分别是海草、小鱼、泡泡等，请再次聆听乐曲，选择你觉得合适的图片为歌曲分乐段。

3. 让我们一起去海底世界探秘吧，随歌曲一起舞动，演奏到你觉得合适的乐段时请用动作表现出音乐形象的变化。

（1）海草摇曳，随着海水漂荡。

（2）鱼儿畅游水中，随海水浮沉吐泡泡。

（3）美丽的珊瑚，在阳光的照耀下一闪一闪发出金光。

三、活动评价

表14

评价项目	评价维度	评价办法	评估等级		
			A	B	C
音乐理解	感受音乐形象	分析演奏乐器	完全正确	基本正确	尝试理解
	体会歌曲旋律	总结图形谱			
音乐情绪感知	动作表现乐曲律动	师生交流、展示	准确表达	能够表达	需要老师协助

四、设计理念

本环节通过SECG教学模式之"探趣"方法，通过多次仔细聆听乐曲，根据歌曲旋律联想不同的音乐场景，根据图形谱感受和探索不同乐段的音乐情景变化，启发学生的多方面感觉，听、动、思结合"探趣"。

活动主题三：创趣《终曲感创律动》

一、活动目标

1. 欣赏乐曲《终曲》，总结回忆歌曲中所出现的音乐形象，可以为小动物们配上旁白。

2. 通过趣味性的活动设计,用合作的方式模仿、扮演乐曲中出现的动物,对自己和他人的表演做简单的评价。在师生合作的活动中勇敢表达自己的想法,提高自信心,建立音乐兴趣。

二、活动步骤

(一)乐之忆

回忆前面欣赏过的乐曲《引子与狮王进行曲》《公鸡和母鸡》《大象》《袋鼠》《水族馆》,听辨出对应的作品名字。接着初听乐曲《终曲》,思考乐曲中描绘了以上哪些动物。

(二)整体欣赏

1. 再次欣赏乐曲,分析乐曲主题乐段是哪一段,讨论这段音乐的情绪、速度,再次聆听音乐,找出全曲一共出现了多少次。

2. 分段欣赏。

(1)聆听全曲,歌曲分为几个乐段?(A+B+A三个乐段)

(2)欣赏引子部分,回答问题:演奏该部分的主奏乐器是什么?(钢琴和大提琴)

仿佛听到什么动物的叫声?(狮子的吼叫声)

回忆前面听过的作品中,哪个作品的引子跟此作品的引子相似?(与《狮王进行曲》的引子部分相似)

(3)欣赏尾声部分,提问:该乐段中表现了哪些动物?(仿佛听到描绘母鸡、袋鼠、鱼儿、大象等动物的音乐)

(三)趣之创

完整欣赏《终曲》,当听到狮子、公鸡、母鸡、袋鼠、大象的音乐形象出现时,随音乐模仿这些动物的动作。

三、活动评价

表15

评价项目	评价维度	评价办法(观察)	评估等级		
			A	B	C
音乐欣赏能力	分析音乐形象	交流、展示	完全理解	基本概括	需要教师引导
音乐表达能力	为歌曲编创律动	交流、观察	完美演绎	通顺表达	需要教师协助

四、设计理念

本活动主题三运用SECG教学模式之"创趣"环节——通过总分总的欣赏方式,欣赏最终乐章《终曲》,在音乐的聆听和感受中回忆学过的音乐形象,为歌曲做律动,在欢乐的氛围中体会作曲家圣–桑是用怎样的音乐元素来表现不同的音乐形象的，为下一环节的思考做准备。

活动主题四：得趣《乐动乐学，得知所趣》

一、活动目标

回忆总结，思考作曲家圣-桑是如何运用不同的音乐要素来体现音乐形象的。

二、活动步骤

（一）了解歌曲背景

法国作曲家圣-桑曾于1886年先后到布拉格与维也纳进行旅行演奏，途中在奥地利休息了几天。就在这些日子里，他应巴黎好友的请求，写出了一部别出心裁、谐趣横生的管弦乐组曲《动物狂欢节》。在《动物狂欢节》中，作者以生动的手法描写动物们在热闹的节日中，各种滑稽有趣的情形。

整部组曲由下面十四曲组成：（一）引子及狮王行进曲；（二）公鸡与母鸡；（三）野驴；（四）乌龟；（五）大象；（六）袋鼠；（七）水族馆；（八）长耳人；（九）林中杜鹃；（十）大鸟笼；（十一）钢琴家；（十二）化石；（十三）天鹅；（十四）终曲。

（二）音乐要素分析

1. 思考讨论：我们一共学了哪几种动物？分别用什么乐器表现？给你留下最深印象的是哪个动物？

2. 师生讨论：圣-桑是怎样运用音色、速度、力度、高音、低音、连音、顿音等音乐要素来表现动物特征的？

（三）我为乐曲来创新

如果让你为歌曲编创旁白、串词，请问你会怎样编写呢？请再次随着《终曲》的回放，以音乐剧的形式表现出来。

三、活动评价

表16

评价项目	评价维度	评价办法（观察）	评估等级		
			A	B	C
音乐编创能力	为歌曲编创旁白	交流、展示	有创意	通顺	需要小组合作
音乐表达能力	音乐剧展示	交流、观察	完美演绎	通顺表现	没有灵感
音乐分析能力	音乐要素分析	思考讨论、交流	完全掌握	需要打磨	需要教师讲解

四、设计理念

本活动主题四是SECG教学模式之"得趣"环节——通过对前面环节的学习，

把音乐知识和感受串联起来，进行音乐的综合拓展，思考"音乐要素如何表现音乐"，把知识落到实处，总结方法，做好知识积累。

【板书设计】

动物形象体现：　　　　音乐要素：
　　狮子　　　　　　　　音色
公鸡、母鸡　　　　　　　速度
　　大象　　　　　　　　力度
　　袋鼠　　　　　　　　高音
低音、连音、顿音等音乐技巧

九、教学反思

本课是《动物狂欢节》组曲的几个分乐章欣赏，以听觉为线索，以图片为辅助，让学生体会歌曲的音乐形象。教学设计主要侧重于以下几点。

（一）从心欣赏，情境合一

听是音乐课堂最重要的学习方式和方法之一，本课的歌曲分别进行多次的欣赏，把音乐形象和音乐情景分析相结合，从音乐形象出发，分析所用到的乐器和音乐要素，使得乐曲的学习不枯燥。教师在课堂中把简单的听和难的分析相结合，锻炼了学生的综合能力。

（二）学习多元化，角度多样化

四年级的学生已经有了一定的理性思维能力和综合表达能力，在欣赏歌曲的同时辅助以图形谱的编写可以更加深刻地理解歌曲。

十、设计亮点

本课虽然乐曲含量较多，课时也长一些，但综合知识并不复杂。在教师带领归纳学习之后，学生重在掌握欣赏歌曲的方法，将音乐知识和感受串联起来，进行音乐的综合拓展思考。教师从演奏乐器、音乐形象、情绪、节奏等方面来分析，让学生感知音乐形象，注重听赏感受。这对于欣赏性歌曲来说，是一个良好的学习方法和途径。

通过对不同乐曲的音乐形象、音乐要素进行分析体会，结合图形谱和乐器伴奏，以音乐剧的形式唱演歌曲，可以让学生的音乐表达能力得到全方位发展和提升。教师应让学生根据不同的歌曲旋律联想不同的音乐场景，根据图形谱感受和探索不同乐段的音乐情景变化。

四年级下册第 5 课《五彩缤纷的音色世界（二）》教学设计

深圳市福田区皇岗小学　于佳佳

一、内容概述

内容简介："音色"的概念在本套教材中是第二次出现。学生在之前的学习中已经感受过大提琴、小提琴、圆号、双簧管、单簧管等管弦乐队乐器的音色，掌握了一些听辨乐器音色的方法。例如，在一年级上册歌曲《小兔子乖乖》中，学生感知了大提琴、小提琴、圆号的音色；在一年级下册管弦乐曲《小鸭与大灰狼》中尝试听辨了双簧管、圆号的音色；在三年级上册大提琴独奏曲《天鹅》、单簧管独奏曲《大黑猫的主题》中，积累了对比、听辨乐器音色的方法。到了三年级下册，开始正式出现"音色"这一音乐表现要素，教材安排了中西两首器乐曲——二胡独奏曲《空山鸟语》和小提琴独奏曲《云雀》，使学生对"音色"这音乐要素有了进一步的感性认识和了解。本课主要介绍铜管乐器组的音色，在音乐作品中体会有着富丽堂皇色彩的乐器在表达音乐情绪、描绘音乐形象上所起的作用。欣赏乐曲《快乐的号手》《查尔达斯舞曲》，了解并能在音乐作品中分辨大号、小号、长号、圆号的音色，积累聆听感受和对西洋管弦乐器的认识。

作品联系：在一年级上册《小兔子乖乖》中，学生感知了大提琴、小提琴、圆号的音色；在一年级下册管弦乐曲《小鸭与大灰狼》中尝试听辨了双簧管、圆号的音色；在三年级上册大提琴独奏曲《天鹅》、单簧管独奏曲《大黑猫的主题》中，积累了对比、听辨乐器音色的方法。到了三年级下册，开始正式出现"音色"这一音乐表现要素，教材安排了中西两首器乐曲——二胡独奏曲《空山鸟语》和小提琴独奏曲《云雀》，使学生对"音色"这一音乐要素有了进一步的感性认识和了解。

教学价值：本课主要介绍铜管乐器组的音色，让学生在音乐作品中体会有着"富丽堂皇"色彩的乐器在表达音乐情绪、描绘音乐形象上所起的作用。欣赏乐曲

《快乐的号手》《查尔达斯舞曲》，了解并能在音乐作品中分辨大号、小号、长号、圆号的音色，积累聆听感受和对西洋管弦乐器的认识。

二、学习目标

审美感知：欣赏铜管四重奏《快乐的手号》，了解、对比大号、小号、长号、圆号的音色。

艺术表现：聆听大号独奏曲《查尔达斯舞曲》，感受铜管乐器的音色，能够在音乐中辨别出乐器的音色并用动作模仿表现出来。

创意实践：通过《快乐的号手》能够模仿大号、小号、长号、圆号的演奏姿势，活跃学生思维，组成小乐队，提高学生艺术创造能力和实践能力。

文化理解：音乐与相关文化是音乐课人文学科属性的集中体现，有助于扩大学生音乐文化视野。因此本课要求学生开展一次别开生面的音乐活动，培养学生参与音乐实践活动的积极性，尝试了解音乐与生活的关系，开阔学生的音乐视野

三、教学安排

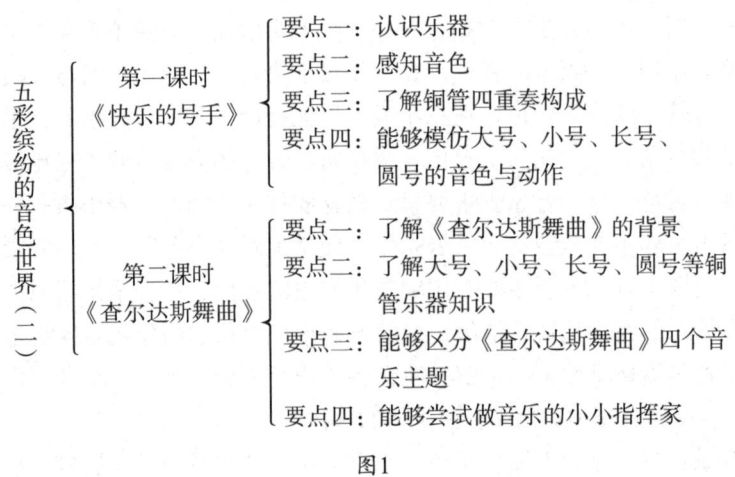

图1

四、学习评价

表1

评价内容	评价目标	评价方式	评价结果运用
认识大号、小号、长号、圆号	能通过看图片、辨音色，说出乐器的名称	教师评价或生生互评	了解学情，改善方法

续表

评价内容	评价目标	评价方式	评价结果运用
乐器音色感知	听声识别乐器名称	教师评价或生生互评	听声音能够说出乐器名称
铜管四重奏组成	流畅表达铜管四重奏乐器构成	生生互评	增加学生的音乐知识
情绪情感体验	感知乐器音色要素变化、体会情绪情感的变化	组内互评或教师评价	可形象生动地进行模仿
《查尔达斯舞曲》背景介绍	深入背景，更加了解曲子	全员互评	简单表达即可
大号、小号、长号、圆号等铜管乐器知识	简单了解各项乐器基本演奏方式	教师评价或生生互评	扩充视野，增强能力
能够区分《查尔达斯舞曲》四个音乐主题	聆听音乐，能够发现主题音色变化	教师评价或生生互评	训练音乐的敏捷力以及音乐的记忆力
能够尝试做音乐的小小指挥家	能够跟随教师一起指挥2/4拍和4/4拍	教师评价或生生互评	训练音乐的表现力

五、教学建议

教学重、难点解决：
了解并能在音乐作品中分辨大号、小号、长号、圆号的音色。

六、活动设计

表2

课时	作品名称	教学设计侧重点	关注要点	活动设计
第一课时	《快乐的号手》	介绍大号、小号、长号、圆号	乐器音色	听音乐、辨音色
		了解铜管四重奏的构成	分析由哪些乐器构成	完整欣赏、分段赏析、熟悉乐器音色
		能够模仿大号、小号、长号、圆号的音色与动作	创作表演情景	模仿表演
第二课时	《查尔达斯舞曲》	了解大号、小号、长号、圆号等铜管乐器知识	乐器基本的演奏方式	教师播放视频示范讲解
		能够区分《查尔达斯舞曲》四个音乐主题	关注主题的变化	教师在主题变化时应给予适当的停顿讲解
		能够尝试做音乐的小小指挥家	2/4拍和4/4拍指挥图示	能够跟随教师一起指挥

七、前后关联

表3

之前	之后
一年级上册第12课《小兔子乖乖》	五年级上册第10课《五彩缤纷的音色世界（三）》

八、教学实施过程

第一课时 《快乐的号手》

【教材分析】

铜管乐四重奏《快乐的号手》是广东教育出版社和花城出版社小学四年级下册第5课《五彩缤纷的音色世界（二）》中的一首曲子，在三拍子欢快的旋律中，运用象声词"邦""哒""叭""嘟"分别模仿了大号、小号、长号、圆号的音色，并在乐曲合奏中展现了4种乐器在铜管乐队中的演奏配合。在乐曲欣赏中，学生了解4种乐器的音色特点，掌握了根据不同音色辨别乐器名称的能力。

【学情分析】

四年级的学生对铜管乐器已初知一些，圆号已学过，并不陌生，但分辨各种乐器的音色对他们来说还有一定的难度。因此，教师在教学实践中应充分给予他们模仿辨识音色的空间，善于把握、利用他们的兴奋点，做到寓教于乐、激活兴趣、完善个性。音乐课如果单单只是教唱几首歌曲是不能达到新课标的要求的，要通过唱、练、赏、游的方式让学生能对音乐产生兴趣，特别是能学会欣赏不同国家、民族及不同风格的音乐，通过音乐来起到美育的作用。由于我校学生来自不同地方，学生的接受能力有别，有些学生通过点拨就可以学会，而有些学生则要进行反复的训练。学习乐理知识有时让学生感到枯燥，甚至个别学生会感到厌烦。为了解决这一问题，我上课多以小组为单位进行比赛，每次都在竞赛中设有奖励分和处罚分，奖励分主要是给能顺利完成学习任务的小组，个别能抢答出老师提出的问题的个人也可以为小组获得奖励分；处罚分则是针对小组中有违反纪律的现象。通过教学实践，学生的集体荣誉感不断增强，每堂课下来大家都要比比看哪个小组的星星多，同学们以得奖励分为荣，以被扣分为耻，学习热情高涨。为了得到更高的奖励分，同学之间也是互相帮助，达到了我在教学设计中面向全体的目的。

【教学目标】

1. 情感态度与价值观：提高学生对音乐的审美能力和对西洋管弦乐器的认识，培养他们对交响乐的喜爱。

2. 过程与方法：学生通过聆听、感受、比较和模唱来对大号、小号、长号、圆号的音色进行模仿。

3. 知识与技能：了解并能在音乐作品中分辨大号、小号、长号、圆号的音色。

【教学重点】

了解并能在音乐作品中分辨大号、小号、长号、圆号的音色。

【教学难点】

学生通过聆听、感受、比较和模唱来对大号、小号、长号、圆号的音色进行模仿。

【教学准备】

教学课件，钢琴，四种铜管乐器的号嘴、号图。

【教学过程】

活动主题一：激趣《听音乐　看图片　猜乐器》

一、活动目标

1. 跟随音乐律动，感受稳定拍，通过激发拍照，调动学生的积极性。
2. 能够观看乐器图片，简单介绍，让学生明确本节课的内容。

二、活动步骤

1. 播放音乐，铜管四重奏《铃儿响叮当》，走进音乐课堂，拍照激趣。
2. 出示四种铜管乐器图片，简单介绍。

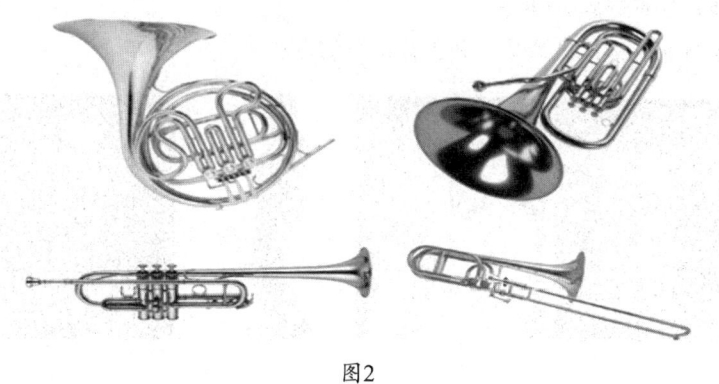

图2

三、活动评价

表4

评估项目	评估维度	评估办法（观察）	评估等级（参考）		
			A	B	C
情绪情感	神情积极状态	观察法	完全参与	基本参与	不太参与
文化理解	器乐基本知识	问答	完全了解	基本了解	不太了解

四、设计理念

用快乐的音乐营造音乐氛围,导入课堂,通过SECG教学模式中的"激趣",让学生首先感受到"音乐趣",欢快的音乐给学生带来好心情;让学生跟着音乐律动——"律动趣",编创自己喜欢的动作;教师利用手机拍照——"拍照趣",每一个学生都想进入教师的照片中,所以会激发学生非常努力地做好自己的动作;随后让学生由图片直观感觉4种乐器的样子,利用了"图片趣"使学生产生好奇心,猜想乐器的名称,从而提高学生的学习兴趣。

活动主题二:探趣《听音乐 看卡片 学姿势》

一、活动目标

1. 通过聆听,培养音乐耳朵的敏锐力,能够说出器乐名称。
2. 通过乐器了解,能够模仿出乐器演奏方式。

二、活动步骤

1. 播放视频(四种铜管乐器的独奏片段),聆听音色。
2. 出示四种音色卡片,给学生选择。

图3

3. 老师用歌声形容4种乐器。
4. 学生听音说出乐器名称,并模仿乐器演奏姿势。

图4

三、活动评价

表5

评估项目	评估维度	评估办法(观察)	评估等级(参考)		
			A	B	C
演奏模仿	肢体状态	观察法	完全参与	基本参与	不太参与
文化理解	音色卡片	问答	完全了解	基本了解	不太了解

四、设计理念

设计意图：通过SECG教学模式——"探新知"，观看视频，聆听音乐，能够从听觉上、视觉上更深入地感受器的声音。在这个过程中，学生能够感受到"探力度""探节奏""探速度"。通过对音色卡片、视频进行直观的学习，学生在这个过程中能够感受到"探音色""探情绪"。学生通过模仿演奏动作，可以感受到"探动作"，聆听、辨识音乐。教师通过歌声渲染、形象感受音色，适当加些模仿姿势，让学生形象地记忆音乐。

活动主题三：创趣《听节拍 感律动 创表演》

一、活动目标

1. 通过聆听音乐，能够感受乐曲的节拍。
2. 通过小组合作、编创、表演，激发学生的创造力。

二、活动步骤

1. 初听乐曲，带着问题让学生初次感受乐曲，并回答乐曲是几拍子，三拍子的强弱规律应由什么乐器演奏？
2. 聆听乐曲，在音乐中准确找对乐器并做出演奏的姿势。
3. 给学生带上头饰分组表演，再听乐曲，亲身体验。

三、活动评价

表6

评估项目	评估维度	评估办法（观察）	评估等级（参考）		
			A	B	C
小组表演	组内参与人数	统计法	完全参与	基本参与	不太参与
听觉感知	2/4、3/4、4/4	问答	完全了解	基本了解	不太了解

四、设计意图

通过SECG教学模式中的"创趣"，学生聆听音乐，感受音乐的节拍，在这个环节中能够将新的音乐知识创造出来，即"创新知"。学生在这个环节中感知节拍，能够稳定固定拍，即"创节拍"。随后教师又问强弱关系，这要运用以往学过的知识来回答，即"创力度"。随之，学生听着音乐，能够做出身体律动，即"创律动"；聆听音乐，能否听辨出音乐中的乐器名称，即"创器乐"；通过了解乐器后，学生模仿乐器的演奏姿势，即"创旋律"中的"创演奏"；通过扮演角色、模仿动作来感受乐器音色，即"创表演"，让音乐更生动，激发学生的兴趣。

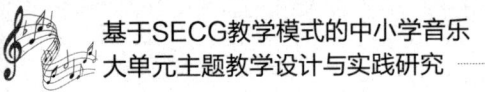

活动主题四：得趣《唱旋律 模器乐 得能力》

一、活动目标

1. 通过人声模唱，进一步加深对旋律的感知。
2. 通过小组合作学习，呈现铜管四重奏的演奏形式。

二、活动步骤

1. 聆听全曲（有人声模唱），感受乐曲分为人声和器乐两个部分。
2. 练唱前半部分（有人声模唱），分组学唱。
3. 聆听全曲，让学生边唱边做演奏姿势。
4. 分4组选择器乐表演，最终拍照定型（给快乐的号手再次拍照）。

三、活动评价

表7

评估项目	评估维度	评估办法（观察）	评估等级（参考）		
			A	B	C
小组表演	组内参与人数	统计法	完全参与	基本参与	不太参与
听觉感知	2/4、3/4、4/4	问答	完全了解	基本了解	不太了解

四、设计意图

通过SECG教学模式中的"得趣"，首先，教师进行人声模唱旋律，使旋律能够深入学生的感知系统，即"得旋律"练唱部分；其次，学生能够更准确地演唱出旋律中的细节部分，练唱熟悉旋律后，学生对乐曲的表现会更加自信，学生边唱边做演奏姿势，这一环节即"得演唱""得演奏"；最后，学生选择乐器，分组表演，体验4种器乐合作演奏的快乐，可以获得更强、更深、更广的乐曲理解，及更丰富的音乐情感体验，即"延伸趣""拓展趣"。

第二课时 《查尔达斯舞曲》

【教材分析】

《查尔达斯舞曲》源于吉卜赛人的民间舞蹈，在匈牙利广为流行，到了十九世纪五六十年代成为匈牙利主要的民间器乐体裁。《查尔达斯舞曲》原是意大利作曲家维托里奥·蒙蒂的一首带有吉卜赛风格的小提琴曲，包括"慢——快——慢——快"4个主题，乐曲慢板主题悠扬而舒缓，快板主题急促欢快，从而形成极为鲜明的对比，后来该曲被改编成多种乐器的独奏曲目并广为流传。通过对这首音乐的欣赏，学生进一步加深对大号、小号、长号、圆号这4种乐器的认识，提高聆听不同乐器的音色、辨别乐器名称的能力。

【学情分析】

四年级的学生有着强烈的好奇心和求知欲，参与意识和交往愿望较强，在学习上已形成自己的初步经验，表达情感的方式也有明显变化。教师可以通过多种形式的艺术实践活动，巩固和提高学生表现音乐的基本技能，扩大音乐欣赏的范围，更有意识地将音乐的人文内涵融入教学。由于受社会环境等综合因素影响，学生大多热衷于流行音乐，追星现象屡见不鲜，而对于西方乐曲，却知之甚少。

【教学目标】

1. 情感态度与价值观：初步熟悉欧洲音乐的一般特征，理解作品丰富的情感内涵，增强对音乐的感受力。

2. 过程与方法：通过聆听、对比、讨论等方法，欣赏《查尔达斯舞曲》，提高音乐的感受力。

3. 知识与技能：认识各种弦乐器，了解乐曲不同部分在速度上的变化。

【教学重点】

了解器乐大号、小号、长号、圆号4种乐器。

【教学难点】

能够在音乐作品中分辨大号、小号、长号、圆号的音色。

【教学准备】

钢琴，多媒体。

【教学过程】

活动主题一：激趣《激情趣 感音乐 观表现》

一、活动目标

1. 通过观看乐器图片，能够说出乐器名称。
2. 能够运用画线条的方式，让学生感受音乐的旋律起伏。

二、活动步骤

1. 聆听《快乐的号手》，教师出示乐器图片和演出照片，请学生们说出名称。
2. 教师播放《查尔达斯舞曲》，初次聆听，感受旋律，激发兴趣。
3. 教师讲授《查尔达斯舞曲》的背景故事。
4. 观看教师提前录制好的视频，运用线条来表示音乐的旋律。

三、活动评价

表8

评估项目	评估维度	评估办法（观察）	评估等级（参考）		
			A	B	C
看图识乐器	大号、小号、长号、圆号	问答	完全了解	基本了解	不太了解
肢体模仿	动作相似度	小组	完全相似	基本相似	不相似

四、设计理念

通过SECG教学模式中的"激趣"环节，首先，教师出示乐器的图片和演出照片，请学生说出名称，这是"暖场趣"；其次，教师通过让学生聆听上节课学过的音乐——"音乐趣"，来回忆学过的乐器有哪些；再次，教师初次播放乐曲《查尔达斯舞曲》，一首新的旋律萦绕在学生耳边，熟悉的乐器声音激发了学生的兴趣，紧接着老师又讲述了《查尔达斯舞曲》的背景故事——"故事趣"，又为乐曲增加了浓厚的色彩，使音乐富有灵魂；最后，观看教师录制好的旋律线视频——"视频趣"，再一次启发学生，线条也可以用来表现音乐的起伏。

活动主题二：探趣《探旋律观主题融知识》

一、活动目标

1. 通过聆听主题，能够听出乐器种类，说出乐器名称。
2. 通过对音乐的聆听，能够整理出基本的音乐要素。

二、活动步骤

1. 教师播放《查尔达斯舞曲》主题A、主题B，学生聆听后回答几个问题，你们知道这两段音乐选自哪首乐曲吗？他们是由什么乐器演奏的？带给你怎样的感受呢？
2. 师生再次聆听两个主题，并填写一下的音乐要素表：

表9

作品	演奏乐器	节拍	速度	情绪
主题A	大号	4/4	广板，自由地	忧伤、抑郁
主题B	圆号	2/4	快板，活泼地	热情、奔放

三、活动评价

表10

评估项目	评估维度	评估办法（观察）	评估等级（参考）		
			A	B	C
聆听音乐	器乐名称	问答法	完全了解	基本了解	不太了解
音乐要素	小组竞赛	展示结果	完全了解	基本了解	不太了解

四、设计理念

音乐欣赏是一门听觉艺术。如何让学生听得有效、听得明白，教师需要采取听、唱、想、说等多种手段相结合的教学方式。通过SECG教学模式中的"得趣"环节，首先，教师播放《查尔达斯舞曲》主题A、主题B，即"探新知"；其次，在聆听的过程中，学生能够"探节拍""探节奏"；再次，教师提问"是否知道这两段音乐选自哪首乐曲",让学生进行思考,即"探思考";最后,教师提出问题"这两段音乐是用什么乐器演奏的",即"探器乐",让学生回顾一下乐曲中的乐器音色,即"探音色",以及乐器带给你怎样的感受,即"探形象""探感受"。教师让学生用自己的语言表述自己对器乐的感受、对旋律的感受,发挥学生的主体性,让学生大胆说想法。师生再次聆听两个主题,并填写一下的音乐要素,即"探新知",整理知识,交流沟通,汇成表格。

活动主题三:创趣《创音色 感节拍 得旋律》

一、活动目标

1. 通过用拟声词的方法,使得主题旋律更深刻地印入学生的脑海。
2. 通过聆听乐曲,能够清晰地明确乐曲中包含的音乐要素。

二、活动步骤

1. 学生跟随主题A、主题B,用模仿大号的拟声词"邦"、模仿圆号的拟声词"嘟"模唱乐曲主题,熟悉后可模仿演奏器乐的动作,边唱边动。

图5

2. 学生聆听乐曲《查尔达斯舞曲》的主题C和主题D,分组合作继续完成以下的音乐要素表:

表11

作品	演奏乐器	节拍	速度	情绪
主题A	大号	4/4	广板,自由地	忧伤、抑郁
主题B	圆号	2/4	快板,活泼地	热情、奔放
主题C	长号	2/4	慢板,抒情地	抒情、优美
主题D	小号	2/4	小快板,轻巧地	欢快、轻巧

三、活动评价

表12

评估项目	评估维度	评估办法（观察）	评估等级（参考）		
			A	B	C
拟声词演唱	主题旋律	观察法	演唱得很好	演唱得一般	不演唱
音乐要素	小组竞赛	展示结果	完全了解	基本了解	不太了解

四、设计意图

学生跟随主题A、主题B，用模仿大号的拟声词"邦"、模仿圆号的拟声词"嘟"模唱乐曲主题。通过SECG教学模式中的"创趣"环节，用声音模仿器乐的声音——"创音色"，孩子们用自己认为所贴近的乐器的声音来模仿器乐的音色，这不仅能够使孩子们加深对音色的敏感度，也能加深其对旋律的感知；熟悉后可模仿演奏器乐的动作边唱边动——"创律动""创舞蹈"。学生聆听乐曲《查尔达斯舞曲》的主题C和主题D，分组合作继续完成音乐要素表——"创新知"，提升孩子们整理知识、交流沟通、汇成表格的能力，形象的表格便于学生记忆。

活动主题四：得趣《赏音乐 听主题 忆方法》

一、活动目标

1.通过感受主题的不同情绪，能够轻巧地用二拍子来指挥。
2.通过小组汇报总结，能够进行知识、方法的融会贯通。

二、活动步骤

1.学生根据主题A、主题B不同的情绪特点，运用连贯、优美或者活泼、轻巧的二拍子指挥动作，表现乐曲。
2.学生完整欣赏大号独奏曲《查尔达斯舞曲》，说说自己对乐曲的理解和感受，谈谈本单元关于音色学习的收获。

三、活动评价

表13

评价内容	评价方式
音色学习，小组汇报总结	生生互评、师生互评

四、设计意图

首先，主题C和主题D都是二拍子乐曲，但是两首乐曲不仅演奏的乐器不同，而且表现出来的情绪也不相同。因此，教师首先应引导学生通过体验不同特点的指挥动作，即"得节拍"，感受主题C旋律中大量的保持音、连音线带来的连贯、优美的情绪，感受主题D旋律中一连串跳音带来的欢快、跳跃的情绪，即"感受趣""思考趣"。其次，学生在回忆乐器及其音色的过程中，梳理出适合自己的音色记忆方式和理解方式，建立属于自己的乐器音色库，即"延伸趣""发散趣"。教师可鼓励学生运用更多的方式来表达自己对音色的感受，如对更多音色词语的描绘、对线条图形谱的描绘、对身体律动的表达等等。最后，学生完整欣赏大号独奏曲《查尔达斯舞曲》，说说自己对乐曲的理解和感受，谈谈本课关于音色学习的收获，即"忆结构""忆知识""忆方法"。

九、教学反思

音乐是素质教育的一个必不可少的因素。近几年要求基本能力学科的开设，因此音乐课的质量也是极为重要的。音乐教师也应该学会反思、善于反思。那么，音乐教学反思该从哪些方面着手呢？又如何在反思中提高自己的教学能力呢？

（一）在备课过程中设计反思

教师在设计教学方案时，就可以先给自己设计几个问题以供反思。例如，学生对本课的器乐熟悉程度如何；怎样设计学习器乐的教学方式会更容易引起学生的兴趣；在学习西洋乐器的教学环节中会出现哪几种问题，如何对症处理；等等。这样，在教学的过程中，教师就会觉得有的放矢，备课也不会流于形式。因为音乐课的教学目的是提高学生对音乐的兴趣，所以在备课中设计的反思还是以提高兴趣为主。如果在实施教学的过程中发现学生特别有兴致，或者无动于衷，就该问问自己是什么原因，积累经验教训，以求得最佳效果。

（二）在上课的过程中验证反思

课堂不是车间的流水线，一成不变，同样的教学方式方法，五十名学生可能有五十种不同的反应。因此，在课堂教学的过程中，教师需要不断地调整教学的方式方法，不断验证在备课时设计的反思，对症下药。课堂教学是一门遗憾的艺术，再好的教学也总有它不足的地方，有待于进一步改进、进一步优化。因此，在课堂上发生的种种"意外"，就可以成为很好的反思材料，以供教师在不断的实践过程中进行探索。

（三）在课后进行各种形式的反思

反思的方式有许多种，可以通过语言也可以通过文字，可以自我反思也可以通过交流进行集体反思。反思最具有借鉴意义的一种方式是编写案例反思。所谓案例反思，就是通过具体的典型的教学个案，来研究和揭示其内在规律的一种写作方式。虽然案例有其个别性、特殊性，但是也从中体现出了教师的教学策略、教学理念等等。教师将这些典型案例通过文字的形式加以分析概括，可以提高自己的教学能力，也可以给同行提供借鉴。

反思除了自我反思，也可以通过观摩分析他人的范例来进行。所谓"他山之石，可以攻玉"。自我反思、自我案例分析，都是建筑在自身的基础上，而许多事情还是旁观者清。因此，教师应该多观摩分析其他教师的课，学习他们的教学理念、教学组织形式、教学方法等等；反思假如我上同样内容的课，会有什么不同、什么相同，我从中得到了哪些启发，等等。音乐教师往往由于自身条件的不同有各自的特长，比如器乐、声乐，要善于利用自己的特长，也要善于借鉴别人的特长，看看别人是如何利用的，思考自己可以如何利用。

因此，无论是主课也好，副课也罢，教学反思都有着不可估量的积极作用。作为新课程背景下的音乐教师，我认为更应该在教学中不断地进行反思与提炼，从而发现问题，学会研究，不断地去提高教学水平，成为科研型、反思型的新型教育工作者。

十、设计亮点

（1）"激趣"欢乐多，通过多聆听音乐进入教室、音色卡片游戏环节，能够很好地将课程区别于其他学科，将"趣"展现出一个好的开端。

（2）"探趣"神秘多，后续学习的内容，教师用悬疑的方式，一层一层地渗透出来，学生一步一步跟随教师，充分体现了学生主体、教师主导的学习方式。

（3）"创趣"想法多，学生天生就希望被他人关注，每个学生都是一片独一无二的树叶，他们有着自己的想法和主观能动性，然而此环节就给他们创造了舞台，任他们展翅飞翔，搏击长空。

（4）"得趣"收获多，以学生为主体的课堂，学生不仅能够"当家做主"，还能"参政议政"，敢于总结，敢于表现，敢于分享，通过小组合作，集思广益，团结一心，吸他人之长、补己之短，不断进取，不断更新，不断学习。

五年级上册第10课《五彩缤纷的音色世界（三）》教学设计

深圳市福田区石厦学校　张琼文

一、内容概述

内容简介：本课是《五彩缤纷的音色世界》教学系列的第三部分，主要安排学生认知音色，由三首具有代表性的民族器乐作品组成。《牧童短笛》是我国著名音乐家贺绿汀以清新、流畅的线条，呼应、对答式的二声部复调旋律，成功地模仿出了中国民间乐器——笛子的特色；《牧羊姑娘》是我国音乐家金砂先生于1946年在音乐院就读时的毕业作品，本课以双簧管独奏的形式突出双簧管甜美、温馨、优美的音色特征；《单簧管波尔卡》是一首深受人们喜爱的单簧管独奏曲，能表现单簧管优美、朴实、活泼、灵巧的音色特征；《加沃特舞曲》是源于民间而后流行于宫廷、贵族社会的一种法国舞蹈音乐，也被译为《嘉禾舞曲》；《生日歌》和《梁山伯与祝英台》是乐器合奏作品，由长笛、双簧管、单簧管与大管组成。

作品联系：六首乐曲都是西洋管弦乐器作品。《生日歌》和《梁山伯与祝英台》是乐器合奏作品，都使用了木管四重奏家族的成员。

教学价值：通过本课的学习，聆听《牧童短笛》《牧羊姑娘》《单簧管波尔卡》《加沃特舞曲》《生日歌》和《梁山伯与祝英台》等音乐片段的欣赏活动，能让学生听辨出已经学过的长笛、双簧管、单簧管与大管等四种民族乐器，运用不同乐器的不同音色所塑造的不同音乐形象，激发学生对木管音乐的喜爱之情。并且运用SECG教学模式在本单元的建构，培养学生"听"变化、"想"画面、"感"风格的习惯，让学生养成静心聆听音乐的习惯。

二、学习目标

审美感知：感受六首作品运用不同乐器带来的不同音色美，通过不同乐器的不同音色所塑造的不同音乐形象，激发学生对木管音乐的喜爱之情，对本课音乐音色的欣赏。通过欣赏，学生可以认识音色，并能够在以后的生活与学习中去尽情地享受音乐的美妙。

艺术表现：听辨出长笛、双簧管、单簧管、大管的音色，了解木管四重奏的演奏形式，并能在老师的指挥下随录哼唱主题音乐。

创意实践：学生通过聆听、分析、感受，对作品有了一定的认知。教师在课堂中让学生尝试分组合作对音乐做二次创编。

文化理解：理解每首乐曲的知识，如乐曲的创作背景、曲式结构、创作方法、演奏形式等。

三、教学安排

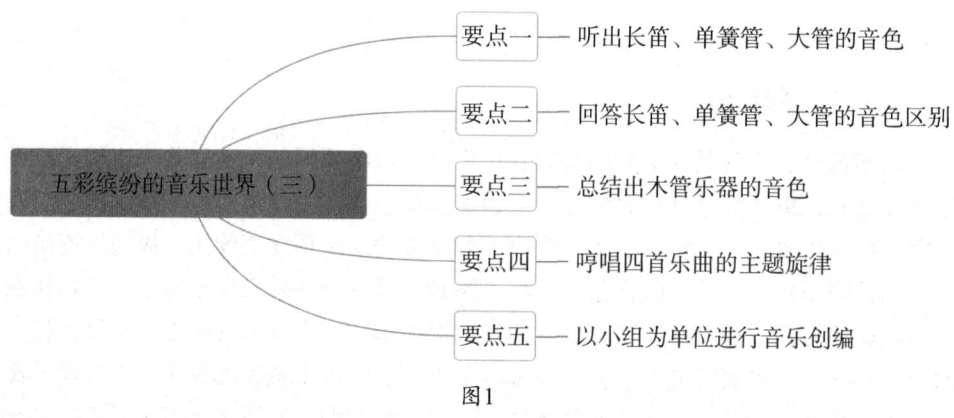

图1

四、教学评价

表1

评价项目	评价维度	评价办法（观察）	评价等级（参考）		
			A	B	C
音乐听辨	本课时四首音乐中主要使用的乐器	问答或观察	能完成	经过指导能完成	指导后仍较难完成
主题哼唱	能哼唱或背唱乐曲中的某个主题旋律	问答或观察	能完成	经过指导能完成	指导后仍较难完成
感知音乐风格	能够用动作或语言将感知到的音乐形象表达出来	问答或观察	能完成	经过指导能完成	指导后仍较难完成
音乐创作	能跟音乐编创律动、创作简单的旋律	观察	能完成	经过指导能完成	指导后仍较难完成

五、教学建议

重、难点解决：

（1）聆听《牧童短笛》《牧羊姑娘》《单簧管波尔卡》《加沃特舞曲》的音乐片段，听辨长笛、双簧管、单簧管、大管等木管乐器的音色。

（2）听辨乐器音色，可让学生先从听觉上感知乐器的音色，再用适当的形容词进行描述，最后再听。注意最后的再听环节，并非再听一次，而是运用一切可用之法，让学生在这节课内多次聆听，从而加强学生对乐器音色的记忆。

（3）乐曲中大部分主题旋律节奏较难、音域跨度较大、演唱难度系数较高，因此可以运用哼唱、简化旋律、选择某些小节演唱等方式进行教学。

六、活动设计

表2

课时	作品名称	教学设计侧重点	关注要点	活动设计
第一课时	《牧童短笛》	欣赏笛子的特色	关注笛子的曲调	聆听歌曲，听辨音色
		分析作品	关注长笛清纯、明亮、优美的音色特征	带领学生学会分析课文，让学生学会自己学习，分析音乐表达的情感
	《牧羊姑娘》	欣赏双簧管	双簧管的音色	通过聆听歌曲，欣赏双簧管的音色
		感知音乐的形象	体会双簧管甜美、温馨、优美的音色特征	通过动手实操，让学生自己体验乐器带来的快乐，使学生对学习乐器更加感兴趣
	《单簧管波尔卡》	介绍单簧管	单簧管的音色	通过听和唱感知单簧管的音色
		分析作品	单簧管独奏曲，最能表现单簧管优美、朴实、活泼、灵巧的音色特征	通过听和唱明白单簧管是具有什么特点的乐器，让学生积累经验。这首曲子是一首深受人们喜爱的单簧管独奏曲，最能表现单簧管优美、朴实、活泼、灵巧的音色特征。全曲轻松活泼、有趣诙谐、旋律流畅，给人以一气呵成之感

续表

课时	作品名称	教学设计侧重点	关注要点	活动设计
第二课时	《加沃特舞曲》	介绍大管	大管的音色	通过跳一跳感受舞曲的快乐，跳舞的同时感知大管音色的优美动听
		整体分析音乐作品	聆听大管的音乐，体验大管节奏，表达出不同的音色形象	《加沃特舞曲》是源于民间而后流行于宫廷、贵族社会的一种法国舞蹈音乐，也被译为《嘉禾舞曲》。在听音乐过程中，体会音乐与舞曲的快乐
	《生日歌》《梁山伯与祝英台》	欣赏木管四重奏	木管四重奏的组成以及音色表达	聆听木管四重奏《生日歌》和《梁山伯与祝英台》
		通过学习模仿乐器音色视唱	哼唱歌曲《生日歌》，聆听歌曲，体会歌曲表达的情感	了解木管四重奏的演奏的形式，并能在老师的指挥下哼唱主题音乐

七、前后关联

表3

之前	之后
在三年级上册之前，学生们接触过的乐器有长笛（小鸟）、小提琴（小白兔）、大提琴（兔妈妈）、圆号（大灰狼）、大管（狗熊）、双簧管（小鸭子）等。四年级下册通过聆听《快乐的号手》《查尔达斯舞曲》，重点听辨了大号、长号、小号、圆号的音色，并介绍了铜管四重奏	六年级上册第7课《梅花三弄》《渔舟唱晚》和《春江花月夜》

八、教学实施过程

第一课时 《牧童短笛》

【教材分析】

《牧童短笛》原是我国著名音乐家贺绿汀所作的钢琴小品，以清新、流畅的线条，呼应、对答式的二声部复调旋律，成功地模仿出了中国民间乐器——笛子的特色，从而向听众展示了一幅传统的中国水墨画。

《牧羊姑娘》是我国音乐家金砂先生于1946年在音乐院就读的毕业作品，曾风靡全国，流传世界各地，被誉为世界级民歌。该曲的旋律进行缠绵、悠长、质朴，充满伤感的色彩。曲子如泣如诉地倾诉了对生活与知音的爱恋，表达出作者的绵绵情思和对美好人生的向往。

《单簧管波尔卡》中的"波尔卡"源于捷克民间的一种二拍子的快速的圆圈舞。这首曲子是一首深受人们喜爱的单簧管独奏曲，最能表现单簧管优美、朴实、活泼、灵巧的音色特征。全曲轻松活泼、有趣诙谐、旋律流畅，给人以一气呵成之感。

《加沃特舞曲》是先源于民间而后流行于宫廷、贵族社会的一种法国舞蹈音乐，也被译为《嘉禾舞曲》。到18世纪后半叶虽然不流行了，但它的音乐仍作为纯粹的器乐作品被演奏着。

木管四重奏《生日歌》和《梁山伯与祝英台》是一种乐曲体裁或一种演奏形式。它由长笛、双簧管、黑管与大管组成，分别吹奏高音、中音、次中音与低音四个声部。演奏时常常双双相对而坐，属于室内乐范畴。

【学情分析】

五年级学生的认知领域进一步发展，体验、感受与探索创新的能力在不断增强，但对音乐欣赏还是缺乏耐心去倾听。学生喜欢律动与各种音乐活动，对乐谱知识的学习集中度不如在活动中感受参与的效果好。在针对这个年龄阶段的学生设计欣赏课时，教师应以鲜明、有趣的事物或音响吸引其注意，再以丰富多彩的教学内容和生动活泼的教学形式激发和培养他们的学习兴趣。教师应加强音乐与社会生活的联系，让他们在活动中不断感受、丰富听觉，培养自己的音乐欣赏能力。

【教学目标】

能听辨出已学过的四种乐器：长笛、双簧管、单簧管、大管的音色，通过不同乐器的不同音色所塑造的不同音乐形象，激发学生对木管音乐的喜爱之情。

能用律动、打击乐器等参与《牧童短笛》《牧羊姑娘》《单簧管波尔卡》《加沃特舞曲》等音乐片段的听赏活动，并记住音乐主题。

聆听木管四重奏《生日歌》和《梁山伯与祝英台》，了解木管四重奏的演奏形式，并能在老师的指挥下哼唱主题音乐。

【教学重、难点】

教学重点：听辨出长笛、双簧管、单簧管、大管的音色，了解木管四重奏的演奏形式。能用亲切、自然的声音跟随音乐哼唱歌曲《梁山伯与祝英台》的主旋律，并能通过律动感受歌曲的美。

教学难点：能够听辨木管乐器的音色，并且哼唱四首乐曲的主题旋律。

【教学准备】

教材资料、制作PPT、多媒体设备、长笛、双簧管、单簧管等。

【教学过程】

活动主题一：激趣《牧童短笛，长笛独奏曲》

一、活动目标

1. 欣赏由长笛独奏的片段，充分表现长笛清纯、明亮、优美的音色特征。
2. 学习《牧童短笛》，初步了解乐曲描写的内容，体验不一样的音色乐趣。
3. 通过富有趣味性的音乐欣赏活动，让学生在轻松愉快的学习过程中，感受音乐之美、提高赏乐之能。

二、活动步骤

（一）复习与导入

播放已经听过的乐曲片段，让学生回忆由什么乐器演奏的，记得它的长相和演奏姿势吗？（长笛——小鸟、大管——狗熊、双簧管——小鸭子）

你能听出乐曲是由什么乐器演奏的吗？音色各有什么特点？（请填入表格）

表4

乐器	乐曲	音色
长笛	《小鸟》	明亮清澈
大管	《咆哮的老狗熊》	粗狂低沉
双簧管	《小鸭和大灰狼》	甜美流畅

初听歌曲，分享感受：初听后，教师引导学生各抒己见，谈谈自己对于歌曲的感受。教师应培养学生用自己的方式表达对于音乐的感受，让学生学会听辨。

教师需要引导并归纳学生的回答，帮助学生在主动思考中获得知识。《牧童短笛》原是我国著名音乐家贺绿汀所作的钢琴小品，以清新、流畅的线条，呼应、对答式的二声部复调旋律，成功地模仿出了中国民间乐器——笛子的特色，从而向听众展示了一幅传统的中国水墨画，仿佛使人们看到了江南水乡一个骑在牛背上的牧童，正在悠然自得地吹着牧笛。本课由长笛独奏的片段，充分表现长笛清纯、明亮、优美的音色特征。

（二）听一听，感知音色特征

欣赏长笛独奏曲《牧童短笛》。

播放音频让学生欣赏。

师：请同学们试着将这首音乐根据内容描述划分一下，并说一说你们是怎么划分的，同学之间可以互相交流一下。

（这一环节教师可建议同学们将作品分成三段进行分析）

第一段犹如一幅淡淡的水墨画，一个牧童骑在牛背上悠闲地吹着笛子，在田野里漫游，天真无邪的神情令人喜爱。

第二段是传统的民间舞蹈风格，用欢快的节奏和旋律写成。

第三段采用了我国民间"加花变奏"的手法，再现第一段的主题，旋律显得格外流畅。

（三）唱一唱，演一演

播放视频。

师：看一看，让学生直观地感受长管乐器的演奏风格，并且模仿演奏姿势和音色模唱主题音乐。

师：随着学生对于歌曲的变化越发熟悉，尝试放开，让学生自主选择打击乐器为音乐片段伴奏。认为哪种打击乐器配合起来比较和谐，用怎样的节奏最为好听，都可以自己动手试一试。

三、活动评价

表5

评价项目	评价维度	评价办法（观察）	评价等级（参考）		
			A	B	C
文化理解	对《牧童短笛》音乐背景的了解	观察学生聆听状态	积极参与	基本参与	参与程度较低
音色感知	对《牧童短笛》音色表达的感知	根据学生回答问题的情况进行判断	能回答	经过提醒能回答	提醒后仍较难回答

四、设计理念

本环节运用SECG教学模式之"激趣"环节——"趣感旋律""趣辨音色"导入新课，教师带领学生全体动起来，调动了学生学习的积极性，让学生巩固之前学习的乐器的音色特点，再通过作品介绍和感受作品的特点，让学生更深入地了解音乐作品的内涵，让学生亲生体会乐器的演奏姿势和音色特点，更加深刻的记忆，记住主题旋律和长笛音色等，为以后的学习提供较好的学习基础。

活动主题二：探趣《单簧管波尔卡与双簧管独奏曲》

一、活动目标

1. 欣赏由双簧管独奏的片段，以双簧管独奏的形式突出双簧管甜美、温馨、优美的音色特征。

2. 学习《单簧管波尔卡》，初步了解乐曲描写的内容，体验不一样的音色乐趣。

3. 欣赏由单簧管独奏的片段，能表现单簧管优美、朴实、活泼、灵巧的音色特征。

二、活动步骤

（一）找一找，动一动

让我们一起来做个"音乐耳朵"游戏吧！

师：请6名学生到前台背向其他同学，不按顺序每人唱一小段歌，全班同学各自牢记他们的演唱顺序，最后看谁全部听对，全对者评为拥有"音乐的耳朵"奖。

师：同学们，老师请两名同学来表演一下，你们能听出这是什么乐器演奏的音乐吗？表演完以后能否告诉老师这首音乐的音色之间有什么特点呢？（在此环节教师亦可向同学们普及单簧管和双簧管的区别，比如单簧管是单簧片振动、双簧管是双簧片振动、单簧管音色浑厚丰满、双簧管音色甜美纯净等等）

生：①这首是单簧管演奏的。

②这首是双簧管演奏的，以双簧管独奏的形式突出双簧管甜美、温馨、优美的音色特征。

师：是的，这名同学回答正确，这就是我们本节课要学习的《牧羊姑娘》《单簧管波尔卡》。

师：我们来了解一下这首歌的背景吧！《牧羊姑娘》是我国音乐家金砂先生于1946年在音乐院就读的毕业作品，曾风靡全国，流传世界各地，被誉为世界级民歌。《牧羊姑娘》旋律进行缠绵、悠长、质朴，充满伤感的色彩。曲子表达出作者的绵绵情思和对美好人生的向往。本课以双簧管独奏的形式突出双簧管甜美、温馨、优美的音色特征。

师：学习完上面的内容，我们了解到《单簧管波尔卡》是一首深受人们喜爱的单簧管独奏曲，能表现单簧管优美、朴实、活泼、灵巧的音色特征。

师：本曲为回旋曲式，在钢琴奏出三个响亮有力的和弦之后，单簧管以坚定明亮的音色快速地奏出第一主题，在这个主题反复一次后，出现了第二主题，这个主题的调性从B大调转到F大调，在旋律上虽然和第一主题没有十分明显的对比，但三连音的运用使音乐显得更加活跃。接着，第一主题再次出现，然后出现第三主题，这个主题由四句乐句组成，具有较强的抒情性和歌唱性，在调性上从B大调转为E大调，与第一主题形成鲜明的对比。

最后，第一主题又一次出现，结束乐曲。全曲轻松活泼、有趣诙谐、旋律流畅，给人以一气呵成之感。

（二）听一听，感知音色特征

1. 欣赏双簧管独奏曲《牧羊姑娘》。

师：播放音频让学生欣赏。

师：请同学们试着听一听这首乐曲，划分一下。同学们可以互相交流一下，老师请一名同学来回答。

（教师引导学生用自己的理解对歌曲进行分析）歌曲采用了典型的四句结构——

段体形式，反复四遍，旋律进行缠绵、悠长、质朴，充满伤感的色彩。

（还可以尝试引导学生们一起思考：这首歌的旋律表达了什么情感呢？）

师：曲子如泣如诉地倾诉了对生活与知音的爱恋，表达出作者的绵绵情思和对美好人生的向往。本课以双簧管独奏的形式突出双簧管甜美、温馨、优美的音色特征。

2. 哼一哼，演一演。

师：出示单簧管演奏姿势的图片，并做模拟演示。教师弹琴伴奏，指导学生哼唱主题旋律。

师：试着用合适的词语来形容乐器的音色特点，如优美、朴实、活泼、灵巧等。同学们试着跟着音频模仿单簧管的演奏姿势，击拍并模仿单簧管的音色唱唱旋律吧！

三、活动评价

表6

评价项目	评价维度	评价办法（观察）	评价等级（参考）		
			A	B	C
文化理解	对《牧羊姑娘》《单簧管波尔卡》背景的了解	观察学生聆听状态	积极参与	基本参与	参与程度较低
音色感知	对《牧羊姑娘》《单簧管波尔卡》音色表达的感知	根据学生学习的实践表演的情况进行判断	能回答	经过提醒能回答	提醒后仍较难回答

四、设计理念

本环节教师带领全体学生做游戏，调动了学生学习的积极性，让学生巩固之前学习的乐器的音色特点。运用SECG教学模式之"探趣"——通过小段落乐曲的多次聆听，引导学生探索乐器音色变化赋予的角色特性，探索音色、速度变化带来的风格变化；再通过多次的音乐聆听、游戏制作环节调动学生对于学习的热情，提高学生的参与程度，使学生在律动中潜移默化地完成歌曲演唱的学习，让学生体会到了在玩中学的快乐。

活动主题三：创趣《加沃特舞曲，舞动青春》

一、活动目标

1. 欣赏由大管独奏的片段，能表现大管优美、朴实、活泼、灵巧的音色特征。

2. 学习《加沃特舞曲》，让学生欣赏乐曲的同时，记忆大管的音色，感受乐曲的情绪。

二、活动步骤

1. 了解作品背景，知晓其中故事。

师：在我们学习之前呢，我们先来了解一下歌曲的背景吧！

《加沃特舞曲》是先源于民间而后流行于宫廷、贵族社会的一种法国舞蹈音乐，也被译为《嘉禾舞曲》。到18世纪后半叶虽然不流行了，但它的音乐仍作为纯粹的器乐作品被演奏着。"木管四重奏"是一种乐曲体裁、一种演奏形式。它由长笛、双簧管、单簧管与大管组成。四种乐器分别吹奏高音、中音、次中音与低音四个声部。演奏时常常双双相对而坐，属于室内乐范畴。

图2

2. 主题模唱。

（1）了解大管的音色特点。

师：请同学们观看视频中的内容，说一说大管的音色特点是什么。哪名同学可以告诉我呢？（憨直，厚重，笨得可爱等特点）

师：同学们表现得真棒。

（2）主题哼唱，了解大管音色特点。

击拍并模仿大管的音色唱唱旋律吧！个别学生能进行知识联想，回忆起"老狗熊"的形象，教师应该及时对学生进行鼓励强化。夸张表现能更好地使学生将知识内化。

图3

三、活动评价

表7

评价项目	评价维度	评价办法（观察）	评价等级（参考）		
			A	B	C
文化理解	对《牧童短笛》音乐背景的了解	观察学生聆听状态	积极参与	基本参与	参与程度较低
音色感知	对《加沃特舞曲》音色表达的感知	根据哼唱乐曲的情况进行判断	能回答	经过提醒能回答	提醒后仍较难回答

四、设计理念

本环节教师带领学生唱起来，运用SECG教学模式之"创趣"环节——鼓励学生运用音乐独特的艺术语言进行创造性的实践活动，调动了学生学习大管乐曲的积极性，让学生巩固之前学习的乐器的音色特点，给学生一个初步的印象。学生通过作品介绍和感受作品的特点，可以更深入地了解音乐作品的内涵，亲身体会乐器的演奏姿势和音色特点，加深记忆，记住主题旋律和长笛音色等，为以后的学习提供较好的学习基础。

活动主题四：得趣《生日歌》《梁山伯与祝英台》

一、活动目标

1. 欣赏《生日歌》《梁山伯与祝英台》，充分表现木管四重奏中乐曲的结合，让同学们交流合作完成一首作品。

2. 学习《生日歌》《梁山伯与祝英台》，目的让学生再次明白应按高音、中音、次中音与低音四个声部排列，学会运用所学知识制作音乐。

3. 聆听木管四重奏《生日歌》和《梁山伯与祝英台》，了解木管四重奏的演奏形式，并能在教师的指挥下随录音哼唱主题音乐，让学生边聆听不同乐器音色边享受音乐的美。

二、活动步骤

1. 播放《快乐的号手》《查尔达斯舞曲》和木管四重奏《生日歌》，让学生回忆铜管四重奏的形式。

师：乐曲中共有几种乐器演奏？（四种）

师：你能听出是哪4种乐器吗？（长笛、双簧管、单簧管、大管）

师：你是从哪个方面听出来的？

（乐器的音色不一样，演奏的声部不同）

2. 此环节的提问应做到循序渐进、由浅至深，给同学们提供进行深入思考的条件。

师：有铜管四重奏的形式，也有木管四重奏的形式，请大家听听由长笛、双簧管、单簧管、大管组成的木管四重奏的音乐效果是怎样的。

师：老师播放《梁山伯与祝英台》的音乐片段，让学生想一想是由什么乐器演奏的。提问：你听过这首乐曲吗？你知道《梁山伯与祝英台》的故事吗？

（普及梁山伯与祝英台的故事，让学生知道作品背后的创作意义）

这是一个凄美的爱情传说，相传旧时祝员外之女英台，女扮男装去求学，途中邂逅求学的梁山伯，一见如故，在草桥亭义结金兰。二人到杭州拜师，同窗共读三年，情深似海。英台深爱山伯，但山伯不知她是女子。祝父思女，英台只得回乡。临行前对山伯表白了自己的身份与情感。山伯家贫，待去祝家求婚时，祝父已将英台许给太守之子马文才。二人凄然而别，立下誓言：生不同衾死同穴！后山伯被朝廷招为县令。然忧郁成疾，不久身亡。英台被迫出嫁时，绕去山伯墓前祭奠，就在此时，墓碑崩裂，英台跃入坟中，墓复合拢，梁祝化为蝴蝶，蹁跹飞舞。

3. 听一听，想一想。

师：再次聆听《生日歌》《梁山伯与祝英台》，说说四种乐器在一起演奏带给你的感觉。

（一）

上 篇

花城版小学音乐赏析

木管四重奏《梁山伯与祝英台》

何占豪、陈钢曲

1=G 4/4

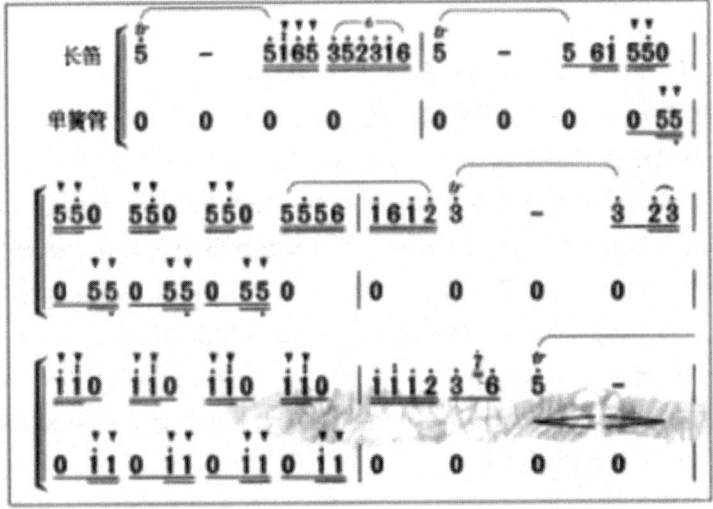

(二)

(三)

图4

木管四重奏简介："木管四重奏"是一种乐曲体裁或一种演奏形式。它由长笛、双簧管、黑管与大管组成，分别吹奏高音、中音、次中音与低音四个声部。演奏时常常双双相对而坐，属于室内乐范畴。

看乐曲《生日歌》中四个声部的乐器排列顺序。请学生思考：为什么要这样排列声部？目的是按高音、中音、次中音与低音四个声部排列，不可以调换声部位置。

师：全班按乐器声部分成四组，每组各代表一个声部、一种乐器，在老师的指挥下模仿乐器音色视唱。

4. 听一听、辨一辨。

（1）当听到长笛独奏时举起左手。

（2）当听到双簧管与单簧管交替出现时举起双手。

师：全班按乐器声部分成四组，每组各代表一个声部、一种乐器，在老师的指挥下模仿乐器音色、演奏姿势参与木管四重奏。此环节的设计主要是让学生仔细听辨音乐中不同乐器的声部，并做出反应，而且排练双簧管与单簧管主题交替出现后长笛主题出现的部分，篇幅虽然短小，但是很有意思，很值得细细品味。活动进行前要求学生必须看指挥，明白声部的进入，培养乐队演奏的修养。

5. 做一做，连一连。

师：欣赏完本课的所有乐曲后，相信大家对木管乐器的音色和木管四重奏都有了一定的认识。下面我们来练习一下。

（1）听音乐连线。

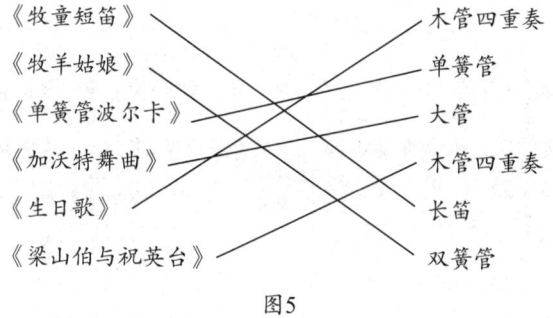

图5

（2）用心创一创。

请同学们运用本节课所学的知识，以小组为单位制作一首音乐（要求包含木管四重奏中的一种乐器），制作好后和身边的朋友同学分享一下自己第一次作曲的心得体会吧！

（动手操作环节可以让更多的同学感受到参与音乐学习的乐趣，在讨论乐器搭配过程中学会集体合作，最后一起聆听属于自己小组的作品，感受成功的愉悦）

三、活动评价

表8

评价项目	评价维度	评价办法（观察）	评价等级（参考）		
			A	B	C
文化理解	对《牧童短笛》音乐背景的了解	观察学生聆听状态	完全了解	基本了解	完全不了解
制作乐曲	对《生日歌》《梁山伯与祝英台》音色表达的感知	根据学生合作制作的乐曲，观察同学用了几种乐器，以及他们是怎么制作的	完全正确	基本正确	不正确

四、设计理念

本活动运用SECG教学模式之"得趣"环节——通过感受拉弦乐器和打击乐器所塑造的不同音乐形象，激发学生对器乐的喜爱之情。学生通过故事介绍和感受作品的特点，更深入地了解音乐作品的内涵，亲身体会乐器的演奏姿势和音色特点，加深记忆，记住主题旋律和长笛音色等，为以后的学习提供较好的学习基础。

【板书设计】

表9

课文	作者	乐器	音色特点	我的感想
《牧童短笛》				
《牧羊姑娘》				
《单簧管波尔卡》				
《加沃特舞曲》				
《生日歌》				
《梁山伯与祝英台》				

九、教学反思

本课都是民族器乐欣赏作品，一首长笛独奏曲、一首单簧管合奏曲、一首双簧管弦乐曲、一首大管乐曲。为了引导学生深入理解民族器乐作品，教学设计主要侧重以下几个方面：

（一）详细准确的教材分析

小学阶段的器乐欣赏作品一般都比歌曲演唱作品内容更丰富、结构更复杂，因此教学难度也更大。教师一定要花大量的时间做课前作品分析，确保作品结构、创作背景、创作方法等内容的准确性和全面性，切勿将错误的内容教授给学生。

（二）灵活多变的教学方法

器乐欣赏课以聆听为主，但勿局限于此，否则索然无味。如本课在"听、唱、做、演"几个方面使用了多种教学方法，帮助学生理解民族器乐作品。

（三）培养学生对木管四重奏的喜爱之情

本课强调用真实的音乐语言激发学生学习的兴趣，听辨出长笛、双簧管、单簧管、大管的音色，了解木管四重奏的演奏形式。

十、设计亮点

（一）知晓方法，降低难度

采用聆听音乐的方式，结合板书中的曲谱，让学生对每首作品的整体音调都一清二楚，进一步引导学生了解作曲家的创作思路，明白音乐作品的创作，打破学生总认为音乐创作是高不可攀的心理障碍，从而降低学生欣赏作品的难度。

（二）课后延伸，知识拓展

利用小学生好奇心强的心理特征，用欣赏不同版本的名曲和名人演奏作为诱饵，将学生的学习兴趣延展至课后，从而培养学生自主学习的能力。

五年级下册第 10 课《五彩缤纷的音色世界（四）》教学设计

深圳市福田区红岭科技小学　何　敏

一、内容概述

内容简介：本课是《五彩缤纷的音色世界》教学系列的第四部分，主要安排学生认知音色，由三首具有代表性的民族器乐作品组成。《赛马》是根据我国北方少数民族蒙古族音乐创作的二胡名曲；《鸭子拌嘴》是安志顺根据西安鼓乐中的《五调坐乐全套·中吕粉蝶儿》的开场锣鼓改编而成的打击乐合奏曲；《翻身的日子》原是大型纪录片《伟大的土地改革》的插曲，由中西混合乐队演奏，后改编成民族管弦乐曲。

作品联系：三首乐曲都是中国民族器乐作品。《赛马》和《鸭子拌嘴》都使用了模拟动物叫声的创作手法。《鸭子拌嘴》和《翻身的日子》都是器乐合奏作品。《赛马》和《翻身的日子》都使用了胡琴家族的成员，做独奏或主奏乐器。

教学价值：通过SECG教学模式在本课的建构，激发学生对二胡、钹、锣、板胡、管子等民族乐器的外形结构、演奏方法、音色特点，以及民族管弦乐队的编制和民族器乐曲的创作方法的学习兴趣，增强了学生的民族文化认知，培养了学生的民族自豪感。

二、学习目标

审美感知：感受三首作品运用不同乐器带来的音色美，感知乐曲中不同音乐风格营造出的情感变化。例如，蒙古族风格的《赛马》，热烈奔放、豪迈爽朗；西安鼓乐的《鸭子拌嘴》，生动形象、趣味十足；北方风味的《翻身的日子》，喜庆欢腾、诙谐幽默。

艺术表现：能哼唱部分乐曲的主题旋律，能模仿所学乐器的演奏姿势，能随乐曲的音乐编创律动表演。

创意实践：运用集体编创故事和小组合作编创旋律的方式，提高学生的创造能力，增强团队意识。

文化理解：理解每首乐曲的知识，如：乐曲的创作背景、曲式结构、创作方法、所有乐器的正确名称、形状结构等。

三、教学安排

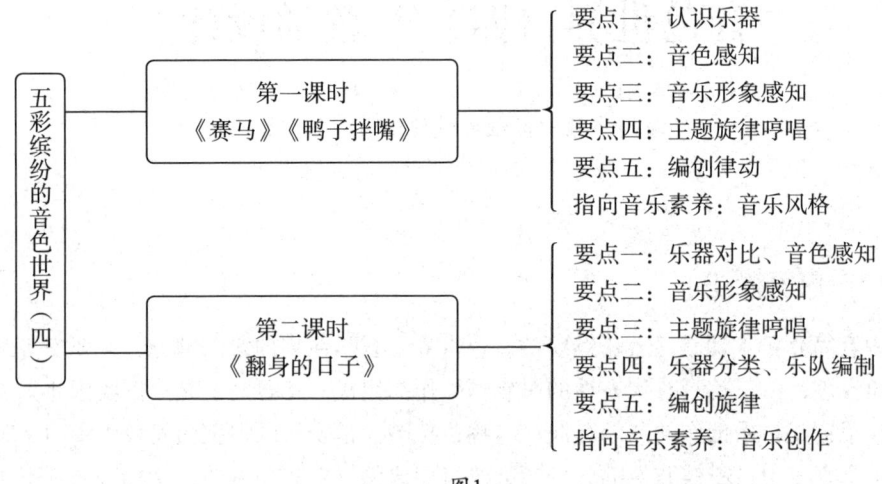

图1

四、学习评价

表1

评价内容	评价目标	评价方式	评价结果运用
认识《赛马》《鸭子拌嘴》《翻身的日子》三首乐曲中主要使用的乐器	能通过乐器的图片、音色、演奏姿势，说出所学乐器的名称	学生评价或教师评价	了解学生掌握的情况，便于复习时找准侧重点
主题哼唱	能哼唱或背唱乐曲中的某个主题旋律	教师评价	做旋律积累，为以后的音乐创作打基础
音乐形象感知	通过聆听，能够用动作或语言将感知到的音乐形象表达出来	学生评价或教师评价	了解学生的感知能力，为以后的教学设计做参考
音乐创作	能跟音乐编创律动、创作简单的旋律	组内互评或教师评价	优秀作品可成为其他班级的创作参考

五、教学建议

重、难点解决：

（1）利用实物和乐器结构图，通过直接观察和对比观察，帮助学生认识本课所学的民族乐器。

（2）听辨乐器音色，可让学生先从听觉上感知乐器的音色，再用适当的形容词进行描述，最后再听。注意最后的再听环节，并非再听一次，而是运用一切可用之法，让学生在这节课内多次聆听，从而加强学生对乐器音色的记忆。

（3）乐曲中大部分主题旋律节奏较难、音域跨度较大、演唱难度系数较高，因此可以运用哼唱、简化旋律、选择某些小节演唱等方式进行教学。

（4）用填空的方式，模拟"螺丝结顶"的创作方法，降低旋律创作难度，激发学生的创作兴趣。

六、活动设计

表2

课时	作品名称	教学设计侧重点	关注要点	活动设计
第一课时	《赛马》	介绍二胡	结构与音色	看结构图和听辨音色
		分析作品	单三部曲式的结构、速度、力度、情绪，感知音乐形象	分段欣赏、完整欣赏、模仿、律动、表述
	《鸭子拌嘴》	介绍小钹、大镲、锣	形状与音色	实物对比，观看图片，用演奏或聆听的方法辨别音色
		感知音乐形象	打击乐器用不同演奏方法和节奏，表达出不同音乐形象	聆听、模仿演奏、编创律动、编创故事
第二课时	《翻身的日子》	介绍板胡和管子	结构与音色	实物对比，观看图片，听辨音色
		创作方法	"螺丝结顶"与"紧拉慢唱"	用旋律填空的方法模仿"螺丝结顶"的创作，通过讲解和聆听了解什么是"紧拉慢唱"

七、前后关联

表3

之前	之后	
四年级下册第3课《春江花月夜》片段、《百鸟朝凤》片段	六年级上册第7课《梅花三弄》《渔舟唱晚》《春江花月夜》	六年级上册第10课《十面埋伏》

八、教学实施过程

第一课时　《赛马》《鸭子拌嘴》

【教材分析】

《赛马》是由二胡名家黄海怀创作，并于1964年出版的一首二胡独奏作品。乐曲为F宫D羽调式，中间有调式转换，2/4拍，属于"A+B+A1"复三部曲式，乐曲表现的是我国内蒙古人民在传统节日"那达慕"盛会上进行赛马比赛的情景，由蒙古风格的音阶和节奏，结合汉族音乐中的装饰音创作而成。A乐段由"a+b+a1"带再现的三段体构成，a部分描绘群马飞奔、热烈欢腾的赛马景象；b部分完整引用了蒙古族民歌《红旗歌》优美轻快的旋律，并用加花和拨弦的方式进行了两次变奏；a1部分短小精干，为引出华彩段落做铺垫。B乐段为散板，用二胡模仿马头琴的演奏方式，旋律采用蒙古族长调的音乐风格，自由舒展、优美动听。再现的A1乐段短而有力，让乐曲在奔放炽热的气氛中圆满结束。

《鸭子拌嘴》是打击乐大师安志顺先生改编的一首打击乐合奏曲，编于1982年。全曲诙谐生动、形象逼真、富于韵律，给人以欢快的感觉。乐曲使用了小钹、大镲、大铙、大锣、木鱼、云锣六种打击乐器，运用了摇击、点击、闷击等多种演奏方法。乐曲分为"引子+A+B+尾声"四个部分：引子由小钹模仿小鸭子的叫声开场，接着用云锣和木鱼的声音模仿鸭子走路的姿态，随后大镲模仿大鸭子的叫声亮相，最后云锣和木鱼的声音再次出现；A乐段从六种打击乐器一起奏响开始，运用多种演奏技巧来表现鸭子们一起玩耍、嬉戏的场景；B乐段主要描写鸭子拌嘴，从小钹和大镲此起彼伏的声响开始，速度逐渐加快，表现鸭子们互不相让、越吵越激烈的场面，争吵一直持续到大鸭子礼让为止，此时音乐速度逐渐变慢；尾声部分的音乐运用了渐弱的处理，表现鸭子们一起回家的情景。

【学情分析】

学生在一年级和三年级时已经欣赏过《良宵》和《空山鸟语》两首二胡作品，对二胡的结构、基本演奏方式、音色，以及二胡在民族乐器中的分类有一定的了解，但对二胡模仿奔马嘶鸣和拨弦等演奏技巧还很陌生；木鱼、钹、锣等打击乐器，学生在低年级时也都接触过，对它们的外形、音色有一定了解，但是在区分音色和具体演奏方式上还有待提高。

【教学目标】

1. 通过SECG教学模式倡导的趣味性欣赏方式，引导学生听辨二胡、钹、锣的音色，感知拉弦乐器和打击乐器所塑造的不同音乐形象，激发学生对民族器乐的学习兴趣，逐步培养学生的民族自豪感。

2. 通过欣赏《赛马》和《鸭子拌嘴》两首乐曲，让学生了解我国不同地区民族音乐的风格特点。

3. 能用肢体动作等方式随乐曲变化做出适当的反应，能哼唱《赛马》的主题旋律。

【教学重、难点】

重点：能感知乐曲表现的音乐形象。

难点：能听辨出二胡、小钹、大镲、大锣的音色。

【教学准备】

教材资料、课件、钢琴、二胡、打击乐器。

【教学过程】

活动主题一：激趣《喜庆节日，赛马声中揭曲名》

一、活动目标

1. 了解蒙古族传统节日"那达慕"。
2. 欣赏《赛马》，初步了解乐曲描写的内容。
3. 通过营造节日氛围和猜曲名的方式，引生入趣，激发学生的求知欲。

二、活动步骤

（一）看一看，了解传统节日

教师播放课件，展示蒙古族传统节日"那达慕"盛会中各类比赛场景。

图2

师：同学们能看出这是哪个少数民族在举办节日活动吗？知道这是什么节日吗？

交流总结："那达慕"是蒙语的译音，意为"游戏""娱乐"，是蒙古族历史悠久的传统节日，在每年七、八月牲畜肥壮的季节举行，是人们为了庆祝丰收而举行的文体娱乐大会。通过对"那达慕"大会的介绍，激发学生进一步了解蒙古族文化的兴趣。

（二）听一听，感知音乐形象

1. 初听二胡独奏曲《赛马》。

师：听一听：这首乐曲描写的是"那达慕"大会上的哪一项运动？你是从乐曲中的哪个部分听辨出来的？

师生交流：乐曲结束部分有奔马嘶鸣的声音，乐曲整体速度很快，情绪热烈奔放，符合赛马这项运动的特征。

2. 揭示乐曲名称。

师：刚才欣赏的乐曲名叫《赛马》，它是由著名作曲家黄海怀先生根据"那达慕"大会中赛马的情景创作而成的。

三、活动评价

表4

评价项目	评价维度	评价办法（观察）	评价等级（参考）		
			A	B	C
文化理解	对"那达慕"大会的了解	观察学生聆听状态	认真聆听	基本聆听	很少聆听
音乐感知	对《赛马》音乐形象的感知	根据举手回答问题的情况进行判断	完全正确	基本正确	不正确

四、设计理念

本活动主题一运用SECG教学模式之"激趣"环节——通过看图片、听音乐、猜曲名的方式导入，激发学生学习《赛马》的兴趣。从观看蒙古族"那达慕"大会盛况入手，通过介绍传统节日"那达慕"的相关内容，让学生了解蒙古族人民的文化和生活，为培养学生逐步喜爱少数民族音乐打下基础，也为分段欣赏乐曲做准备。

活动主题二：探趣《哼唱主题，聆听模唱探结构》

一、活动目标

1. 探讨二胡的音色特点。
2. 分段欣赏《赛马》，探寻主题旋律、乐曲结构、音乐形象所展现的音乐魅力。

二、活动步骤

（一）听音色，了解二胡结构

1. 聆听A乐段，讨论乐曲是由什么乐器演奏的，是独奏曲还是合奏曲。

交流总结：这是一首二胡独奏曲，二胡始于唐朝，称"奚琴"，即二弦胡琴，木制，两根琴弦。乐曲的伴奏乐器是扬琴。

2. 看实物和图片了解二胡的结构。

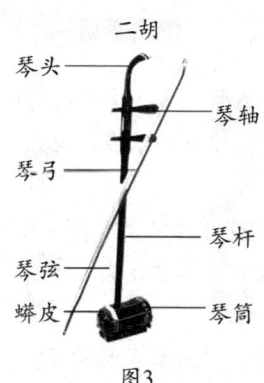

图3

3. 讨论二胡在民族乐器中的分类和音色特点：二胡是民族拉弦乐器，音色近似人声，极富歌唱性，优美、柔和。

（二）唱主题，感受乐曲情绪

1. A乐段欣赏：

（1）欣赏A乐段，讨论乐段的速度、情绪和表现内容。

师生交流：此乐段的速度为快速，情绪热烈激昂，描写赛马奔腾的场景。

（2）哼唱A主题前四小节旋律，感受节拍特点。

图4

（3）设计律动，再次欣赏：前四小节，在强拍上做四个扬鞭催马的动作，剩下的旋律用骑马的动作表现。

2. B乐段欣赏：

（1）欣赏B乐段，讨论乐段的速度、情绪。

师生交流：速度和A乐段相同，仍然是快速。旋律优美轻快，富有歌唱性。

（2）哼唱B主题。

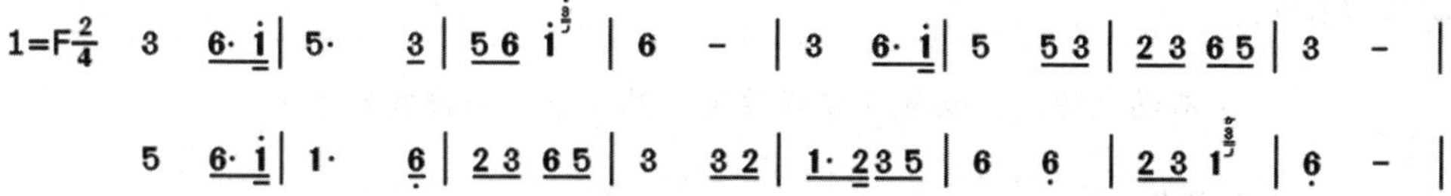

图5

师生交流：重点学唱前两个乐句。要求学生反复演唱旋律，尽量能达到背唱的水平。演唱旋律时注意保持音准和情绪。

（3）模仿演奏姿势。

（4）完整欣赏一遍B乐段。

3. A1乐段欣赏：

（1）师：这个乐段的旋律和A乐段的旋律及情绪相似吗？

师生交流：A1乐段比A乐段的体量小很多，是由A乐段改编而成的。A1乐段的情绪比A乐段更加热烈。

（2）观看奔马嘶鸣的演奏片段，让学生跟随视频模仿演奏。

总结：最后乐曲在铿锵有力的节奏中结束。

(三）完整听，感受乐曲结构

师：你觉得乐曲总共有几段？它的曲式结构是？

师生交流：像《赛马》这种由A+B+A1三个乐段组成的乐曲，被称为带再现的三部曲式。

师：同学们，我们一起再来感受一下"那达慕"大会上赛马的热烈场面好吗？请你们用刚才学过的律动和哼唱的方式跟着音乐一起唱起来，跳起来！

三、活动评价

表5

评价项目	评价维度	评价办法（观察）	评价等级（参考）		
			A	B	C
音乐感知	对速度、情绪、音色、旋律的感知	根据举手或师生交流的情况进行判断	准确表达	能够表达	很少表达
曲式结构	对乐曲结构的分析	根据举手回答问题的情况进行判断	完全正确	基本正确	不正确
参与程度	音乐律动、主题哼唱	观察学生状态得出结论	积极参与	基本参与	很少参与

四、设计理念

本活动主题二运用SECG教学模式之"探趣"环节——力求通过哼唱主题、律动参与、分段聆听、对比欣赏、完整欣赏等方式，让学生去探寻二胡的名称、结构、音色、演奏技巧，了解乐曲的情绪、速度、曲式结构等内容，培养学生对民族拉弦乐器的喜爱。

活动主题三：创趣《嬉戏拌嘴，摇、平、闷击创形象》

一、活动目标

1. 让学生尝试用小钹、大镲、大锣等打击乐器的不同演奏方式，创造出不同的音色效果。

2. 通过欣赏《鸭子拌嘴》，让学生感受民族打击乐器的魅力，明白就算没有旋律，打击乐器仍然可以用不同的演奏方法和多变的节奏，表现出各式各样的音乐形象。

3. 通过创情节、创动作、创表演、创音色，提高学生的艺术创作能力。

二、活动步骤

（一）引子响，大鸭小鸭齐登场

1. 辨别小钹和大镲的音色。

师：刚才我们欣赏了二胡演奏的《赛马》，接着来听一个由打击乐器讲述的关于鸭子的故事。

（1）欣赏两段音乐，辨别小鸭子和大鸭子的叫声，以及小钹和大镲的音色。

小钹　　　　大镲

图6

师生交流：第一段是小鸭子的叫声，第二段是大鸭子的叫声。小钹用摇击、平击等演奏方法表现小鸭子的叫声，它的声音清脆。大镲用闷击等演奏方法表现大鸭子的叫声，它的声音洪亮、厚重。

（2）让学生尝试用小钹和大镲演奏听到的声响效果，教师可进行指导。

2. 介绍木鱼和云锣。

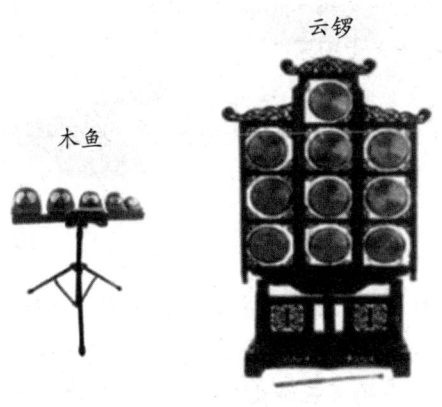

图7

师：再来听听由木鱼和云锣演奏的片段，你觉得鸭子在干什么呢？

师生交流：这一段音乐用木鱼和云锣描写鸭子摇摇摆摆走路的样子。云锣是一件有音高的打击乐器。

3. 让学生跟随音乐表演不同鸭子的不同形态。

师生总结：引子部分讲述的是鸭子们准备一起出门去玩耍的情景。

（二）A段起，嬉戏玩耍好热闹

1. 聆听A乐段，说说鸭子们在干什么。

师生交流：A乐曲描写鸭子们高高兴兴、一摇一摆、拍打翅膀地边走边闹、边说边笑等形态。

2. 了解大锣的音色及演奏方法。

图8

师生交流：大锣铜制，使用槌击，无固定音高，音色粗犷。

3. 再次欣赏，让学生根据自己的想象编创表演动作。

师生总结：A乐段讲述的是鸭子们开心玩耍的情景。

（三）B段起，争吵拌嘴互不让

1. 欣赏B乐段，讨论鸭子们的状态。

师生交流：描写鸭子们不停争吵，互不相让，直到大鸭子决定礼让，争吵才结束。

2. 将学生分为两组，跟着音乐用动作表演鸭子争吵的场面。

师生总结：B乐段讲述的是鸭子们在玩耍的过程中发生争执的情景。

（四）尾声响，高高兴兴走回家

讨论鸭子的去处。

师生总结：尾声的音乐越来越慢，越来越弱，描写鸭子们和好如初，一起回家的情景。

（五）完整听，鸭子拌嘴即争吵

1. 揭示曲名。

师：你们觉得这六种打击乐器给我们讲述的故事应该取个什么样的名字呢？

师生交流：这首乐曲名叫《鸭子拌嘴》，拌嘴即争吵的意思，它是打击乐大师安志顺先生根据西安鼓乐中的《五调坐乐全套·中吕粉蝶儿》的开场锣鼓改编的一首打击乐合奏曲。

2. 完整欣赏大师的演奏视频，让学生模仿打击乐器的演奏姿势或跟随音乐模仿鸭子的各种形态。

三、活动评价

表6

评价项目	评价维度	评价办法（观察）	评价等级（参考）		
			A	B	C
音色感知	对钹、锣等音色的感知	根据举手或师生交流的情况进行判断	准确表达	能够表达	很少表达
音乐理解	对乐曲中鸭子的各种形态的感知	根据学生的言语表达和动作表演来判断	积极参与	基本参与	很少参与

四、设计理念

本活动主题三运用SECG教学模式之"创趣"环节——通过听音乐，编创鸭子们的体态动作及它们之间发生的故事，培养学生的想象力和编创能力。学生通过聆听、观赏、模仿、尝试等方式，了解打击乐器的音色特点和演奏方法，从而感受民族打击乐器的音乐魅力。

活动主题四：得趣《对比理解不同版本，促延伸》

一、活动目标

1. 通过对比，牢记本课中所学主要乐器的特点。
2. 欣赏二胡演奏的小提琴名曲《流浪者之歌》片段，引导学生进行课后欣赏延伸。
3. 总结本课所学所得，培养学生自主学习的能力。

二、活动步骤

（一）对比填，乐器特点牢牢记

1. 填写下表。

表7

乐器名称	乐器分类	音色特点	演奏方法
二胡	民族拉弦乐器	优美、柔和	拨弦等
小钹	民族打击乐器	清脆	平击等
大镲	民族打击乐器	厚实、洪亮	闷击等
大锣	民族打击乐器	粗犷	槌击等

2. 请学生回忆，并总结本课所学所得，教师加以补充。

师生交流：这节课我们除了学习二胡和部分打击乐器的音色、外形、演奏等特点，还学习了两首民族器乐曲《赛马》和《鸭子拌嘴》。

（二）引导听，民乐不比西乐差

欣赏二胡演奏的《流浪者之歌》片段。

师：我国的民族音乐博大精深，我们的民族乐器除了能演奏自己的音乐之外，还能演奏其他国家的音乐，一起来听听吧！（播放二胡演奏的《流浪者之歌》片段）

师生交流：二胡可以用两根琴弦演奏小提琴四根琴弦演奏的作品，由此可见，无论是音色，还是演奏技巧，民族乐器都不比西洋乐器差。

（三）拓展听，课后延伸继续学

介绍两个版本的《赛马》创作背景，引导学生进行课后欣赏。

师：《赛马》其实有两个版本，原版是由二胡名家黄海怀先生创作的，是一首复三部曲式的二胡曲，乐曲情绪饱满丰富，时长超过三分钟。我们刚才欣赏的《赛马》是由作曲家沈利群改编的版本，改编版短小精干，非常适合在音乐会加演和返场时演奏，目前常听到的大多都是改编版。同学们可以课后去听听原版，非常有欣赏价值。

三、活动评价

表8

评价项目	评价维度	评价办法（观察）	评价等级（参考）		
			A	B	C
乐器知识	对二胡、小钹、大镲、大锣相关知识的掌握情况	根据回答问题的对错比例进行判断	完全正确	基本正确	不正确

四、设计理念

本活动主题四运用SECG教学模式之"得趣"环节——让学生回顾本课所学知识，总结所得成果，从侧面培养学生的表达能力。教师通过回答表格中的问题，强化学生对所学民族乐器知识的记忆，帮助学生进一步掌握乐器特性；介绍乐曲的不同版本，将学生的学习兴趣延伸至课后。

【板书设计】

```
        《赛马》                    《鸭子拌嘴》
  乐器：二胡    作曲：黄海怀    乐器：钹、锣等    作曲：安志顺
      A      B      A¹          引子    A      B      尾声
   热烈欢腾 优美轻快 激烈炽热    出门   玩耍   争吵    回家
                                        （拌嘴）
```

第二课时 《翻身的日子》

【教材分析】

《翻身的日子》是作曲家朱践耳先生于1952年为大型纪录片《伟大的土地改革》所作的插曲，后被改编成民族管弦乐曲。乐曲由"引子+A+B+C+尾声"五个部分组成，运用了板胡、管子两件具有北方特色的乐器，及"螺丝结顶"等创作手法，来表现土地改革时期农民翻身做主人的喜庆场面。引子部分由乐队合奏开场，热烈欢腾；A乐段由板胡主奏，主题明亮活泼，富有陕北风味，二胡在主题变化反复时出现，表达人们的喜悦之情，主题末句用整个乐队奏出了一呼百应的生动效果；B乐段由管子与乐队形成对答式演奏，主题选自山东吕剧音调，幽默诙谐；C乐段一开始将乐队分成两组，运用对答呼应、句幅递减的河北吹歌发展手法进行演奏，接着使用民间音乐中常用的"紧拉慢唱"的手法，用管子、笛子演奏长音，乐队演奏短小音型进行衬托，抒发农民欢天喜地庆翻身的热烈情绪；尾声是引子的变化再现。

【学情分析】

由于学生以前学过一些民族乐器，也欣赏过民族管弦乐队演奏的作品，所以对二胡、箫、笛子、唢呐、古筝等乐器比较熟悉，对民族管弦乐队的整体音响效果有一定的印象，但对板胡、管子这两件乐器，以及民族管弦乐队的编制却很陌生。乐曲的创作背景具有年代感，加之"螺丝结顶""紧拉慢唱"等创作方法都是学生从未接触过的，所以对学生来说有一定的学习难度。教师应运用简单易懂、生动有趣的教学方法，帮助学生掌握本课的学习内容。

【教学目标】

1. 感知作品的音乐形象和风格，了解民族管弦乐队的编制。
2. 能辨认板胡和管子，以及它们的音色。
3. 了解"螺丝结顶"的创作方法。

【教学重、难点】

重点：能感知乐曲的音乐形象和风格。

难点：能听辨出板胡和管子的音色，学习"螺丝结顶"的创作方法。

【教学准备】

教材资料、课件、钢琴、板胡、管子。

【教学过程】

活动主题一：激趣《胡琴对比，乐曲声中知背景》

一、活动目标

1. 欣赏《翻身的日子》，了解乐曲的内容、风格和创作背景。

2. 用寻找二胡与板胡的区别为"引",驱使学生对板胡这件民族乐器产生强烈的好奇心,激发学生的学习动力。

二、活动步骤

(一) 看与听,寻找二者的区别

1. 教师拿出二胡与板胡,让学生找出二者在外形上的区别。

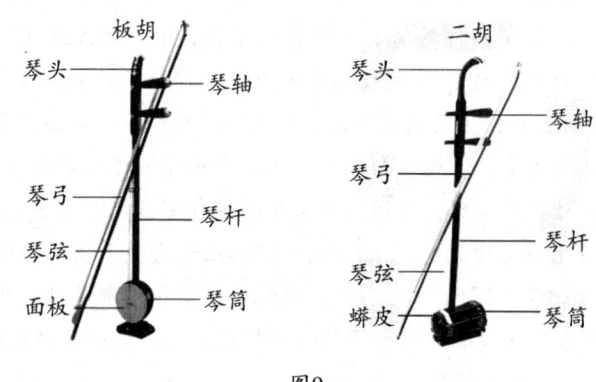

图9

师生交流:二胡与板胡之间的主要区别在于它们的琴筒。二胡的琴筒呈六边形,正面蒙蟒蛇皮,背面有音窗;板胡的琴筒呈圆筒形,一头大一头小,正面粘圆形桐木质面板,背面大部分为敞口。板胡又叫秦胡、大弦等,因琴筒蒙以木板而得名,是北方戏曲、说唱的主要伴奏乐器,可用于合奏和独奏。

2. 听辨二者的音色。

师生交流:二胡音色优美、柔和;板胡的音色高昂、坚实,具有很强的穿透力。

(二) 听全曲,了解风格与背景

1. 带问题聆听:乐曲是独奏曲,还是合奏曲?乐曲的情绪与速度是怎样的?

师生交流:《翻身的日子》是一首合奏曲,乐曲属于快速,情绪热烈欢快、风趣生动,具有我国北方音乐的特点。

2. 介绍乐曲创作背景。

师:《翻身的日子》是作曲家朱践耳先生于1952年为大型纪录片《伟大的土地改革》所作的插曲,后被改编成民族管弦乐曲。作品展现了土地改革后农民获得土地翻身做主人的喜悦,具有中国民族民间音乐的韵味。

三、活动评价

表9

评价项目	评价维度	评价办法（观察）	评价等级（参考）		
			A	B	C
乐器知识	板胡与二胡的区别	根据学生回答问题的对错情况进行判断。	完全正确	基本正确	不正确
音乐感知	对乐曲情绪与速度的表述	根据师生交流的言语中进行判断	准确表达	能够表达	很少表达

四、设计理念

本活动主题一运用SECG教学模式之"激趣"环节——"寻对比，引兴趣"，导入对板胡的介绍，便于学生记住板胡的结构与音色特点，并对这件来自北方的乐器，会使乐曲的音乐风格产生怎样的影响，而心生好奇。通过完整欣赏，让学生感受乐曲的整体音乐风格，同时为分段欣赏做准备。

活动主题二：探趣《主题对比，分段聆听知形象》

一、活动目标

1. 认识管子，并能听辨其音色。
2. 让学生通过哼唱、模仿、观看、聆听等趣味性活动，去探索引子、A乐段、B乐段三个部分中的不同音乐形象。

二、活动步骤

（一）听音乐，哼唱模仿知风味

1. 欣赏引子部分，感受开场音乐带来的喜悦之情。
2. 欣赏A乐段：

（1）聆听板胡主奏的带有陕北风味的主题，哼唱前四小节的主题旋律，模仿板胡的演奏姿势。

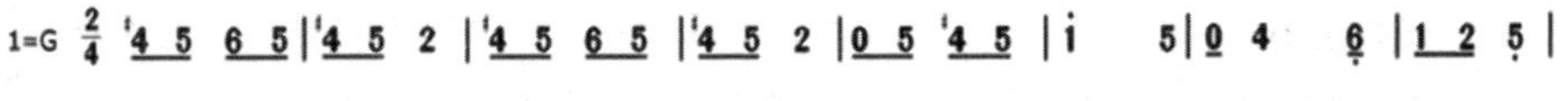

$1=G \quad \frac{2}{4} \quad \underline{4\ 5}\ \underline{6\ 5} | \underline{4\ 5}\ 2 | \underline{4\ 5}\ \underline{6\ 5} | \underline{4\ 5}\ 2 | \underline{0\ 5}\ \underline{4\ 5} | \dot{1} \quad 5 | 0\ 4 | 6 | \underline{1\ 2}\ 5 |$

图10

（2）在主题变化反复时，加入了二胡的演奏，趁机重温二胡的音色。

（二）管子响，特色乐器添味道

欣赏B乐段：

（1）认识管子，了解其结构，听辨其音色。

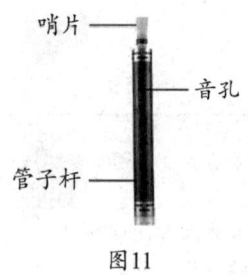

图11

师生交流：管子音色深沉、悲凉，擅长表现激昂、悲壮的情绪。
（2）看乐谱欣赏，感受音乐形象，模仿管子的演奏姿势。

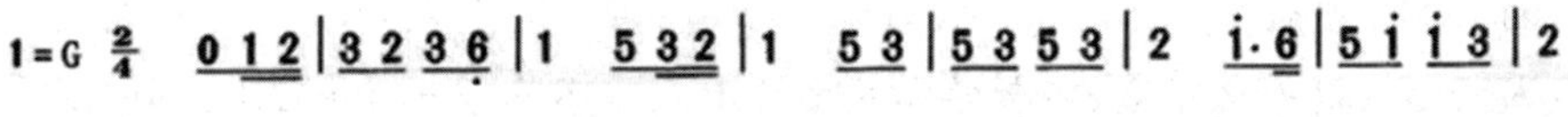

1=G 2/4 012｜3236｜1 532｜1 53｜5353｜2 1·6｜5 1 1 3｜2

图12

三、活动评价

表10

评价项目	评价维度	评价办法（观察）	评价等级（参考）		
			A	B	C
音乐理解	对乐段音乐形象的感知	根据师生交流的情况进行判断	准确描述	大致描述	描述困难
乐器知识	知道管子的结构，并能听辨其音色	根据学生回答问题的对错情况进行判断	完全正确	基本正确	不正确

四、设计理念

本活动主题二运用SECG教学模式之"探趣"环节中的探旋律、探音色、探形象等方式，激发学生了解板胡与管子这两件乐器音色特征的兴趣，感知乐曲前三个部分的情绪变化，以及北方音乐热情、幽默的风格特点。

活动主题三：创趣《层层递减，螺丝结顶知方法》

一、活动目标

1. 学习"螺丝结顶"的创作方法，哼唱旋律。
2. 了解民间音乐中"紧拉慢唱"的意思。
3. 通过编创旋律，激发学生的创作兴趣，增强团队合作意识。

二、活动步骤

（一）听与创，螺丝结顶对答唱

1. 欣赏C乐段：
（1）看乐谱听音乐，从视觉上感知"螺丝结顶"的创作方法。

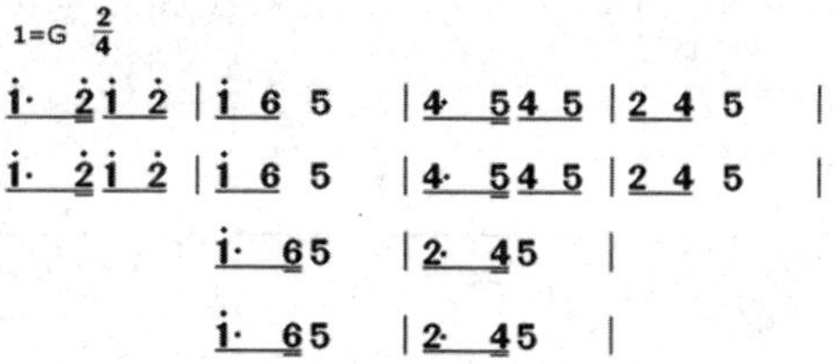

```
1=G 2/4
1· 2̇1̇2̇ | 1 6 5 | 4 5̲4̲5 | 2 4 5 |
1· 2̇1̇2̇ | 1 6 5 | 4 5̲4̲5 | 2 4 5 |
            1· 6̲5̲ | 2 4 5 |
            1· 6̲5̲ | 2 4 5 |
```

图13

（2）将学生分为两组，分别哼唱乐谱的对答部分，让学生了解"对答呼应"的创作方法。

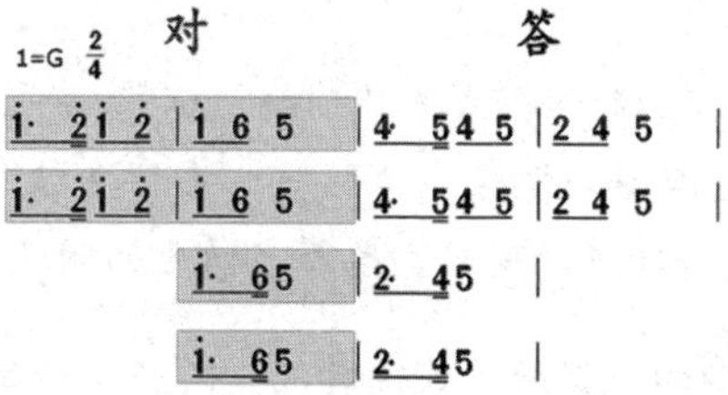

```
         对                    答
1=G 2/4
1· 2̇1̇2̇ | 1 6 5 | 4 5̲4̲5 | 2 4 5 |
1· 2̇1̇2̇ | 1 6 5 | 4 5̲4̲5 | 2 4 5 |
            1· 6̲5̲ | 2 4 5 |
            1· 6̲5̲ | 2 4 5 |
```

图14

（3）用以上的方法进行填空创作。

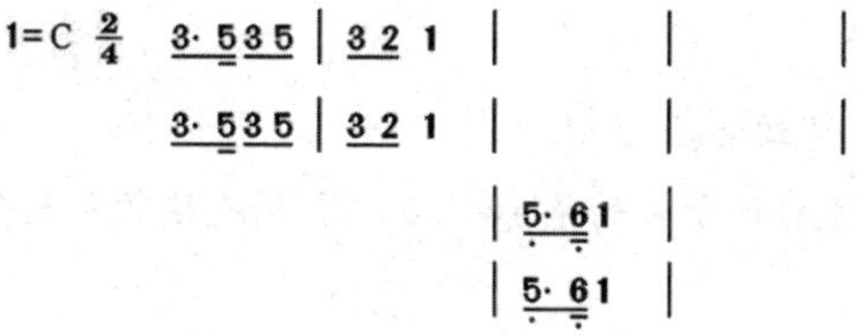

```
1=C 2/4  3· 5̲3̲5 | 3 2 1 |        |        |
            3· 5̲3̲5 | 3 2 1 |        |        |
                        | 5̲· 6̲1̲ |        |
                        | 5̲· 6̲1̲ |        |
```

图15

师生交流：根据"螺丝结顶"的创作特点，在已有旋律的基础上完成创作。可自行创作，也可用小组合作的方式完成。

（二）管与笛，紧拉慢唱相呼应

了解"紧拉慢唱"的创作特点。

师：在这段音乐里，是哪两种乐器在不断地吹奏长音？

师生交流：这种由管子和笛子吹奏长音，乐队演奏短小音型与之衬托呼应的创作方法，就叫"紧拉慢唱"。我国的民间音乐经常使用这种创作方法，此处主要用来表现农民欢天喜地庆翻身的热烈情绪。

（三）尾声响，引子再现全曲终

欣赏尾声部分。

师：尾声部分和乐曲的哪个部分相似呢？

师生交流：尾声运用了引子的变化再现，全曲在欢天喜地的气氛中结束。

三、活动评价

表11

评价项目	评价维度	评价办法（观察）	评价等级（参考）		
			A	B	C
创作方法	对"螺丝结顶"和"紧拉慢唱"两种创作方法的掌握情况	根据哼唱、创作和回答问题的情况进行判断	积极参与	基本参与	很少参与

四、设计理念

本活动主题三运用SECG教学模式之"创趣"环节——通过"填空创，对比创"的方式，帮助学生更好地理解"螺丝结顶"与"紧拉慢唱"的具体创作形式，在进一步了解我国民间音乐创作特点的同时，培养了学生的团队合作意识。

活动主题四：得趣《知识对比，课后延伸知区别》

一、活动目标

1. 了解民族管弦乐队编制。
2. 总结在本课中收获的知识，并将学生的欣赏兴趣延伸至课后。

二、活动步骤

（一）看视频，乐队编制了于心

1. 完整观看《翻身的日子》的演奏视频，了解民族管弦乐队编制。

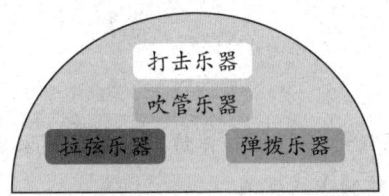

图16

师生交流：我国的民族乐器分为：拉弦乐器、弹拨乐器、吹管乐器、打击乐器四大类，它们在民族管弦乐队中都有相对固定的位子。

2. 总结所学内容。

师：同学们一起来回想一下这节课我们都学了哪些内容。

师生交流：认识了板胡和管子，欣赏了《翻身的日子》，还学习了民族管弦乐队的编制和"螺丝结顶"的创作方法。

（二）课后听，民族西洋延展学

师：《翻身的日子》曾被储望华改编成钢琴独奏曲，同学们课后可以去听听郎朗演奏的版本，体验一下西洋乐器演奏中国乐曲所呈现出来的不同风格。

三、活动评价

表12

评价项目	评价维度	评价办法（观察）	评价等级（参考）		
			A	B	C
民乐知识	对民族管弦乐队编制的了解	根据回答问题的正确率进行判断	完全正确	基本正确	不正确

四、设计理念

本活动主题四运用SECG教学模式之"得趣"环节——主要是想通过观看民族管弦乐队演奏的《翻身的日子》，让学生能直观地了解民族管弦乐队的编制，知道每种乐器在乐队中所处的大概位置。教师应总结本课所学，并将学生的学习兴趣延伸至课后，培养学生自主学习的能力。

【板书设计】

《翻身的日子》

民族管弦乐队 　　　　编著：朱践耳

引子　　A　　B　　C　　尾声

热烈欢腾　明亮活泼　幽默诙谐　欢腾喜庆　引子的
　　　　　板胡　　　管子　　　螺丝结顶　变化再现
　　　　　　　　　　　　　　　紧拉慢唱

九、教学反思

本课都是民族器乐欣赏作品，一首二胡独奏曲、一首民族打击乐合奏曲、一首民族管弦乐曲。为了引导学生深入理解民族器乐作品，教学设计应主要侧重以下几个方面：

（一）详细准确的教材分析

小学阶段的器乐欣赏作品一般都比歌曲演唱作品内容更丰富，结构更复杂，因此教学难度也更大。教师一定要花大量的时间做课前作品分析，确保作品结构、创作背景、创作方法等内容的准确性和全面性，切勿将错误的内容教授给学生。

（二）灵活多变的教学方法

器乐欣赏课以聆听为主，但勿局限于此，否则索然无味。本课在"听、唱、奏、创"几个方面使用了多种教学方法，帮助学生理解民族器乐作品。例如，对比听、看谱听、分段听、完整听、延伸听、看谱唱、背谱唱、对答唱、分组唱、观赏演奏、探索演奏、模仿演奏、编创动作、编创故事、编创旋律等。

（三）不可缺失的民族自豪感

本课强调用真实的音乐语言，激发学生的民族自豪感。例如，二胡既可以奏出赛马的欢腾场面、奔马的嘶鸣声，还可以演奏小提琴的作品；民族打击乐器不光能生动地表现鸭子拌嘴的情景，单铙钹这个家族的成员就足以让人眼花缭乱，更别说它们那五花八门的演奏方法了；民族管弦乐队无论是从编制，还是音效上都不输管弦乐队；等等。当我们用这些音乐语言告诉学生文化与文化之间没有优劣之分，也不存在西方音乐比我国的民族音乐更优秀的说法时，便能潜移默化地激发学生心中的民族自豪感。

十、设计亮点

（一）知晓方法，降低难度

运用多种聆听方式，结合板书中的曲式结构分析图，让学生对每首作品的整体结构都一清二楚，再通过乐段对比、编创故事、旋律填空等方式，进一步引导学生了解作曲家的创作思路，明白音乐作品的创作就如写文章一样，是有一定格式和方法的，打破学生总认为音乐创作是高不可攀的心理障碍，从而降低学生欣赏作品的难度。

（二）课后延伸，知识拓展

利用小学生好奇心强的心理特征，用欣赏不同版本的名曲和名人演奏作为诱饵，将学生的学习兴趣延展至课后，从而培养学生自主学习的能力。

六年级上册第 7 课《五彩缤纷的音色世界（五）》教学设计

深圳市福田区红岭科技小学 丁 俊

一、内容概述

内容简介：本套教材从三年级下册开始加入了《五彩缤纷的音色世界》系列主题，本系列通过欣赏中外名曲，让学生了解感知拉弦乐器、打击乐器、铜管乐器、木管乐器等不同乐器的音色。本课是六年级上册第7课《五彩缤纷的音色世界（五）》，由三首民族弹拨乐器的代表曲目组成，分别是古琴曲《梅花三弄》、古筝曲《渔舟唱晚》和箜篌曲《春江花月夜》。通过对这三首器乐曲的欣赏，了解三种民族弹拨乐器的音色特点和演奏技法，激发学生对民族器乐曲的喜爱，进一步加深对中国传统音乐知识的了解，增强民族自信，培养爱国主义情怀。

作品联系：三首乐曲都是中国传统民族弹拨器乐曲；在调式上，均采用了五声调式；演奏形式均为独奏。

教学价值：在本课的学习中，通过贯彻SECG教学模式以"趣"赋能的教育理念，引导学生聆听古琴曲《梅花三弄》、古筝曲《渔舟唱晚》、箜篌曲《春江花月夜》三首中国传统民族弹拨器乐曲，并在此基础上熟悉作品主题旋律、了解民族乐器的发展背景、了解中国传统音乐的曲式结构；能对比、听辨三种乐器的不同音色；能领会作者的创作意图；能理解三首作品中不同的人文情怀，提高学生对民族器乐曲的喜爱，激发民族意识和民族自豪感。

二、学习目标

审美感知：感受三首中国传统民族弹拨器乐曲带来的旋律美、意境美；感知古琴、古筝、箜篌三种乐器的不同音色；熟悉主题旋律，体会乐曲蕴含的中华民族独有的五声调式的韵味，丰富学生的审美体验。

艺术表现：能了解三种乐器的演奏技法；能模仿古筝的演奏姿势，随着主题音乐进行演奏。

创意实践：能用"鱼咬尾"的创作手法编创一段小旋律。

文化理解：能正确认识演奏乐器，掌握其名称与形状结构；能领会每首乐曲的人文内涵，了解其创作背景、曲式结构、创作手法等知识。

三、教学安排

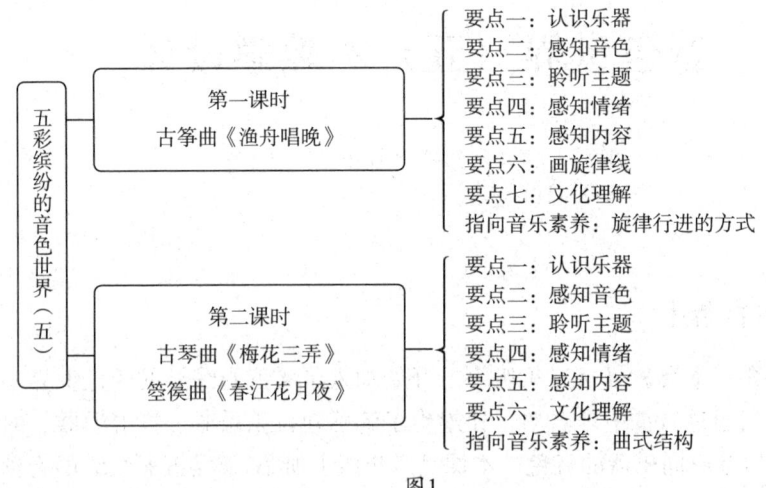

图1

四、学习评价

表1

评价内容	评价目标	评价方式	评价结果运用
认识三种民族弹拨乐器	能通过观图片、听旋律，说出对应乐器的名称	学生评价或教师评价	了解学生的掌握情况，便于开展教学活动
主题哼唱	能哼唱乐曲中的部分主题旋律	教师评价	为赏析乐曲打下基础
形象感知	聆听音乐，学生能用自己的方式表达感知到的音乐形象	学生评价或教师评价	提高学生自主赏析音乐的能力
创意实践	能用"鱼咬尾"的方式创作一小段旋律	生生互评或教师评价	培养学生创编音乐片段的能力

五、教学建议

重、难点解决：

感受三首民族弹拨器乐曲乐表现的意境，熟悉主题音乐，了解古琴、古筝、箜篌这三种民族弹拨乐器的音色特点及古筝的演奏技法。

六、活动设计

表2

课时	作品名称	教学设计侧重点	关注要点	活动设计
第一课时	《渔舟唱晚》	介绍古筝	外形、音色、演奏技法	观察、听辨
		赏析作品	1. 元素变化与作品情绪变化的关系 2. 旋律走向与作品表达内容的关系	聆听、画旋律线
		文化理解	明确中国传统民族弹拨乐器的概念	讨论、交流
第二课时	《梅花三弄》	介绍古琴	外形、音色、演奏技法	观察、听辨
		赏析作品	主题旋律的感知	哼唱、聆听
	《春江花月夜》	介绍箜篌	外形、音色、演奏技法	观察、听辨
		赏析作品	不同段落主题旋律的感知	聆听、哼唱
		文化理解	"鱼咬尾"的创作方式和"换头合尾"的曲式结构	创作小乐段

七、前后关联

表3

关联项目	之前	之后
弹拨乐器	三年级上册第2课欣赏民乐合奏《快乐的罗嗦》	六年级上册第10课《描绘古战场的音画》琵琶曲《十面埋伏》
音色世界	五年级下册第10课《五彩缤纷的音色世界（四）》二胡独奏曲《赛马》、鼓乐曲《鸭子拌嘴》、民族管弦乐曲《翻身的日子》	六年级下册第7课《五彩缤纷的音色世界（六）》管弦乐曲《卡门序曲》

八、教学实施过程

第一课时 《渔舟唱晚》

【教材分析】

《渔舟唱晚》引用了唐代诗人王勃《滕王阁序》中"渔舟唱晚，响彻彭蠡之滨"的"渔舟唱晚"为标题。《渔舟唱晚》旋律流畅、曲调优美、节奏感强、对比明显、音乐形象鲜明，带给人行云流水般的音乐享受。

乐曲大致由三部分（第一部分、第二部分和第三部分）加尾声组成。

第一部分开始是4/4拍子的慢板，以优美典雅的曲调、悠扬如歌的旋律、柔美舒缓的节奏，配合左手的揉、吟等演奏技巧产生波光荡漾般的音响效果，描绘出晚霞辉映、秋水共长天一色的画面，抒发了作者内心对大自然美景的赞赏之情。

第二部分是一个过渡性的段落，从八度跳进的音调中发展而来的旋律使音乐顿显清雅，营造出一种天高水阔的感觉。这一段音乐速度加快，情绪趋于热烈，形成类似于山峦起伏的旋律线，并逐层向下移位。

第三部分旋律先递升后递降并辅以变奏手法，速度不断加快，力度逐渐增强，继而多次反复结合成一个个循环圈，而不断出现的重复重音，加之突出使用了古筝特有的刮奏等演奏技法，生动形象地展现出傍晚归舟、桨橹击水、浪花飞溅、渔歌悠扬的热闹情景，并将乐曲推向了全曲最高潮。

在高潮突然切住后，尾声缓缓流出，运用下行音型模进的手法逐渐引向结束。夜色笼罩了江面，宁静取代了喧闹，最后一片涟漪也荡漾开去……其音调是第二段一个乐句的紧缩，这首徵（so）调式的乐曲，最后结束在宫音（do）上，出人意料，耐人寻味。

【学情分析】

在小学六年级阶段，学生已经通过欣赏古今中外名曲，了解了民族拉弦乐器、民族打击乐器、西洋拉弦乐器、西洋木管乐器、西洋铜管乐器等不同乐器的音色，有了一定的音色听辨能力和乐曲鉴赏能力，但是由民族弹拨乐器古筝演奏的乐曲学生还是第一次在课堂上欣赏。如何利用"SECG"课程理念中倡导的富有趣味性的主题活动，引导学生主动探索音乐特征，并通过创造性的实践活动来加深对音乐作品的理解，提高学生对民族器乐曲的喜爱，增强民族自豪感，是我们在课堂上需要解决的问题。

【教学目标】

1. 通过对民族弹拨乐器——古筝的了解，感受其丰富的音乐表现力及余韵悠长的音色特点。

2. 欣赏古筝曲《渔舟唱晚》，熟悉主题音乐，感受旋律行进方式的变化对乐曲表达意境的影响，激发学生对民族音乐的喜爱。

【教学重点】

能感受中国传统音乐的意境之美，能掌握古筝的音色特征及部分演奏技法。

【教学准备】

钢琴、多媒体资料、细绳若干。

【教学过程】

活动主题一：激趣《诗画相融，水天一色，唱响渔歌》

一、活动目标

1. 通过古诗鉴赏和乐曲聆听，为课堂营造充满诗意的氛围，将学生带入夕阳西下、湖光山色的情景中。

2. 感知民族弹拨乐器——古筝的音色,了解其结构。

二、活动步骤

(一)诗画相融,秋水长天共一色

师:在唐朝大诗人王勃所作的《滕王阁序》中有这样一段话"落霞与孤鹜齐飞,秋水共长天一色。渔舟唱晚,响穷彭蠡之滨;雁阵惊寒,声断衡阳之浦。"这首诗生动形象地向我们描绘了一幅渔人满载而归、渔歌响彻河滨的生动画面。

(二)听曲识琴,筝声悠扬唱晚歌

师:我们的大诗人王勃先生用文字来描述"渔舟唱晚",我们的音乐家娄树华先生用旋律来描绘"渔舟唱晚"。现在,让我们走进这首自20世纪30年代以来,在中国流传最广、影响最大的古筝独奏曲《渔舟唱晚》。(初听全曲)

师生交流:刚才这首乐曲给我们一种什么样的感觉?你们知道它是由什么乐器演奏的吗?

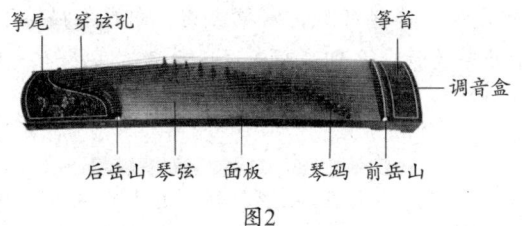

图2

(有条件的情况下,可以展示古筝实物给学生观察古筝的结构,拨弦聆听古筝的音色)

三、活动评价

表4

评价项目	评价维度	评价办法(观察)	评价等级(参考)		
			A	B	C
文化理解	从古诗中了解乐曲描述的意境	观察学生的听课状态	认真	较认真	不太认真
音乐感知	对《渔舟唱晚》乐曲意境的感知	师生交流	完全能感知	基本能感知	不太能感知
认识乐器	能说出乐器的结构和音色	问答式交流	完全正确	基本正确	不太正确

四、设计理念

本活动主题一运用SECG教学模式之"激趣"环节——"诗画相融""听曲识琴"等活动,以古诗朗诵进行导入,向学生描绘出一幅夕阳西下、渔民满载而归的生动画卷,并通过引导学生观察古筝结构、聆听古筝音色等,激发学生的学习兴趣，引起好奇心，给整节课确定基调，为接下来的乐曲欣赏做准备。

活动主题二：探趣《寻踪探秘，湖光山色〈渔舟唱晚〉》

一、活动目标

1. 逐段赏析《渔舟唱晚》，熟悉各部分音乐主题，能理解旋律行进方式不同带来的意境变化。

2. 开展以"SECG"趣味性教学理念为主导的探索实践活动，师生通过"奏一奏""画一画""圈一圈"等活动进行合作，了解音乐家如何通过特定的音乐语言与表现形式表达情绪和情感，去深层次地挖掘作品中隐藏的旋律特征。

二、活动步骤

（一）奏一奏，勾托抹托余韵长

1. 完整听赏第一部分。

师：在音乐的一开始，旋律舒缓，意境优美，向我们描绘了夕阳西下、水波无痕、一眼万里的江上宁静美景，我们来听听这段主题，去感受一下音乐的意境。

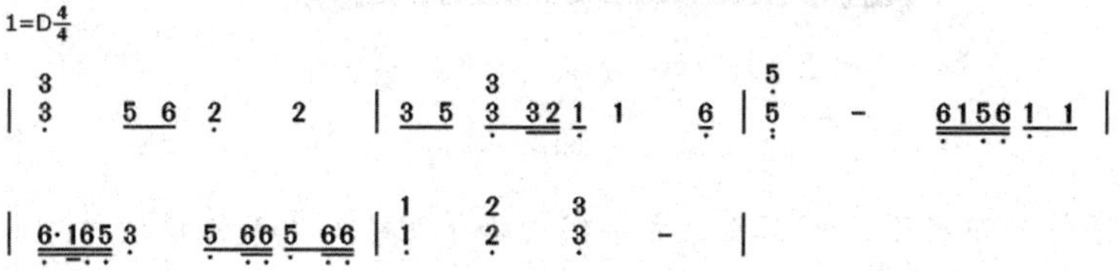

图3

2. 哼唱第一部分主题。

师：请让我们随这一段主题旋律来唱一唱。（教师弹奏主旋律，引导学生感知五声调式并进行哼唱）

3. 古筝演奏和人声哼唱的第一部分主题从听觉效果和意境方面进行聆听对比。

师：同样的一段旋律，请比较古筝演奏和我们人声演唱所带来的听觉效果有什么不同？

4. 展示筝曲曲谱。

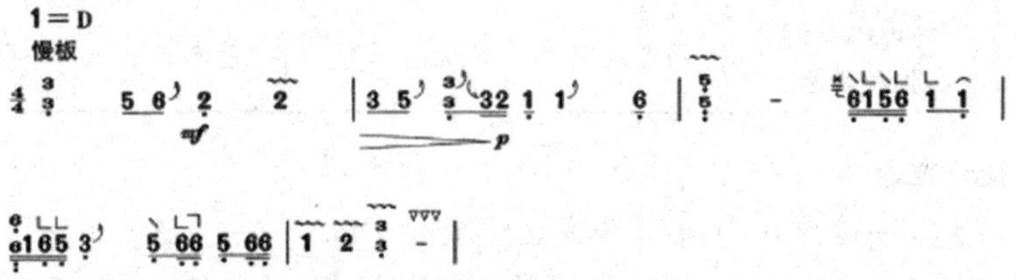

图4

师：我们来看一下这一部分的古筝曲谱，出现了一些记号（向上的弧形箭头代表上滑音，向下的弧形箭头代表下滑音）。我们刚才感受到了人声演唱和古筝演奏的不同，其中一部分原因就是古筝的演奏手法所带来的听觉效果上的区别。

5. 观看视频，引导学生观察上滑音和下滑音的演奏方法。

师：那我们来猜一猜，在古筝中上滑音和下滑音应该怎样演奏呢？（请同学们发挥自己的想象，说出自己的想法）

师：我们来观看一段视频，看看视频中上滑音和下滑音是怎样演奏的。（播放视频）

6. 请学生说出自己观察到的古筝上、下滑音的演奏方法。

7. 在桌面绑上一根细绳，将之看成古筝的琴弦，播放乐曲第一部分，请同学随着音乐用桌上的细绳在乐谱的滑音音符部分用刚才学习的动作进行演奏。（演奏姿势：身端正、腿并拢、手腕平、坐 $\frac{2}{3}$ ……）

（二）画一画，层峦叠嶂群山远

1. 完整听赏第二部分。

师：夕阳西下，水波无痕，一切是那么的舒雅闲适。让我们继续随着音乐去探索，看看乐曲还描绘了什么情景。

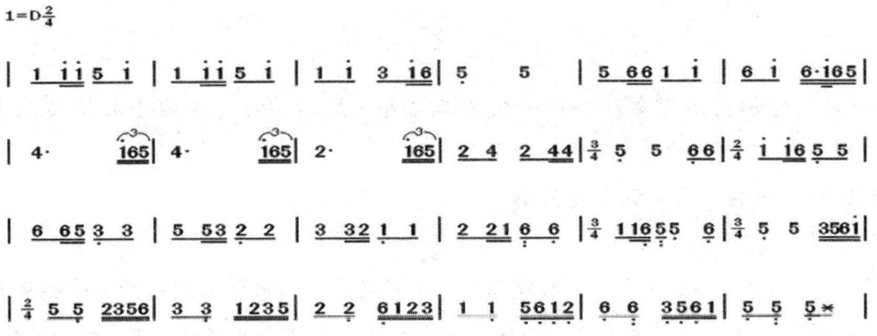

图5

2. 哼唱主题，并尝试随着旋律的起伏在空中划出旋律线。

师：请同学们伸出手，边随着旋律哼唱边在空中画出这一段主题的旋律线。

3. 教师在黑板上以竖线的形式写出五声调式的五个音符（循环），并给出第二部分主题中的部分旋律，请学生上台在黑板上画出旋律线。

师：有一些同学是这样画的，有一些又是那样画的，看来大家并不统一啊，现在我们可以参考黑板上音符的位置，选择按照圆圈或方框音符的旋律走向（二选一）来画旋律线。

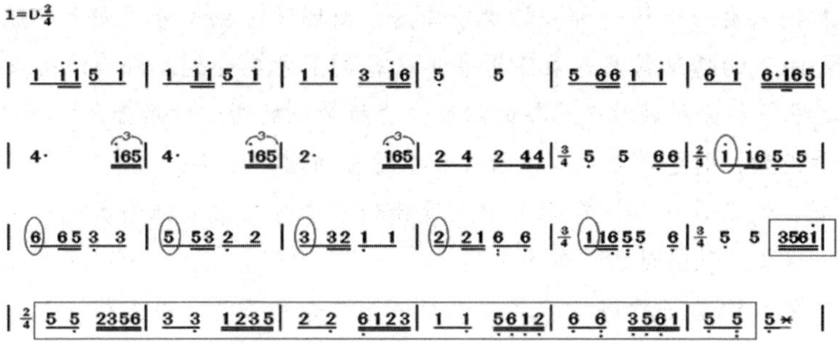

$1=\text{D} \frac{2}{4}$

（乐谱图略）

图6

师：请同学们观察，我们画出的这段旋律线像什么形状？（山峦起伏）

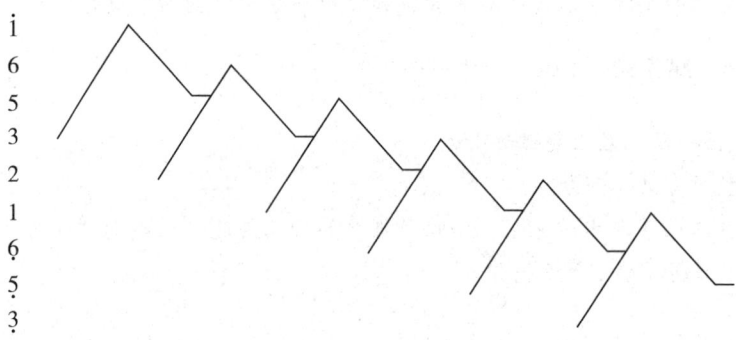

图7

4. 请同学们再次完整聆听第一段第二主题，边听边在空中画出旋律线，要求有层峦叠嶂、山峦起伏的感觉。

（三）圈一圈，水光潋滟起涟漪

1. 完整听赏第三部分。

师：夕阳西下、水波无痕、彩霞满天、山峦起伏，乐曲带来的美的感受逐渐丰满了起来，接下来，我们继续随着音乐去探索，揭开隐藏在《渔舟唱晚》中的神秘面纱。

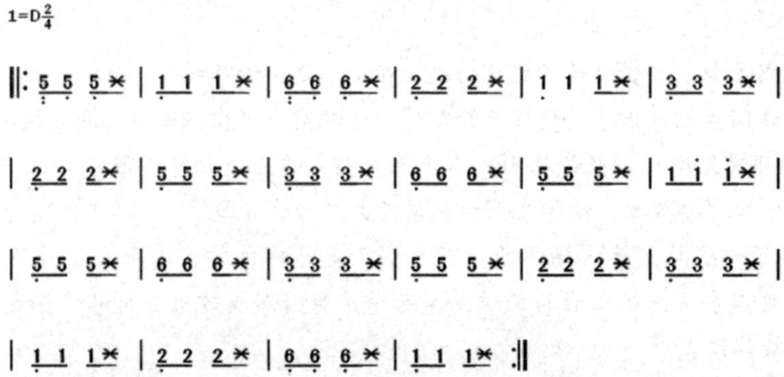

$1=\text{D} \frac{2}{4}$

（乐谱图略）

图8

2. 随旋律模唱第三部分,引导学生关注并找出每小节的主音。
3. 请学生发挥自己的想象力,来设计旋律线。
4. 教师引导学生按照理解说出隐藏在《渔舟唱晚》中的"水",也鼓励学生有不同想法。

师:同学们可以多尝试一下,如果我们将五声调式音符以横线的方式排列,我们来看看可以画出怎样的旋律线。

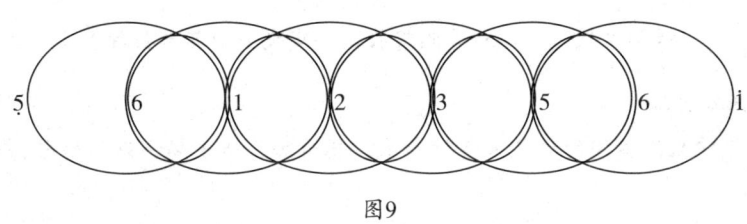

图9

师:这段旋律线给我们一种什么样的感觉?你觉得像什么呢?(像水面荡起的涟漪)

师:夕阳西下,渔民满载而归,当他们的船桨划过水面的时候,荡起了阵阵涟漪。此时,划桨声、摇橹声、浪花飞溅声、渔民的欢笑声,构成了一幅完整的图片。

(四)听一听,回味无穷荡心扉

接着,一段自由的旋律出现(这一部分前面要与上一段衔接,后面要落到结尾部分),尾声缓缓流出。古筝特有的韵味展现出激流拍岸的美妙声响,然后逐渐过渡到原来的慢板节奏,描绘出水面平静、月光洒落的情景,给人一种回味无穷、意犹未尽的感觉。

(五)赏一赏,《渔舟唱晚》意悠长

完整听赏全曲,细细品味乐曲带来的美妙意境。

三、活动评价

表5

评估项目	评估维度	评估办法(观察)	评估等级(参考)		
			A	B	C
旋律感知	能哼唱部分主题旋律	观察与聆听	能完整哼唱	基本能哼唱	不能哼唱
曲式结构	对乐曲结构有一定了解	观察与提问	能了解	基本了解	不太了解
文化理解	了解古筝构造	观察与提问	能了解	基本了解	不太了解
参与程度	参与旋律线的设计	观察与提问	能参与	基本参与	不太参与

四、设计理念

本活动主题二运用SECG教学模式之"探趣"环节——师生双方经过整体赏析（感受音乐）—分段赏析（探旋律走向、探元素变化）—整体赏析（享受音乐），以总分总的结构对作品进行了深度赏析。在每个环节都注重细节，通过"音色对比""趣弹琴弦""模唱主题""趣画旋律"等方式共同探索乐曲中隐藏的山水之情，让学生对音乐作品有了较深入的理解。

活动主题三：创趣《敢想敢编　实践创新其乐融融》

一、活动目标

1. 引导学生用不同的方式来赏析音乐，能听辨音乐主题，感知乐句、乐段的重复与变化。

2. 能听辨音乐结构，并通过趣味性的创意实践活动表现出来。

二、活动步骤

（一）想一想，思维碰撞起火花

师：我们在刚才的赏析中，用画旋律线的方式去找到了隐藏在音乐中的"山山水水"，那么你还能用什么方式去找到音乐家想表达的内容呢？（根据学生的回答，按不同的赏析方式来进行分组）

（二）编一编，反复推敲有新意

学生自由选择小组，展开讨论，进行编创。

（三）演一演，实践创新敢出彩

请学生随音乐展示编创成果，鼓励学生有自己的理解，有创新的表达方式。

（四）评一评，教学相长互得益

用自评、互评、师评的方式来加深对音乐的理解。

三、活动评价

表6

评价项目	评价维度	评价办法（观察）	评价等级（参考）		
			A	B	C
编创	创造力	能为音乐编创合适的表现形式	新颖	正常	一般
表演	表现力	表演	出彩	正常	一般

四、设计理念

本活动主题三运用SECG教学模式之"创趣"环节——充分激发学生想象力，引导学生探索发掘多种赏析音乐的方法，并能用小组合作的形式去进行音乐实践活动，然后在实践的过程中，进一步提高对作品的理解。

活动主题四：得趣《源远流长　弹拨乐器彰显光华》

一、活动目标

1. 了解与古筝起源有关的民间故事。
2. 了解中国民族弹拨乐器的种类，为下一节课做准备。

二、活动步骤

（一）看一看，文化典故涨新知

1. 观看视频，了解民间故事"分瑟为筝"。

师：同学们，你们知道古筝为什么叫"筝"吗？让我们来看一段短片吧。

2. 还有"兵器改良""音响命名""蒙恬造筝"等说法，感兴趣的同学可以利用课余时间去查找资料。

（二）辨一辨，弹拨乐器为哪般

1. 师：我们今天听到的这段音乐是用民族弹拨乐器——古筝演奏的，那么你还知道哪些乐器是属于民族弹拨乐器呢？

2. 明确弹拨乐器的概念：弹拨乐器，是用手指或拨子拨弦，以及用琴竹击弦而发音的乐器的总称。

3. 观看图片，辨别哪些是民族弹拨乐器。

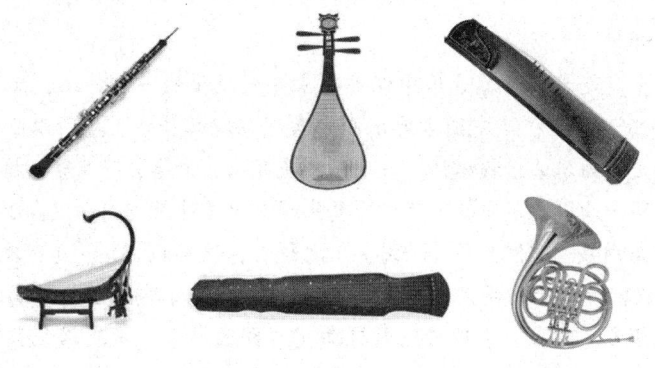

图10

三、活动评价

表7

评价项目	评价维度	评价办法（观察）	评价等级（参考）		
			A	B	C
文化理解	了解与筝相关的历史故事	观察学生的听课状态	认真	较认真	不太认真
认识乐器	能说出弹拨乐器的特点	问答式交流	完全正确	基本正确	不太正确

四、设计理念

本活动主题四运用SECG教学模式之"得趣"环节——通过了解古筝的历史典故，引导学生感受中华民族博大精深的文化底蕴，理解中国传统音乐的民族审美特质；能通过明确概念、观察图片的方式了解民族弹拨乐器的特点。

【板书设计】

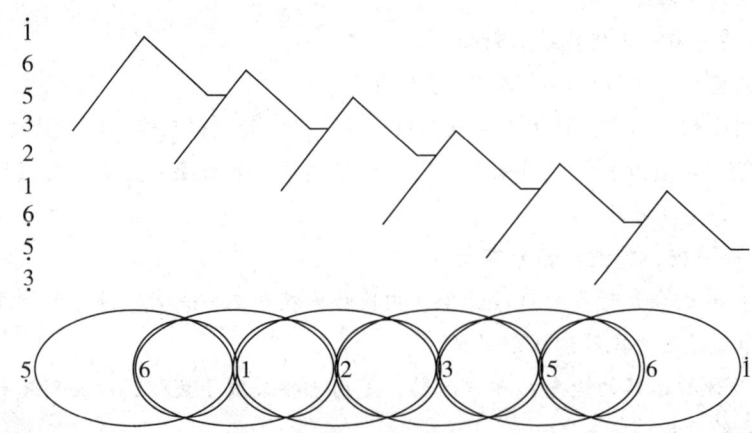

第二课时 《梅花三弄》《春江花月夜》

【教材分析】

《梅花三弄》是我国古琴音乐中保存下来年代较早的一首作品，又名《梅花引》《梅花曲》《玉妃引》，是中国古典乐曲中表现梅花的佳作。之所以命名为《梅花三弄》，一方面是因为乐曲借物咏怀，表现了梅花高洁、清逸、耐寒等品格；另一方面是因为在曲中，同一曲调在不同的段落中重复出现三次（这是我国古代音乐中的一种曲式手法，曾有"高声弄""低声弄""游弄"之说），这里的"弄"具有现代音乐术语中"变奏"的含义。整首乐曲旋律优美、流畅，形式典雅、独特，具有很高的艺术价值。

《春江花月夜》改编自中国传统琵琶曲《夕阳箫鼓》，是我国民族音乐艺术宝库中一颗璀璨的明珠。本首由筝箜演奏的《春江花月夜》，简化了琵琶曲段落结构，将原来的十段改为五段，使得音乐更加紧凑、精炼。其旋律流畅婉转，格调古朴典雅，充分地利用各种音乐表现手段，把江南春江月夜的美景描绘得淋漓尽致。

《春江花月夜》各段落之间的音乐发展既有区别，又有联系。首先，乐句与乐句之间、段落与段落之间经常采用"鱼咬尾"的创作手法；其次，大部分段落的结束句运用了统一的旋律，此为"合尾"；最后，各段落的变奏发展均与第一段的主题音乐素材有关，此为"换头"。所以"鱼咬尾"的创作手法和"换头合尾"的音乐结构，使不同段落中的音乐形象和谐统一，也反映了中国民族音乐的含蓄之美。

【学情分析】

学生在上一节课刚刚认识了弹拨乐器——古筝，欣赏了古筝演奏的《渔舟唱晚》,对于中国传统器乐曲有了一定的了解,具备了一定的鉴赏能力。本课新增两种弹拨乐器:古琴和箜篌,对于学生听辨音色的能力也有了更高要求。《梅花三弄》和《春江花月夜》均采用了中国特有的传统民族音乐的创作手法,如"弄""鱼咬尾""换头合尾",让学生理解这几种创作手法的区别是课堂中需要解决的问题,而且《春江花月夜》中段落偏多,给深入赏析作品也带来了相应的难度。所以如何以SECG教学理念为指导,使用更简洁的教学方法、挖掘更典型的音乐特征、抓住各环节的讨论重点、增强段落学习的趣味性,是这节课中需要注意的几个方面。

【教学目标】

1. 了解我国古老的弹拨乐器——古琴,感受其古朴、深远的音色;欣赏古曲《梅花三弄》,熟悉音乐主题,感受主题在乐曲中的变化。

2. 了解古老的弹拨乐器——箜篌,感受其柔美、清澈的音色;欣赏古曲《春江花月夜》,熟悉音乐主题,帮助学生了解"鱼咬尾"和"换头合尾"的音乐创作手法,并在乐曲中找出"鱼咬尾"的音乐句式。

3. 通过对三种民族弹拨乐器的了解及对其代表曲目的欣赏,让学生感受民族弹拨乐的美妙音色,激发学生对民族音乐的喜爱。

【教学重点】

感受民族弹拨乐表现的意境,熟悉主题音乐,了解古琴、箜篌这两种民族弹拨乐器的音色特点及演奏技法。

【教学准备】

多媒体课件、钢琴。

【教学过程】

活动主题一:激趣《古韵悠长　梅花三弄声声响》

一、活动目标

1. 欣赏古琴独奏曲《梅花三弄》,熟悉乐曲主题,感受古琴空灵优雅的音色特点。
2. 理解中国民族音乐创作手法"弄"的含义。

二、活动步骤

(一)看一看,古琴音形我先知

1. 观察并描述古琴外形。

图11

2. 师生交流，讨论古琴历史。

3. 观看视频，能用语言描绘古琴音色，用动作模仿演奏姿势。

（二）听一听，梅花朵朵傲风霜

1. 初次完整聆听《梅花三弄》，听完后师生讨论：乐曲营造了一种怎样的意境？

2. 随教师的琴声哼唱主题。

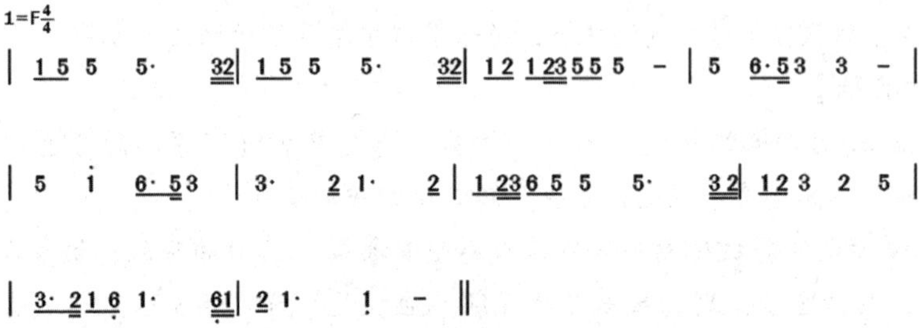

$1=F\frac{4}{4}$

| 1 5 5 5· 32 | 1 5 5 5· 32 | 12 1 23 5 5 5 - | 6· 5 3 3 - |

| 5 1 6· 53 | 3· 2 1 2 | 1 23 6 5 5 5· | 32 12 3 2 5 |

| 3· 21 6 1· | 61 2 1 1 - ‖

图12

3. 再次欣赏乐曲，寻找并比较三次主题变奏的区别与联系。

4. 了解曲名《梅花三弄》的由来。

三、活动评价

表8

评价项目	评价维度	评价办法（观察）	评价等级（参考）		
			A	B	C
主题感知	能哼唱主题旋律	听唱	完整哼唱	基本能哼唱	不能哼唱
音色感知	能感知古琴的音色特点	聆听	能感知	基本感知	无法感知

四、设计理念

古曲《梅花三弄》中描绘的梅花朵朵迎霜傲雪的意境对于小学生来说还有点难以理解，所以本活动主题一运用SECG教学模式之"激趣"环节，以哼唱主题旋律为主，以寻找三次主旋律的变奏为辅，带领学生感受中国民族音乐的创作手法与作品表达内容之间的联系。

活动主题二：探趣《拨弦弄乐 春江花月夜正好》

一、活动目标

1. 欣赏筝篌曲《春江花月夜》，感受民族弹拨乐器筝篌的音色特点，了解作品的文化内涵和表达意境。

2. 记住乐曲的主题，初步了解中国民族音乐中"鱼咬尾"和"换头合尾"的创作手法。

二、活动步骤

（一）看一看，箜篌形制了于心

介绍弹拨乐器——箜篌，了解其历史背景。

卧箜篌　　　　　　竖箜篌　　　　　　凤首箜篌

图13

（箜篌距今已有两千多年的历史，在古代有卧箜篌、竖箜篌、凤首箜篌三种形制。其音域宽广，音色柔美清澈，富有表现力。箜篌由于左右同度的双排弦，在演奏快速旋律和泛音上更加方便，可以左右手同时奏出旋律）

（二）听一听，《春江花月夜》正好

完整听赏箜篌演奏的《春江花月夜》，说出自己感受到的意境。

（三）赏一赏，轻吟浅唱属箜篌

1. 赏析"江楼钟鼓"乐段。

（1）学生边聆听边思考：乐曲的情绪是怎样的？速度是怎样的？乐曲营造了怎样的意境？

（2）随音乐打节拍，感受2/4拍的节拍特点。

（3）随琴声哼唱第一主题旋律。

图14

（4）观察曲谱中圆圈的地方，找出其规律。

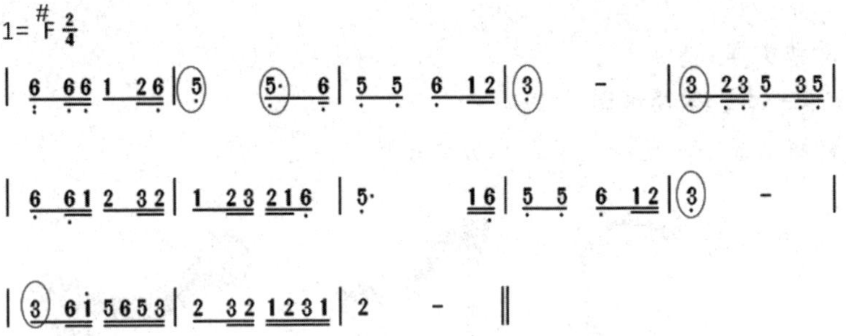

```
1=♯F 2/4
| 6 66 1 26 (5) | (5·) 6 5 5 6 12 | (3) - | (3 23) 5 35 |
| 6 61 2 32 | 1 23 216 | 5· 16 | 5 5 6 12 | (3) - |
| (3) 61 5653 | 2 32 1231 | 2 - ‖
```

图15

（5）介绍"鱼咬尾"的音乐创作手法。

（6）将学生分成几个小组，用接龙的方式演唱"鱼咬尾"的旋律。

（7）再次完整哼唱第一主题旋律。

2. 赏析"欸乃归舟"乐段。

（1）完整听赏此乐段，感知、思考并讨论此乐段的情绪、速度、力度等元素的变化，并讨论这些变化给乐曲的意境带来了什么改变。

（2）再次聆听，找找旋律中有没有熟悉的乐句。

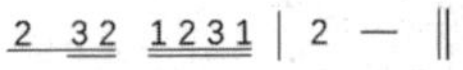

```
2 32 1231 | 2 — ‖
```

图16

（3）介绍"换头合尾"的音乐曲式结构。

3. 聆听尾声，继续感受速度、力度、情绪上的变化。

尾声部分的音乐空灵、悠长，好似夜色笼罩下的春江静谧而怡然，而天幕那一轮弯弯的月牙，空气中传来的阵阵花香，勾勒出一幅美好的诗情画意之境，惹人沉醉。

4. 完整听赏全曲，仔细聆听并寻找音乐中使用"鱼咬尾"或"换头合尾"的部分。

三、活动评价

表9

评价项目	评价维度	评价办法（观察）	评价等级（参考）		
			A	B	C
主题感知	能哼唱主题旋律	观察、聆听	完整哼唱	基本能哼唱	不能哼唱
知识理解	能理解"鱼咬尾"和"换头合尾"两种创作手法	聆听、交流	完全理解	基本理解	不太理解

四、设计理念

《春江花月夜》全曲较长，在进行整体聆听的同时，筛选出具有代表性的乐段引导学生进行赏析。本活动主题二运用SECG教学模式之"探趣"环节——师生共同探索音乐元素变化、寻找旋律内在规律，感受乐曲蕴含的情绪情感，了解传统民族音乐的创作手法，在赏析的过程中，激发学生对民族音乐的喜爱，引起民族自豪感。

活动主题三：创趣《趣玩五音 小"鱼咬尾"乐悠游》

一、活动目标
1. 用小组合作的方式，以五声调式"12356"为基础，用"鱼咬尾"的创作手法来编创一段旋律。
2. 能大方自信地展示自己的作品。

二、活动步骤
（一）规则

教师发布创作规则：

（1）2/4拍的节拍；（2）6-8小节；（3）以五声调式为基础；（4）"鱼咬尾"的曲式结构。

（二）分组

将有音乐基础的同学平均分配到各组中担任组长或副组长职务，其余成员选择小组加入。

（三）创作

各小组组长带领大家进行乐句创作，可反复推敲、试唱，作品完成后进行练习。

（四）展示

各小组成员上台进行作品演唱展示，针对各组表现情况可展开自评或互评。

三、活动评价

表10

评价项目	评价维度	评价办法（观察）	评价等级（参考）		
			A	B	C
创作	能用"鱼咬尾"的创作手法来创编乐句	作品展示	优秀	良好	一般
表演	能大方自信地将作品哼唱出来	上台表演	大方流畅	表现较好	表现一般

四、设计理念

本活动主题三运用SECG教学模式之"创趣"环节——引导学生运用本节课所学的"鱼咬尾"的创作手法编创小乐句，既能在创编的过程中感受到合作的乐趣，又提高了学生创意实践的能力；在作品展示环节，教师应做到鼓励与肯定交融，学生应做到自评和互评结合，在评论的过程中加深对概念的认识，增强学生自信。

活动主题四：得趣《对比连线　引古证今意深远》

一、活动目标
1. 能听辨古筝、古琴、箜篌三种乐器的音色。
2. 从诗中寻找意境，并将诗句与对应的曲名联系起来。

二、活动步骤

（一）听乐曲，古香古色古韵达

再次聆听本单元所学的三首弹拨乐曲主题旋律，通过听主题、辨音色将演奏乐器与曲名进行连线。

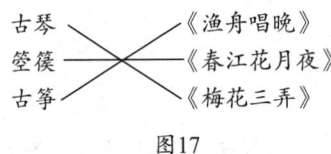

图17

（二）念古诗，引古证今意境远

引导学生回忆乐曲表达的意境，展示三首古诗的经典诗句，请学生为乐曲名和古诗进行连线。

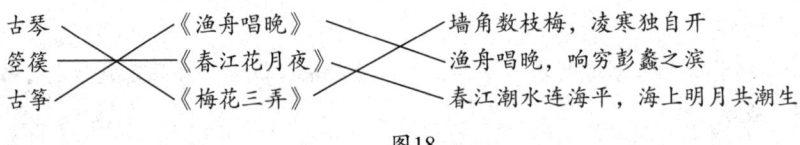

图18

三、活动评价

表11

评价项目	评价维度	评价办法（观察）	评价等级（参考）		
			A	B	C
听主题、辨音色	听辨三首乐曲的主题旋律和三种乐器的音色	观察学生的听课状态	完全能听辨	基本能听辨	不太能听辨
文化理解	将演奏乐器、曲名和古诗进行连线	琴、曲、诗连线	完全正确	基本正确	不太正确

四、设计理念

本活动主题四运用SECG教学模式之"得趣"环节，用对比的方法将本单元所认识的三种乐器——古筝、古琴与箜篌进行音色听辨；对三首民族弹拨乐曲的主题旋律进行主题听辨；再用乐器、乐曲与古诗连线的方式让学生进一步感受音乐作品的意境。整个环节层次鲜明、主题突出，力图让学生学有所获、学有所得。

【板书设计】

鱼咬尾：

"2"

换头合尾：

2 32 1231 | 2 ‖

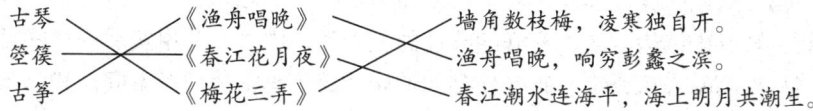

古琴　　　　《渔舟唱晚》　　　墙角数枝梅，凌寒独自开。
箜篌　　　　《春江花月夜》　　渔舟唱晚，响穷彭蠡之滨。
古筝　　　　《梅花三弄》　　　春江潮水连海平，海上明月共潮生。

九、教学反思

本课欣赏的三首民族器乐曲均属于写意性乐曲，此类乐曲具有借物言志、借景抒情、寓情于景、情景交融的特点，讲究音乐的意境、神韵之美，抒发感情的方式较为含蓄。对于小学生来说，通过聆听的方式来感受作品的内涵有一定的难度，所以，在教学设计的过程中，我以落实核心素养为主线，以SECG课程理念为指导，做了以下设计：

（一）"降低"难度，"升级"讲法

此"降低"非实际意义上的降低，而是从听觉入手，通过寻找乐曲的内在特征，让乐曲晦涩难懂的意境以更直观、更简洁的方式呈现出来；再通过合适的教学活动，让教师的"教"渗透到活动中，借助活动的方式让教师的讲解"升级"，让学生听上去"觉得"乐曲变得简单，更容易理解和掌握。如在《渔舟唱晚》的学习中，通过趣味性的活动——"画一画"和"圈一圈"两个环节，将旋律的走向画出来、圈出来，让学生去观察想象旋律线的走向就像层峦叠嶂的群山和水波荡漾的涟漪，组成了一幅有山有水的画面，让学生从空泛的"听"旋律到清晰的"看"旋律。这样的讲解方式降低了他们感受乐曲的难度，既便于学生记忆旋律，又便于他们理解音乐中的意境。

（二）精炼核心，丰富体验

精炼核心即精准提炼核心教学内容。由于传统民族器乐曲长期流传于民间，其旋律的发展受到民间艺人即兴演奏的影响，较为自由、多样，并不是那么工整。针对这一现象，教师在本课三首作品的学习过程中从大的框架入手，围绕核心的知识点来进行学习，提炼乐曲的核心素材，使学习更有效率。而与之相反的是，教学设计通过"用聆听来感受美""用对比来欣赏美""用创作来表现美"等环节，丰富学生在学习过程中的艺术感知及情感体验，使学生在聆听、赏析、创造、实践的过程中，提高艺术素养和创造能力，使学生在获得更多的审美体验的同时，学习和领会中华民族艺术的精髓，增强中华民族自信心与自豪感。

十、设计亮点

在《义务教育艺术课程标准（2022年版）》中，六年级学生应"听赏具有鲜明主题思想和文化内涵的民族民间音乐……了解音乐家如何通过特定音乐语言与表现形式表达情绪和情感。"所以，在整个教学设计中，遵照课程标准，运用SECG教学模式以"趣"赋能的课程理念，将感受乐器音色特点、感知音乐要素变化、哼唱音乐主题和了解音乐结构等嵌入充满趣味性的教学活动中去，并用实践的形式带领学生共同剖析作品的音乐语言、感受作品的情绪情感，丰富他们对不同形式、不同风格音乐的审美体验。

（一）感知元素变化，感受乐曲意境

针对课堂教学实际，教师应不拘泥于某一种固定的教学方法，而是应该多思考、多尝试，除了欣赏课中最基本的聆听学习外，还可以运用多感官协作学习，让学生在乐曲的不同段落用不同的方式去理解音乐速度、力度、旋律走向等变化和乐曲情绪情感及表现内容变化之间的关系。

（二）实践就是真理，创作才有灵魂

实践是新课标中提到非常多的一个词，所以在每一个教学环节的设计中，我都尽可能地让学生参与进来，例如《春江花月夜》中以小组合作的方式创编"鱼咬尾"形式的乐句的活动；"对比连线　引古证今意深远"环节，将乐器名、乐曲名和古诗内容进行连线的活动等，只有通过学生的亲自参与，音乐才能给他们留下深刻的印象，才能让学生更明白音乐中蕴含的艺术特征和文化内涵。

六年级下册第4课《舞蹈音乐天地》教学设计

深圳市宝安区凤凰学校　张小茜

一、内容概述

内容简介：本套教材非常关注音乐与姊妹艺术的结合，编写中特意安排了舞蹈、影视、诗词等相关姊妹艺术的内容，借助姊妹艺术来启迪学生对这些与音乐相关的综合艺术的感知与欣赏能力。本课通过对作品《溜冰圆舞曲》《马刀舞曲》的欣赏，以舞蹈的形式引导学生了解音乐与舞蹈的关系，使学生热爱音乐、热爱舞蹈、热爱生活。教材安排听音乐赏析舞蹈的内容，将听、视、唱、动融为一体，充分调动学生的听觉和视觉，在开发学生音乐智能的同时，使他们的其他智能也得到全面的协调发展，让学生能够有效地感受综合艺术的美。在涉及"音乐与相关文化"的内容时，教师一定要考虑学生的参与度。教师在教学中为学生提供音乐实践、表现的机会是学生走进音乐、获得音乐审美体验的基本途径，同时注意学生在"音乐与相关文化"领域的学习，一定要注重音乐本体的学习，不可喧宾夺主。

作品联系：两首乐曲都是以舞曲的形式呈现。《溜冰圆舞曲》采用维也纳圆舞曲的形式，由序奏、四个圆舞曲及结尾组成。每个段落都像一幕冰上芭蕾舞。《马刀舞曲》是哈恰图良的舞剧《加雅涅》中的一支舞曲。在欣赏两首作品时可用律动的形式引导学生了解音乐与舞蹈的关系，从而让学生理解音乐的结构，从中听辨乐器的音色，使学生能够体验美、欣赏美、鉴赏美，提高学生的核心素养。

教学价值：在新课程改革的理念指导下，应以学生为主体，师生互动，将学生对音乐的感受和音乐活动的参与放在重要的位置。在教学中，强调音乐的情感体验。根据自己音乐艺术的审美表现特征，引导学生对音乐表现形式和情感内涵的整体把握。通过SECG教学模式在本课的建构，能让学生了解什么是舞曲、圆舞曲以及它的特点，从而激发他们的学习兴趣。

二、学习目标

审美感知：欣赏管弦乐曲《溜冰圆舞曲》，能唱会并熟记第一圆舞曲A、B主题；能听辨出第三圆舞曲主题A旋律的乐器家族；能听辨演奏第四圆舞曲的乐器音色。欣赏管弦乐曲《马刀舞曲》，能分别听辨出弦乐组、木管组和铜管组演奏的音乐片段。

艺术表现：了解舞曲及其常见的拍子形式，了解圆舞曲的音乐特点。欣赏管弦乐曲《溜冰圆舞曲》，能画出第二圆舞曲主题A的旋律线；欣赏管弦乐曲《马刀舞曲》，能模仿相应乐器演奏的姿势。

创意实践：通过营造氛围、创编表演等活动，活跃学生思维，提高学生艺术创造能力和实践能力。

文化理解：通过《溜冰圆舞曲》《马刀舞曲》的欣赏学习，以舞蹈的形式引导学生了解音乐与舞蹈的关系，使学生热爱音乐、热爱舞蹈、热爱生活。

三、教学安排

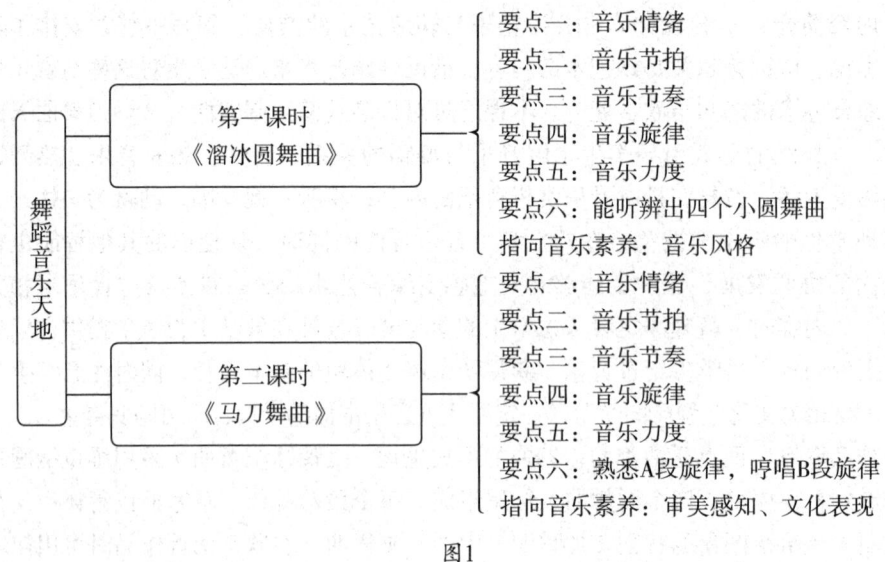

图1

四、学习评价

表1

评价内容	评价目标	评价方式	评价结果运用
了解舞曲及其常见的拍子形式	能通过乐器的图片、音色、演奏姿势，说出所学乐器的名称	学生评价或教师评价	了解学生的掌握情况，便于复习时找准侧重点

续 表

评价内容	评价目标	评价方式	评价结果运用
哼唱第一圆舞曲A、B主题	能哼唱或背唱乐曲中的某个主题旋律	教师评价	做旋律积累,为以后的音乐创作打基础
能画出第二舞曲主题A旋律线	通过聆听,能够用动作或语言将感知到的音乐形象表达出来	学生评价或教师评价	了解学生的感知能力,为以后的教学设计做参考
能听辨乐器音色	通过聆听,能够听辨出乐器的音色	组内互评或教师评价	优秀作品可成为其他班级的创作参考

五、教学建议

重、难点解决:

(1)欣赏乐曲《溜冰圆舞曲》《马刀舞曲》,了解舞曲的基本特点。

(2)体会乐曲所表达的思想感情。通过评析、欣赏作品,理解音乐表现要素对体现作品情绪所起的作用。

(3)创造形体语言去表现对音乐的感受,表现音乐的意境,记忆主题旋律,感受主题音乐的情绪,分辨曲式结构。

(4)发展学生对音乐的听觉和想象力,提高他们对音乐的理解力。

六、活动设计

表2

课时	作品名称	教学设计侧重点	关注要点	活动设计
第一课时	《溜冰圆舞曲》	聆听音乐	结构与音色	看结构图和听辨音色
		分析作品	维也纳圆舞曲曲式结构、速度、力度、情绪,感知音乐形象	分段欣赏、完整欣赏、模仿、律动、表述
第二课时	《马刀舞曲》	听辨手风琴的音色	音色	观看视频、听辨音色
		创作背景、表现场景、音乐曲式结构	创作背景、A+B+A1的音乐曲式结构	结合创作背景,分段赏析作品

七、前后关联

表3

之后
七年级上册第二单元《缤纷舞曲》

八、教学实施过程

第一课时 《溜冰圆舞曲》

【教材分析】

《溜冰圆舞曲》是花城版六年级上册第6课中的一课时，是法国音乐家瓦尔托伊费尔最为人们所熟悉的圆舞曲。19世纪后半叶的欧洲，溜冰和圆舞曲同样风行，成为上流社会社交活动之一。在本曲中，作者将圆舞曲和溜冰巧妙地融合在一起。乐曲采用维也纳圆舞曲形式，由序奏、四个小圆舞曲及结尾组成。每个段落都像一幕冰上芭蕾舞。

序奏中圆号奏出的徐缓的旋律，使人联想到冬天的景色，转为圆舞曲速度之后，呈现出本曲的主要主题——第一小圆舞曲的第一主题。这一主题宽广平稳、流畅明丽，使人联想到溜冰的人们舒展优美的舞姿。接下来的第一小圆舞曲第二主题运用八分音符并强调其节奏，使乐曲充满了轻松活泼的情绪。

第二小圆舞曲第一主题充分运用直线上升的旋律线，忽上忽下的大跳音程以及频繁的休止符，表现溜冰中矫健的腾空动作，乐曲情绪欢快而有力，有声有色地描绘出在溜冰场上大显身手的溜冰者洒脱的姿态。

从容的第三小圆舞曲第一主题主要由弦乐奏出，具有与第一小圆舞曲同样舒展平稳、流畅悠闲的特点。随后出现的第二主题轻巧活泼，与第一主题形成了生动的情绪对比。随后，整个乐队奏出如同微风般柔和轻盈、委婉甜美的第四小圆舞曲。后面还有一段表现溜冰运动员在冰上做出各令人眼花缭乱动作的华彩乐段。

【学情分析】

本课的授课对象为六年级学生。通过五年的音乐学习，学生有了一定的音乐基础知识，学习上形成了自己的初步经验，表达感情的方式也有明显变化，一部分学生能够简单表述对音乐的理解，但另外一部分学生不愿或不敢表述对音乐的看法，比如：不敢开口回答问题、不敢放声歌唱。所以在教学中，教师一方面以"花样溜冰"为导入调动学生的积极性，吸引学生的兴趣；另一方面，用不同的情感表现打动学生，创造条件和机会，让学生发表见解，发挥主观学习的能动性。从认知状况来说，学生对《溜冰圆舞曲》的旋律及结构了解不多，对于作品深层次的情感体验可能会产生一定的困难，所以教师在教学中应予以深入浅出的分析，并给予适当的引导。

【教学目标】

1. 能够对圆舞曲感兴趣，并对圆舞曲音乐的表现形式、文化内涵、音乐体裁及其文化内涵，具有认真探讨的钻研精神，进而初步了解舞曲音乐的社会功能，理解音乐文化的多样性。

2. 能唱会并熟记第一圆舞曲A、B主题，能听辨出第三圆舞曲主题A旋律的乐器家族,能听辨演奏第四圆舞曲的乐器音色。

3. 欣赏《溜冰圆舞曲》,感受体验乐曲的音乐情绪、音乐风格及典型节奏,能在聆听管弦乐合奏曲的过程中听辨弦乐器、管乐器和打击乐器的音色。

【教学重、难点】

教学重点:欣赏音乐作品,了解乐曲的节拍特点、乐曲的典型节奏、乐曲的体裁形式、乐曲的音乐主题、乐曲的风格及音乐表现力。

教学难点:能唱会并熟记第一圆舞曲A、B主题;从音乐要素出发引导学生能听辨出4个小圆舞曲,理解乐曲的曲式结构。

【教学准备】

教材资料、多媒体课件、钢琴。

【教学过程】

活动主题一:激趣《创设情景,揭示课题》

一、活动目标

1. 聆听音乐观看视频,激发学生的学习兴趣。
2. 探索创作背景,进入课题学习。

二、活动步骤

(一)创设情景,激发学生的学习兴趣

欣赏"花样溜冰"视频,并配两段背景音乐:A.《雷鸣电闪波尔卡》,B.《溜冰圆舞曲》。

师:请同学们聆听并思考,选择哪一首音乐作为背景音乐更合适?为什么?

生:学生观看花样溜冰,聆听背景音乐,思考并回答问题。

(二)揭示课题,了解乐曲相关知识

1. 引入课题——《溜冰圆舞曲》。
2. 乐曲创作背景:

《溜冰圆舞曲》,原名为《溜冰的人》,作于1882年,是一首维也纳风格的圆舞曲。19世纪后半叶,在法国巴黎上流社会的社交活动中,以溜冰和跳交际舞为一种时尚。这时法国作曲家瓦尔托伊费尔将溜冰与圆舞曲巧妙地结合在一起,创作了这首管弦乐曲,这也成了他的代表作品,流传至今成了经典作品。

三、活动评价

表4

评价项目	评价维度	评价办法(观察)	评价等级(参考)		
			A	B	C
文化理解	了解《溜冰圆舞曲》的由来	观察学生的聆听状态	积极聆听	认真聆听	被动聆听

续 表

评价项目	评价维度	评价办法（观察）	评价等级（参考）		
			A	B	C
音乐感知	感知圆舞曲	根据举手回答问题的情况进行判断	完全正确	基本正确	表达不清

四、设计理念

通过看、想、听相结合的方式，本活动主题一运用SECG教学模式之"激趣"环节——引出本课课题，让学生在一开始就进入的学习情景中，激发学习兴趣；同时，通过对乐曲由来的了解，为欣赏《溜冰圆舞曲》做铺垫，也为进一步了解维也纳圆舞曲的特点埋下伏笔。

活动主题二：探趣《聆听溜冰圆舞曲》

一、活动目标

1. 感受音乐，展开联想，丰富学生的音乐想象力；重点分析速度、节奏和主奏乐器在音乐中的表现作用。

2. 掌握圆舞曲的典型节奏，感受三拍子的强弱规律。

二、活动步骤

分段赏析《溜冰圆舞曲》。

1. 分段赏析：序奏。

师：感受音乐，思考音乐的速度、节奏是怎样的？你能听出主奏乐器是什么吗？

师：你眼前出现了怎样的景象？

2. 分段赏析：第一小圆舞曲。

师：欣赏主题A，思考：这段音乐是几拍子的？其强弱规律是什么？思考各音乐要素对全曲起什么作用？想象表现了怎样的音乐情景。

生：圆舞曲典型节奏：三拍子。

3/4 ХХХ | ХХХ

　　强弱弱　强弱弱

师：这一主题多用长音、连音，宽广平稳、流畅明丽，使人联想到溜冰的人们舒展优美的舞姿和舒畅的心情。

师：欣赏主题B，感受节奏和情绪的变化。

（本主题运用许多八分音符及休止符，短促而又跳跃，使乐曲充满了轻松活泼的情绪）

师：完整欣赏第一小圆舞曲，请同学们思考第一小圆舞曲的结构顺序是什么？

两个主题有没有重复呢？并请在主题变换时举手示意。

提示：试着结合简单的身体律动（打拍子、摇晃身体等），哼唱第一小圆舞曲主题A。

3. 分段赏析：第二小圆舞曲。

师：请同学们听辨音乐，思考：第二小圆舞曲有几个音乐主题？主题有没有重复？

师：各主题旋律特点有何不同？并分别体会溜冰时出现了怎样的情景（如动作、姿态等）？

第一主题A运用了忽上忽下的大跳音程以及频繁的休止符，表现溜冰中矫健的腾空动作，乐曲情绪欢快而有力，描绘出溜冰者旋转、跳跃、洒脱的姿态。

第二主题B接着出现急速的音乐片段，轻巧而诙谐，仿佛腰上系着铃铛的溜冰者在冰上表演着滑稽的舞蹈动作。

师：欣赏第二小圆舞曲，听听它的风格较第一小圆舞曲是否有变化？

4. 分段赏析：第三小圆舞曲。

师：欣赏第三小圆舞曲，感受音乐情绪，体会第三小圆舞曲A主题和前面欣赏的第几小圆舞曲的A主题情绪相同？

师：聆听第三小圆舞曲B主题，感受情绪有何变化。

师：重音的倒置，显得很有趣，而且富于热情。

师：第三小圆舞曲与第一小圆舞曲比较：

相似处：情绪相近，音乐又恢复了舒展、轻松的气氛；

不同处：结构不同，第一小圆舞曲有三部分，而第三小圆舞曲则只有两部分，具体如下：

第一小圆舞曲ABA；

第三小圆舞曲AB。

师：认识变音记号，升记号#、降记号b、还原记号♮。

5. 分段赏析：第四小圆舞曲。

师：聆听音乐，分析比较：第四小圆舞曲有几个主题？

师：各主题情绪有什么变化呢？并在主题变换时举手示意。

主题A：随后又是一个抒情优美的乐段，整个乐段奏出如同微风般柔和轻盈、委婉甜美的第四小圆舞曲A主题。

主题B：后面还有一段轻巧活泼的旋律，表现溜冰运动员在冰上做出各种令人眼花缭乱动作的华彩乐段。

6. 分段赏析：尾声。

师：聆听音乐，再次响起那熟悉的旋律，思考：再现第几小圆舞曲？音乐在怎样的气氛中结束？尾声部分的旋律是如何进行的？

生：聆听思考，自由讨论。

师：欢快的华彩段落之后，音乐再现开头的第一小圆舞曲和第三小圆舞曲，随后进入尾声部分，用快速的上行和下行音将音乐推向高潮，并在热烈的气氛中结束全曲（这也是维也纳圆舞曲的另一个特点）。

三、活动评价

表5

评价项目	评价维度	评价办法（观察）	评价等级（参考）		
			A	B	C
音乐感知	引导学生分析力度、结构、旋律等音乐要素的表现作用，感受音乐情绪的变化	根据举手或师生交流的情况进行判断	准确表达	能够表达	表达不准确
曲式结构	通过对比第一小圆舞曲和第三小圆舞曲的相似之处与不同点，分析音乐的结构，并学习认识常用的变音记号	根据举手回答问题的情况进行判断	完全正确	基本正确	表达不准确
参与程度	听、画、回答问题	观察学生状态得出结论	积极参与	基本参与	被动参与

四、设计理念

围绕"以音乐审美为核心，以学生为主体"的理念开展教学，分段欣赏《溜冰圆舞曲》，本活动主题二运用SECG教学模式之"探趣"环节——引导学生通过分析力度、旋律、节奏等音乐要素，感受音乐的情绪表现，感知音乐要素对音乐的表现作用。

活动主题三：创趣《体验溜冰圆舞曲》

一、活动目标

完整欣赏《溜冰圆舞曲》，引导学生在律动中梳理乐曲的顺序，逐步掌握乐曲的结构。

二、活动步骤

完整感受、体验音乐。

师：欣赏乐曲，听辨第一小圆舞曲在整首乐曲中出现了几次。

生：学生分工合作，感受、体验音乐的情绪变化。

师：尝试写出整首乐曲的结构图示。

师：可随音乐打节拍或做身体律动等，尽情投入音乐、表现音乐。

三、活动评价

表6

评价项目	评价维度	评价办法（观察）	评价等级（参考）		
			A	B	C
音乐感知	引导学生利用音乐要素中的速度、力度、音乐等感受音乐情绪变化，通过参与活动使学生体验、熟悉作品	根据举手或师生交流的情况进行判断	准确表达	能够表达	表达含糊不清

四、设计理念

本活动主题三运用SECG教学模式之"创趣"环节——引导学生参与体验、熟悉作品，使学生更加深入地感悟、理解作品的曲式结构，提升鉴赏音乐作品的能力。

活动主题四：得趣《了解作品背景　检验评价》

一、活动目标

1. 了解作品创作背景。
2. 检验评价。

二、活动步骤

（一）介绍作曲家

瓦尔托伊费尔，法国作曲家、钢琴家、指挥家。由于其圆舞曲具有妩媚动听的艺术特点，因而被人们誉为"是继约翰·施特劳斯父子之后最受欢迎的圆舞曲作曲家"。其代表作有《溜冰圆舞曲》《西班牙圆舞曲》《欢乐和忧伤圆舞曲》等。

（二）探讨

引导学生从《溜冰圆舞曲》的结构、旋律、节奏等特点入手，尝试总结圆舞曲的结构特点。

1. 什么是圆舞曲？

圆舞曲（Waltz）：又称"华尔兹"，它源于奥地利民间的一种三拍子舞蹈，19世纪风行于欧洲各国。圆舞曲的特点：节奏明确、轻快、旋律流畅、热情，节拍感鲜明，第一拍重音较为突出。

2. 溜冰圆舞曲的结构特点是什么？

特点是：开头有一段序奏，随后陆续接上几个小圆舞曲，最后加上一段尾声。乐曲的旋律优美，速度较快，伴奏织体多用强拍上的低音和两个弱拍上的和弦交替出现。

3. 课堂小测。

填一填：

（1）《溜冰圆舞曲》它是哪位作曲家的作品？（瓦尔托伊费尔）

（2）他的国籍是？（法国）

（3）全曲一共由几个部分组成？（6个）

（4）它是什么体裁？（圆舞曲）

（5）它的曲式结构是？［序奏+一圆（aba）+二圆（aba）+三圆（ab）+四圆（aba）+尾声］

三、活动评价

表7

评价项目	评价维度	评价办法（观察）	评价等级（参考）		
			A	B	C
文化理解	了解乐曲相关背景	根据举手或师生交流的情况进行判断	准确表达	能够表达	表达含糊不清
圆舞曲	讨论总结什么是圆舞曲	根据举手或师生交流的情况进行判断	准确表达	能够表达	表达含糊不清
课堂小测	填写本课相关内容	根据学生填写情况进行判断	完全正确	部分正确	个别正确

四、设计理念

本活动主题四运用SECG教学模式之"得趣"环节——通过小组合作，引导学生全面总结圆舞曲的定义及典型特点，检验学生对圆舞曲的理解和掌握程度，并锻炼学生的总结提炼能力。

第二课时 《马刀舞曲》

【教材分析】

本册教材加深了知识难度，所以更应培养学生的学习兴趣，激发他们的求知欲，把单纯的音乐训练转变成对音乐素养的培养。因此，本课的教学内容主要以审美为中心，以学生参与为主，在欣赏中提高学生的音乐鉴赏能力，注重音乐感受与表现能力、音乐与相关文化的延伸与扩展。《马刀舞曲》选自舞剧《加雅涅》，是第三幕第二场的群舞音乐，表现了亚美尼亚民族彪悍粗犷的性格，是一首激烈昂扬、独具风格的乐曲。其富有激情的快节奏音乐能够很好地活跃课堂气氛，调动学生的欣赏热情。乐曲采用了带再现的三段体结构ABA1。

【学情分析】

六年级学生的生活范围和认知领域都有了进一步发展，体验、感受与探索创造的活动能力增强，学习态度积极，思维敏捷，对于新事物有很强的兴趣，课堂活动参与度较高。学生在音乐欣赏方面，具备听辨音乐作品情绪、速度、风格的感知力和情感反应能力，但对于优秀音乐作品的信息积累量还不够，在分析音乐作品与音乐表现设计方面的能力还略显不足。本节课通过手风琴的展现，让学生能对音乐产生兴趣，特别是在欣赏不同国家、不同风格的音乐上，通过故事贯串整个音乐，让学生发挥想象力，表现音乐。

【教学目标】

1. 听辨出乐曲的两个主题，感受两个主题在情绪上的不同，通过简单的肢体动作即兴表演。

2. 通过欣赏感受乐曲紧张激烈的战斗气氛，体会音乐描绘的不同场景。

3. 能分别听辨出弦乐组、木管组和铜管组演奏的音乐片段。

【教学重、难点】

教学重点：熟悉A段旋律，哼唱B段旋律，感受两段主题在情绪速度上的不同。

教学难点：用彩条表现乐曲的不同情绪，并能够听辨出乐器的组别，划分乐曲的曲式结构，深入挖掘乐曲内涵，感受乐器、段落、速度、力度在作品中的运用。

【教学准备】

教材资料、制作课件、钢琴、手风琴。

【教学过程】

活动主题一：激趣《创设情景，解密乐器》

一、活动目标

1. 观看视频，感受音乐。

2. 认识手风琴，聆听手风琴的音色。

二、活动步骤

1. 视频导入。

师：播放视频，思考：视频中的音乐描写了怎样的场景？

生：观看讨论。

师：画面中出现的乐器叫什么名字？

2. 认识手风琴。

听辨手风琴的音色，思考：手风琴适合表现什么样的音乐形象或者情绪、风格呢？

生：学生讨论。

师小结：手风琴是由键盘、风箱、贝司组成的乐器，音色独特、音域宽广，既可以演奏热烈、奔放的乐曲，又可以演奏温和、抒情的乐曲。我们今天欣赏的音乐作品就是由手风琴演奏的《马刀舞曲》，出自哈恰图良的舞剧《加雅涅》。

三、活动评价

表8

评价项目	评价维度	评价办法（观察）	评价等级（参考）		
			A	B	C
文化理解	认识手风琴	观察学生的聆听状态	积极聆听，思考问题	认真聆听	被动聆听
音乐感知	初步感受手风琴的音色	根据举手回答问题的情况进行判断	完全正确	基本正确	表达不清

四、设计意图

本活动主题一运用SECG教学模式之"激趣"环节——通过聆听、讨论乐器导入环节，让学生初步感知手风琴特有的音色和表现力，激发学生的兴趣。

活动主题二：探趣《多元参与，体验马刀舞曲》

一、活动目标

1. 通过探讨，使学生了解作品相关的时代背景、创作意图、主题。
2. 简单了解乐曲A+B+A1的音乐曲式结构。

二、活动步骤

（一）完整聆听《马刀舞曲》

1. 初听音乐。

师：聆听音乐，分小组讨论乐曲展现的音乐形象、速度，作品可分几个段落？

生：自由讨论。

2. 简介作品。

师：简介作者，作曲家、指挥家哈恰图良，感受亚美尼亚民族音调的风格和的音乐所展现的奔放、粗犷的情绪。

（二）分段聆听《马刀舞曲》

1. 聆听引子部分。

师：感受乐曲前四小节的速度、节奏是怎样的？

师：急速地演奏，所表现出来的乐曲的情绪是怎样的？

2. 聆听A主题音乐。

师：播放音乐，引导学生感受A主题在情绪上、速度上的特点，联想音乐表现了怎样的画面？

生：学生讨论。

师：老师归纳不协和音程产生的奔放、粗犷的情绪。

师：出示A主题曲谱。

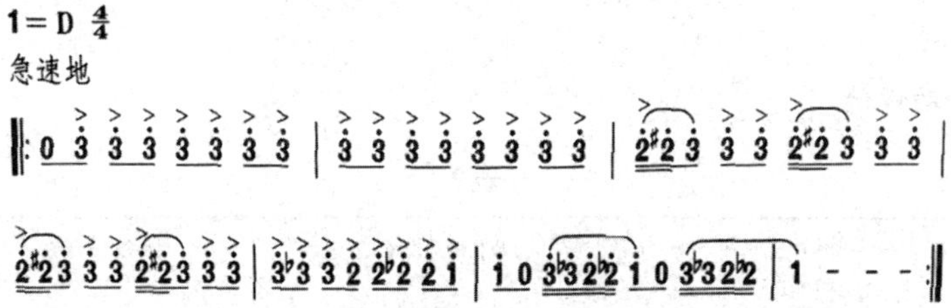

图2

生：学生慢速哼唱。

师：强调重音记号，连续的八分音符，前十六节奏型。

生：原速哼唱第二遍。

师：再次聆听A主题出现了几遍，有什么不同？

（师生合作，分组引导学生加入简单的肢体动作和画图谱体验A主题音乐）

学生一：加入设计的肢体动作，边听音乐边即兴表演，模拟铁蹄战士挥舞大刀勇往直前的雄姿。

学生二：画图谱表现A段主题。

3. 聆听乐曲B主题。

师：聆听乐曲B主题，对比A主题，音乐从速度、节奏、情绪上都有哪些变化？

生：学生哼唱B主题曲谱。音乐速度变慢，节奏较为疏松，音乐变柔和、抒情。

师：观察谱面上的连音线，感受四三拍的舞曲特点。

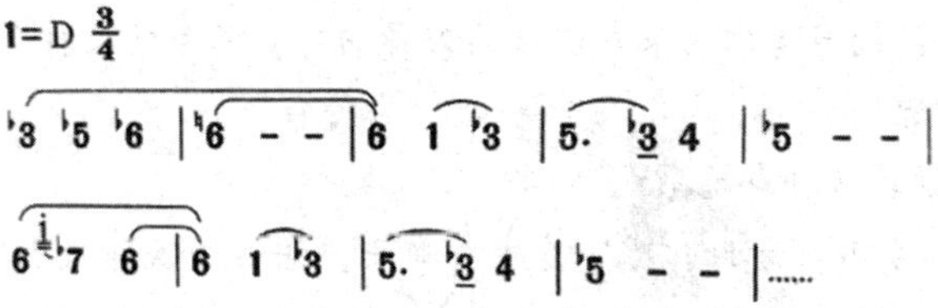

图3

生：学生第二次哼唱。

（三）第三部分

1. 音乐继续，B主题过后，后面的旋律似曾相识，让学生归纳出这是A段的再现。
2. 注意听结尾处，听辨旋律的走向。
3. 和弦上行下行交替出现，快速、干净、利索地收尾。
4. 总结归纳出这首《马刀舞曲》是一首三段体A+B+A1三段体结构。

（四）感受手风琴的音色和演奏技巧

教师完整演奏一遍《马刀舞曲》，学生随音乐自由表现，再次感受手风琴的音色和演奏技巧。

三、活动评价

表9

评价项目	评价维度	评价办法（观察）	评价等级（参考）		
			A	B	C
音乐感知	通过模唱、画图谱、声势律动等方式参与、记忆主题旋律；引导学生关注音乐要素中的速度、节奏、不协和音程等感受音乐塑造的画面	根据举手或师生交流的情况进行判断	准确表达	能够表达	表达不清

四、设计理念

本活动主题二运用SECG教学模式之"探趣"环节——通过听觉参与、视觉参与、模唱旋律、图谱参与等教学手段，引导学生记忆音乐主题；通过分段聆听，辅助以声势律动和肢体动作，发展学生的音乐听觉思维。欣赏音乐是一个由浅入深、由表入里、由感性到理性的过程。认知具有感性大大超过理性的特点。因此，教师应让学生在音乐感知的基础上，产生情感体验及联想，从而达到对音乐作品的深入理解。

活动主题三：创趣《多元表现，马刀舞曲》

一、活动目标

通过加入不同的节奏乐器来表现《马刀舞曲》，加深学生对音乐的理解。

二、活动步骤

（一）讨论设计多种表现形式

1. 师小结：《马刀舞曲》是一首战斗舞曲，描述了铁蹄战士骑在马背上，挥舞大刀勇往直前的雄姿，表现了亚美尼亚民族彪悍粗犷的性格。

2. 分小组，讨论一下运用哪些形式来表现《马刀舞曲》？

生：分组交流讨论，设计表现形式，分组表演。

手鼓组：紧跟乐曲节拍，打出A段、B段的伴奏型。

串铃组：在前奏间奏出现的地方，模仿战马铃铛的声音。

双响筒组：根据乐段不同打节拍。

舞蹈组：设计舞蹈动作。

（二）互评

互评讨论，提出可以改进提高的意见。

三、活动评价

表10

评价项目	评价维度	评价办法（观察）	评价等级（参考）		
			A	B	C
音乐理解	是否积极参与表现音乐	根据现场表现或师生交流的情况进行判断	准确表达	能够表达	表达不清

四、设计理念

本活动主题三运用SECG教学模式之"创趣"环节——引导学生运用小乐器参与体验作品，使学生更加深入地理解作品，提升鉴赏音乐作品的能力。

活动主题四：得趣《回顾总结》

一、活动目标

通过师生探讨的方式，了解学生的学习情况，并对本节知识点进行概括总结。

二、活动步骤

师：同学们，通过这节课的学习你们都有哪些收获？学习到了什么？

生：认识了手风琴；听了《马刀舞曲》，感受到热烈、柔和、激烈的情绪；知道《马刀舞曲》可以通过各种乐器演奏。

师小结：今天同学们的表现非常棒，欣赏了《马刀舞曲》，了解了手风琴的表现力。相聚的时光总是短暂的，感兴趣的同学可以课下搜集相关资料，也欢迎喜欢手风琴的同学课余时间找老师一起来深入学习演奏技巧。

三、活动评价

表11

评价项目	评价维度	评价办法（观察）	评价等级（参考）		
			A	B	C
音乐理解	对本课学习重点的表述	根据举手或师生交流的情况进行判断	准确表达	能够表达	表达不清

四、设计理念

本活动主题四运用SECG教学模式之"得趣"环节——以师生探讨问答的方式，检验学生对本课知识点的理解和掌握，加深对作品的理解，并锻炼学生的总结提炼的能力。

九、教学反思

本课从导入开始,学生就产生了较为浓厚的兴趣。随后的分段欣赏过程,除了一开始的序奏和第一小圆舞曲欣赏学生没有进入状态,随后的学习,学生的参与性均比较高,教学效果也不错。学生基本能分辨这首乐曲的曲式结构,并对这首音乐进行合理准确的分析,学会哼唱主旋律,完成设定的教学目标和教学难点。教师应力争以音乐的美带动学生去聆听美、发现美,并享受这种发现的过程。

本课教学我采用了激趣、对比、小组竞赛等尽可能多的形式,通过听觉参与、视觉参与、模唱旋律、图谱参与等教学手段,帮助学生记忆音乐主题;通过分段聆听,辅助以声势律动和肢体动作,发展学生的音乐听觉思维。欣赏音乐是一个由浅入深、由表入里、由感性到理性的过程。认知具有感性大大超过理性的特点。因此,教师应让学生在音乐感知的基础上,产生情感体验及联想,从而达到对音乐作品的深入理解。

十、设计亮点

(一)将"感受与鉴赏"贯串课堂

新课标中对欣赏课"听"的要求,强调在音乐课中以提高听觉能力为中心。这是一节欣赏课,我把"感受与鉴赏"放在了首位。充分的聆听是上好本课、扎实实现教学目标的重要保障,所以在教学设计上应有"层次"地听、有"分析"地听、有"体验"地听、有"拓展"地听。每一次听都让学生带着问题、带着目的去感受、去思考、去参与、去比较、去延伸……本课教学目标设计合理,教学层次清楚,环环相扣,重、难点突破方法得当,保证了学生充分聆听的时间,让学生更好地感受乐曲的情绪,更扎实地完成教学目标。

(二)将"以生为本"的理念贯串课堂

给学生设计创作性参与音乐活动的机会,培养学生的创新意识,力求使每一个学生的音乐潜能得到开发并从中受益。语言评价可以更多地鼓励学生大胆表达对所听音乐的独立感受与见解,养成聆听的习惯,逐步积累欣赏音乐的经验。课件的制作美观、实用,体现了教学意图,突出重点,引导学生思路,便于学生理解、巩固。

六年级下册第8课《我的肯塔基故乡》教学设计

深圳市福田区教育科学研究院第二附属小学　陈烨晴

一、内容概述

内容简介：《我的肯塔基故乡》选自花城版教材六年级下册第8课。本课世界名歌的学习，选取了美国作曲家福斯特著名的歌曲《我的肯塔基故乡》，学生通过唱名歌、赏名曲理解世界音乐文化的多样性，共享人类文明的优秀成果。

作品联系：在四年级下册第7课《环球音乐探宝（三）——北美洲之行》的学习中，学生也对福斯特名曲进行了学习，欣赏并试着学唱《噢！苏珊娜》。

教学价值：具有故事性、代入性的音乐活动，是深受学生喜爱的音乐活动方式。通过SECG教学模式在本课的建构，培养学生理解音乐文化的多样性，以开阔的音乐视野学习世界其他国家的优秀音乐文化，理解世界音乐文化的多样性，共享人类文明的优秀成果。

二、学习目标

审美感知：感受名曲的魅力，培养学生理解世界音乐文化的多样性。

艺术表现：学生在倾听、实践，以及师生合作中体会歌曲、表现歌曲。

创意实践：通过讲故事营造氛围，情景导入让学生感受种族歧视下的黑人奴隶的悲惨生活，开展朗诵会激起学生的学习兴趣。

文化理解：培养学生理解音乐文化的多样性，以开阔的音乐视野学习世界其他国家的优秀音乐文化。

三、教学安排

能有感情地演唱歌曲《我的肯塔基故乡》，感知歌曲的乐句并能听辨出旋律中的变化，养成良好的欣赏音乐的习惯。

四、学习评价

表1

评价内容	评价目标	评价方式	评价结果运用
复习歌曲《噢！苏珊娜》	通过复习，进一步感受世界名曲的魅力	教师评价或生生互评	了解学情，改善方法
感知音乐旋律	感知歌曲的乐句并能听辨出旋律中的变化	教师评价或生生互评	为下一环节做准备
情绪情感体验	感知音乐要素变化，体会情绪情感的变化	生生互评	可形象生动地进行角色表演
旁白创作	能根据音乐表现的情景，设计旁白	组内互评或教师评价	完成朗诵会的旁白创作
小小朗诵会	分工明确，表演精彩	全员互评	进行朗诵表演

五、教学建议

重、难点解决：

重点：有感情地演唱歌曲《我的肯塔基故乡》，分角色按情节朗诵，培养学生的综合表演能力。

难点：感知歌曲的乐句并能听辨出旋律中的变化，体验歌曲优美而忧伤的情绪。

六、活动设计

表2

课时	作品名称	教学设计侧重点	关注要点	活动设计
第一课时	《我的肯塔基故乡》	有感情地演唱歌曲	节奏音准	听音乐、学唱曲
		赏析作品	了解音乐背景与内在情感	完整欣赏、分段赏析
		创作、表演	节奏练习	手势舞表演

七、前后关联

表3

之前
四年级下册第7课《环球音乐探宝（三）——北美洲之行》

八、教学实施过程

第一课时 《我的肯塔基故乡》

【教材分析】

《我的肯塔基故乡》选自花城版教材六年级下册第8课。本课世界名歌的学习，选取了美国作曲家福斯特著名的歌曲《我的肯塔基故乡》，学生通过唱名歌、赏名曲理解世界音乐文化的多样性，共享人类文明的优秀成果。

【学情分析】

六年级的学生已经具备了一定的音乐素养，对于这首歌曲的旋律和节奏已有了一定的把握，但在对于歌曲的乐句以及变化仍需进一步的努力。因此教师要选择适合本年龄段的教学方法，如选用聆听、表演、创作等交错穿插的方式让学生感受歌曲，这样既增加了课堂趣味性，又利于学生学唱表演歌曲。在四年级下册《环球音乐探宝（三）——北美洲之行》的学习中，学生对福斯特的名曲已有了一定的认知，在本课继续加深对世界名曲的了解，并能通过聆听、演唱、朗诵理解世界音乐文化的多样性。

【教学目标】

1. 通过歌曲演唱和朗诵这一活动培养学生敢于当众表演的自信心，养成团结合作、认真聆听的好习惯。

2. 通过SECG教学模式倡导的趣味性学习方式，本课采用情景导入、诗歌朗诵、师生接龙、聆听演唱等多种方式学习歌曲《我的肯塔基故乡》，让学生感受世界名曲的魅力，培养学生的综合表演能力。

3. 学习歌曲《我的肯塔基故乡》，感知歌曲的乐句并能听辨出旋律中的变化，养成良好的欣赏音乐的习惯。

【教学重、难点】

重点：有感情地演唱歌曲《我的肯塔基故乡》，分角色按情节朗诵，培养学生的综合表演能力。

难点：感知歌曲的乐句并能听辨出旋律中的变化，体验歌曲优美而忧伤的情绪。

【教学准备】

多媒体资料、钢琴。

【教学过程】

活动主题一：激趣《小小故事会》

一、活动目标

1. 教师通过图片用画面感的形式让学生了解美国肯塔基州。

2. 通过SECG教学模式倡导的趣味性学习方式，向学生讲述美国黑人奴隶的历史背景和遭遇，简单介绍同情黑人奴隶的作曲家福斯特，激起学习兴趣。

二、活动步骤

（一）看一看

教师和学生一起观看图片，问学生知道"肯塔基"是哪个国家的城市？今天老师给同学们带来了一组照片，让我们一起走进美国肯塔基州。（课件播放图片）

（二）说一说

师简单地讲述美国黑人奴隶的历史背景和遭遇，简单介绍同情黑人奴隶的作曲家福斯特（课件出示歌曲的创作背景），进入歌曲《我的肯塔基故乡》的学习。（设计意图：情境导入让学生感受种族歧视下的黑人奴隶的悲惨生活，激起学习兴趣）

三、活动评价

表4

评估项目	评估维度	评估办法（观察）	评估等级（参考）		
			A	B	C
地域了解	对肯塔基州的介绍	问答	完全了解	基本了解	不太了解
背景了解	黑人的生活	问答	悲惨	一般	愉快

四、设计理念

本活动主题一运用SECG教学模式之"激趣"环节——"小小故事会"导入新课，目的是引导学生在充满同情的氛围中提高学习的兴趣。具有画面感的学习形式以学生喜欢的视觉效果让学生了解到美国肯塔基州，在音乐课中进一步提升人文知识，结合黑人奴隶的历史背景和遭遇，让学生感受种族歧视下的黑人奴隶的悲惨生活，激发学生的学习兴趣，为进一步演唱和朗诵做了铺垫。

活动主题二：探趣《我是歌唱家》

一、活动目标

1. 欣赏《我的肯塔基故乡》，体验歌曲优美、抒情的情绪。

2. 能有感情地演唱歌曲《我的肯塔基故乡》，感知歌曲的乐句并能听辨出旋律中的变化，养成良好的欣赏音乐的习惯。

3. 通过手势舞的方式提升学生学习世界名曲的兴趣。

二、活动步骤

（一）教师示范手势舞，激起学习兴趣

师：《我的肯塔基故乡》是美国作曲家福斯特著名的歌曲，今天让我们一起为歌曲配上手势舞并感受歌曲情绪吧。

（二）听一听，找一找

1. 完整聆听音乐《我的肯塔基故乡》。

师：今天我们一起来学习这首著名的歌曲《我的肯塔基故乡》，我们来完整地听一下这首歌曲，同学们可以边听边思考，歌曲的速度和情绪是怎样的呢？再听歌曲，找出歌曲中的主歌部分和副歌部分。

2. 找一找。

（1）用"LU"边听边哼唱歌曲旋律。

（2）请找出旋律中相同或相似的乐句，辨别乐句中的变化与重复。

（3）找出歌曲中你认为难唱的乐句，解决难点。

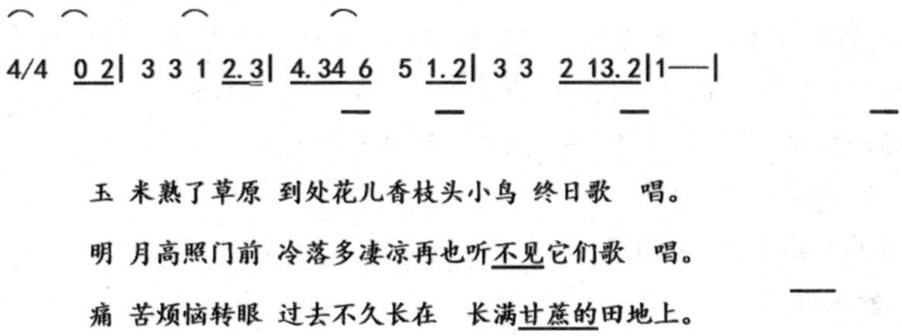

4/4 0 2 | 3 3 1 2.3 | 4.3 4 6 5 1.2 | 3 3 2 13.2 | 1 — |

玉　米熟了草原　到处花儿香枝头小鸟　终日歌　唱。
明　月高照门前　冷落多凄凉再也听不见它们歌　唱。
痛　苦烦恼转眼　过去不久长　长满甘蔗的田地上。

图1

（4）教师弹旋律，学生跟琴模唱歌谱和词。

（5）跟琴完整演唱全曲，启发学生用优美、亲切的声音熟唱歌曲。

（6）用小组、领唱与合唱等不同形式熟唱歌曲。（采用不同的演唱方式熟唱歌曲，避免学生出现枯燥烦腻的情绪，影响演唱效果）

三、活动评价

表5

评估项目	评估维度	评估办法（观察）	评估等级（参考）		
			A	B	C
有感情地演唱歌曲	演唱	能否有感情地演唱	可以	基本可以	完全不可以
聆听歌曲	问答	能听出歌曲旋律的变化	能听辨	基本能听辨	完全不能听辨
手势舞	表演	能跟着老师一起做	可以	基本可以	完全不可以

四、设计理念

六年级的学生已经具备了一定的音乐素养，对于这首歌曲的旋律和节奏已有了一定的把握，但对于歌曲的乐句以及变化仍需进一步的努力。本活动主题二运用SECG教学模式之"探趣"环节——通过手势舞和听一听、找一找的方式多次聆听学唱，引导学生感知歌曲旋律和情绪；探索情绪、节奏变化带来的音乐情景变化；结合歌曲背景激发学生的兴趣。

活动主题三：创趣《小小朗诵真精彩》

一、活动目标

1. 了解歌曲背景，创设情景，增添旁白设计，结合歌曲背景引导学生进一步编排朗诵会，并逐步加深对歌曲的了解。

2. 通过朗诵的方式，培养学生理解世界音乐文化的多样性，让学生勇于表现，提高演唱能力，建立自信心。

二、活动步骤

（一）听音乐

在理解的基础上完整演唱乐曲。

（二）分段朗诵

1. 师生讨论共有几段，每段说了什么，段落间的情绪变化，给段落做定位，如何更好地展示出每个段的特点，随着音乐的情绪变化进行朗诵表演。

师生讨论：同学们想一想，黑人奴隶的悲惨生活，他们有怎样的情绪呢？对比我们现在的幸福生活是不是应该更珍惜呢？

2. 播放音乐，请学生用合适的表情或肢体语言来随着伴奏进行朗诵，教师及时给予鼓励。

（三）作品呈现

1. 师生合作为歌曲创编旁白，设计肢体动作、表情管理。

教师引导学生使用简洁的语言，在音乐每一次变化的节点设计旁白，让音乐与表演衔接更紧密。

例如：

（1）在肯塔基的发源地，流传着这样一个故事……

（2）听，好像有人在哭泣，是谁呢？

2. 分段落朗诵：让学生自愿选择朗诵段落，如旁白、第一段、结尾等，然后随伴奏进行朗诵会的表演。

三、活动评价

表6

评估项目	评估维度	评估办法（观察）	评估等级（参考）		
			A	B	C
编创	创造力	在设计旁白的过程中，能发挥想象力	新颖	正常	一般
朗诵	表现力	能投入音乐情景表演中去	丰富	正常	一般

四、设计理念

为了进一步学习歌曲《我的肯塔基故乡》，本活动主题三运用SECG教学模式之"创趣"环节——鼓励学生配乐朗诵演出活动，在有情景的朗诵表演活动中担任一个角色，在音乐艺术的集体表演实践中，能与他人充分交流，密切合作，不断增强集体意识和协调能力；开发学生的表演潜能，增强学生自信表演的能力，并且能更深刻地理解世界音乐文化的多样性，共享人类文明的优秀成果。

活动主题四：得趣《多维思考》

一、活动目标

1. 了解作曲家福斯特以及他对美国黑人的同情以及歌曲中真挚、纯朴又感伤的情绪。

2. 了解福斯特的几首著名的歌曲《噢！苏珊娜》《老黑奴》等，并选择一首歌曲在下节课进行展示交流。欣赏不同版本的歌曲《我的肯塔基故乡》，让学生说说不同的音色、演唱形式对音乐风格的影响。

3. 师生讨论或生生讨论本节课的收获，或学生自己有所感悟，引导学生进一步了解歌曲，为下一次其他名曲的学习奠定基础。

二、活动步骤

（一）歌曲背景

《我的肯塔基故乡》是一首著名的美国音乐，作者是美国19世纪作曲家福斯特。1852年夏季，福斯特和妻子到肯塔基州去看望他的堂兄弟，费特里奥山丘美丽的风光，以及肯塔基农村的景物打动了他的心，促使他写下这首脍炙人口、抒情优美、朴实真挚的歌曲，并流传至今。福斯特所处的时代，正是美国通过南北战争来解放黑奴的时代，因此本首歌曲讲述的主要内容则是他对美国黑人的同情，渴望和平，渴望公平。

（二）拓展环节

了解福斯特的几首著名的歌曲《噢！苏珊娜》《老黑奴》等，请学生在课后收集这些歌曲,如果可以的话,让学生学习哼唱旋律,在下节课带来班级交流讨论,欣赏不同版本的《我的肯塔基故乡》,让学生说说不同的音色、演唱形式对音乐风格的影响。

(三)动动小脑筋

师生讨论:

1. 本节课你的收获是什么呢?

通过这堂课的学习,学生了解了美国黑人奴隶的历史背景和遭遇。学生通过对歌曲的学习,懂得要以开阔的音乐视野学习世界其他国家的优秀文化,理解音乐文化的多样性,共享人类文明的优秀成果。学生可以感知《我的肯塔基故乡》这首歌曲的乐句,并能听辨出旋律的变化,体验歌曲优美而忧伤的情绪。最后还有珍惜我们现在来之不易的幸福生活,心存感恩。

2. 回顾我们今天的手势舞。(边唱边跟着老师做手势舞)

三、活动评价

表7

评价项目	评价维度	评价办法(观察)	评价等级(参考)		
			A	B	C
认识音乐家	了解其代表作	聆听、互动	深度互动	积极互动	基本互动
回顾知识	总结本节课学到了什么	互动、问答	有思考回答	浅层次回答	回答一般

四、设计理念

本活动主题四运用SECG教学模式之"得趣"环节——通过了解歌曲的背景、作曲家的故事,让学生在了解音乐作品的前提下还收获了人文知识。该环节激发了学生的同情心并让学生对歌曲的学习产生浓厚的兴趣。在师生合作演绎儿童朗诵会的环节,教师引导学生用表情、肢体动作、旁白、歌声等表现朗诵会,代入性地对歌曲有进一步的感知。师生共同归纳总结本节课的收获,整个互动交流的过程中,相互促进,其乐无穷。

九、教学反思

本课是一节小学六年级下册的音乐课,教学内容为世界名曲《我的肯塔基故乡》,教学设计主要采用了以下几点方法:

(一)趣味性教学

简单的听唱较难让学生领会歌曲的情绪,所以采用讲故事的方式进行情景导入,增强课程趣味性,激发学生的同情心和感受力,让学生对歌曲的学习产生浓厚的兴趣。

（二）激发热情

教师在教学的过程中，以发展的眼光看待学生，帮助学生挖掘自身的优点，关注学生、尊重学生，不断鼓励学生参与活动，及时肯定，善于表扬，使他们建立起对音乐的自信心，从而激发学习音乐的热情。

（三）感恩的心

设计作曲家和歌曲背景介绍环节，加深学生对歌曲意境的理解，深刻感受作曲家对美国黑人的同情以及美国社会的种族歧视现象，感恩我国五十六个民族能和平、友爱、团结，像大家庭一样和睦相处。

十、设计亮点

（一）情景导入法

本课教学让学生在演唱作品前，先以讲故事的方式进行情景导入，激发学生的同情心，使学生对歌曲的学习产生浓厚的兴趣，让学生对歌曲既有旋律感受，又有背景感知，对于更深层次的掌握作品起到了很好的作用。

（二）手势舞乐无穷

在本课设计的"激趣"和"探趣"环节中，教师通过聆听、手势舞、朗诵等方法，引导学生更深入地了解歌曲所表达的情绪。本首歌曲有较多休止符，手势舞的加入可以有趣地唱好休止符节奏，让学生在欢乐的情绪下唱对歌曲节奏，寓教于乐。

（三）理解音乐文化多样性

由于在本课中会接触一些其他国家的歌曲，因此教师在课程中应潜移默化地引导学生理解音乐文化的多样性，以开阔的音乐视野学习世界其他国家的优秀音乐文化。本课世界名歌的学习，选取了美国作曲家福斯特著名的歌曲《我的肯塔基故乡》，学生通过唱名歌、赏名曲理解世界音乐文化的多样性，共享人类文明的优秀成果。

六年级上册第12课《儿童歌舞剧——〈法图姑娘〉》教学设计

深圳市福田区皇岗小学　康 喆

一、内容概述

内容简介：本课是六年级《儿童歌舞剧》中的亮点，《法图姑娘》是根据塞内加尔民歌《Fatouyo》改编创作的微小型歌舞剧，原曲于1992年发布于专辑《SiliBeto》，用曼丁卡语演唱。本节课主要以学生认知歌舞剧形式、发现音乐与舞蹈的内在关联为指引，激发学生参与舞蹈剧欣赏和创作的热情。

作品联系：在前面的学习中，学生已经开启了拉丁美洲的美妙之旅，感受了非洲当地热烈奔放的音乐氛围，接触了民族打击乐器，如拉丁鼓、康加鼓等，对拉丁美洲的乐曲有了一定的了解。

教学价值：新课标对小学中高年级学生在综合性艺术表演和即兴编创方面提出要求，在有情节的音乐表演活动中（如儿童歌舞剧）担当一个角色；能够以各种声音材料或不同的音乐表现形式，即兴编创音乐故事、在音乐游戏中感受音乐元素或参与表演。本课选用深受学生喜爱的塞内加尔民歌《法图姑娘》进行音乐表演活动，目的是让学生通过欣赏、分角色演唱、即兴编创等形式，感受非洲音乐特点。同时，通过SECG教学模式在本单元的建构，运用好"音乐是文化输出的纽带"这一功能，让学生了解民族歌舞剧的表演方法、音乐特点，以及国内外民俗差异、舞蹈与歌曲的内在关联等，让学生在丰富多彩的音乐体验中，增强民俗文化认知，深入文化理解，辨析各国文化差异，在趣味性的学习过程中，激发学生欣赏音乐的兴趣，让学生掌握一定的赏析音乐的方法，为今后音乐欣赏课的学习打下基础。

二、学习目标

审美感知：体会非洲音乐中经典乐器创造出的强烈鼓点和艺术冲击，感知歌词中表达出的对于法图姑娘的热烈赞美，感受当地人民的热烈奔放、人与自然和谐共生的美好场景。

艺术表现：理解歌舞剧的表演内容，认识非洲音乐中的乐器类型和特征，随着节奏或扮演角色或编创律动和简单的旋律。

创意实践：通过乐器伴奏、营造氛围、创编律动、角色扮演等活动，培养学生即兴舞台表演的兴趣。

文化理解：理解乐曲的创作背景、曲式结构、创作方法，以及众多民俗文化和世界领域内的民族音乐。

三、教学安排

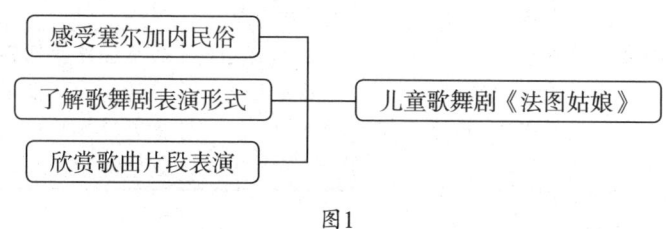

图1

四、学习评价

表1

评价内容	评价目标	评价方式	评价结果运用
会演唱歌曲主旋律	用热烈高亢的情绪表演唱并能够与团队合作	演唱	加深对非洲歌曲情绪的把握，唱准旋律，为表演唱做铺垫
歌舞剧表演学习	能加入舞蹈和戏剧表演丰富音乐旋律	表演	基本舞蹈动作及戏剧呈现技巧学习，为未来的歌舞剧表演打下基础
感受律动	能够精准地数清拍子数	现场演示及评语	了解学生的律动感，明确拍号及重音
音乐视野丰富	能够举例多个国家及民族的音乐	教师点评或者组内互评	储量丰富的同学可以做其他班级的参考目标

五、教学建议

重、难点解决：

（1）聆听《法图姑娘》，学生能演唱《法图姑娘》的主题旋律并完成独唱和合唱的分体与合体表演。（乐曲中大部分主题旋律节奏较难、音域跨度较大、演唱难度系数较高，因此可以运用哼唱、简化旋律、选择某些小节演唱等方式进行教学并

认识非洲地区的音乐特点）

（2）能够让学生随着各部分进行相应律动表演和角色扮演。

六、活动设计

表2

课时	作品名称	教学设计侧重点	关注要点	活动设计
第一课时	《法图姑娘》	介绍塞内加尔民歌及非洲地区的音乐样貌	在体会音乐特征的基础上展开表演创作	加入乐器，欣赏原曲，对比其他相关歌舞剧，辨析音乐特色
		在音乐活动中认识、识别节拍，感受律动，学会创作	在聆听音乐的过程中进行创作	聆听原作，剖析音乐元素，设计互动，借用"入戏"等手段让学生进入音乐情景，创作属于自己的音乐人物

七、前后关联

表3

之前	之后
六年级上册第11课《欢乐颂》	六年级上册学习总结

八、教学实施过程

第一课时 《法图姑娘》

【教材分析】

塞内加尔民歌《法图姑娘》是一个小型的歌舞剧，歌曲出现了讲故事的人、法图姑娘、小象、长颈鹿及众人。歌曲讲了在撒哈拉大沙漠以南的非洲的大海边，有一座美丽的村庄，那里住着一位聪明、善良的姑娘，她的名字叫法图。她渴望到森林中和小象、长颈鹿玩耍，和可爱的小动物交朋友，人们都非常喜欢法图姑娘。歌曲描绘了法图姑娘和朋友们一起幸福快乐地舞蹈歌唱的情景，表达了人们对法图姑娘的赞美之情。此外，歌曲由"A+A+B+间奏+C+A+B+A"8个段落组成，采用了独唱、领唱及合唱、齐唱等演唱形式，以及主人公与众人的舞蹈等表演形式。歌曲中的弱起小节、切分节奏以及旋律的不断重复和伴奏音乐的鼓声都尽显了非洲音乐的特点。

【学情分析】

学生在之前已经欣赏过多首外国歌舞剧音乐作品，对国外歌舞剧的表演形式、基本构成、音乐特点，以及分类有一定的了解，但对具体的单一民族的音乐歌舞剧的形式和内容还不尽熟知。经过六年的能力养成，学生已习得了一定的音乐技能，如识谱，唱谱，创编简单的手势及舞蹈动作、律动体态、旋律等，有一定的表演经验，但综合表演能力尚不成熟。

【教学目标】
1. 通过欣赏、聆听、对比探讨等方式能初步建立起对于微型歌舞剧表演的认识和桥段编排。
2. 通过学习《法图姑娘》，让学生独唱和合唱（分体与合体）主旋律。
3. 能加入舞蹈和戏剧丰富音乐旋律并进行综合表演。

【教学重、难点】
1. 演唱《法图姑娘》的主题旋律并完成独唱和合唱的分体与合体表演。
2. 能够让学生随着各部分进行相应律动表演和角色扮演。

【教学准备】
课件、钢琴、打击乐器。

【教学过程】

活动主题一：激趣《音乐故事揭曲名——品民族元素，揭舞剧魅力》

一、活动目标

1. 了解塞内加尔传统民俗及非洲音乐特色。
2. 讲述《法图姑娘》的创作背景，初步了解微型歌舞剧的内容。
3. 通过富有趣味性的活动，让学生在轻松愉快的学习过程中，感受音乐之美，提高赏乐之能，获得玩乐之趣。

二、活动步骤

（一）趣赏文化背景

教师播放视频，展示塞内加尔的民俗和当地的婚恋传统。塞内加尔历史悠久，有非常多的童谣和传说，通过观看有趣的视频，让学生产生进一步了解塞内加尔文化的兴趣。

（二）趣听音乐故事

1. 光影戏表演《法图姑娘》的故事。

（1）提前制作光影戏道具，设计角色原型法图姑娘，男女小朋友若干，小象和长颈鹿等。

（2）利用投影表现音乐故事：在撒哈拉大沙漠以南的非洲的大海边，有一座美丽的村落，那里有一位聪慧、善良的姑娘，她有一个好听的名字"法图"，她渴望到森林中和小象、长颈鹿玩耍，和可爱的小动物交朋友，人们都非常喜欢法图姑娘。

2. 初听《法图姑娘》。

听一听，歌曲的节拍、歌词、乐句、速度和情绪。

提示：回忆刚刚的音乐故事，乐曲结束部分有关于法图姑娘的内容，乐曲整体速度很快，情绪热烈奔放，表现了法图姑娘和朋友们在一起玩耍欢歌的热情场景。

3. 观片段，仿舞蹈。

观看一段非洲舞蹈的录像片段，模仿其舞蹈动作，师生合作分角色进行《法图姑娘》的表演。学生用体态律动感受非洲音乐强烈的节奏感，在集体演唱处可跟着模唱。

4. 揭示乐曲名称。

板书儿童歌舞剧《法图姑娘》，塞内加尔民歌，胡健，译配。

三、活动评价

表4

评估项目	评估维度	评估办法（观察）	评估等级（参考）		
			A	B	C
感受民俗文化	感知力	能认真感受并回答问题	突出	正常	一般
模仿舞蹈动作	模仿创造力	有节奏地表现舞蹈动作并加工创作	突出	正常	一般

四、设计理念

本环节从观看"光影剧场"开始，从视觉体验上激发学生的兴趣，通过丰富音乐情境故事带他们领略塞内加尔的人文特色，聆听乐曲，感受法图姑娘与其他小动物欢快唱游的欢快氛围，使之不由自主地律动起来，从而顺利连接学跳环节。非洲打击乐器的加入更是将本首歌曲的神秘色彩推向了高潮，学生在自由而有节奏的律动活动中深度体验本首歌曲的全貌。本活动主题一运用SECG教学模式之"激趣"环节——"趣赏文化""趣听音乐"导入新课，目的是引导学生在充满趣味性的氛围中听音乐、玩律动、识文化、赏特色，激发学生产生学习《法图姑娘》的浓厚兴趣，为之后的表演唱做准备。

活动主题二：探趣《感受民俗，探究歌舞表演结构》

一、活动目标

1. 聆听《法图姑娘》，了解乐曲整体结构，哼唱主题旋律，感知乐曲表现中的不同。

2. 通过分段赏析引导学生探旋律、探变化、探意境、探想象，去解开作品蕴含的情景和节奏律动之美。

3. 探讨各国家民族的音乐特点。

二、活动步骤

（一）听音乐，体会其他国家的语言魅力

1. 播放《法图姑娘》原曲，出示曼丁卡语字幕，激发学生探索每句歌词大意和临摹发音。
2. 再次播放中文字幕，加强学生对旋律的熟悉和故事背景的了解。

（二）玩音乐，揭秘非洲音乐节奏奥秘

1. 加入非洲打击乐器康加鼓，为原曲伴奏，深度体验节奏韵律。
2. 在非洲鼓的律动下，感受本首歌曲的节拍，体会重拍并用手势表示出来。

（三）赏音乐，延伸作品以外的音乐符号

1. 观看非洲各民族音乐类型、演奏方式和演唱技巧等。
2. 小组探讨，总结本地区的音乐特色，对比与其他民族的音乐差异。

三、活动评价

表5

评估项目	评估维度	评估办法（观察）	评估等级（参考）		
			A	B	C
演唱	知识技能	能完整演唱旋律	优秀	正常	一般
表演	表现力	能投入音乐情景表演中去	优秀	正常	一般

四、设计理念

本活动主题二运用SECG教学模式之"探趣"环节——通过过哼唱主题、器乐演奏、律动参与、分段聆听、对比欣赏、完整欣赏等方式，让学生了解《法图姑娘》的名称、结构、表演方式，唤醒学生爱玩爱动的天性，让学生对乐曲的情绪、速度、表现内容、曲式结构等了然于心，培养学生对其他国家民族音乐的了解，使他们沉浸在趣味性的音乐探索活动中。

活动主题三：创趣《把课堂还给学生》

一、活动目标

借助戏剧创作的手法，让学生在情景表演中"真实"感受塞内加尔文化，引导学生自主创编，扮演不同角色的当地人民，加深对当地风俗人情的理解和体会。

二、活动步骤

（一）借助影片故事，初识角色

略。

（二）小组合作，点燃表演激情

1. 六人小组合作，选出一名导演、一位服装道具设计师、四名表演者。

2. 播放音乐，让学生在这首歌曲中边感受歌曲激情四射的氛围，边讨论剧情。

（三）共创原创剧目

小组成员在导演的分配下，在造型师的设计下，进行分角色表演，老师以及其他学生作为观演者，共创小小剧场。

三、活动评价

表6

评估项目	评估维度	评估办法（观察）	评估等级（参考）		
			A	B	C
合作	组织力	能在小组中发挥作用	突出	正常	一般
表演	表现力	能投入音乐情景表演中去	突出	正常	一般

四、设计理念

本活动主题三运用SECG教学模式之"创趣"环节——鼓励学生运用戏剧表演释放天性，解放肢体，创造性地参与音乐实践活动。在此环节，教师退居幕后，把主动权交给学生分配，教师作为观演者，应适时控制表演时长或调节氛围，但时刻要让学生成为课堂的主人。

活动主题四：得趣《丰富音乐体验，延伸作品内涵》

一、活动目标

1. 了解微小型歌曲剧的作品类型。

2. 欣赏其他名剧，加深对歌舞剧作品内涵的理解，激发学生创作剧目的主动性和原创性。

二、活动步骤

（一）了解作品类型

歌舞剧是指将音乐（声乐和乐器）、戏剧（剧本和表演）、文学（诗歌）、舞蹈（民间舞与芭蕾）、舞台美术融为一体的综合性艺术。

（二）欣赏其他作品，丰富歌舞剧内涵，探究作品艺术呈现

图2

歌舞剧配乐《阿莱城姑娘》。本次节选的《小步舞曲》为原剧中第三幕开始前的间奏曲。弦乐轻快地展开明朗的主题，挣脱了之前的阴霾气氛，之后则以萨克斯风与竖笛奏出副旋律来承接，高低起伏，音色充满了变化，小提琴则在一旁以对位法一同进行，展现了乡村的喜庆气氛。

三、活动评价

表7

评价项目	评价维度	评价办法（观察）	评价等级（参考）		
			A	B	C
了解作品类型	了解其属性	聆听、观赏、品析	全程参与	参与度高	参与度一般
欣赏其他同类型作品	看完后能有感而发，体会作品的音乐呈现和表现手法	互动、问答	全程参与	参与度高	参与度一般

四、设计理念

本活动主题四运用SECG教学模式之"得趣"环节——通过了解作品类型及欣赏其他同类型作品，让学生了解世界多元文化，用眼睛看作品之美，在体验中总结作品多维度表现手法，在课后创作中感受作品的经典价值。

九、教学反思

首先，新课标针对3~9年级设置了听赏与评述、独唱与合作演唱、独奏与合作演奏、编创与展示、小型歌舞剧表演、探索生活中的音乐等十项任务，并且将具体的学习内容融入这些任务之中。它们既与学习内容（知识、技能、经验等）有关，又不是一一对应的关系，学习内容几乎涵盖了音乐课程学习中的所有内容，但是在具体任务中却并不意味着学生需要学习所有的内容，而是根据完成任务的实际情况各取所需。本节课在设计上参照新课标中思想理念的达成分设了任务，在音乐体验中逐一达成目标，同时在真实情景授课中，应注意要求教师在教学中关注学生学到了多少，而不是教了多少。在评价方式上，也可采用定性和定量相结合的方式，如问卷作答、作品呈现、下课询问等方式，从一两名学生的教学效果入手，以点带面，以小见大，从而达到较为统一的教学效果。

其次，作为戏剧教师，面对情景感较强的作品，可以把文学内涵嵌入音乐背景的讲述中，让学生身临其境。也设法大胆尝试发挥戏剧"心理疗愈"作用，针对"有需要"的学生设计脚本。如设想法图姑娘是一位内心孤独的人，但她的内心住着一整片森林，枝繁叶茂，人声鼎沸，她渴望到森林里去找到慰藉；她外表坚强，内心脆弱而柔软，渴望森林的光，也渴望看到森林之外的世界；长颈鹿帮她拿够不

到的食物，大象驮着她走来走去，只要她掉入沼泽（内心的惶恐），就用长长的鼻子营救她上来，屡试不爽（这些角色都暗示着困境的摆脱）。在现实生活中，有不少内心孤独、渴望"热闹"的孩子，借用这样的音乐作品，让他们在非洲大草原的无边无际中，释放自我，畅想自由，用音乐治愈内心的荒芜。因此，这样的设计理念又为这份作品赋予了现实意义。

十、设计亮点

本课是小学六年级欣赏课，也是整个小学阶段最后一节欣赏课，为了让学生领会歌舞剧之魅力，激发其创作热情，本课教学设计主要采用了SECG的引领模式，主要体现在以下几点：

（一）"沉浸式"了解当地民俗

对于小学六年级的学生来说，他们已经具备了一定的音乐综合素养，储备了一定的音乐资源，有一定欣赏鉴赏音乐的能力，因此，教师用充满色彩的戏剧语言搭配精彩的歌舞剧片段可以很好地点燃他们参与课堂的热情。

（二）"慵懒式"了解音乐元素

通过教师入戏扮演和表达乐曲的方式，释放学生紧绷的神经，不用过分强调回答问题的正确与否，让学生作为点评者，换一种视角找出老师表达方式中的音乐要素，为之后的戏剧创作解放思维和肢体能量。

（三）"开放式"创作音乐故事

结合本课特点，探究教师设计思路的本质，即通过戏剧手法中的观演模式，打开课堂的局面，让教室成为剧场，让孩子成为表演者，教师作为观演者，使"让学生成为主体"的局面水到渠成。

下 篇

人音版中学音乐赏析

七年级上册第三单元《草原牧歌》教学设计

深圳市龙华区第三实验学校（华悦校区）　苗慧慧

一、内容概述

内容简介：本单元是初中阶段重点学习和介绍中国民歌的单元，五首作品都是蒙古族音乐的优秀作品。《银杯》在蒙古族人民的生活中占有重要地位；《牧歌》具有典型的长调元素，无伴奏合唱《牧歌》是合唱中的精品；《美丽的草原我的家》《天边》两首歌曲是具有浓郁蒙古族风格的当代创作歌曲，广受人们的喜爱；《万马奔腾》是由蒙古族音乐最重要的乐器马头琴演奏的。

作品联系：五首作品都是蒙古族风格的优秀作品。在调式上，《银杯》《牧歌》采用民族五声调式，《天边》是G宫调式作品，三首都是独唱音乐作品，《牧歌》（合唱）是根据《牧歌》的旋律创作而成的，是一首经典无伴奏合唱作品，《万马奔腾》是一首蒙古族民族器乐独奏作品。

教学价值：内蒙古自治区的蒙古族民族音乐，特别是民歌中的长调、短调，民族乐器中的马头琴，在中华民族音乐宝库中占有独特的地位，同时，长调因其蒙古族历史发展中的文化价值以及其悠长旷达、自由舒展、优美的旋律，被列为"人类口头和非物质遗产代表作"名单。学生在本单元的学习中通过SECG教学模式可以热爱我们的民族音乐，增强文化自信。

二、学习目标

审美感知：感受五首作品中不同的演唱形式与演唱风格带来的音色美，感受不同乐段赋予的情感变化；感受《银杯》短调民歌节奏整齐、旋律抒情优美的艺术特点；感受《牧歌》长调民歌节奏自由、旋律舒展、句尾悠长的艺术特点；感受《美丽的草原我的家》《天边》热爱草原、热爱生活的赞美之情；感受《万马奔腾》奔腾不息、马群在草原上奔跑的壮阔场景。

艺术表现：能唱好《银杯》，能用自信有表情的状态展示歌曲，能够随着歌曲大胆地进行律动,能够进行简单的一段体蒙古族风格音乐创作。

创意实践:在学习感受民族音乐美的同时,伴随音乐用肢体表达音乐的意境和风格。

文化理解:能够理解每一首音乐作品的知识,如蒙古族民歌长调与短调的旋律特点、歌曲创作背景等音乐知识,体验理解音乐作品所表达的对民族和家乡的赞美之情。

三、教学安排

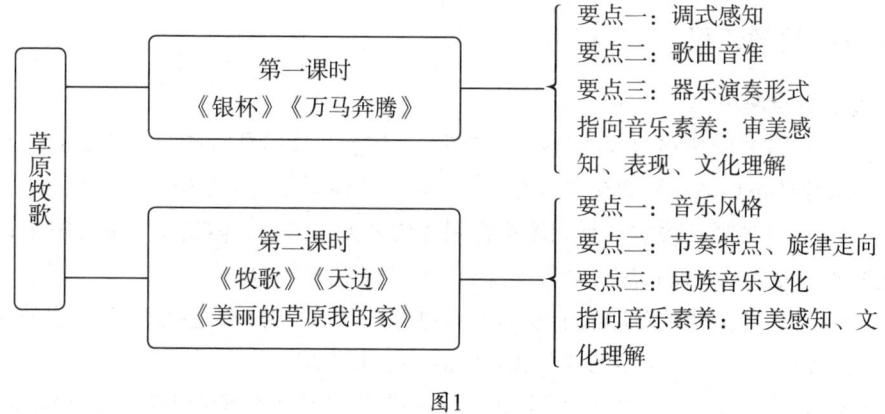

图1

四、学习评价

表1

评价内容	评价目标	评价方法	评价工具	评价结果运用
歌曲《银杯》	能够有情感地唱好歌曲、唱准节拍韵律	小组、个人抽查和考核	聆听、分辨歌声音色,分A(优)、B(良)、C(合格)、D(不合格)四个等级记录在档案册	分析学生抽查和考核的结果,寻找原因,改进课堂不足,在下一课时以复习的方式解决问题
蒙古族民歌风格	课堂参与程度	观察、小组长记录	播放音乐,让学生根据音乐分析旋律、节奏特点,总结得出结论	分享给其他班级学生学习
	对音乐的表现力		课堂观察、终结性考核	
音乐知识文化理解	掌握程度		诊断性评价(预习册练习)、形成性评价(师生交流)、总结性评价(作业和试卷形式)	掌握不够的知识点,在以后的课堂中着重关注和讲解

续表

评价内容	评价目标	评价方法	评价工具	评价结果运用
审美感知	对音乐发表见解和评论	过程性评价（师生讨论、课堂交流、提问回答的形式） 终结性评价（单元教学过后，选一首课外音乐作品，联系课内所学知识点，进行简单分析和评论）		
音乐创作	能创作蒙古族风格的律动舞蹈	小组合作形式	创作成果等级评定	收集优秀作品在不同班级进行分享，作为创作参考

五、教学建议

重、难点解决：

（1）欣赏并用模唱的方法学唱《银杯》，感受、体验蒙古族短调歌曲的艺术特点，并在学唱歌曲的过程中初步掌握倚音、滑音的演唱方法及知识。

（2）欣赏独唱《牧歌》及无伴奏合唱《牧歌》，感受、体验四声部合唱中人声音色特点及蒙古族长调自然、舒展、悠长、优美的艺术魅力。

（3）聆听《美丽的草原我的家》《天边》《万马奔腾》，感受蒙古族歌手的音色特点，感受、体验马头琴的音色及乐曲的艺术表现力。

（4）在音乐作品的分析方面调动学生身体各种联觉在实践活动中感受和体验。

六、活动设计

表2

课时	作品名称	教学设计侧重点	关注要点	活动设计
第一课时	《银杯》	有感情地唱好歌曲，掌握音准、节奏、节拍	力度、音色	模仿、对比聆听，教师和学生共同合作
			节拍	身体律动感受节拍
	《万马奔腾》	感受蒙古族民族乐器的特点	乐器的发展历史以及乐器的音色	欣赏视频、分组交流介绍
第二课时	《牧歌》	分析长调的旋律特点	节奏、旋律	分析、分组交流
		合唱作品的精华	和声、节拍	对比聆听
	《美丽的草原我的家》	感受音乐表达的情感	热爱草原、热爱生活的赞美之情	聆听、分组交流
		旋律特点	抛物线型旋律具有典型的草原牧歌风格	对比聆听、模仿
	《天边》	调式、结构特点	G宫调式、二段体结构	聆听、分组交流讨论

七、前后关联

在学习本单元前，小学阶段已经初步欣赏过一部分简单的蒙古族音乐作品，学生对蒙古族音乐作品已有一定的欣赏基础。

八、教学实施过程

第一课时 《银杯》《万马奔腾》

【教材分析】

《银杯》为五声羽调式，4/4拍，一段体结构。歌曲曲调短小、节奏整齐、结构紧凑，是内蒙古自治区鄂尔多斯的一首祝酒歌，是带有舞蹈性质的短调歌曲。它属于民歌中的风俗类歌曲，常用于酒宴聚会，彰显蒙古族人民热情好客的民族文化。《银杯》歌词共三段（书中选用两段），每段两句，每段的第二句歌词完全相同，这样的创作方法很明显地突出了酒歌的主题。

【学情分析】

本单元的音乐作品旨在丰富学生对民族音乐的知识。学生在小学阶段初步接触过一部分蒙古族音乐。本单元的学习先从知识的温故知新开始，唤起学生对蒙古族音乐的记忆，再进行新课的内容教学，衔接更自然。

【教学目标】

1. 审美感知：体验蒙古族的歌曲风格，了解蒙古民歌的长调和短调的音乐特点。

2. 艺术表现：学唱蒙古族祝酒歌《银杯》，有情感地演唱。

3. 创意实践：通过学唱蒙古族民歌《银杯》，让学生在音乐实践过程中表现歌曲的情绪、情感。

4. 文化理解：认识蒙古族民族乐器马头琴的历史，熟悉它的音色特点。

【教学重、难点】

1. 准确地演唱《银杯》旋律。

2. 在歌曲中体验蒙古族的热情豪爽，并能在演唱情绪上表达。

【教学准备】

收集音响、教材资料、制作课件、钢琴。

【教学过程】

活动主题一：激趣《走进大草原》

一、活动目标

1. 欣赏《万马奔腾》，初步了解蒙古族乐器的历史。

2. 聆听《银杯》，能为歌曲分段。

二、活动步骤

（一）欣赏乐器美

1. 师生共同欣赏《万马奔腾》。

师：我们刚刚欣赏的这首作品叫作《万马奔腾》，是由蒙古族民族乐器马头琴来演奏的，下面，我们先来了解这件神秘的乐器吧。

图2

师：马头琴，蒙语称为莫林胡尔或绰尔，是蒙古族常用的一种弓弦乐器，其与朝尔琴共同的祖先马尾胡琴为唐宋弓弦胡琴的一种。马头琴因琴首雕有马头而得名，其音响为木制，呈梯形，两面蒙饰有图案的马皮，琴身由硬木制作，并有两根弦，马头琴流行于内蒙古自治区，以及辽宁、黑龙江、甘肃、青海、新疆维吾尔自治区蒙古族居住的地方。

马头琴的演奏特点是用指甲从弦侧触弦发音，音色清晰、明亮，宜于奏出丰富的泛音。

教师讲解变换拍子：在乐曲中，各种拍子的交替出现称为变换拍子。变换拍子的拍号，可以记写在拍子变换的地方，也可以在乐曲开始处一并标记出来（在书中标记出变换拍子的地方）。

（二）感受民歌美

欣赏蒙古族民歌《银杯》。

请同学们认真聆听，想一想歌曲可以分为几个段落呢？

一段体，又称为单乐段结构。

三、活动评价

表3

评估项目	评估维度	评估办法（观察）	评估等级（参考）		
			A	B	C
参与程度	马头琴历史文化	根据教师讲解，加深对马头琴历史的了解，并能参与师生互动	全程积极参与	基本参与	犹豫

续表

评估项目	评估维度	评估办法（观察）	评估等级（参考）		
			A	B	C
音乐理解	能为歌曲分段	根据举手人数或师生交流中判断对音乐的理解	积极举手发言	举手发言	很少举手发言

四、设计理念

本环节通过SECG教学模式的激趣模块，从蒙古族乐器欣赏入手，利用视频和音乐吸引学生的注意力，了解马头琴的发展历史；再通过欣赏《银杯》，结合歌词，初步感受歌曲一段体的曲式特点，并表现出对祖国的热爱之情。

活动主题二：探趣《歌唱大草原》

一、活动目标

1. 探索歌曲旋律的特点：五声羽调式，多次运用大跳。
2. 有感情地唱好歌曲的音准节奏，并能表现出音乐的情绪。

二、活动步骤

（一）唱旋律，探索旋律特点

1. 欣赏《银杯》，感受作品的调式、节拍、速度美。

这是一首五声羽调式蒙古族民歌，4/4拍，中速稍快。

2. 学唱旋律，感受旋律的美。

（1）请同学们跟随老师的琴声一起来演唱第一乐句。

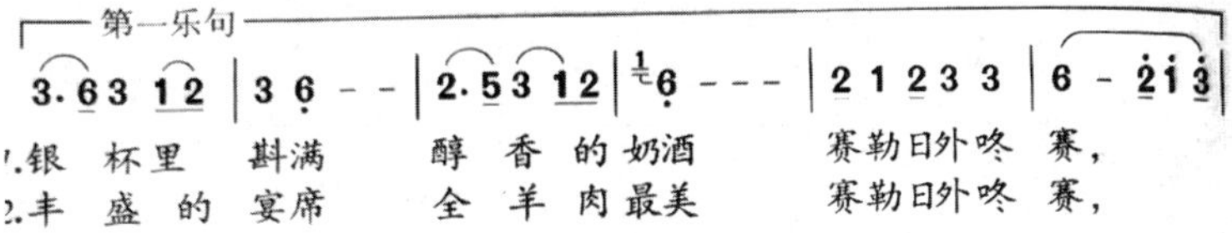

图3

首先唱唱旋律，感受旋律美，注意倚音的演唱要准确。

倚音：在记谱时比主音小（跳度大），倚附在闰音前面，起到装饰作用，在演唱时不能占主音太多时间，越短越好。

分析第一乐句的旋律，级进的同时伴有音程大跳，使音乐的情绪更加高昂、兴奋。

（2）请同学们跟随老师的琴声来学习第二乐句。

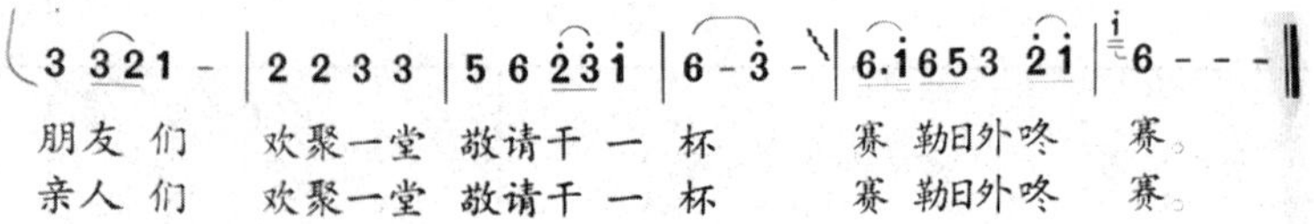

```
( 3  3 2 1  -  | 2  2 3 3  | 5 6 2̇ 3̇ 1̇  | 6 - 3   6̇ 1̇ 6 5 3   2̇ 1̇  | 1̇ 6 - - - ‖
  朋友们      欢聚一堂    敬请干一杯      赛勒日外咚    赛
  亲人们      欢聚一堂    敬请干一杯      赛勒日外咚    赛
```

图4

再唱唱旋律，注意下滑音的演唱。

分析第二乐句的旋律特点，第二乐句与第一乐句相同，旋律在级进的同时伴有大跳，下滑音的运用让旋律欢快，结束音落在主音"6"上，给人一种十分稳定的明朗舒畅感。

（二）唱歌词，探索情感的奥秘

1. 请同学们自己分组，试着演唱歌词。

自由读词。师问："赛勒日外咚赛"是什么意思？

填词，有感情地演唱。学生自己分组，开始练习学唱歌词。教师需要纠正学生在演唱过程中出现的问题，如下滑音和前倚音的音准要单独练习、纠正，找出歌曲哪一乐句表现热情豪爽，找学生表演。

2. 分析歌词的特点。

歌曲的两个乐句都由六个小节组成，前四小节为实词，后两小节为衬词。

3. 感受歌曲的情感。

音乐具有欢快、热烈的情绪，凸显了歌曲的蒙古族草原风格和蒙古民族的豪情。

三、活动评价

表4

评估项目	评估维度	评估办法（观察）	评估等级（参考）		
			A	B	C
歌唱能力	是否能够唱好歌曲的歌词、音准、节奏、力度情绪的变化	观察、聆听歌声	全程积极认真参与	基本参与	犹豫
音乐知识点	能否理解旋律的级进与跳进	根据举手人数或师生交流中判断对音乐的理解	积极举手发言	举手发言	很少举手发言

四、设计理念

本环节通过SECG教学模式的探趣板块，多次聆听、模唱，唤醒学生内心中对音乐的热爱，通过对比聆听、歌唱，感受下滑音和前倚音的作用，感受蒙古族音乐的风格特点，让学生浸润在音乐中，进入歌曲内部，建立起对音乐作品的经验链接。

活动主题三：创趣《探索大草原》

一、活动目标
1. 了解蒙古族民歌的发展历程及民歌的概念。
2. 了解酒歌在蒙古族音乐中的重要性。

二、活动步骤

（一）讲解民歌与酒歌的概念

民歌：劳动人民在生活和劳动中自己创作、自己演唱的歌曲，以口头创作、口头流传的方式生存于民间，并在流传过程中不断经受人民群众集体的筛选、改造、加工、提炼，随岁月的流逝而日臻完美。

酒歌：酒在蒙古族人民生活中不可或缺，通常主人将斟满酒的银碗托在哈达上献给客人，客人应接住酒杯表示接受了主人纯洁的情谊。主人会在饮宴过程中载歌载舞地高唱酒歌，以示对宾客的盛情。客人用左手捧杯，用右手的无名指蘸第一滴酒弹向天空，蘸第二滴酒弹向大地，蘸第三滴酒涂在自己的脑门上，分别表示敬天、敬地、敬祖先，随后把酒一饮而尽。因此酒歌就成为蒙古族民歌艺术中重要的体裁之一。歌曲名为《银杯》，是因为蒙古族在向最尊贵的客人敬酒时，一定要用一只银碗盛酒。而且在蒙古族的观念中，银子是比金子还贵重的金属，歌名《银杯》有它非常特殊的含义。

（二）了解蒙古族民歌

蒙古族音乐除了种类很多之外形式也不一样，各地的民歌都具有地方特色。它是草原文化孕育的音乐审美观念和表达方式，以及它们在千百年来与中原文明的历史对话中显示的独特生命力。

蒙古族民歌以声音宏大雄厉、曲调高亢悠扬而闻名，其内容非常丰富，有描写爱情和娶亲嫁女的，有赞颂马、草原、山川、河流的，也有歌颂草原英雄人物的等等，这些民歌生动地反映了蒙古社会的风土人情。

三、活动评价

表5

评估项目	评估维度	评估办法（观察）	评估等级（参考）		
			A	B	C
文化理解	对蒙古族民歌风格和历史的感受	根据举手人数或师生交流中判断对音乐的理解	全程积极认真参与	基本参与	犹豫

四、设计理念

通过SECG教学模式的创趣板块，归纳总结蒙古族民歌和蒙古族音乐的特点，拓展学生的知识广度,通过音乐作品的学习,融入文化历史知识,提升学生的音乐素养。

活动主题四:得趣《深爱大草原》

一、活动目标

1. 回顾知识点。

2. 复习《银杯》,巩固歌曲演唱。

二、活动步骤

(一)复习唱,抽查评价歌唱

1. 回顾歌曲的知识点:五声羽调式、下滑音、前倚音的演唱。

2. 有感情地背唱《银杯》。

3. 个别抽查背唱一小段。

4. 评价学生演唱。

(二)设作业,课后延展学习

搜集一两首你喜欢的蒙古族民歌,分享给同学聆听。

三、活动评价

表6

评估项目	评估维度	评估办法(观察)	评估等级(参考)		
			A	B	C
情感表达	对歌曲情绪、情感的感受与表达	观察学生的演唱	优秀	良好	合格
演唱能力	对歌曲音准、节拍的把握	聆听学生的演唱	优秀	良好	合格

四、设计理念

通过SECG教学模式的得趣板块,温故知新,巩固延展,才能对知识融会贯通,在多次重复递进的歌唱练习中提高歌唱技能,提升学生的音乐素养。

第二课时 《牧歌》《天边》《美丽的草原我的家》

【教材分析】

《牧歌》为五声宫调式,4/4拍,一段体(单乐段)结构,音乐上带有辽阔舒展的特征。它的唱词共四句,从天空写到白云,再从白云写到羊群,最后又归到草原,勾勒出一幅充满生活和诗情的草原放牧图。无伴奏合唱《牧歌》以蒙古族民歌《牧歌》为主题旋律,运用和声变奏手法将其改编,并将原曲4/4拍改成2/4拍,定为降G调,海默为其填了新词,体现了牧民对故乡的眷恋、对幸福生活的赞颂和对美好生活的向往。

《美丽的草原我的家》为A大调，2/4拍，单二部曲式结构，歌曲非常深刻地表现了蒙古族牧民意气风发的精神面貌及对幸福生活无比赞美的欢乐心情。

《天边》是一首具有浓郁蒙古族音乐风格的创作歌曲，G宫调式，二段体结构。其旋律从蒙古族长调中汲取了丰富的养料，表达了远离草原家乡的游子对故乡的深切思念和怀恋之情。

【学情分析】

本单元的音乐作品旨在丰富学生对民族音乐的知识，学生在小学阶段初步接触过一部分蒙古族音乐。本单元的学习先从知识的温故知新开始，唤起学生对蒙古族音乐的记忆，再进行新课的内容教学，使得衔接更自然。

【教学目标】

审美感知：通过欣赏《牧歌》及无伴奏合唱《牧歌》，感受、了解蒙古族民歌中长调与短调的音乐特征；聆听《天边》《美丽的草原我的家》，感受蒙古族音乐风格的创作歌曲的美感。

艺术表现：体验四声部合唱中人声的音色特点。

创意实践：认识波音记号，并在音乐实践中表现出波音记号的音乐效果。

文化理解：了解蒙古族音乐文化的发展历史，树立学生的民族音乐文化自信。

【教学重、难点】

教学重点：通过各种音乐实践活动使学生了解和认识所欣赏的歌曲和乐曲，扩展学生的艺术视野，从而加深对音乐地域文化的印象。

教学难点：音乐材料比较多，教师如何在有限的教学时间内较好地完成教学任务。

【教学准备】

收集音响、教材资料、制作课件、钢琴。

【教学过程】

活动主题一：激趣《草原歌声美》

一、活动目标

1. 欣赏《牧歌》，感受旋律美。
2. 初步了解蒙古族民歌长调与短调的特征。

二、活动步骤

（一）欣赏《牧歌》，感受音乐美

聆听、感受《牧歌》。

第一乐句旋律在高音区，以"5"为骨干音，唱得悠扬飘逸；第二乐句在中音区，以"1"为骨干音，唱得浑厚平稳，塑造出一望无际辽阔草原的美丽意境。这种只有两个乐句构成的歌曲被称为"一段体"。

一段体：又称一部曲式，由一个乐段构成，一般只有一个音乐形象、一种音乐意境。

（二）对比聆听《银杯》，总结长调与短调的音乐特点

师：《牧歌》属于蒙古族民歌中的长调民歌，而我们上节课学习的《银杯》则属于蒙古族民歌中的短调民歌，下面我们来对比欣赏这两首作品，找到它们的不同之处。

长调：节奏自由，旋律舒展、辽阔，句尾悠长，一般由两个乐句构成，主要流行与内蒙古牧区。2005年，联合国教科文组织将其列为"人类口头和非物质遗产代表作"。

短调：节奏整齐，旋律优美抒情，结构工整，多为叙事性歌曲。近代一些宴歌、婚礼歌等也属于短调体裁，主要流行于内蒙古农业地区。

三、活动评价

表7

评估项目	评估维度	评估办法（观察）	评估等级（参考）		
			A	B	C
参与程度	分段分析	学生根据教师讲解，加深对牧歌旋律的了解，并能参与师生互动	全程积极参与	基本参与	犹豫
音乐理解	长调与短调的特征总结	根据举手人数或师生交流中判断对音乐的理解	积极举手发言	能够举手发言	很少举手发言

四、设计理念

本环节是SECG教学模式中的激发学习兴趣环节，从蒙古族民歌欣赏入手，利用视频和音乐，吸引学生的注意力，了解歌曲的内容，分析歌曲的旋律特点，讲解一段体曲式结构。再通过欣赏《银杯》，对比总结长调与短调的音乐特征。

活动主题二：探趣《感受合唱美》

一、活动目标

欣赏无伴奏合唱《牧歌》，感受合唱中人声合唱的声音特色。

二、活动步骤

欣赏无伴奏合唱《牧歌》，感受人声美。

1. 向学生介绍：《牧歌》已有多种舞台表演形式，如大提琴独奏、小提琴独奏、无伴奏合唱等。下面我们听听由作曲家瞿希贤改变的无伴奏合唱《牧歌》，播放视频欣赏、感受。

2. 提出问题：无伴奏合唱《牧歌》与蒙古族民歌《牧歌》的表演方式上有什么

不同？

3. 根据学生回答，介绍无伴奏合唱的有关常识。

无伴奏合唱曾经被认为是合唱的最高艺术形式之一，源于欧洲中世纪天主教堂的唱诗班。因欧洲早期的教堂大合唱大多采用无伴奏复调，自文艺复兴后期起，才渐渐成为世俗音乐演唱形式。顾名思义，无伴奏合唱没有伴奏乐器，需要一定的声乐演唱水平和条件，如细致的音色、均匀协调的声部关系、灵敏的力度变化和音准、清晰的吐字等，但用人声的不同音色通过不同的方式进行组合同样具有很强的音乐表现力。

三、活动评价

表8

评估项目	评估维度	评估办法（观察）	评估等级（参考）		
			A	B	C
参与程度	作品旋律的人声特点	学生根据教师讲解，加深对牧歌旋律的了解，并能参与师生互动	全程积极参与	基本参与	犹豫
音乐理解	无伴奏合唱知识介绍	根据举手人数或师生交流中判断对音乐的理解	积极举手发言	能够举手发言	很少举手发言

四、设计理念

本环节是SECG教学模式中的探索模块，在上一教学环节内容的基础上，加大了教学难度。在欣赏无伴奏合唱时，教师应让学生在欣赏中感受人声在音乐作品中的表现力，并向学生介绍无伴奏合唱这种音乐形式，抓住学生的关注点，提高学习效率。

活动主题三：创趣《感受风格美》

一、活动目标

1. 欣赏《美丽的草原我的家》，深入理解蒙古族音乐的内涵。
2. 欣赏《天边》，深入感受蒙古族音乐风格。

二、活动步骤

（一）欣赏《美丽的草原我的家》，感受歌曲如诗一般的意境

女中音淳厚的音色与独特的草原韵味，表达了热爱草原、热爱生活的赞美之情。学生可以跟随歌曲体验置身于草原生活中的幸福与欢乐之情，歌词如诗一般的语言与优美的旋律完美结合，情景交融，节奏先密后疏，旋律多为抛物线型，具有典型的草原牧歌风格。

（二）欣赏《天边》

感受歌曲浓郁的蒙古族音乐风格。

三、活动评价

表9

评估项目	评估维度	评估办法（观察）	评估等级（参考）		
			A	B	C
参与程度	作品旋律特点	学生根据教师讲解，加深对牧歌旋律的了解，并能参与师生互动	全程积极参与	基本参与	犹豫
音乐理解	歌曲表达的思想情感	根据举手人数或师生交流中判断对音乐的理解	积极举手发言	能够举手发言	很少举手发言

四、设计理念

本环节是SECG教学模式的探趣环节，在学生了解蒙古族长调、短调民歌的基础上，通过欣赏两首蒙古族风格的创作歌曲，让学生了解近现代蒙古族创作歌曲的美感，从歌词、旋律等要素入手，带学生深入欣赏，抓住学生的兴趣点，深入探索。

活动主题四：得趣《总结归纳美》

一、活动目标

1. 归纳歌曲知识点。
2. 运用所学的知识以小组合作形式尝试创作一段歌舞表演。

二、活动步骤

（一）善归纳，总结所学知识

回顾前面几首歌曲的知识点：如音乐风格、调式、乐句规律、结构特点等。

（二）小组合作，创作歌舞表演

1. 小组合作为歌曲创作舞蹈：

提示：运用今天学过蒙古族音乐风格进行舞蹈的创作。

2. 展示并演唱各组创作歌舞表演。
3. 评价总结。

三、活动评价

表10

评估项目	评估维度	评估办法（观察）	评估等级（参考）		
			A	B	C
创意实践	对蒙古族舞蹈动作表演风格的把握	作品展示评价	优秀	良好	合格

续表

评估项目	评估维度	评估办法（观察）	评估等级（参考）		
			A	B	C
文化理解	对蒙古族音乐风格和发展历史的理解	根据举手人数或师生交流中判断对音乐的理解	积极举手发言	能够举手发言	很少举手发言

四、设计理念

本环节是本单元的最后一个教学环节，是SECG教学模式的得趣模块，通过两个课时的学习，利用五首作品作为学习材料，给学生提供一个走进民族音乐的机会，运用掌握的音乐风格特点，尝试跨出创作的第一步，从而真正培养学生的音乐素养。

九、教学反思

本单元由一首歌唱曲、四首欣赏歌曲组成。为了引导学生深入地欣赏和歌唱作品，教师以"民族音乐美"为出发点，在音乐知识的教学中突出了歌曲的音乐元素特性，让学生领悟歌词意义，同时追踪溯源，深入作品创作的背景来感受作品。学生在歌唱中注重情感的抒发，在欣赏中以实践活动来体验音乐的特点。教学中有欢笑有遗憾，归纳总结为以下几点：

（一）人人参与的民族音乐课堂

民族音乐是我国音乐文化的重要组成部分，但却和学生的生活体验距离遥远，让学生有一种强烈的距离感。在本课的教学中，我坚持从民族音乐的历史入手，让学生融入历史当中去感受、体验、表现民族音乐文化，让每一名学生都能树立对民族音乐文化的自信。

（二）以美育人，以情感人

紧紧抓住蒙古族音乐素材展开教学，入情入境、动情共情，做到以美育人、以文化人，彰显了学科的意义，达到了育人无痕的目标。

十、设计亮点

根据本单元的教学内容，通过运用SECG教学模式呈现大单元的教学目标，在感受民歌美、唱响民歌美、舞动民歌美等教学环节中，围绕民族音乐的教学主题，从历史文化、民歌演唱、民族乐器欣赏、民族舞蹈体验等方式让学生沉浸在民族音乐文化的海洋中，全方位、立体式感受民族音乐文化。

七年级下册第四单元《美洲乐声》教学设计

深圳市福田区皇岗创新实验学校　谢宇钦

一、内容概述

内容简介：本单元的歌曲都属于美洲音乐，美洲音乐是世界民族音乐的重要组成部分。《红河谷》是北美洲加拿大广为流传的民歌。歌曲歌唱了北美洲的先祖们的移居生活，以及开荒、创业、建造自己家园的历史。《拉库卡拉查》是墨西哥民歌，由该曲创编的舞蹈中蕴含着吉卜赛和西班牙等舞蹈元素。《凯皮拉的小火车》是南美洲巴西著名音乐家维拉·罗波斯的作品，既有巴赫古典音乐的创作手法，又有巴西民族音乐元素。音乐用管弦乐队中的巴西特色乐器，生动表现了小火车奔驰在农场的场景，也反映了巴西农夫的辛勤劳作。《化装舞会》是阿根廷著名探戈舞曲，热情洋溢的舞曲包含着欧洲、美洲、非洲等音乐元素。

作品联系：这四首音乐都是来自拉丁美洲地区的音乐，拉丁美洲地区包括了墨西哥、中美洲、加勒比、南美洲。印第安、欧洲、非洲文化的融合过程中，形成了拉丁美洲音乐的风格，该风格丰富多样，具有历史文化价值。每一首作品都蕴含着自己地域中的独特音乐元素。

教学价值：本单元的学习通过SECG教学模式让学生体验美洲音乐的多样化魅力，也让学生深深地感受音乐中的情感生活，使得学生能感悟以前人们的辛勤付出，从而珍惜当下的快乐生活。在音乐中，学生歌唱生活；在管弦乐中，学生体验音乐要素的表现力；在舞曲中，学生体验热情洋溢的多元素风格的作品，提高学生的音乐素养，增强学生的音乐生活感悟。

二、学习目标

审美感知：感受作品中不同音乐风格的魅力，体验音乐中不同区域元素带来的音乐情绪。《红河谷》美妙而又流畅的旋律，《拉库卡拉查》中墨西哥舞曲的多元素结合，《凯皮拉的小火车》用管弦乐队表现火车行驶的生动，以及《化装舞会》

表现了激情四射、热情洋溢的探戈风情。

艺术表现：准确唱好二声部的《红河谷》，用圆润、融合的声音演唱歌曲，让学生用"敲击"的力度变化去表现由远到近的场景变化，再到附点音符的律动表现。

创意实践：学生唱起来、动起来，通过合唱团表演的形式，分排队形让学生表演，让学生通过舞蹈的形式实践探戈音乐，通过创编的舞蹈动作，让学生用肢体来实践音乐的特点。

文化理解：理解美洲音乐的文化背景，理解音乐中的表现。例如，音乐要素的变化、歌曲的风格、节奏型的特点。

三、教学安排

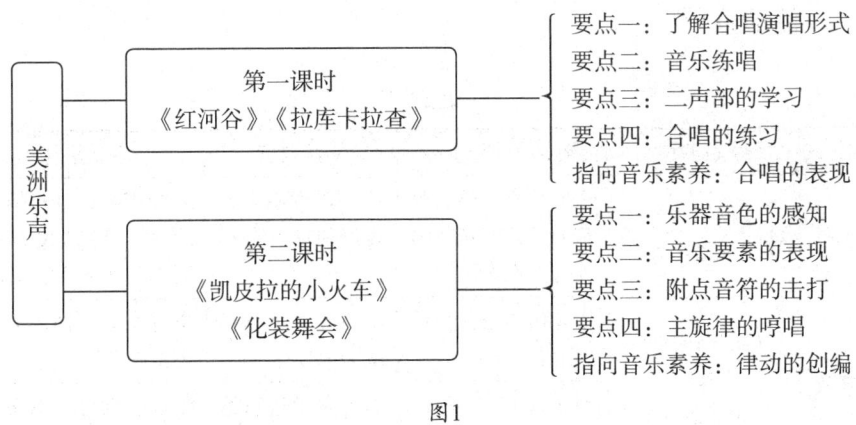

图1

四、学习评价

表1

评价内容	评价目标	评价方式	评价结果运用
学唱《红河谷》《拉库卡拉查》	独立跟着音频伴奏演唱歌曲，合唱歌曲时能完成二声部演唱	师生共同评价	了解学生的合作演唱，便于纠正声部合唱的针对性练习
主题旋律哼唱	能哼唱作品的主题旋律	教师点评	演唱旋律，演唱音符，为识谱打基础
音乐形象感知	通过聆听、对比、语言的表达等，感知音乐的形象	学生互评，教师点评	深入了解学生的音乐感知能力，为进一步提高学生的音乐鉴赏能力做准备
音乐的创作	伴随音乐创作律动、击打音乐节奏，以及创作律动	生生点评，教师点评	合作的学习、创作，让学生的发散性思维得到进一步提高

五、教学建议

重、难点解决：

（1）通过慢练声部旋律，使得学生慢慢磨合二声部的演唱，掌握合唱的演唱技巧。

（2）歌唱中，统一练习发声位置，让歌唱的声音更加融合、圆润，也使学生从歌唱中感知歌曲的情感表达。

（3）通过简易地击打桌面，练习重点附点音符和体验音乐要素中的强弱变化。

（4）掌握基本音乐节奏型，提供节奏型给学生拼凑，让学生慢慢掌握节奏的创作，也通过节奏的律动创作律动动作。

六、活动设计

表2

课时	作品名称	教学设计侧重点	关注要点	活动设计
第一课时	《红河谷》《拉库卡拉查》	音色均衡，节奏规整，并且有情感地进行二声部演唱	统一声音融合，发声和咬字统一	老师带唱，让声音更圆润，科学发声练习，关注声音的均衡
第二课时	《凯皮拉的小火车》《化装舞会》	体验强弱变化，认识附点音符	击打节奏型，尝试力度变化	击打课桌，体验音乐要素和节奏变化
		创作方法	对节奏型进行组合，并击打	附点、四分、八分、切分音符的组合

七、前后关联

表3

单元之前	单元之后
第三单元《天山之音》系列中，《青春舞曲》《我的金色阿勒泰》《阳光照耀着塔什库尔干》	第五单元《小调集萃》系列中，《无锡景》《沂蒙山小调》《小放牛》

八、教学实施过程

第一课时 《红河谷》《拉库卡拉查》

【教材分析】

《红河谷》和《拉库卡拉查》是人音版七年级下册第四单元的《美洲乐声》中的演唱歌曲，《拉库卡拉查》是墨西哥民歌，具有热情奔放、活泼开朗的特点，也体现了墨西哥人的乐观的生活态度。《红河谷》是流传于北美洲红河一带的民歌，具有加拿大民歌的特点，同时它带有美国北方民歌的某些风格特色，其歌词富有生活气息，主要表现了移民北方红河一带的居民在这里垦荒种地、建设家园、安居乐业，最终将野牛出没的荒原变成了人们生活的家园的情景。歌曲表达了人们在艰苦开创家园的同时对美好生活的向往。歌词富有生活气息，具有深刻的教育意义。歌曲为G大调，4/4拍子，歌曲的节奏稳健，富有动感，音域窄，弱起节奏特点突出，旋律朴实、舒展。在曲式结构上，歌曲由两个乐句构成，每个乐句又由两个乐节构成，两个乐句的节奏相同，形成了这首歌曲朴实无华、感情真挚而深沉的风格。歌曲分两个声部，教师在教学中应采用有效的方法，使学生掌握二声部旋律。

【学情分析】

这个阶段的学生已经掌握了基本的乐理知识，对于识简谱和唱简谱来说，每个班级应有一部分学生可以完成。他们愿意学习，也喜欢表达旋律优美的音乐作品。但分声部合作演唱对于学生来说相对有点难度，毕竟每个学生都有水平差异、音乐素养的差异，以及音准也有差异。对于参加过合唱队的学生来说，唱和声比较简单。但是大多数学生从来没有接触过合唱的训练，用二声部演唱是比较有挑战性的，唱和声的同学容易被主旋律带跑调。为了更好地教授这一课，为解决这二声部的问题，本节课主要让学生初步感受合唱的方式，欣赏合唱作品，并在合唱过程中学会与他人协作的精神，在自己演唱过程中学会聆听其他声部的声音，来调整自己的声音。

【教学目标】

审美感知：在合唱实践活动中体会合唱的艺术魅力，让学生体验歌曲的情绪，感知歌曲的情感，使得学生拥有活泼开朗的生活态度，也使得学生更加爱护自己的祖国和家园。

艺术表现：通过团体配合练习，培养师生的合作能力，再通过慢速练唱，使得学生能用二声部演唱《红河谷》，同时让学生掌握节奏朗诵法，自主学习《拉库卡拉查》，并带节奏念读歌词。

创意实践：让学生实践演唱，通过模仿合唱团的形式进行班级内合作演唱，让学生感受不同形式的演唱，拓展学生的创新表演思维。

文化理解：学生认识并了解合唱的演唱形式、歌唱的气息，以及统一的发声位置，通过歌曲的学习对加拿大和巴西的音乐风格及文化背景有所理解。

【教学重、难点】

教学重点：学唱《红河谷》《拉库卡拉查》，并能够用圆润的声音正确演唱。

教学难点：在歌唱中尝试二声部的学唱，进行合唱练习。

【教学准备】

多媒体、钢琴、PPT。

【教学过程】

活动主题一：激趣《走进枫叶之国》

一、活动目标

1. 了解"枫叶之国"——加拿大。
2. 欣赏歌曲的演唱形式，感受合唱的魅力。

二、活动步骤

（一）开阔眼界，看枫叶

1. 教师打开PPT，展示枫叶的图片，让学生回答图片里的是什么叶子？叶子有什么特征？在哪个国家这种叶子最多？

2. 聆听合唱《红河谷》，让学生回答视频中是什么演唱形式？

交流总结：加拿大是被誉为"枫叶之国"，枫树是加拿大的国树，也是加拿大民族的象征。

加拿大人对枫叶怀有深厚的感情，除了国旗中央绘着大大的红枫叶外，在日常生活中枫叶图案也随处可见。而我们观看的演唱视频，正如同学们所回答的，这是合唱。合唱的演唱形式是指两个声部以上的歌曲，每个声部由两人或更多的人演唱。

（二）音乐之旅，《红河谷》

1. 初听音乐《红河谷》。

让学生聆听的同时思考问题：音乐的节拍、歌曲的节奏、旋律的特点，以及歌曲的调性。

学生探讨和师生交流：《红河谷》为4/4拍，歌曲节奏稳健，富有动感，旋律朴实舒展，弱起节奏特点突出。旋律特点主要围绕主和弦三个音"135"展开，以级进为基础，偶尔使用跳进，歌曲为G大调。

2. 再次聆听，探讨音乐结构。

学生思考：歌曲当中的结构由几个乐句组成？有什么结构特点？

师生交流：歌曲由四个乐句构成，旋律走向与歌词节律高度契合，与我国的"起、承、转、合"音乐结构特点类似。

三、活动评价

表4

评估项目	评估维度	评估办法（观察）	评估等级（参考）		
			A	B	C
文化理解	对加拿大的认识	观察学生的回答程度	积极参与	基本参与	默不作声
	对合唱的理解	观察学生的回答程度	完全理解	基本理解	不理解

续表

评估项目	评估维度	评估办法（观察）	评估等级（参考）		
			A	B	C
音乐理解	对音乐特点的理解	根据学生的交流判断	完全理解	基本理解	不理解

四、设计理念

第一环节活动主题运用了SECG教学模式的"激趣"——通过枫叶之国的导入，引发学生对枫叶的探讨，再到对加拿大的认识，为学习歌曲做铺垫，激发学生的探索思维，让学生了解合唱的演唱形式概念，为下一环节的练唱做准备，让学生对合唱有了正确的认识后，再去赏析《红河谷》的音乐特点。

活动主题二：探趣《歌唱红河谷》

一、活动目标

1. 学唱主旋律，把握音准，唱准节拍。
2. 学唱和声，注意音准节拍，统一音色。

二、活动步骤

（一）唱曲谱，熟旋律

1. 学唱低声部：教师指导学生唱曲谱，带领学生唱旋律。学生思考：歌曲的弱起拍有哪些地方？
2. 熟悉旋律，用"Lu"练唱。引导学生歌唱中统一音色，统一发声位置。

师生交流总结：唱曲谱，加深学生对旋律的印象，避免节奏的错误，在学唱中，让学生探讨强弱起拍的区别，统一发声位置，让学唱更融合、音色更圆润。

3. 学唱高声部：教师指导学生唱高声部曲谱，带领学生唱旋律。
4. 熟悉旋律，用"Lu"练唱，引导学生歌唱中统一音色，统一发声位置。

（二）诵歌词，唱合唱

1. 运用节奏朗诵法，伴随节奏诵歌词，统一歌唱的咬文嚼字。
2. 尝试二声部的演唱，演唱过程中，留意其他声部的声音，尝试融合。
3. 有感情地演唱全曲。

师生交流总结：歌唱要注意发声位置的统一和咬字的统一。学会留心聆听其他声部的声音，相互融合，使合唱更富有共性，才能使得歌声更加优美。

三、活动评价

表5

评估项目	评估维度	评估办法（观察）	评估等级（参考）		
			A	B	C
唱曲谱能力	对简谱的认识，对音准、节拍的把握	观察学生的演唱	优秀	良好	合格
合唱能力	对二声部演唱中咬字的统一	聆听学生的和声演唱	优秀	良好	合格

四、设计理念

第二环节活动主题运用了SECG教学模式的"探趣"——通过教师的教唱，学生边看简谱边唱旋律，一方面练习对音准、节拍的把握，另一方面让学生熟悉歌曲的各声部，也提高学生的识谱能力；用"lu"演唱是为了更好地让学生统一音色，统一发声位置，让学生体会合唱的共性特点。

活动主题三：创趣《感受歌唱魅力》

一、活动目标

1. 合唱歌曲，分声部、分队形演唱，创编简单的手势动作并加入合唱中。
2. 聆听歌曲《拉库卡拉查》，学生交流学习，赏析音乐特点，并学唱歌曲。

二、活动步骤

（一）站立队形，表演唱

1. 教师指挥学生分组站立3或4排队伍，一起唱合唱。
2. 跟随教师做简单的手部创编动作，一起表演唱。

（二）走进热情洋溢的墨西哥

1. 播放视频歌曲《拉库卡拉查》，让学生边听边观看视频回答这视频中的舞蹈有什么特点？歌曲的音乐情绪是怎样的？

交流总结：舞蹈热情洋溢，奔放自如，绚丽多姿；歌曲同样传递出一种活跃、欢乐的情绪。

2. 再次聆听歌曲，教师用口传心授的方式教唱旋律。
3. 让学生根据之前的经验，自主用节奏朗诵法诵读歌词。
4. 学生齐唱《拉库卡拉查》，教师帮忙纠正学生易错的部分。

三、活动评价

表6

评估项目	评估维度	评估办法（观察）	评估等级（参考）		
			A	B	C
合唱，表演唱	对和声的把握，以及动作的整齐度	观察学生的表演唱	优秀	良好	合格
学唱《拉库卡拉查》	对音乐特点的赏析，以及歌曲的学唱能力	观察学生的回答，以及学生的学唱熟练程度	优秀	良好	合格

四、设计理念

经过对第一、二活动主题的学习，第三环节活动主题运用了SECG教学模式的"创趣"——学生能够演唱二声部，进行演唱的模式升级，学生把歌唱变成表演，创新一成不变的课堂歌唱模式，更加深入地体验表演唱，边做动作边歌唱。与此同时，学生已经很好地掌握了学习歌曲的方法和流程，先鉴赏再学唱。教师教唱旋律后，让学生使用节奏朗诵法自主学习歌词，在提高学生的鉴赏能力的同时，提高学生的自主学习能力。

活动主题四：得趣《用音乐悟生活》

一、活动目标

1. 让学生理解"拉库卡拉查"的意思，感受墨西哥的人文特点。
2. 让学生了解《红河谷》的表现内容，使学生热爱生活。

二、活动步骤

（一）探究主题，看人文

1. "拉库卡拉查"的意思是什么？
2. 请大家思考通过对歌曲的学习和鉴赏，认为墨西哥人的性格和生活态度是怎样的？

师生交流总结："拉库卡拉查"的意思是蟑螂的意思。正如音乐的情绪所体现的那样，墨西哥人热情，活泼开朗，热爱生活，热爱音乐和舞蹈。他们的音乐和舞蹈都充满着欢乐，富有舞步的节奏。

（二）透过音乐看生活

1. 《红河谷》的歌词表达了什么样的生活场景？
2. 通过这首歌曲，你觉得我们应该如何对待自己的祖国和家园？

交流总结：歌词富有生活气息，主要表现了移民北方红河一带的居民在这里垦荒种地、建设家园、安居乐业，最终将野牛出没的荒原变成了人们生活的家园的情景。歌曲回顾了人们在艰苦开创家园的同时对美好生活的向往，歌词富有生活气息，具有深刻的教育意义。我们应该更加热爱我们今天强大的祖国，热爱这美好的生活，维护我们的家园。

三、活动评价

表7

评估项目	评估维度	评估办法（观察）	评估等级（参考）		
			A	B	C
音乐与人文的理解	对墨西哥人的性格理解	观察学生的发言	优秀	良好	合格
感知歌曲的情感价值	对歌词内容的表达，升华情感价值	观察学生的阐述和对音乐情感的表达	优秀	良好	合格

四、设计理念

第四环节活动主题运用了SECG教学模式的"得趣"——环环相扣，让学生不仅仅要学会歌曲的演唱，对歌曲的音乐鉴赏，更重要的是感知音乐的情感，领悟音乐教育的情感价值，并运用于自己的内心生活。这才是音乐教育的意义。

第二课时 《开着凯皮拉的小火车去参加化装舞会》

【教材分析】

《凯皮拉的小火车》和《化装舞会》是七年级下册第四单元的最后两节课，属于欣赏课。《凯皮拉的小火车》是巴西作曲家维拉·罗波斯写的作品，风格独特，借鉴了巴赫风格，以管弦乐形式创作了这首乐曲。该曲让学生感受到了巴西民族乐器的表现手段，在乐曲中描绘了火车的动态景象。《化装舞会》则是阿根廷著名探戈舞曲，它是拉美民间音乐中最具有代表性的歌舞体裁，它包含了欧洲、美洲、非洲等诸多地区的音乐元素，能让学生感受拉美的舞蹈音乐魅力。

【学情分析】

七年级下半学期的学生，有了一定的音乐鉴赏基础，对音乐要素的表现，是有一定的感知意识的。在学习本课内容的时候，学生可以通过聆听，鉴赏歌曲的音乐特点；通过感知音乐表现的强与弱、快与慢等，来进一步地提升鉴赏能力；通过音乐形象进一步提升对音乐创作背景和故事的了解，从而达到情感体验和情感共鸣。

【教学目标】

审美感知：通过哼唱乐曲，让学生体验音乐的情绪，感知音乐的情感，反映音乐所表达的场景；让学生感受乘着小火车的节奏，到参加《化装舞会》的场景，让学生喜欢上探戈舞曲，喜欢上美洲音乐。

艺术表现：通过聆听音乐，模仿火车的行驶节奏，提升学生的合作学习能力；通过鉴赏，认识火车的基本工作原理，激发学生捕捉声音、创造声音。

创意实践：让学生通过舞动，感受探戈舞曲的节奏特点，通过哼唱音乐旋律和击打探戈的节奏，多元化地表达探戈音乐，让学生深入实践音乐的表达。

文化理解：了解巴西民间乐器、探戈舞曲，通过鉴赏音乐，认识拉美的音乐文化和创作背景。

【教学重、难点】

教学重点：鉴赏《凯皮拉的小火车》和《化装舞会》。

教学难点：合作模仿火车行驶的声音，拍准探戈的节奏特点。

【教学准备】

多媒体、钢琴、PPT。

【教学过程】

活动主题一：激趣《驾驶凯皮拉的小火车》

一、活动目标

1. 了解绿皮火车的行驶状态和声音。

2. 让学生捕捉火车在行驶过程中的音色。

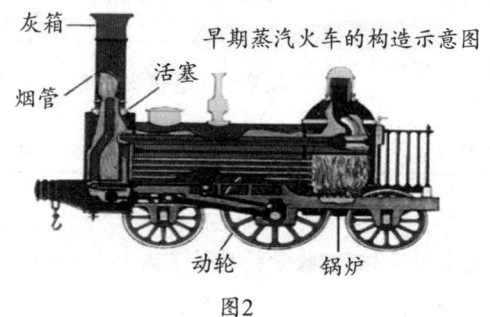

图2

二、活动步骤

（一）探索火车的工作原理

1. 播放绿皮火车的视频，让学生观看总结绿皮火车的工作原理。

2. 思考并发现火车行驶中出现的声音有哪些。

交流总结：早期的蒸汽火车是靠煤炭燃烧的，司炉工把煤填入炉膛后，煤在燃烧过程中，将化学能转换成热能，把机车锅炉中的水加热、汽化，形成400℃以上的过热蒸汽。蒸汽再进入蒸汽机膨胀做功，推动蒸汽机活塞往复运动；活塞通过连杆、摇杆，将往复的直线运动变为车轮转动的圆周运动，带动机车动轮转动，从而牵引列车前进。而火车行驶的声音有富有节奏感，有在铁轨中行驶的声音和蒸汽呼啸声。

（二）发动火车，准备出发

1. 聆听火车行驶的声音，模仿火车的行驶节奏。

2. 分组合作模仿火车的汽笛声、动轮声，以及蒸汽排放声。

```
蒸汽声：2/4    × × × ×  |  × × × ×  ‖
              Cu cu cu cu.   Cu cu cu cu.

动轮声：2/4    × × × ×  |  × × × ×  ‖
              Ca ca ca ca.   Ca ca ca ca.

汽笛声：2/4    ×   —    |   ×   —   ‖
              wu           wu
```

图3

师生分组合作：用拍桌子代表动轮声，用嘴发出"啾"的声音代表汽笛声，用嘴发出"吱"的声音代表蒸汽声，模仿火车由慢到快的行驶声音。

三、活动评价

表8

评估项目	评估维度	评估办法（观察）	评估等级（参考）		
			A	B	C
模仿程度	火车的汽笛声、动轮声、蒸汽声	观察学生的模仿程度	优秀	良好	合格
合作活动	火车的行驶声	根据学生的合作判断	优秀	良好	合格

四、设计理念

第一环节活动主题运用了SECG教学模式的"激趣"——从导入环节开始，让学生明白火车的发动原理和声音来源；让学生善于发现，捕捉音色，并激发学生积极参与模仿机动声音的活动，再通过合作学习，把行驶声音模仿出来，用人体和物理工具制造声音，激发学生的发散性思维，鼓励学生积极创造音源。

活动主题二：探趣《享受凯皮拉的旋律》

一、活动目标

1. 聆听《凯皮拉的小火车》，哼唱主题旋律。
2. 了解音乐中所使用的民族乐器。

二、活动步骤

识乐器，哼旋律

1. 聆听音乐，思考音乐的情绪是怎样的？主题出现的次数为多少次？
2. 一起看谱哼唱主题旋律。
3. 分辨一下，都用了什么乐器模仿了火车的声音。

4. 音乐的结尾描绘了什么场景?

师生总结:《凯皮拉的小火车》音乐的情绪是欢快的,主题一共出现了两次,第一次为铜管演奏,第二次为木管和拉弦演奏。巴西的民族乐器有竹刮板、响葫芦、卡巴萨、巴西铃鼓等。这种逼真模仿的音响,描绘了事物动态的场景音乐,称为"描绘性音乐"。而音乐的结尾描绘了火车最终到站了,声音渐渐停止了。

三、活动评价

表9

评估项目	评估维度	评估办法（观察）	评估等级（参考）		
			A	B	C
唱曲谱能力	对简谱的认识,对音准、节拍的把握	观察学生的演唱	优秀	良好	合格
对音乐的鉴赏能力	对音乐的情绪体验,对场景的描绘	观察学生的讨论与回答	优秀	良好	合格
识别巴西民族乐器	对乐器的认识	对乐器的理解	优秀	良好	合格

四、设计理念

第二环节活动主题运用了SECG教学模式的"探趣"——聆听音乐,体验音乐的情绪特点,让学生对《凯皮拉的小火车》的音乐全面熟悉,分别感受不同部分所描绘的场景,从中去哼唱主题旋律,对音乐有更深层的认识和印象;再介绍巴西的民族乐器,使得学生了解这些乐器的独特演奏方式,也让学生通过本环节更加善于思考,可以充分地感受音乐的魅力。

活动主题三：创趣《绚丽的化装舞会》

一、活动目标

1. 聆听音乐,体验《化装舞会》的音乐特点。
2. 分段赏析,哼唱主题旋律,感知探戈的魅力。

二、活动步骤

图4

（一）走进舞会，鉴赏音乐

1. 聆听并思考《化装舞会》音乐的情绪、节奏、旋律特点。

2. 跟随教师的弹奏学唱主题旋律。

3. 聆听音乐，填写再现A1段旋律的后四小节乐谱。

师生交流总结：音乐的情绪是活泼的，节奏多为八分和八分休止符，富有弹跳性。旋律含有大跳音和变化音符，绚丽多彩。演唱主题旋律的时候一定注意变化音的演唱和对音准的把握。

（二）探戈的魅力

1. 探戈的介绍。

2. 了解探戈的节奏特点，并初步体验探戈的节奏。

师生交流总结：探戈（Tango）是一种双人舞蹈，起源美洲中西部的民间舞蹈探戈诺舞，探戈是摩登舞中较为特殊的舞蹈，是带有拉丁特色的舞蹈。16世纪末到17世纪初，融合了拉美民间舞蹈风格，形成了舞姿优雅洒脱的墨西哥探戈和舞姿挺拔、舞步豪放健美的阿根廷探戈，随后传入欧洲，并不断融合发展。

体验节奏：

$\frac{4}{4}$ XO XO XO XO | OX X X X XO | XO XO XO XO | OX X X X XO ||

图5

三、活动评价

表10

评估项目	评估维度	评估办法（观察）	评估等级（参考）		
			A	B	C
音乐鉴赏	对音乐特点的鉴赏	观察学生的回答	优秀	良好	合格
主题旋律演唱	对变化音演唱的把握	观察学生的演唱	优秀	良好	合格
节奏的击打	对探戈节奏的掌握	击打节奏的强弱力度以及准确度	优秀	良好	合格

四、设计理念

第三环节活动主题运用了SECG教学模式的"创趣"——从聆听、鉴赏《化装舞会》音乐出发，让学生感受音乐情绪，哼唱主题旋律，深入体验音乐，鉴赏音乐特点，通过此音乐风格，了解探戈的音乐风格和节奏特点，初步体验探戈的节奏型的击打，也让学生能更进一步感受探戈的魅力。

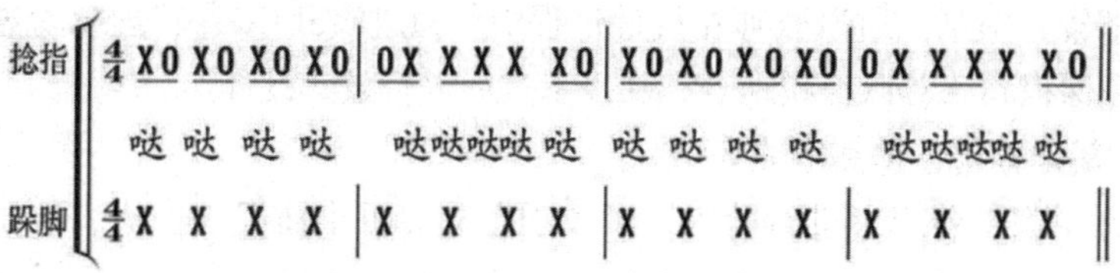

```
捻指 ‖4/4 XO XO XO XO | OX X X X XO | XO XO XO XO | OX X X X XO ‖
        哒 哒 哒 哒   哒哒哒哒 哒   哒 哒 哒 哒    哒哒哒哒 哒
踩脚 ‖4/4 X X X X | X X X X | X X X X | X X X X ‖
```

图6

活动主题四：得趣《舞动人生》

一、活动目标

1. 学生们交流合作，击打探戈节奏。
2. 看探戈舞蹈，学探戈步伐，舞动课堂。

二、活动步骤

1. 分组合作，敲击节奏。
2. 舞动课堂。

观看探戈舞蹈视频，跟着教师学习探戈舞步。

三、活动评价

表11

评估项目	评估维度	评估办法（观察）	评估等级（参考）		
			A	B	C
合作击打节奏	对节奏的整齐把握	观察学生合作的默契程度	优秀	良好	合格
舞动探戈	对舞蹈步伐节奏的把握	观察学生的参与度	优秀	良好	合格

四、设计理念

第四环节活动主题运用了SECG教学模式的"得趣"——拓展学生的合作交流和舞蹈学习，进一步让学生深入体验探戈的魅力，使得课堂中的知识并不仅仅停留在聆听与赏析层面，更重要的是让学生动起来，把知识深入肢体，把知识更加生动形象地表现出来，让学生更好地吸收和感受本课的乐趣。

九、教学反思

本单元学习的两个课时为歌唱课和欣赏课，其中第一课时将《红河谷》和《拉库卡拉查》安排在一个课时，主要围绕着合唱、齐唱，让学生唱起来，通过演唱感受音乐，通过合唱学会艺术的合作交流；第二课时则侧重欣赏，《凯皮拉的小火车》和《化装舞会》都属于拉丁美洲具有民族色彩和代表性的音乐，内容非常丰富有趣。对于中学生来说，学生有了一定的鉴赏能力和演唱基础，但在更深层的赏析和合唱中都较为困难。所以教师在设计过程中，通过以SECG课程理念为导向，巧妙地将演唱类课程和欣赏课程相结合，从以下方面进行教学设计：

（一）基础鉴赏，提高审美

每段音乐都带着思考进行聆听，激发学生从聆听中捕捉音乐的表现要素，挖掘音乐特点，从简单的节拍、节奏、调性、旋律等方面进行赏析，再分析音乐建构，把问题简单化，把知识明显化，让学生能轻松地吸收音乐的基础知识。

（二）全体动员，合唱歌曲

让SECG的趣味性融入课堂，让学生通过模仿合唱表演形式，合作演唱二声部的歌曲。有趣味性的合作可以让学生从合作中得趣。这样可以激发学生勇于参与实践，从实践中激发学生的学习兴趣。

（三）多元实践，参与"舞会"

在整个大单元中，只有听、唱、赏析音乐是远远不够的，所以在第二课时的教学中，在课堂最后的"得趣"环节设计了"跳"。这个"跳"，就是创编动作，鼓励学生通过肢体动作、舞蹈动作来表达音乐、感受音乐，让学生动起来，更能深入音乐的感知学习中，从而达到本单元设计的"听、唱、赏、跳"的整体一致性。

十、设计亮点

（一）班级总动员，站队形合唱

传统班级的歌唱课大多都是让学生坐在原座位上唱完一节课。而在本活动中，为了让课堂演唱形式多样化，教师组织学生分队形演唱、表演唱、效仿合唱队形式进行合唱，让学生不仅能从学唱当中学习基础的唱谱、唱词，还可以让学生感受合唱团演出的仪式，体验站立队形，相互合作，相互聆听，增强学生的合作意识，提高班集体的合作精神。

（二）体验节奏型，随旋律起舞

通过学习音乐的节奏型特点，击打体验节奏特点，学生从基础乐理的知识结构中延伸到肢体的律动，通过实践，感受音乐的魅力，体验拉美音乐的文化特点。这样可以使课堂的知识变得更生动有趣，激发每一名学生对探戈舞曲的兴趣，留下深刻的印象。

八年级上册第五单元《国乐飘香》教学设计

深圳市大鹏新区葵涌中学　夏志宸

一、内容概述

内容简介：本单元是八年级上册第五单元，其中六首作品都是中国传统民族音乐的经典作品。《彩云追月》是根据同名民族器乐曲改编的，填有适合中学生学唱的歌词。广东音乐《雨打芭蕉》和江南丝竹《欢乐歌》为两首聆听曲目，都属于中国民族器乐曲中的"丝竹乐"，具有音乐情趣轻松活泼、演奏风格精致细腻、音乐优雅柔和的特点。《小放驴》是河北吹歌的典型曲目，该曲不仅能够带给我们逗趣式的对答，还带给我们极富生活气息的轻快与诙谐，易于欣赏体验。中国民族管弦乐《春江花月夜》为重点欣赏曲目，乐曲具有中国古典音乐特有的朴素、典雅的神韵，兼具江南丝竹音乐特有的亲切、玲珑的风格。《老鼠娶亲》为聆听曲目，选择此曲作为教学内容，不仅仅因为它是绛州鼓乐的代表性曲目，还因为它体现了朴实、风趣的山西民间民俗，颂扬了人性的善良与美好，极具人文价值。

作品联系：本单元的学习内容以中国民族器乐为主，与之前所学的中国民歌《草原牧歌》《劳动的歌》《小调集萃》等单元形成呼应。一首歌曲《彩云追月》（根据民族器乐曲改编填词），两首丝竹乐《雨打芭蕉》（广东音乐）和《欢乐歌》（江南丝竹），一首鼓吹乐《小放驴》（河北吹歌），一首中国民族管弦乐《春江花月夜》，一首锣鼓乐《老鼠娶亲》（绛州鼓乐）。以上民族音乐作品可通过不同地方的音乐种类，让学生感受中国民族器乐之美，培养和提高学生的民族自豪感。

教学价值：通过SECG教学模式，学生可以掌握民族器乐曲中的许多曲调有的直接来自民歌，有的是根据民歌加以创作、改编的。民歌是最早产生的体裁，它是其他民间音乐以及专业音乐创作的源泉。在吸收发展的同时，民歌中已经形成的一些最基本的手法，例如乐段结构、体现音乐地方风格等都成为民族器乐曲的重要创作手法。同时，民歌和民族器乐曲又在说唱、戏曲等音乐中得到了进一步的完善和升华。因此，本单元的学习还可为进一步学习中国戏曲音乐和中国曲艺音乐打下良好的基础。

二、学习目标

审美感知：感受六首作品不同的地方风格，感知中国民族器乐艺术有着与中国文学艺术共同的美学追求和内在统一性。通过感受中国民族器乐之美，培养和提高中学生的民族自豪感。

艺术表现：能用二部合唱形式以舒缓的速度，平稳连贯、整体统一的声音演唱《彩云追月》。聆听《雨打芭蕉》和《欢乐歌》，初步感受广东音乐和江南丝竹不同的音乐风格，了解其主要乐器，体验两种音乐独具特色的意蕴。欣赏《小放驴》，能通过音响听辨管子特有的音色。感受《小放驴》风趣、泼辣的音乐情绪及河北吹歌的主要风格特点。聆听《老鼠娶亲》，初步感受民族打击乐器丰富多彩的表现力。欣赏《春江花月夜》，感受、体验中国民族乐器丰富的表现力。

创意实践：在民族器乐作品中讲究"气韵"和"意境"，注重人与自然的统一与交流，追求艺术表述中情感的结合与渗透，推崇艺术表现的蕴蓄与婉约。

文化理解：理解每首歌曲的知识，知道中国民族管弦乐队的主要乐器名称及乐队编制。通过对本单元的学习与欣赏，学生更加热爱我国深厚的传统音乐文化，以增强民族自强意识，培养爱国主义情操。这对传承和弘扬中华民族的优秀文化来说有更加深远的意义。

三、教学安排

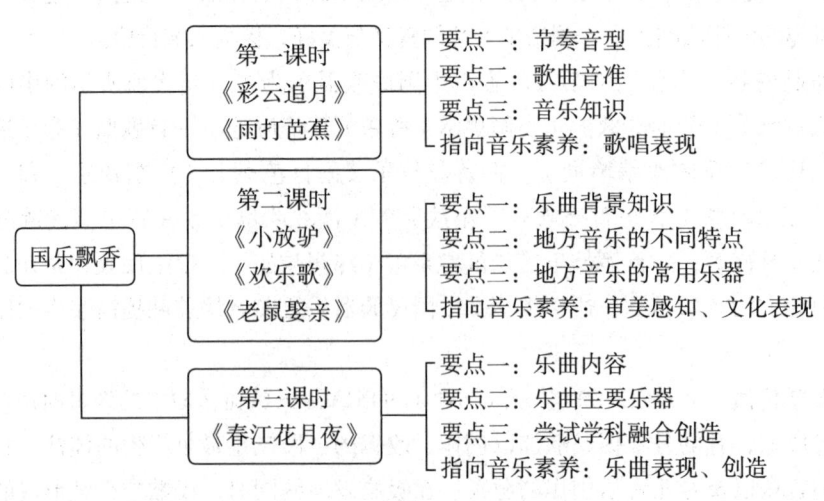

图1

四、学习评价

表1

评价内容	评价目标	评价方法	评价工具	评价结果运用
《国乐飘香》	能够有感情地唱好歌曲，唱准二声部的音准、节奏	小组、个人抽查和考核	聆听、分辨歌声音色，分A、B、C、D四个等级记录在档案册	分析学生的抽查结果和考核结果，寻找原因，改进课堂不足。在下一课时以复习的方式解决问题
文化理解	掌握程度	诊断性评价（课前预习）、形成性评价（师生交流）、总结性评价（课后作业和测试）		掌握不够的知识点在以后的课堂着重关注和讲解
审美感知	对音乐发表见解和评论	过程性评价（师生探讨、课堂交流、提问回答的形成）。终结性评价（联系课内所学知识点，进行简单分析和评论）		拓展课外相关音乐作品或知识
音乐创作	用所学音乐画面能进行音乐绘画、诗歌创作	以小组合作形式	创作成果展示	收集优秀作品在不同班级分享，提供创作参考

五、教学建议

重、难点解决：

（1）通过歌曲《彩云追月》，培养学生理解和声的概念，在二声部合唱教学中，要注重让学生聆听自己的声音，还要让学生聆听其他声部的声音，运用正确的发声状态进行歌唱。

（2）音乐欣赏教学中，由于存在地方差异性，学生对于不同地方的民间音乐了解不多。教师要查阅大量资料，灵活运用多媒体教学，让学生深入了解广东音乐、河北吹歌、绛州鼓乐等民间音乐的特点，在学习作品时更能理解作品所表达的内容。

（3）在音乐作品分析方面调动学生身体各种联觉，让学生在实践活动中感受和体验。

（4）在创作方面，可根据新课标，融合姊妹学科，如美术、戏曲等给音乐形象绘画、作诗，再通过分析作品，让学生真正了解中国传统民族音乐的魅力。

六、活动设计

表2

课时	作品名称	教学设计侧重点	关注要点	活动设计
第一课时	《彩云追月》《雨打芭蕉》	有感情地演唱歌曲,并注意二声部合唱的音准、节奏。注意歌曲和乐曲的背景知识	曲目中的切分节奏型	聆听歌曲,演唱歌曲
第二课时	《小放牛》《欢乐歌》《老鼠娶亲》	三首作品不同地方的音乐风格特点	不同地方音乐的主奏乐器	分段赏析乐曲
第三课时	《春江花月夜》	介绍主奏乐器、音乐情绪	"换头合奏"变奏法	为歌曲绘画、作诗

七、前后关联

表3

单元之前	单元之后		
主题关联（地方民歌小调）	主题关联（地方山歌）	主题关联（西南民歌）	主题关联（戏曲）
七下第五单元《小调集萃》	八下第三单元《山野放歌》	九上第三单元《西南情韵》	九下第五单元《戏曲撷英》

八、教学实施过程

第一课时 《彩云追月》《雨打芭蕉》

【教材分析】

《彩云追月》

合唱歌曲《彩云追月》是根据民族管弦乐曲《彩云追月》的主要旋律和音乐意境改编而成的,歌曲为D宫调式,4/4拍,慢速,二段体结构。A段,具有较浓郁的民族风格,其乐句不完全对称,第一乐句为2小节,第二、三乐句为4小节。B段,曲调是在第一段的基础上派生出来的,除保留切分节奏外,节奏变化也较第一段多,旋律更加婉转动人,是第一段音乐感情的延伸和发挥。合唱形式的使用,更增添了月夜的神秘感,令人遐想。

《雨打芭蕉》

《雨打芭蕉》是广东音乐早期优秀曲目之一,其旋律细腻、优美,加之高胡、笛子、二胡、阮、扬琴、琵琶等的运用，散发出广东音乐浓厚独特的韵味。从不同侧面勾画出乐曲的意境进行分析，可分为三个不同性格部分。第一部分，由三个乐句组成，其旋律紧密衔接、优美抒情、歌唱性强。乐曲一开始，流畅明快的旋律、高胡润泽甜美的音色表现了人们欢快愉悦的心情，展现出岭南风光的诗情画意。第二部分，句幅短小，气息紧凑，节奏活跃，不规则地、连续性地展开。乐曲层次分明，富有推动力，与第一部分的旋律形成鲜明的对比。第三部分，旋律在围绕商音旋转后，形成一个简短的结束部分，以宫音结束，用高胡领奏的慢板结尾，给人以清新愉悦之感。

【学情分析】

学生生理、心理渐趋成熟，参与的意识和交往的愿望增强，获得知识和信息的途径增多，在学习上形成了自己的初步经验，表达情感的方式较之小学有明显变化。学生可以通过多种形式的艺术实践活动，巩固和提高表现音乐的基本技能。教师应扩大音乐欣赏的范围，更有意识地将音乐的人文内涵融入教学中。初中学生正值变声期，应注意保护。

【教学目标】

1. 通过欣赏民族管弦乐《彩云追月》，感受幽淡的夜幕下，云月追逐相映成趣的意境，能够感受《雨打芭蕉》的音乐情绪，初步认识这种音乐体裁的音乐风格。

2. 用柔美、连贯、圆润的声音，有感情地演唱歌曲《彩云追月》。

3. 学习并掌握切分节奏，准确把握波音和前倚音的演唱方法。

【教学重、难点】

重点：学习切分音，掌握切分节奏的强弱特点，引导学生将其运用于歌曲的演唱中，能更贴切地表达歌曲的情感。

难点：学生充分感受歌曲舒缓优美的旋律，在乐曲中体会诗画般的意境，并用自己的歌声表达思念亲人、盼望祖国早日统一的迫切心情。

【教学准备】

收集音响、教材资料、制作课件、钢琴。

【教学过程】

活动主题一：激趣《欣赏歌曲，感受民族管弦乐魅力》

一、活动目标

1. 欣赏《彩云追月》，初步了解歌曲的情绪和内容。

2. 探索歌曲的重点切分节奏型，能为歌曲分段。

二、活动步骤

（一）唱听看，联觉感受情意

1. 课前准备：师生同唱《但愿人长久》。

课件播放伴奏，教师唱《但愿人长久》，问学生熟悉吗？示意学生跟教师一起唱。师：《但愿人长久》是苏轼作词，梁弘志作曲，由王菲演唱的一首歌曲，词以月起兴，围绕中秋明月展开想象和思考，把人世间的悲欢离合之情纳入对宇宙人生的哲理性追寻之中，表达了词人对亲人的思念和美好祝愿。今天学习的歌曲就跟月亮有关。

2. 看视频欣赏民族管弦乐《彩云追月》。

问：乐曲情绪怎样？描写什么内容？

交流总结：歌曲优美、宁静。刚刚聆听的曲子叫作《彩云追月》，该曲由著名作曲家任光在1935年所写。乐曲旋律舒缓优雅，把人们带进了"皎洁明月动，彩云紧相随"的诗画意境之中。如此美妙的乐曲旋律深深打动了词作者刘麟，他主动为旋律配上歌词，于是便诞生了歌曲《彩云追月》，被一代又一代的人们传唱着。

（二）再听歌，体验歌曲重点切分节奏型特点

1. 探索歌曲重点切分节奏型：XXX。

2. 学习切分画拍：

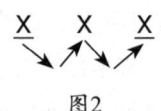

图2

3. 感受切分特点：重音在中间音符上

师问：刚才这段美妙的音乐中有一个节奏多次出现，你们听出来了吗？

师生交流：从拍子的弱部开始，持续到后面较强的部分，改变了基本强弱关系的音叫作"切分音"，包含切分音的节奏叫作切分节奏。切分节奏还有一位最默契的好伙伴跟随，就像彩云追着月亮一样。

4. 以拍手、拍桌、拍腿等强弱的动作加入，练习巩固节奏。

三、活动评价

表4

评估项目	评估维度	评估办法（观察）	评估等级		
			A	B	C
参与程度	节奏复习	观察学生的面部状态	全程积极参与	基本参与	不太参与
音乐理解	归纳歌曲、表达内容	从手部画拍动作	积极举手发言	能偶尔举手发言	很少举手发言

四、设计理念

本环节运用了SECG教学模式的"激趣"环节,从师生齐唱《但愿人长久》入手,这首歌曲作为古诗词歌曲,加入了现代流行歌曲的作曲元素,由著名歌手王菲演唱,经典流传至今,熟悉的歌曲更能引发情感共鸣,再通过欣赏民族管弦乐《彩云追月》和歌曲《彩云追月》视频,画面和音乐、歌词结合,吸引学生的注意力,初步感受歌曲优美宁静的旋律特点,感受歌词的诗画意境。通过学习切分节奏的特点,为下面的歌唱做准备。

活动主题二:探趣《探索旋律,润声美嗓逐月光》

一、活动目标

1. 通过给歌曲分段,熟悉节奏型。
2. 有感情地唱好歌曲的音准节奏,并能表现出不同乐段的情感变化。

二、活动步骤

(一)唱曲谱,给歌曲分段

1. 师问:歌曲可以分为几个段落?

师生交流:歌曲分为两个段落A段(1~10小节)、B段(11~20小节)。

2. A段学唱:

(1)教师唱A段曲谱,再强调切分节奏型的演唱。

问:教师在哪个节奏型上加了重音演唱?答:巩固切分节奏型。

(2)教师唱学生拍画切分节奏的拍子。

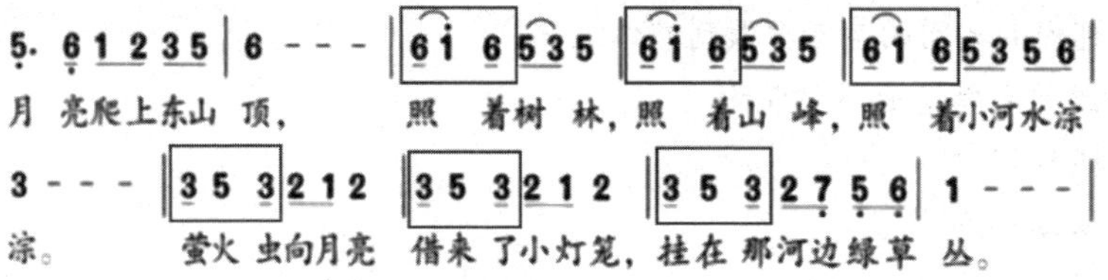

图3

(3)演唱曲谱:声断情不断的感觉,两小节换一口气,但也是用缓吸缓呼的方法。

(4)探讨切分节奏的作用:使曲调产生了心潮澎湃、一浪高一浪的激动情感,给人以深刻的印象。

3. B段学唱:

(1)唱B段曲谱:对比B段和A段演唱形式的变化?

交流:B段加入了合唱的演唱形式,更增添了月夜的神秘感,令人遐想。

(2)师演唱高音声部旋律,弹奏低音声部旋律,让学生感受二声部和声效果。

（3）生演唱高音声部旋律，师弹奏低音声部旋律，让学生注意切分节奏型。

（4）师弹奏高音声部旋律，生演唱低声部旋律，让学生注意休止符。

图4

4. 完整唱曲谱。

师：边指挥边引导学生唱曲谱，注意用方法和情感演唱。

（二）填词唱，感受月夜之美

1. 跟着歌曲填词。（播放歌曲，边听边轻声唱）

2. 随钢琴填词唱：要求用美好的声音发自内心将宁静、优雅的情感表现出来。

3. 二声部的合唱训练：引导学生聆听自己的声部和其他声部的歌声。两个声部之间、声部内部之间的声音要做到整体统一。

4. 分组并有感情地演唱歌曲。

5. 背唱歌词。

三、活动评价

表5

评估项目	评估内容	评估办法（聆听）	评估等级		
			A	B	C
歌唱能力	是否能够背唱歌词、二声部的音准、乐曲的情绪变化	观察、聆听歌声	好	较好	一般
音乐知识点	能正确演唱切分节奏型	交流展示	能	一般	不能

四、设计理念

本环节运用了SECG教学模式的"探趣"——多次音乐聆听，唤醒学生自身存在的身体运动感觉，通过学唱旋律、歌词以及二声部合唱等活动，使学生浸润在音乐中，进入歌曲内部，增强内心听觉，建立起对音乐作品的经验链接，唤起学生的音乐情感需要。

活动主题三：创趣《聆听赏析，感受广东音乐之美》

一、活动目标

通过学唱完歌曲《彩云追月》，拓展欣赏另一首广东音乐《雨打芭蕉》。

二、活动步骤

（一）完整聆听乐曲《雨打芭蕉》，分段赏析

1. 第一部分由三个乐句组成，其旋律紧密衔接、优美抒情，歌唱性很强，演奏得连贯而流畅，表现了人们欢快愉悦的心情，也展现了诗情画意般的岭南风光。

2. 第二部分的音乐是展开性的，其句幅短小，气息紧凑，节奏活跃，以不规则的连续不断的垛句组成。它与第一部分的旋律形成鲜明的对比，轻盈的顿音和旋律的切分进行，表现出运动着的落雨变化，更表现出人们观赏落雨、喜看芭蕉丰收时的活泼、轻快的心情。

3. 第三部分的旋律在围绕商音（Re）旋转后，形成一个简短的结束部分，它以宫音结束全曲。

（二）《雨打芭蕉》介绍

《雨打芭蕉》是广东音乐中早期的优秀曲目之一。乐谱初见于1917年左右（也有人说于1920年以前或于1921年）丘鹤俦编著的《弦歌必读》。此曲不仅在全国广为流传，在海外华侨中也有很大影响。

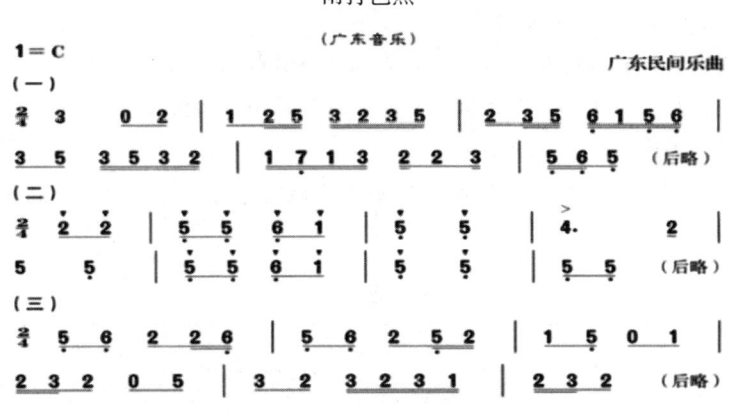

图5

三、活动评价

表6

评估项目	评估内容	评估办法（聆听）	评估等级		
			A	B	C
音乐知识点	能正确了解广东音乐及乐曲相关知识	交流提问	能	一般	不太能

四、设计理念

这部分运用了SECG教学模式的"创趣"——此环节为提高和拓展学生音乐知识素养的重要环节，着重于聆听乐曲、了解乐曲相关知识，感受广东音乐之美，培养和提高中学生的民族自豪感。

活动主题四：得趣《作品小结，了解背景》

一、活动目标

通过了解作者和创作背景，学生更能理解作品。

二、活动步骤

（一）认作者，了解作品背景

1. 图文显示，认识曲作者任光。

2. 介绍创作背景：

20世纪80年代，词作家付林在民族管弦乐曲《彩云追月》的基础上加入歌词，并将乐曲改为C调。为便于学生体验、感受民族器乐曲的旋律韵味，教材编写组特选用由刘麟填词的《彩云追月》，并在此基础上增添二声部，以便复习巩固合唱教学的内容。

（二）设作业，课后延展续学

1. 背唱歌曲《彩云追月》，并和同桌配合演唱歌曲二声部。

2. 搜集并聆听其他的广东音乐，如《平湖秋月》《鸟投林》。

三、活动评价

通过提问评估学生对音乐创作背景介绍的捕捉能力，通过小组合作交流评估学生对歌曲的评论能力。

表7

评估项目	评估内容	评估办法（聆听）	评估等级		
			A	B	C
音乐知识点	音乐创作背景介绍	交流提问	能	一般	不太能

四、设计理念

这一活动主题运用了SECG教学模式的"得趣"——打破音乐课没有作业的常规,以复习形式和同学配演二声部演唱巩固歌曲旋律,让学生在课外搜索其他广东音乐,拓展学生的音乐知识面。

第二课时 《小放驴》《欢乐歌》《老鼠娶亲》

【教材分析】

《小放驴》

本作品是一首在河北广为流传的民间乐曲,其音乐体裁属于河北吹歌。可以说,这首乐曲源于农民们放驴的劳动生活。乐曲开始是用管子吹奏的一个长音,它既可让人想象为"跑驴"开场时演员的呼唤声,又可想象为农民放牧时驴子的嘶叫声。乐曲的主体部分具有浓郁的河北民歌风格,豪爽奔放,歌唱性很强。从结构上看,它采用了起、承、转、合、再转、再合的形式,可谓严谨、工整。从演奏形式上看,它采用了一问一答的对仗形式,从而使音乐情绪显得浓烈、炽热,感情色彩颇浓。在民间,人们把这种一问一答、一领众和的演奏形式叫作"学舌"。通常,吹歌多用于迎亲、喜庆、迎神、送殡等民俗活动,而在春节、灯节期间,"串村"的吹歌活动就更加活跃。

《欢乐歌》

这首作品是江南丝竹中的八大名曲之一,主要以二胡、笛子为主,其他乐器灵活自如地相互对比烘托,默契协调,有着吴侬软语独特的韵味。乐曲的旋律流畅明快、起伏多姿,结构富有层次,由慢而快,渐次高涨,表达了人们在喜庆节日中的欢乐情绪。这首乐曲采用将母曲放慢加花变奏的手法发展而成。乐曲把母曲置于全曲的最后,且以很快的速度演奏,而其四次变奏反而置于母曲之前。

《老鼠娶亲》

本作品是一首流传甚广的绛州鼓乐。整首乐曲短小精悍,生动活泼,给人以愉悦之感。该曲大致使用了大鼓、大锣、大镲、排鼓、云锣、碰钟、木鱼系列、梆子系列、长拍板等打击乐器。可根据前后情绪的变化及发展,将乐曲分为准备出洞、娶亲路上、拜堂成亲、抱头鼠窜四个部分。

【学情分析】

学生生理、心理渐趋成熟,参与的意识和交往的愿望增强,获得知识和信息的途径增多,在学习上形成了自己的初步经验,表达情感的方式较之小学有明显变化。教师应通过多种形式的艺术实践活动,巩固和提高学生表现音乐的基本技能,扩大音乐欣赏的范围,更有意识地将音乐的人文内涵融入教学中。

【教学目标】

1. 熟悉河北吹歌《小放驴》曲调。了解《欢乐歌》的创作特点。能有节奏地模仿《老鼠娶嫁》中的象声词"噼里啪啦、噼里啪啦，嘀叭"。

2. 聆听河北吹歌《小放驴》，感受、体验《小放驴》风趣、泼辣的音乐情绪。欣赏江南丝竹名曲《欢乐歌》，感受、体验江南丝竹的风格。

3. 能够听辨民族乐器，如管子、唢呐、板胡等的音色及河北、江南、山西民间音乐的地方特点。

【教学重、难点】

1. 端正歌唱姿势，能够用自然、和谐、富有弹性的声音演唱《彩色的中国》。

2. 了解歌曲休止符的意义，掌握换气时机，初步学会表现"声断情不断"的艺术效果，并能用三拍子指挥图式边唱边画拍。

3. 在演唱和聆听中感受、体验、理解歌曲深厚的爱国主义情怀。

重点：熟悉河北吹歌《小放驴》曲调，使学生听辨出主题音调的不同速度和调性转换。感受、体验江南丝竹《欢乐歌》的风格。

难点：能够听辨管子、唢呐、板胡的音色及河北民间音乐的地方特点。理解绛州鼓乐《老鼠娶嫁》的形式。

【教学准备】

收集音响、教材资料、制作课件、钢琴。

【教学过程】

活动主题一：激趣《温故知新，开门见山》

一、活动目标

1. 通过复习上节课歌曲《彩云追月》，回顾重、难点知识。

2. 通过复习《雨打芭蕉》，总结归纳广东音乐特点，引出本课内容。

二、活动步骤

（一）合唱歌曲《彩云追月》，感受和声效果

1. 开声练习：师弹琴，学生唱。

2. 学生分组二声部合唱《彩云追月》：注意音准、和声效果。

（二）复习《雨打芭蕉》，归纳广东音乐特点

广东音乐的前身主要是粤剧过场音乐和烘托表演用的小曲，20世纪初发展成为独立的器乐乐种。广东音乐在独奏时多用琵琶或扬琴。广东音乐的旋律一般以流畅、自然、活跃为主要特点。广东音乐的旋律进行中，常用一定的惯用音型进行装饰。广东音乐的传统曲目有《旱天雷》《连环扣》《赛龙夺锦》《平湖秋月》《鸟投林》等。

三、活动评价

表8

评估项目	评估内容	评估办法（聆听）	评估等级		
			A	B	C
音乐演唱能力	是否能唱准二声部	交流提问	能	一般	不太能

四、设计理念

第一环节主题运用了SECG教学模式的"激趣"环节——复习歌曲《彩云追月》和乐曲《雨打芭蕉》，巩固学生对上节课知识的掌握情况，教师引导学生自己归纳广东音乐的特点，从而引出本课课题——其他地方的民间音乐。

活动主题二：探趣《小放驴》《河北吹歌》

一、活动目标

1. 通过熟悉吹歌《小放驴》曲调，能够听辨管子、唢呐、板胡的音色及河北民间音乐的地方特点。
2. 通过聆听河北吹歌《小放驴》，感受、体验《小放驴》风趣、泼辣的音乐情绪。

二、活动步骤

1. 初听《小放驴》：乐曲表现了什么？使用了哪些乐器？

交流总结：乐曲通过管子与丝竹乐队的呼应对答，生动地表现了北方农村放驴的情景和毛驴顽皮活泼的形象。

2. 简介体裁：《小放驴》是一首在河北广为流传的民间乐曲，体裁属于河北吹歌。

河北吹歌：中国传统乐器中吹打乐的一种，流行于河北中部。吹奏的曲目大多是民歌和戏曲唱腔，因而得"吹歌"之名，多以管子、唢呐、海笛为主奏乐器，辅以丝弦乐器和打击乐器，其音乐风格大多活泼爽朗、热烈粗犷。

3. 再听《小放驴》：乐曲的主体部分，具有浓郁的河北民歌风格，它豪爽奔放，歌唱性很强。从结构上看，它采用了起、承、转、合的形式。

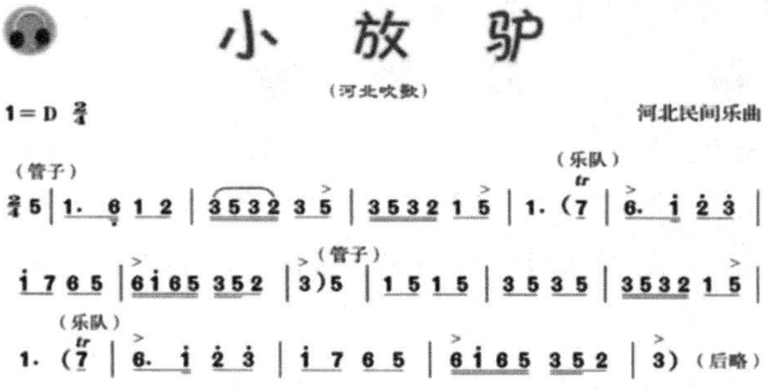

图6

三、活动评价

表9

评估项目	评估内容	评估办法	评估等级		
			A	B	C
音乐知识点	能够掌握乐曲的表达内容、主奏乐器	交流提问	能	一般	不太能
	能否总结河北吹歌的特点	交流提问	能	一般	不太能

四、设计理念

本活动主题主要运用了SECG教学模式的"探趣"环节——通过聆听赏析乐曲《小放驴》，介绍了河北吹歌的特点。由于学生的知识面有限，以及对其他地域生活方式、文化风俗等各种存在差异，在对地方音乐特点的认识上也是有限的，因此教师只能尽可能地让他们知道在音乐上反映出的地方差异和特点。

活动主题三：创趣《欢乐歌》《江南丝竹》

一、活动目标

1. 欣赏江南丝竹名曲《欢乐歌》，感受、体验江南丝竹的风格。
2. 了解《欢乐歌》的创作特点。

二、活动步骤

1. 乐曲的情绪如何？

交流总结：流畅明快，表达了人们在喜庆节日中的欢乐情绪。

2. 教师介绍母曲。

概括介绍：母曲乐段是全曲的高潮，其情绪喜庆热烈。

3. 感受熟悉旋律，为进一步欣赏打基础。

4. 这首《欢乐歌》是江南丝竹中的名曲，那么江南丝竹有着哪些音乐特征呢？

交流总结：江南丝竹的音乐具有抒情优美、清新流畅、典雅细腻的风格特点。

5. 曲式分析：乐曲采用"倒装变奏曲式"。

6. 聆听全曲，再次感受音乐的节奏。

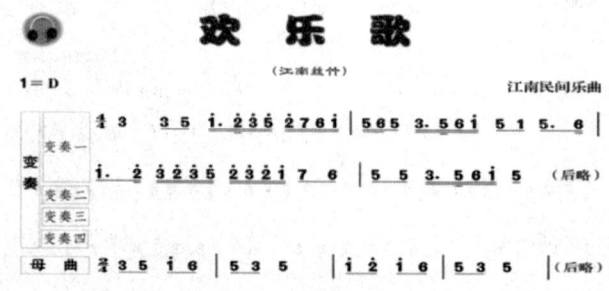

图7

三、活动评价

表10

评估项目	评估内容	评估办法	评估等级		
			A	B	C
音乐知识点	能够掌握乐曲的表达内容、主奏乐器	交流提问	能	一般	不太能
	能否总结江南丝竹的特点	交流提问	能	一般	不太能

四、设计理念

本环节主题运用了SECG教学模式的"创趣"——教师设计让学生充分了解江南丝竹这一民间音乐。中国的音乐文化丰富多彩，具有多种民族性格及地方风格，而江南丝竹正是中国音乐文体宝库中一颗夺目的璀璨明珠。然而，随着时代不断发展，江南丝竹音乐在表现方式上也有一些新的变化。很多的新的江南丝竹作品，在继承传统的基础上又融入一些新的元素，给作品增添了活力，更丰富了作品的表现力。

活动主题四：得趣《老鼠娶亲》《绛州鼓乐》

一、活动目标

1. 通过给《老鼠娶亲》四个乐曲命名，初次聆听歌曲。
2. 通过分段学习四个乐曲，熟悉乐曲。
3. 介绍绛州鼓乐，了解风格特点。

二、活动步骤

（一）给曲子命名

学生通过聆听音乐，同时结合图示，为乐曲的四个部分命名。

准备出动——娶亲路上——拜堂成亲——抱头鼠窜。

（二）分段学习

1. 第一段：准备出洞。

（1）清楚知道老鼠娶亲应该发生在什么时候？

交流总结：三更半夜。

（2）表现老鼠怎样的形象？

交流总结：小心翼翼。

（3）请同学上台表演出洞的神态。

2. 第二段：娶亲路上。

了解这段音乐在速度、力度、情绪上有什么变化。

3. 第三段：拜堂成亲（重点）。

（1）这段音乐在速度、力度、情绪上有什么变化？

（2）师生共同合作用不同的乐器演奏，如鼓、木鱼、镲和碰铃等。

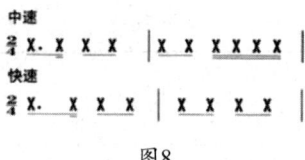

图8

4. 第四段：抱头鼠窜。

（1）通过聆听这段音乐，知道当乐曲达到高潮后，鼓乐声突然怎样变化？附点节奏出来预示着什么？老鼠们一看情况不妙，做出了什么样的事情？

（2）情景编创表演。

派出一名同学扮演猫，全组都参与编创，表演老鼠抱头鼠窜的状态。

（三）绛州鼓乐

绛州鼓乐：中国传统器乐打击乐的一种，流行于山西绛州。其演奏技法丰富多变，伴有板、锣等乐器。其风格磅礴、声韵铿锵、粗犷豪放，素有"地动山摇""闻声十里"之誉。

三、活动评价

表11

评估项目	评估内容	评估办法（聆听）	评估等级		
			A	B	C
音乐能力	是否掌握节奏	交流提问	能	一般	不太能

四、设计理念

这一主题活动运用了SECG教学模式的"得趣"环节——分段赏析，解决教学重、难点，通过教学小乐器激发学生的学习兴趣，掌握节奏型，从而感受绛州鼓乐的特点。

第三课时 《春江花月夜》

【教材分析】

《春江花月夜》是人音版教材中"中国民族音乐""古代音乐"部分的必听曲目。它是一支典雅优美的民族管弦乐曲，是我国古代音乐中的"极品"，具有极高的艺术价值和欣赏价值，在国际乐坛上享有崇高声誉。它的主题曲调富于歌唱性，旋律古朴、典雅，节奏比较平稳、舒展。主题旋律尽管有多种变化，新的因素层出不穷，但每一段的结尾都采用同一乐句出现，运用民间音乐中"换头合尾"的变奏法，从各个不同角度揭示乐曲的意境，深化了音乐表现的内容，具有较强的艺术感染力。

【学情分析】

学生生理、心理渐趋成熟,参与的意识和交往的愿望增强,获得知识和信息的途径增多,在学习上形成了自己的初步经验,表达情感的方式较之小学有明显变化。教师应通过多种形式的艺术实践活动,巩固和提高学生表现音乐的基本技能,扩大音乐欣赏的范围,更有意识地将音乐的人文内涵融入教学中。

【教学目标】

1. 熟悉乐曲及主题思想,初步了解中国传统音乐"换头合尾"变奏法,通过教师绘声绘色的讲解和学生演唱、演奏乐曲主旋律,加深对乐曲各段的理解。

2. 让学生积极动脑、动手、动口,引导他们在欣赏中听、唱、思、议、记、看,全方位开拓思维空间,在欣赏中训练学生的形象艺术思维能力和综合概括能力,培养学生对音乐的感受力、鉴赏力、表现力和创造力。

3. 通过对中国古代名曲的欣赏,培养学生热爱祖国优秀音乐文化的感情,从而提高学生的文化素质,增进学生的民族文化意识和民族自豪感,弘扬优秀音乐文化的意义。

【教学重、难点】

重点:

(1)初步了解中国传统音乐"换头合尾"变奏法。

(2)熟悉乐曲及主题思想,演唱、演奏乐曲主旋律,在音乐律动的过程中提高学习音乐的兴趣,培养简单合奏协作能力与群体意识。

难点:通过音乐欣赏进行文学艺术的创作,唤起学生潜在的创造想象力。

【教学准备】

音响、教材资料、课件、钢琴。

【教学过程】

活动主题一:激趣《追踪溯源》

一、活动目标

通过简介民族管弦乐《春江花月夜》,初步了解乐曲。

二、活动步骤

简介乐曲《春江花月夜》

今天向大家推荐一首用中国民族乐器演奏的非常著名的古典乐曲《春江花月夜》。

简介乐曲:这是一首典雅、优美、抒情的民族管弦乐曲。它宛如一幅美丽的山水画卷,描绘了春天静谧的夜晚、月亮从东山升起、小舟在江面荡漾、花影在两岸轻轻地摇曳的大自然迷人景色。这首乐曲以动人的旋律、巧妙的构思与手法,使音乐具有强烈的感染力,是我国民族音乐宝库中的珍品,在国际乐坛上也享有崇高声誉,曾多次在西方国家进行演奏。

三、活动评价

表12

评估项目	评估内容	评估办法	评估等级		
			A	B	C
音乐知识点	能否概括归纳乐曲介绍	提问、抢答	能	一般	不太能

四、设计理念

这一主题活动运用了SECG教学模式的"激趣"环节——通过欣赏民族管弦乐《春江花月夜》，引导学生理解歌曲的创作背景，扩宽学生音乐文化的知识面。初步感受《春江花月夜》这首乐曲的情感和乐曲表达的内容。

活动主题二：探趣《感受民乐之美》

一、活动目标

1. 初步了解乐曲中出现的乐器。
2. 辨别乐段之间的不同之处。
3. 欣赏视频画面。

二、活动步骤

1. 播放音频，学生思考问题。教师在乐曲播放过程中适时地启发学生围绕问题有目的地进行欣赏。

（1）在乐曲中多次出现了哪些中国民族乐器？

交流总结：在乐曲中多次出现了琵琶、洞箫、古筝、二胡等中国民族乐器，展示四种有代表性的乐器的相关图片。

（2）比较乐曲每段之间的相同之处与不同之处。

交流总结：乐曲的音乐意境优美，乐曲结构严密。它每一段的结尾都是一样的，但前面却有所变化。这就是中国传统乐曲中常用的"换头合尾"变奏法。它能充分发挥各种乐器的作用，从各个不同角度揭示乐曲的意境或主题。

（3）简单介绍"换头合尾"变奏法。

2. 伴随着画面的切换进行欣赏。

三、活动评价

表13

评估项目	评估内容	评估办法	评估等级		
			A	B	C
认识乐器	是否能够认识常见的中国传统民族乐器	交流、提问	能	一般	不太能
音乐知识点	是否能简单介绍"换头合奏"变奏法	交流、提问	能	一般	不太能

四、设计理念

这一主题活动运用了SECG教学模式的"探趣"环节——音乐教学并不是教会学生唱一首歌,或者听一首歌曲,最终的目标是通过唱、听,培养学生创编或者创作的能力。本环节的学习目标主要以认识中国传统民族乐器和欣赏乐曲为主。

活动主题三:创趣《画面联想》

一、活动目标

分段欣赏乐曲《春江花月夜》。

二、活动步骤

运用画面联想法分段欣赏乐曲,教师在此过程中绘声绘色地进行讲解。

江楼钟鼓,月上东山,花影层叠,水云深际,渔歌唱晚,回澜拍岸,欸乃归舟,尾声。

三、活动评价

表14

评估项目	评估内容	评估办法（聆听）	评估等级		
			A	B	C
知识理解	是否能分段欣赏音乐	交流、提问	能	一般	不太能

四、设计理念

这一主题活动运用了SECG教学模式的"创趣"环节——在聆听完整的乐曲后,教师要引导学生分段赏析乐曲,加深学生对乐曲旋律的印象,让学生更好地感受乐曲表达的情绪和主旨内容。

活动主题四:得趣《创作总结》

一、活动目标

1. 欣赏琵琶独奏版《春江花月夜》。
2. 融合语文、美术学科,让学生自主绘画或写诗。

二、活动步骤

1. 欣赏由琵琶独奏的《春江花月夜》,要求学生根据音乐意境,体会乐曲所表达的情景和神韵。

2. 欣赏一段以《春江花月夜》为题的古典舞,引导学生根据音乐的意境自己绘画或写一首小诗。

3. 了解到乐曲通过变奏,不仅描绘了"傍晚""小舟""箫鼓"等江上秀丽的晚景，表现微波荡漾、温馨恬静的春江景色，而且借景抒情，激起人们对祖国山河无限赞美的深厚情感。它还使我们领略了中国民族管弦乐曲的神韵，充分展示了我们民族器乐的魅力，使我们了解到中国民族乐器在世界之林中永远是一株光彩夺目的奇葩。

三、活动评价

表15

评估项目	评估内容	评估办法（聆听）	评估等级		
			A	B	C
知识理解	是否能进行学科融合	交流、提问	能	一般	不太能

四、设计理念

这一主题活动运用了SECG教学模式的"得趣"环节——教学的最终目标是提高学生的音乐素养，其中创造是最高阶目标。教师通过本单元三个课时的学习，利用六首作品作为学习材料，给学生提供一个创作的机会，让学生运用所学的音乐元素特点和创作手法，尝试跨出创作的第一步，从而真正培养学生音乐素养。

九、教学反思

本单元只有《彩云追月》为演唱曲目，其他五首作品都是欣赏曲目。教师为了引导学生深入地欣赏和歌唱作品，在人文上以关注传统民间音乐教育思想为引导，在知识点中突出了歌曲的音乐元素特性，也兼顾其共性，领悟歌词意义，感受地方音乐特点，同时追踪溯源深入作品创作的背景，入木三分感受作品。在歌唱中注重情感的抒发和歌唱技能表现力的提高，在欣赏中以实践活动增趣来体验音乐的特点。在教学中，有成功，有喜悦，也有遗憾和不足，归纳总结为以下几点：

（一）生本课堂，以生为本

普通音乐教育的目的是以人为本，是以人的情感接受、情感体验、情感表达、情感满足为本。本课时刻践行"让音乐属于每一个人"的教学理念，培养学生理解音乐情感和用音乐表达情感的能力。

（二）音乐教学，体验为先

整体教学始终遵循实践性原则，巧妙运用体验式音乐教学方法，从作品特征入手，带领学生从作品的情感内涵来引导学生达到高阶体验，即体验美感，情感共鸣。

（三）美育学科，以德为重

紧紧抓住关注中国传统民族音乐和音乐教学活动两条主线展开，入情入境、动情共情，做到以美育人、以文化人，彰显了学科的意义，达到了育人无痕的目标。

（四）音乐思维，高阶发展

在问题设计时要从不同学情的角度出发，在切重音乐本质的同时还要关注学生高阶思维的发展。在自主性方面，教师要鼓励、尊重学生的成长，在相对开放的学习空间里，适时点拨、鼓励学生进行创新、创造，再度助推共生教育高潮。

十、设计亮点

（一）瞻前顾后，构建整体知识结构

单元整体教学不仅是对本单元知识的简单罗列，还要联系以前所学、现在要学、今后还要继续学习的内容，以及知识之间的纵横关系。本单元以"国乐"为主线，串联小学、初中的民族民间歌曲和乐曲，乃至课外收集的民族民间歌曲和乐曲，拓展学生的传统文化之情。从知识结构上，教师应挖掘每首作品重要的知识点，提炼其相同的特点，突出其不同的特点，对于学过的知识点总是适时复习巩固，以后要学到的知识先做个预埋，关注新知识的掌握和旧知识的巩固。

（二）链接知识，迁移经验学以致用

本单元教学由浅入深，从体验民间不同地方音乐旋律特点和情绪，到分析乐曲的相关音乐知识点，再到学生理解记忆练习，掌握其要领，接着将所学习到的方法和经验运用于创编和创造。比如，第三课时的创作环节，是基于新课标学科融合，用语文学科、美术学科和音乐知识点的学习、积累，建起知识点之间的联系，通过给乐曲绘画或者写诗，提升学生的音乐素养。

八年级下册第二单元《乐海泛舟》教学设计

深圳市福田区华富中学　周宇杰

一、内容概述

内容简介：《乐海泛舟》出自人民音乐出版社八年级下册第二单元。风格迥异的音乐学习会让学生非常感兴趣。本单元教学旨在让学生欣赏音乐作品，了解西方的音乐风格，产生学习兴趣，初步认识变奏曲式、变奏手法等比较重要的音乐知识，并试着运用有关知识创作简单的变奏旋律。《摇篮曲》这首曲子具有浓郁的民族风格，勾画出母亲哄孩子睡觉的温馨画面。《A大调（鳟鱼）钢琴五重奏》的作者是舒伯特，该曲的情绪变化预示着幸福的生活即将到来。《梁山伯与祝英台》为奏鸣曲式的结构，在中国音乐史上起着重要的作用。

本单元的教学重点是让学生学会有感情、充分、自然、流畅地演唱，以饱满的感情熟练演唱《摇篮曲》，主动参加各种表演。难点是让学生初步掌握变奏曲式、变奏手法等音乐基础知识，在聆听和演唱活动中进行乐理知识的学习，在教师的带领下循序渐进地进行各种音乐活动，学会本单元的内容，激发学习兴趣，增强合作精神。本单元的学法主要是聆听欣赏、感情演唱、小组合作。学生在合理的教学目标导向下，可以演唱歌曲《摇篮曲》，懂得要表达情感，知道如何处理音乐作品，可以跟小组合作进行表演。

作品联系：本单元的学习内容主要是了解变奏式、变奏手法等相关知识。表演方式上，《摇篮曲》是分声部合唱，同时有一个器乐演奏欣赏版《摇篮曲》；《G大调弦乐小夜曲》是室内乐；《鳟鱼》是合唱；《A大调（鳟鱼）钢琴五重奏》是室内乐；《梁山伯与祝英台》是小提琴演奏的中国民间音乐，是一首协奏曲。

教学价值：通过本单元的学习，学生可以从不同题材的音乐中领悟到作曲家内心想抒发的情感。尽管音乐的题材很多，但是在表达感情方面的方式却是一致的。通过SECG教学模式在本单元的构建，学生可以从中感受到音乐独有的魅力。通过对本单元内容的深入学习，激发学生欣赏音乐的兴趣，让学生感知音乐的美好。

二、学习目标

审美感知：通过学习本单元歌曲及相关音乐知识，理解美，理解爱心。

艺术表现：初步认识摇篮曲的音乐风格特点，了解音乐家勃拉姆斯，知道其代表作品，可以情绪饱满地演唱《摇篮曲》。

创意实践：通过营造氛围、创编表演、聆听欣赏、有感情演唱、小组合作等活动，充分活跃学生的思维，提高学生的艺术审美能力和创造能力。

文化理解：乐意探索西方音乐与中国文化的区别，对西方音乐有兴趣，主动学习相关的音乐知识。

三、教学安排

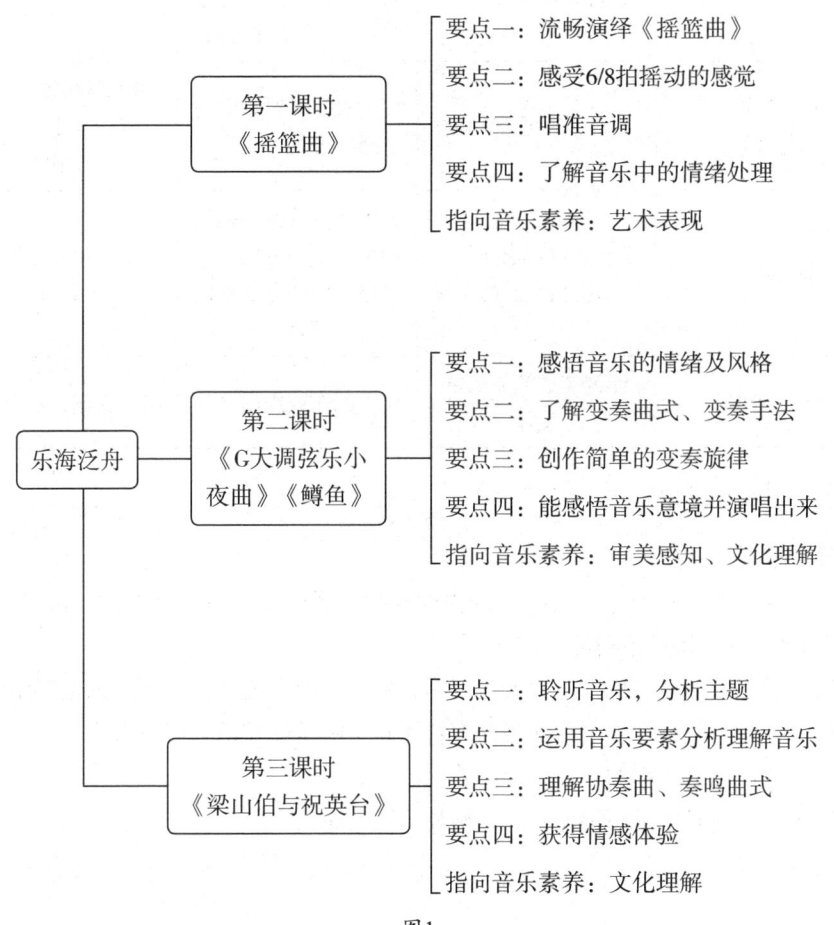

图1

四、学习评价

表1

评价内容	评价目标	评价方法	评价结果运用
歌唱《摇篮曲》表现	能准确、富有表现力地独唱	个人自评，小组互评，教师考核	分析学生音乐表现力的共性和个性，找出音乐课堂的教学规律，改进不足
《摇篮曲》律动	学生参与度，动作协调性，音乐表现力	积极参加课堂的表演环节并能在表演中加入自己的思想；课堂观察，终结性考核	交流讨论，经验共享
音乐知识，文化理解	对音乐的理解程度	课堂表演时对歌曲情感处理是否得当	鼓励学生课下收集资料，自主了解音乐知识
审美感知	学会欣赏音乐作品，能够提出自己的见解	思维的创造性（提出和别人不同的问题，或用不同的方法解决问题）	启发学生多角度发散思维
音乐创作	能创作摇篮曲风格旋律	自主创作或组内合作	组内交流，经验共享

五、教学建议

重、难点解决：

（1）在本单元教学中，三拍子的强弱规律是需要学生重点掌握的，可以通过拍球游戏感受"强弱弱"的节拍特点。

（2）弱起的演唱，可以先观看演唱视频，模拟演唱方法，在教师的示范下跟唱。

（3）在分声部的合唱中，伴唱的声音要和主唱搭配和谐，注意力度。

（4）学习乐谱视唱的时候，要打着拍子进行。

（5）演唱的时候，感情要饱满，精神要轻松愉悦。

六、活动设计

表2

课时	作品名称	教学设计侧重点	关注要点	活动设计
第一课时	《摇篮曲》	以饱满的感情，流畅演唱歌曲	三拍子强弱规律	练习二拍强弱弱的感觉
			弱起的演唱	找出弱起小节，同正拍歌曲对比
			和谐演绎二声部	分声部练习
第二课时	《G大调弦乐小夜曲》	1.了解音乐旋律。2.感悟音乐情感。3.体验音乐要素引发的情绪反应及其生动深刻的艺术表现力	了解音乐旋律	听音乐，跟唱，反复练习
			把握节拍强弱规律	教师讲解弱起的知识点
			体验乐曲情感	欣赏音乐，畅谈音乐要素引起的情绪变化
	《鳟鱼》		体验音乐蕴含的内容	欣赏音乐，说感受，分析音乐结构
	《A大调（鳟鱼）钢琴五重奏》		欣赏音乐，感情音乐内涵	教师讲解降半音记号，使学生了解其作用
第三课时	《梁山伯与祝英台》	1.熟悉奏鸣曲式的结构。2.赏析音乐与故事融合的表现方式	熟悉奏鸣曲结构	分结构讲解：引子、呈现、张开、再现、尾声
			赏析音乐的表现手法	聆听、欣赏歌曲，展开想象

七、前后关联

表3

之前		之后	
主题关联（音乐赏析）	主题关联（音乐赏析主题）	声乐形象关联（轻柔，舒缓）	音乐要素关联（重音记号，上滑音，下滑音）
第一单元《生命之杯》	第三单元《花儿与少年》《巴蜀山歌》	第四单元《深情》	第三单元《打支山歌过横排》

八、教学实施过程

第一课时 《摇篮曲》

【教材分析】

这首《摇篮曲》，曲子属于德国传统民歌风格的抒情歌曲，于1868年问世。歌曲利用强弱拍以及节奏温柔的起伏，勾画出妈妈摆动摇篮的画面。这首曲子优美抒情，唱调安详舒展。这首歌曲是3/4节拍，这种节拍本身具有舞曲化的风格，然而作曲家却巧妙地将其升华为内在的韵律，因而这首音乐更富有温馨的叙事化旋律，充满画面感。

【学情分析】

八年级学生的学习习惯已经比较固定，喜欢有一定内涵的、有趣的、不同形式的学习。在教学中，教师要注重为学生构建正确的审美意识，拓宽音乐文化视野，形成热爱音乐的态度。同小学阶段相比，学生表达情感的方式有明显变化。教师可以采用多种方式的音乐实践活动，使学生的基本音乐技能得到发展和提高，拓展音乐欣赏的范围，提高文化意识。这个阶段的学生正处于变声期，对唱歌的数量、力度、时间方面的要求可以适当减少，注意嗓音保护。

【教学目标】

1. 了解什么是《摇篮曲》，明白《摇篮曲》的风格特点，能够用饱满自然的歌声表现。
2. 明白歌曲的力度及速度变化体现了怎样的情绪转变。
3. 能够分析出中外《摇篮曲》的异同。

【教学重、难点】

重点：情绪饱满、声音自然地演唱《摇篮曲》；欣赏音乐，体会表达的情感。
难点：体会不同种类摇篮曲的情绪及风格。

【教学准备】

收集音响、教材资料、制作课件、钢琴。

【教学过程】

活动主题一：激趣《走进摇篮曲》

一、活动目标

1. 感悟歌曲所表达的情感，体会歌曲的意境。
2. 通过趣味性拍手活动，让学生在轻松愉悦的学习过程中学会分析三拍子的规律，会唱倚音、滑音。

二、活动步骤

（一）拍手活动趣玩歌曲

1. PPT播放《青年友谊圆舞曲》，学生观察、聆听，体会三拍子的规律。

活动：强拍拍手，弱拍拍肩膀。

学生自主完成强弱拍的拍手活动，分组比赛演示。

在组内讨论总结出三拍的节奏特点：强弱弱。

教师总结：

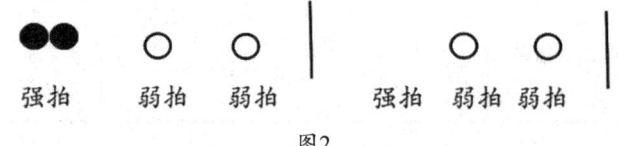

图2

2. 思考：刚才的节拍，你听后有什么感受？分析歌曲表达的情感。

学生自由发言，体现自主学习。

（二）再听歌，分组趣辨难点

1. 再次聆听歌曲，同桌小组讨论：哪些地方比较难唱？

2. 教师总结：弱起小节在起唱中应注意其力度，附点音符在演唱中应注意其节拍，倚音的演唱要圆润。

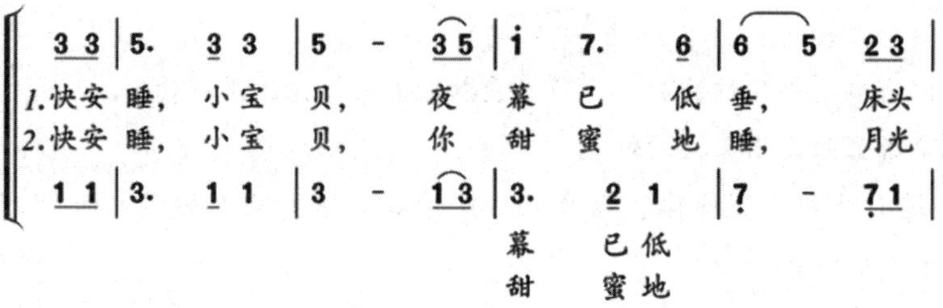

图3

图4

三、活动评价

表4

评估项目	评估维度	评估办法（观察）	评估等级		
			A	B	C
审美感知	音乐艺术听觉特性	观察，聆听	对音乐有独特感悟	对音乐基本有感悟	对音乐不太了解
歌唱表现	表达音乐美感的能力	聆听，比较	音准节奏准确	音准节奏基本准确	音准节奏不准确

四、设计理念

本环节的设计，使学生了解歌曲表达的情感，学会唱倚音，为接下来的教学打下基础。本活动主题一运用SECG教学模式之"激趣"环节——将"趣玩歌曲""趣辨难点"引入新课，目的是让学生在充满趣味性的氛围中自主学习总结三拍子特点与歌曲难以掌握的难点。

活动主题二：探趣《探索旋律，演唱摇篮曲》

一、活动目标

1. 可以流畅演唱《摇篮曲》，声音自然圆润，情绪优美抒情。
2. 体会摇篮曲音乐风格的特点。
3. 通过引导学生探旋律、探音色、探情绪、探形象来演唱歌曲并总结《摇篮曲》的音乐风格特点。

二、活动步骤

（一）唱曲谱，探索旋律、节奏特点

试唱歌曲《摇篮曲》：听教师范唱，体会歌曲旋律以及节奏特点。

（二）朗诵歌词，激发学生对作品进一步的了解

读歌词，了解歌曲内容。

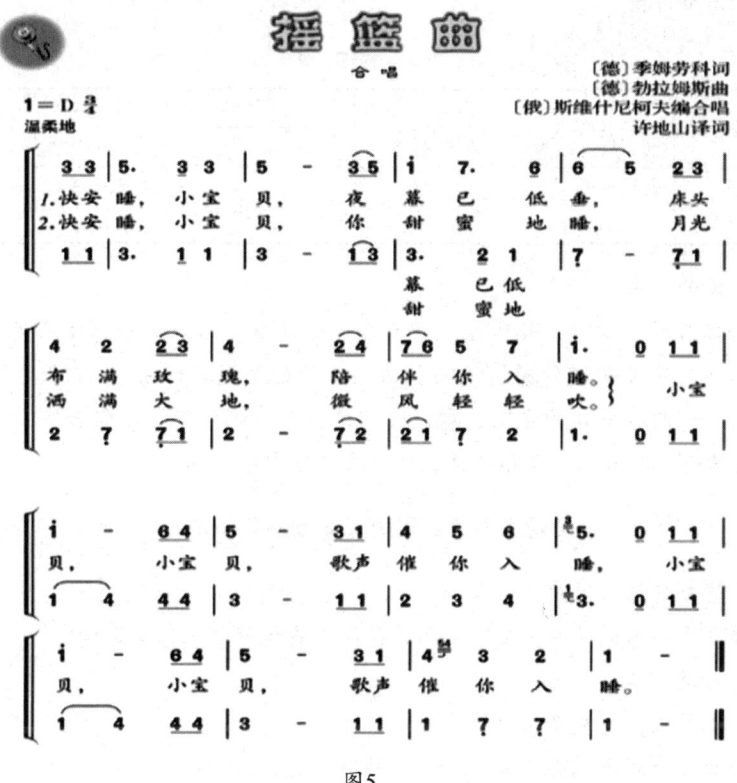

图5

读歌词的时候注意发声部位、吐字节奏。

(三) 分声部学唱,趣味学习二声部旋律

1. 先分组练习试唱,再分声部练习试唱,唱熟后再合到一起。

要注意二声部的搭配,准确把握节奏。

跟着教师打节奏。

2. 试着演唱歌曲前面的几个小节,首先练习哼唱歌曲的旋律,然后看着歌谱视唱,教师示范,学生跟唱。

3. 在伴奏音乐中,学生齐唱这首歌曲,思考以下问题:

歌曲要表达什么样的情感?歌曲速度应以怎样的速度演唱?

4. 演唱歌曲:注意情绪饱满,声音自然圆润。

5. 教师请一名同学上台表演,大家评价。

6. 试着将歌曲改编成其他节拍的歌曲,再跟原曲进行比较,体会一下:歌曲的情感有发生变化吗?

三、活动评价

表5

评估项目	评估维度	评估办法（观察）	评估等级		
			A	B	C
歌唱表现	表达音乐美感的能力	聆听，比较	音准节奏准确	音准节奏基本准确	音准节奏不准确

四、设计理念

在本环节的教学中，让学生从歌曲中领会情感，然后从情感体验又回到歌唱表演，培养学生带着饱满的感情演唱歌曲。本活动主题二运用SECG教学模式之"探趣"环节——通过旋律的学唱、歌词的朗诵、分声部学唱、小组合唱，引导学生感受音乐的情感，准确把握音乐要素，在自主趣味中学习。

活动主题三：创趣《多版摇篮曲汇总》

一、活动目标

比较多个版本的《摇篮曲》之间的异同，看视频趣味体会母爱。

二、活动步骤

多版本对比，感受音乐之美

1. 聆听多个版本的摇篮曲，说表达的情感有什么不同。

《摇篮曲》——勃拉姆斯　3拍子

《摇篮曲》——舒伯特　　4拍子

《摇篮曲》——莫扎特　　6拍子

拍子：3、4、6拍子。

速度：缓慢。

意境：宁静、优美、舒缓。

再比较我国东北地区民歌、我国满族的《摇篮曲》、印度地区《摇篮曲》之间的异同。

2. 深入了解摇篮曲的特点。

3. 看视频，感受妈妈的爱。

三、活动评价

表6

评估项目	评估维度	评估办法（观察）	评估等级		
			A	B	C
文化理解	对摇篮曲意境内涵的理解	聆听，询问	完全理解	基本理解	不大理解

四、设计理念

本活动主题三运用SECG教学模式之"创趣"环节——本节课的教学中,教师把学生的自学能力及小组合作学习能力的训练放在首位,在交流探讨中增强学生感恩的意识,运用新的学习方法和教学方法,提升学生对音乐的兴趣,锻炼学生的创新意识和能力,提升学生知识技能。

活动主题四:得趣《知识盘点,预习新知》

一、活动目标

1. 回忆本单元所学音乐的结构和知识。
2. 预习下节课内容,并做初步了解。
3. 通过师生共同总结课程知识点,对本节课进行梳理,总结《摇篮曲》概念。

二、活动步骤

(一)回顾本单元的知识点

1. 主要学习内容:欣赏演唱《摇篮曲》。
2. 师生总结:这首曲子是《摇篮曲》,各国都有不同版本的《摇篮曲》,但是不管是哪个版本的,表现的都是舒缓平和的情绪状态。《摇篮曲》原为母亲抚慰婴儿入睡的民间歌曲,具有旋律平顺、气氛安详的特点。
3. 在本单元学习中,我们明白了,虽然国度不同,但是妈妈的爱是相同的,音乐无国界。

(二)巧预习,评析作品异同

师:同学们,我们下节课将会欣赏几首世界著名的室内乐作品《G大调弦乐小夜曲》《鳟鱼》《A大调(鳟鱼)钢琴五重奏》,下面大家先来聆听这几支乐曲,体会与本课的作品在音乐风格上有哪些不同。

小组内探讨。

(三)设作业,课后延展续学

搜集材料,了解各国不同版本的《摇篮曲》,学唱几首,开拓音乐视野。

三、活动评价

通过演唱,评估学生的音准和节奏。通过组内学习互动,评估学生的课堂参与度。通过对知识点提问,了解学生的音乐知识储备。

四、设计理念

本活动主题四运用SECG教学模式"得趣"环节——通过鼓励学生课下搜集资料,锻炼了学生的实践能力。资料搜集的过程同时也是学习的过程,学生的音乐知识在实践中不断强化,提升了音乐素养。

第二课时 《G大调弦乐小夜曲》《鳟鱼》

【教材分析】

本课时的两首曲子都是室内乐，教学中让学生欣赏音乐，感受室内乐有什么风格特色，感受并领会乐曲中音乐元素对情绪表达所起的作用，欣赏其艺术表现力，让学生多角度地欣赏，体会高雅艺术的魅力。

【学情分析】

在学习《摇篮曲》之后学习本课，学生会产生新鲜感，可以充分领略多种音乐元素的艺术影响力，对学习音乐产生深厚的兴趣。

【教学目标】

1. 欣赏《G大调弦乐小夜曲》，明白音乐主题，体会室内乐有什么风格特色，了解莫扎特。

2. 聆听《鳟鱼》，跟唱这首乐曲，体会歌曲的情感。

3. 欣赏《A大调（鳟鱼）钢琴五重奏》第四乐章，感受并领会乐曲中音乐元素对情绪表达所起的作用，欣赏其艺术表现力。

【教学重、难点】

重点：领略莫扎特和舒伯特的音乐风格。

难点：体会室内乐的特色。

【教学准备】

收集音响、教材资料、制作课件、钢琴。

【教学过程】

活动主题一：激趣《亲近歌曲　赏析小夜曲》

一、活动目标

1. 赏析《G大调弦乐小夜曲》，明确乐曲表达的内涵，领会室内乐的特色，初识莫扎特。

2. 通过趣味性的聆听对比，使学生对作品产生兴趣。

二、活动步骤

趣味欣赏对比，了解歌曲。

1. 欣赏《G大调弦乐小夜曲》。

PPT播放音乐，请同学们聆听。

师：请同学们欣赏一首非常有名的曲子，与此同时再考虑两个问题：这首曲子包含着什么样的音乐情绪？使用了哪种乐器？

欣赏，学生讨论。

2. 了解作者。教师介绍莫扎特。

3. 播放音乐《不想长大》，学生分辨两种音乐有什么不同。

4. 播放《G大调弦乐小夜曲》，讲解相关音乐知识。

讲解《G大调弦乐小夜曲》，让学生明白其音乐特点。

5. 知道什么是弦乐合奏。

弦乐器家族的乐器音质柔和，富有表现力，按发音从高到低的顺序排列，可分为小提琴、中提琴、大提琴、低音提琴。每件弦乐器有四根粗细不同的琴弦，每根弦各有规定的音高。

6. 明白室内乐的特点。

室内乐最初是指在贵族的客厅里演奏的音乐，是和教堂音乐及剧场音乐相对而言的。近代的室内乐，是指使用两种以上的乐器，而每种乐器占有同等地位的小型音乐演奏。

三、活动评价

表7

评估项目	评估维度	评估办法（观察）	评估等级		
			A	B	C
音乐理解	理解室内乐的特点	问答、观察	完全理解	基本理解	不理解

四、设计理念

以学生欣赏曲子作为导入，通过聆听与体验，建立对主题旋律初步的感受，使学生在音乐中熟悉主题。本活动主题一运用SECG教学模式之"激趣"环节——趣味欣赏对比歌曲，明确乐曲表达的内涵，领会室内乐的特色，初识莫扎特。

活动主题二：探趣《探索旋律　欣赏歌曲》

一、活动目标

1. 聆听《鳟鱼》，尝试跟唱，体会音乐内涵。

2. 通过逐段欣赏引导学生探旋律、探音色、探情绪，让学生了解并喜爱钢琴五重奏。

二、活动步骤

听音乐，趣赏探乐

1. 欣赏《鳟鱼》。

第一遍欣赏，请学生思考：这首歌曲特点是什么？这样做有什么用意？

第二遍欣赏，领会音乐承载的情绪。

2. 学生讨论：钢琴五重奏是什么意思？舒伯特写鳟鱼的目的是什么？给歌曲分段。

| 主题 | 结束段 | 结束段 | 结束段 | 结束段 | 结束段 | 结束段 |

图6

3. 讨论：弦乐器的音色各有什么特点。

师总结：小提琴和中提琴音色明亮。大提琴和低音提琴低沉。

4. 尝试跟唱音乐旋律。

三、活动评价

表8

评估项目	评估维度	评估办法（观察）	评估等级		
			A	B	C
审美感知	感知音乐的内涵、表现要素、表现手段	问答、观察、聆听	完全理解音乐内涵	基本理解音乐内涵	不理解音乐内涵

四、设计理念

本环节带领学生欣赏室内乐，提升了学生学习的积极主动性。本活动主题二运用SECG教学模式之"探趣"环节——在聆听音乐、对比、自主律动中，学生知道了力度、节奏、速度等发生的变化都体现着音乐情绪的变化，理解了变奏的表现力。

活动主题三：创趣《A大调（鳟鱼）钢琴五重奏》

一、活动目标

1. 欣赏《A大调（鳟鱼）钢琴五重奏》，继续体会音乐要素对歌曲情绪的影响。
2. 通过分析对比，激发学生的兴趣，让学生喜爱此类作品。

二、活动步骤

1. 赏析《A大调（鳟鱼）钢琴五重奏》中的第四乐章。

师：思考音乐有几个主题，每个主题的主奏乐器的音色有何区别，体会变奏的方法。

2. 将本节课中的几首曲子进行对比欣赏。

总结变奏曲的内涵，理解其特点。

3. 初步认识作者舒伯特，学生自主了解音乐背后的故事。

4. 练习演唱歌曲的第一部分，时刻注意学生的音准，进行纠正。

三、活动评价

表9

评估项目	评估维度	评估办法（观察）	评估等级		
			A	B	C
音乐理解	理解音乐要素对情绪的影响	问答，观察	完全理解	基本理解	不理解
审美感知	有独特美感的体验	聆听，比较	有独特的体验	基本有音乐体验	没有音乐体验
活动参与	能积极参与学习活动	观察	能积极参加课堂学习	基本能正常参加课堂学习	对音乐学习不感兴趣，不愿参加

四、设计理念

本节课内容中涵盖了几首世界著名的音乐作品，学生在欣赏音乐的同时，可以充分发挥想象力，发展创造力，提升审美能力。本活动主题三运用SECG教学模式之"创趣"环节——在学生对世界各国伟大作曲家生平的了解及贡献探究过程中，培养学生良好的意志品质。通过音乐的欣赏，让学生体会东西方文化的不同，对学生进行文化意识的教育。

活动主题四：得趣《知识盘点与新课预习》

一、活动目标

1. 回忆本单元所学音乐的结构和知识。
2. 预习下节课内容，并做初步了解。

二、活动步骤

（一）回顾本单元的知识点

1. 主要学习内容：《G大调弦乐小夜曲》《鳟鱼》《A大调（鳟鱼）钢琴五重奏》三首曲子的欣赏。

2. 师生总结：这三首曲子都是室内乐，通过音乐欣赏，我们了解到了莫扎特、舒伯特等大师的优秀作品，对提升我们的音乐素养非常有帮助。

3. 在学习本单元以后，我们明白了，在音乐中，情感的表达都是通过音乐要素的转换来进行的。我们要细细体味音乐中蕴含着的音乐情感，提高音乐鉴赏水平。

（二）巧预习，评析作品异同

师：同学们，我们下节课将会学习中国民族文化的代表作《梁山伯与祝英台》，下面大家先来聆听这支乐曲，体会与本课的作品在音乐风格上有哪些不同。

小组内探讨。

（三）设作业，课后延展续学

搜集大量莫扎特和舒伯特的相关资料，提升音乐素养。

三、活动评价

通过自评、组内互评、老师测评等方式，评估学生本节课的学习状态，考查学生的参与课堂的程度、知识储备、音乐素养。

四、设计理念

鼓励学生课下搜集资料，锻炼学生的实践能力。本活动主题四运用SECG教学模式之"得趣"环节——资料搜集的过程同时也是学习的过程，让学生的音乐知识在实践中不断强化，提升了学生的音乐素养。

【板书设计】

《G大调弦乐小夜曲》
《鳟鱼》   } 室内乐
《A大调（鳟鱼）钢琴五重奏》

第三课时 《梁山伯与祝英台》

【教材分析】

《梁山伯与祝英台》刻画了梁山伯、祝英台两人的爱情悲剧，表达了对封建制度的愤怒控诉，反映了群众对二人悲惨命运的深切同情。为了加强戏剧性的矛盾冲突效果，作品采用了西洋协奏曲中的奏鸣曲式，达到了很好的效果。而且这首曲子还汲取了我国戏曲的表现手法，民族风格浓厚。

【学情分析】

学生在学习了前两课后，再进行本课的学习会更有兴趣，一方面，这首曲子与前几首风格迥异，学生最喜欢有新鲜感的事物；另一方面，这是中国民间音乐的代表，与前几首的外国室内乐形成了鲜明的对比。学生可以了解中国民间音乐的特色，增强文化自信。

【教学目标】

1. 欣赏中国民族音乐的代表《梁山伯与祝英台》。
2. 了解奏鸣曲在结构上有什么特点，音乐可以分成哪几段。
3. 感悟音乐情感，提升音乐鉴赏力。

【教学重、难点】

重点：明白什么是协奏曲。

难点：根据音乐展开丰富的联想，体会音乐表达的情绪。

【教学准备】
收集音响、教材资料、制作课件、钢琴。

【教学过程】

活动主题一：激趣《初闻梁祝》

一、活动目标

1. 越剧趣味导入主题。
2. 整体感知《梁山伯与祝英台》，分析主要旋律的特色，跟音乐哼唱。

二、活动步骤

（一）初欣赏，引发兴趣

导入：《梁山伯与祝英台》是越剧的传统名剧，是我国家喻户晓的民间爱情故事。作品以感人的音乐表达了对封建社会的反抗，彰显了人们对自由和幸福的向往。

学生交流各自收集的资料。

教师补充。

（二）进一步了解作品

1. 作者简介。
2. 作品分析。

聆听音乐，了解《梁山伯与祝英台》这首曲子的背景，明白演奏器乐对音乐表现力的作用。

3. 截取乐曲中的主要旋律，让大家欣赏。同学们跟录音，看着乐谱试唱旋律。

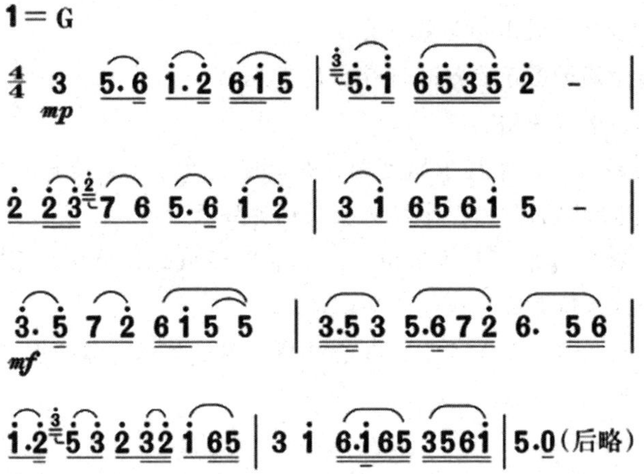

图7

三、活动评价

表10

评估项目	评估维度	评估办法（观察）	评估等级		
			A	B	C
审美感知	能分析音乐的主要特色，明白演奏乐器的表现力	问答、观察	完全理解	基本理解	不理解

四、设计理念

本活动主题一运用SECG教学模式之"激趣"环节——通过听赏乐曲，深入感悟作品的内涵，体会音乐表达的情感，为接下来的学习打下扎实的基础。

活动主题二：探趣《欣赏音乐，了解协奏曲》

一、活动目标

通过探旋律、分段欣赏音乐，了解协奏曲、奏鸣曲式。

二、活动步骤

1. 教师讲解乐曲内容，分段赏析。

引子：春景，风和日丽，鸟语花香。

呈示部：主部、链接部、副部、结束部。

展开部：封建势力，主题，英台抗婚，楼台相会，哭灵、控诉、投坟（最高潮）。

再现部：化蝶，再现主部主题。

认真聆听，感受乐器表现力。思考：在这首乐曲中，用什么乐器来表现典型的音乐形象？

2. 完整欣赏音乐《梁山伯与祝英台》。

思考：爱情主题的音乐在第一部分出现了几次？

3. 音乐知识，教师讲解：

了解协奏曲的特点，掌握乐曲主题，辨析长笛等乐器的音色，领会乐曲各种音乐要素对情绪表达所起的作用，掌握协奏曲相关知识。

协奏曲是一种独奏乐器和乐队协同演奏的大型乐曲。由什么乐器担任独奏就叫什么协奏曲，如钢琴协奏曲、琵琶协奏曲等。

4. 再次听《梁山伯与祝英台》，体会情感，跟随伴奏哼唱音乐。

三、活动评价

表11

评估项目	评估维度	评估办法（观察）	评估等级 A	B	C
音乐理解	理解协奏曲的特点	问答、观察	完全理解	基本理解	不理解
音乐基础知识掌握	体会歌曲的力度、旋律、情感	观察、比较	能深入理解音乐	基本了解音乐	不清楚音乐的力度、节奏等

四、设计理念

新课标中，音乐欣赏是一个重要的学习领域，它是所有音乐学习活动的基础，可以提升学生的音乐审美能力。音乐心理学家发现：所有的音乐能力，都基于音乐感受能力。本活动主题二运用SECG教学模式之"探趣"环节——在教学中应提升学生欣赏音乐的兴趣，鼓励学生对听到的音乐发表独立的感想与看法，采取多种形式指引学生主动参与音乐体验，使学生达到终生学习、热爱音乐的目标。

活动主题三：创趣《学唱梁祝》

一、活动目标

跟伴奏演唱歌曲，感悟作品的情绪变化。

二、活动步骤

1. 出示《梁山伯与祝英台》的歌词。

学生齐读，体会歌词中的感情。

2. 视唱主部主题旋律，注意附点音符和倚音的唱法。
3. 加上歌词一起唱。
4. 谈这首音乐蕴含的情绪。
5. 分组讨论，思考：这首音乐的结局是什么？从哪里能体现出来？

三、活动评价

表12

评估项目	评估维度	评估办法（观察）	评估等级 A	B	C
音乐理解	理解歌曲的情感	问答、观察	完全理解	基本理解	不理解
审美感知	对音乐有独特感悟	问答	有深刻感悟	能够初步感悟	不能感受音乐美感

四、设计理念

本活动主题三运用SECG教学模式之"创趣"环节——在该环节的设计中，教师特别关注到了学生的个体差异，不要求全部学生完成视唱，但在听赏中努力使所有同学都能欣赏音乐，还创设一个有利于发挥想象的教学情景，让学生广泛发散思维，进入音乐学习。

活动主题四：得趣《温故知新》

一、活动目标
1. 回忆本单元所学音乐的结构和知识。
2. 预习下节课内容，并做初步了解。

二、活动步骤

（一）回顾本单元的知识点

1. 主要学习内容：《梁山伯与祝英台》。
2. 共同总结：这是一首小提琴协奏曲，刻画了梁山伯与祝英台二人的爱情悲剧。曲式属于奏鸣曲式，包括三大部分，分别是呈现，展开，再现。小提琴的表达如泣如诉，表达了对封建社会的愤怒控诉，对二人命运的深切同情。
3. 小提琴的音色对音乐情感起到了重要的诠释作用。

（二）巧预习，评析作品异同

师：同学们，我们下个单元将会学习第三单元《山野放歌》，下面大家先来欣赏《打支山歌过横排》，体会与本单元作品在音乐风格上有哪些不同。

小组内探讨。

（三）设作业，课后延展续学

搜集《梁山伯与祝英台》的相关资料，加深对音乐的理解。

三、活动评价

通过组内交流的方式，观察学生课堂的参与度。通过跟唱，测评学生的节奏及音准等音乐素养。通过提问，测评学生的音乐知识储备。

四、设计理念

鼓励学生课下搜集资料，锻炼了学生的实践能力。资料搜集的过程同时也是学习的过程，让学生的音乐知识在实践中不断强化，提升了学生的音乐素养。

九、教学反思

（一）构建开放课堂

关于音乐方面的问题，可选择的答案范围很广。教师应不固化学生的思维发展，不设定既有答案，让学生自主建构知识体系。

（二）注重学生体验

我们在音乐欣赏课中必须注重学生体验，学生有良好的学习体验才会乐意探索。学生在参与过程中思考音乐给自己带来哪些美好的感受。

十、设计亮点

（一）注重示范引领

在本单元的教学设计中，教师注重示范的榜样作用，在演唱、演奏、节拍、力度、速度方面都给学生先进行示范，使学生减少畏难情绪，主动模仿，逐渐提升音乐技能。

（二）强调音乐实践

音乐实践在音乐课堂的教学方法中，有着十分重要的地位。这种教法突出了课程的实践性特点。教师引领学生共同演唱、打拍，进行律动，编排歌词，设计了多种音乐实践，把实践当成学生了解音乐、提升音乐审美的重要方式。

（三）鼓励音乐创造

在本单元中，教师带领学生给曲子填词，进行综合性艺术表演，通过多方面的音乐创造，逐渐增加音乐经验，提升学生的自信心，让学生树立合作意识，提升学生的素养。

九年级上册第二单元《魅力歌剧》教学设计

深圳市大鹏新区葵涌中学　夏志宸

一、内容概述

内容简介：本单元选择的曲目共五首。《猎人合唱》选自德国作曲家韦伯的歌剧《自由射手》，以其轻快活泼的节奏、流畅奔放的旋律、德国民间音乐的风格，充分地表现了猎人们乐观向上的生活态度。《饮酒歌》选自意大利作曲家威尔第的歌剧《茶花女》。其中《饮酒歌》是歌剧《茶花女》中的一首领唱、合唱曲。它不仅很好地表现了男女主人公对爱情的热情讴歌，也表现了男女主人公是在非常友好的、充满浪漫色彩的环境中相互交流着内心的感情，同时获得了朋友们对他们纯洁爱情的热情祝福。《我是城里的大忙人》是意大利作曲家罗西尼的歌剧《塞维利亚理发师》中的一首抒情曲。这部歌剧隐含着剧中人费加罗对贵族阶层机智的讽刺和揭露，并折射出作者向往自由、反抗压迫的民主要求。《绣红旗》是我国新歌剧《江姐》中的一个重要唱段。它用女生独唱及女声表演唱的形式表现出来。作品优美深沉、细腻抒情的音调和鲜明的民族风格，很好地刻画以江姐为代表的无产阶级革命者视死如归的英雄形象。《卡门序曲》选自法国作曲家比才的歌剧《卡门》。这是一部将社会底层——烟草女工和士兵推上法国歌剧舞台的巨作，也是比才歌剧创作中的巅峰之作。这部歌剧通过卡门与霍塞的爱情悲剧，无情地揭露了资产阶级的所谓"自由平等"——在那不让感情自由发展的社会里，是不能抱着真实情感活下去的。

作品联系：本单元的学习内容以歌剧为主，与之前所学的外国乐曲和歌曲《缤纷舞曲》《美洲乐声》《多彩音乐剧》《音诗音画》等单元有着一定的联系。《缤纷舞曲》这一单元大部分都是外国舞曲，让学生了解外国舞曲的文化和发展背景知识；《美洲乐声》这一单元都是美洲的歌曲和乐曲，拓宽了学生学习西方音乐的道路；《多彩音乐剧》这一单元的学习让学生在学习歌剧的同时，有了一定的对比；《音诗音画》这一单元的学习可以让学生了解交响诗，歌剧一般都是用交响乐团伴奏的，这一单元的学习也给歌剧的学习打下了坚实的基础。以上音乐作品，可以培养和提高中学生的审美能力。

教学价值：本单元的学习通过SECG教学模式让学生感受所选曲目除具有深刻的题材内容、很高的艺术水准、富有歌剧的典型性之外，也被广大群众所喜闻乐见，具有丰富人们精神生活的作用。特别是在以往的音乐教学实践活动中，这些曲目均被广大师生所喜爱。因此，本单元的学习内容将会对学生认识、理解歌剧这种体裁形式，感受体验歌剧唱段在表现人物内心情感、刻画人物性格、发展剧情以及认识理解歌剧序曲具有暗示剧情的作用等方面，提供了一个便捷的、有益的平台。当然，这些曲目也会对学生提高艺术审美能力大有益处。

二、学习目标

审美感知：能够对本单元所选的中外歌剧选曲感兴趣，愿意参与其中的音乐实践活动，并在活动中增进学习与音乐有关的综合性艺术的强烈愿望。

艺术表现：能够自信地用富有弹性的声音、清晰的咬字吐字和轻快活泼、热情奔放的情绪演唱《猎人合唱》；能够较好地把握合唱声部间的和谐与均衡，并在歌唱的基础上初步掌握有关歌剧的基础知识，认识合唱在歌剧中所发挥的作用。

创意实践：欣赏《饮酒歌》，聆听《我是城里的大忙人》，比较两首歌曲不同的风格，感受、体验歌剧音乐在塑造人物形象方面的重要作用，认识歌剧中常见的几种演唱形式——独唱、领唱与合唱，初步认识这些形式在歌剧中所发挥的作用。

文化理解：聆听《绣红旗》，感受歌曲中蕴含的革命思想、音乐情感及其风格，进而体验剧中人物所表现出来的高尚的无产阶级革命思想及感情。欣赏《卡门序曲》，感受主部主题与插部主题交替出现的艺术表现作用，进而体验乐曲所引发的多种情绪反映，认识某些歌剧序曲具有暗示剧情的作用，并初步掌握有关歌剧序曲、回旋曲式及作曲家比才的音乐知识。

三、教学安排

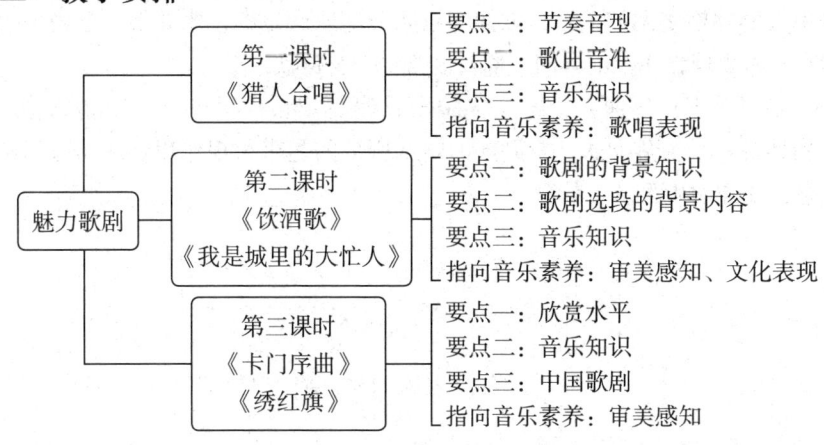

图1

四、学习评价

表1

评价内容	评价目标	评价方法	评价工具	评价结果运用
《魅力歌剧》	能够有感情地唱好歌曲，唱准二声部的音准、节奏	小组、个人抽查和考核	聆听、分辨歌声音色，分A、B、C、D四个等级记录在档案册	分析学生抽查结果和考核结果，寻找原因，改进课堂不足。在下一课时以复习的方式解决问题
音乐知识，文化理解	掌握程度	诊断性评价（课前预习）、形成性评价（师生交流）、总结性评价（课后作业和测试）		掌握不够的知识点在以后的课堂着重关注和讲解
审美感知	对音乐发表见解和评论	过程性评价（师生探讨、课堂交流、提问回答的形成）。终结性评价（联系课内所学知识点，进行简单分析和评论）		拓展课外相关音乐作品或知识

五、教学建议

重、难点解决：

（1）学唱《猎人合唱》，要注重稳定的节拍、节奏及速度，旋律的准确和流畅；歌曲的音乐情绪，合唱的和谐与均衡，歌剧的相关知识概念，韦伯的生平及贡献。

（2）欣赏《饮酒歌》，注重歌曲的内容、情感及音乐特点，领唱、合唱的角色分工及其艺术表现作用，歌曲的高潮所在，威尔第的生平及贡献。

（3）聆听《我是城里的大忙人》《绣红旗》，注重歌曲的音乐内容及情绪；歌曲与剧中人物性格之间的关系，歌曲与乐队分配所产生的艺术效果，歌剧独唱与一般独唱在艺术表现作用上的异同，罗西尼的生平及贡献。

（4）欣赏《卡门序曲》，注重乐曲中各音乐主题的戏剧内容及其情绪特征，乐曲的结构特征——回旋曲式，歌剧序曲暗示剧情的艺术表现作用，序曲、回旋曲的知识概念，比才的生平及贡献。

六、活动设计

表2

课时	作品名称	教学设计侧重点	关注要点	活动设计
第一课时	《猎人合唱》	了解歌曲的背景知识,有感情地演唱歌曲,并注意二声部合唱的音准、节奏	二声部音准	聆听歌曲,演唱歌曲
第二课时	《饮酒歌》《我是城里的大忙人》	两首歌曲的相关背景知识	歌剧的相关知识	赏析乐曲
第三课时	《卡门序曲》《绣红旗》	中外歌曲的相关背景知识	歌剧的相关知识	分段赏析乐曲

七、前后关联

表3

单元之前			
主题关联（西方管弦乐为主）	主题关联（西方音乐）	主题关联（音乐剧）	主题关联（交响诗）
七年级上册第二单元《缤纷舞曲》	七年级下册第四单元《美洲乐声》	八年级上册第三单元《多彩音乐剧》	八年级上册第四单元《音诗音画》

八、教学实施过程

第一课时 《猎人合唱》

【教材分析】

《猎人合唱》

《猎人合唱》是根据歌剧《自由射手》第三幕接近全剧结束时的一首男声合唱改编的歌曲。歌曲为F大调,中速,由两个部分组成。从音乐上看,歌曲的节奏生动、活泼,旋律流畅、奔放,具有浓郁的德国民间音乐风格。

歌曲的第一部分（1~32小节）可分为两个乐段。第一乐段（1~16小节）的旋律流畅而豪放,它生动地描绘了猎人英姿飒爽的形象以及他们在林中狩猎的情景。第二乐段（17~32小节）的歌词带有明显的叙事性,表现了猎人们乐观、自信、勇敢、坚毅的性格以及捕获猎物时的自豪情绪。

歌曲的第二部分（33~58小节）由一个复杂段构成,这部分歌曲没有实意性的歌词,完全使用了"啦啦啦"的陈词演唱。歌曲的节奏犹如马蹄奔驰踏地的声响,其旋律多采用分解和弦音,就像号角吹奏的自然音,给人们留下一种猎人骑马唱歌的动人形象。

【学情分析】

初三学生有一定的音乐基础，对歌曲的演唱要求比较明了。由于年龄的增长，他们对音乐课的喜爱呈现出明显的分化，有些同学上课非常被动。因此在本节课中，教师应将充分调动学生的演唱积极性放在首位。

【教学目标】

1. 能够自信地、有感情地演唱《猎人合唱》，并能表现歌曲欢快活泼、热情奔放的音乐情绪，能够感受并表现节拍的强弱，以及准确地演唱弱起节拍。

2. 对歌剧这种艺术形式以及韦伯的生平及作品背景有初步的了解。

3. 通过对歌曲《猎人合唱》的学习，能够激发学生对歌剧以及歌剧音乐的兴趣，并乐于学习、了解与歌剧有关的音乐文化。

【教学重、难点】

重点：能够自信地、有感情地演唱《猎人合唱》，并对歌剧音乐感兴趣。

难点：能够感受并表现节拍的强弱，以及准确地演唱弱起节拍。

【教学准备】

收集音响、教材资料、制作课件、钢琴。

【教学过程】

活动主题一：激趣《欣赏歌曲 感受歌剧魅力》

一、活动目标

1. 通过介绍歌剧的相关背景知识，感受歌剧的魅力。
2. 通过介绍《自由射手》的故事梗概，了解歌剧。

二、活动步骤

1. 简单介绍歌剧及相关国家、代表人物及世界三大男高音。
2. 作曲家简介。
3. 歌剧《自由射手》的故事梗概、本剧在德国音乐史上的地位和《猎人合唱》在本剧中的位置。

三、活动评价

表4

评估项目	评估维度	评估办法（观察）	评估等级		
			A	B	C
参与程度	总结歌剧的相关知识	观察学生的面部状态	全程积极参与	基本参与	不太参与
音乐理解	归纳歌曲的知识背景	点名学生回答问题	积极举手发言	能偶尔举手发言	很少举手发言

四、设计理念

本环节活动主题运用了SECG教学模式的"激趣"环节——从介绍歌剧及相关国家、代表人物及世界三大男高音入手；通过对作曲家的介绍，以及对歌剧《自由射手》的故事进行概括，让学生了解本剧在德国音乐历史上的地位和《猎人合唱》在本剧中的位置。

活动主题二：探趣《学唱歌曲　了解歌剧魅力》

一、活动目标

1. 通过范唱，让学生回答歌曲主要表达的内容和歌曲所表达的情绪。
2. 通过简单的律动帮助学生演唱歌曲。

二、活动步骤

1. 教师范唱：教师有感情地范唱一遍歌曲，在学生认真聆听音乐、熟悉旋律的同时，让学生在潜移默化中了解歌曲的强弱对比关系和歌曲的感情表达。
2. 学生回答歌曲主要表达的内容和歌曲的表达情绪。
3. 按乐句来逐步教学生唱熟这首歌曲，等学生唱熟练后还可教唱乐谱。
4. 再次聆听范唱，并指出范唱中歌曲乐句、停顿、延长以及情绪等的变化，调动学生积极性，并在演唱中落实难点问题，让学生在实践中感悟。
5. 再次以各种形式（男女分声部、左右分声部、乐句分声部，学生自由组合）唱这首歌曲，还可以进行简单的律动来帮助学生更好地唱好这首歌曲。检验学生在演唱过程中重、难点问题是否解决，并根据实际情况再对歌曲进行处理。

三、活动评价

表5

评估项目	评估内容	评估办法（聆听）	评估等级		
			A	B	C
歌唱能力	是否能够演唱出歌曲的情绪变化	观察、聆听歌声	好	较好	一般
音乐知识点	能正确加入律动	交流展示	能	一般	不太能

四、设计理念

本环节活动主题运用了SECG教学模式的"探趣"环节，通过多次演唱歌曲，唤醒学生的身体运动感觉，通过学唱旋律、歌词以及加入律动等活动，使学生浸润在音乐中，进入歌曲内部，增强内心听觉，建立起对音乐作品的经验链接，唤起学生的音乐情感需要。

活动主题三：创趣《再唱歌曲　感受二声部魅力》

一、活动目标

通过二声部的学习，学生初步感受合唱的魅力。

二、活动步骤

1. 范唱第二声部并让学生讲听过后的感受。

2. 找同学和教师分两个声部共同合唱《猎人合唱》，让学生对《猎人合唱》的第二声部充满期待。

三、活动评价

表6

评估项目	评估内容	评估办法（聆听）	评估等级		
			A	B	C
歌唱能力	是否能够演唱歌曲的二声部	观察、聆听歌声	能	一般	不太能

四、设计理念

本环节活动主题运用了SECG教学模式的"创趣"，为提高和拓展学生音乐歌唱能力的重要环节，着重于演唱歌曲二声部，感受歌剧的魅力，培养和提高中学生的审美素养。

活动主题四：得趣《总结歌曲　享受歌剧魅力》

一、活动目标

通过作品小结，再次感受歌剧的魅力。

二、活动步骤

在这节课中我们大致了解了歌剧，学唱了一首德国作曲家韦伯创作的歌剧《自由射手》中的合唱作品《猎人合唱》，歌剧作为一门综合艺术，它所包含的内容是相当丰富的，希望同学们在课下也能对歌剧产生兴趣，让我们一起去体验歌剧的魅力吧。

三、活动评价

表7

评估项目	评估内容	评估办法（作业）	评估等级		
			A	B	C
音乐知识	是否能够对课外歌剧产生兴趣	课后作业	能	一般	不太能

四、设计理念

本环节活动主题运用了SECG教学模式的"得趣",打破音乐课没有作业的常规,让学生课外搜索其他歌曲,拓展学生的音乐知识面。

第二课时 《饮酒歌》《我是城里的大忙人》

【教材分析】

《饮酒歌》

《饮酒歌》为单三部曲式结构。歌曲的第一乐段(1~19小节)由两个乐句构成。第一个乐句由连续的大跳音程起始,随后跟进优美流畅的级进式音调,句尾落在调式的属音上;第二个乐句是第一个乐句的变化重复,句尾落在调式的主音上。歌曲的第二乐段(20~36小节)由两个乐句构成,这两个乐句又可划分为四个乐节,其旋律显得流畅而自然、优美而抒情。歌曲的第三乐段是第一乐段的变化再现,它将歌曲的情绪引向一个小的高潮。

《我是城里的大忙人》

《我是城里的大忙人》是歌剧《塞维利亚理发师》中的一首抒情曲,为C大调,急速的快板。

歌曲的开始,有20小节前奏。它将人们引入一种轻快、欢乐的意境之中。前奏之后,有一大段衬字式的唱腔。这段唱腔与乐队呼应,表现了费加罗开朗活泼的性格及欢快喜悦的心情。

【学情分析】

学生的生理、心理渐趋成熟,参与的意识和交往的愿望增强,获得知识和信息的途径增多,在学习上形成了自己的初步经验,表达情感的方式较之小学有明显变化。教师通过多种形式的艺术实践活动,巩固和提高学生表现音乐的基本技能,扩大学生的音乐欣赏的范围,更有意识地将音乐的人文内涵融入教学中。

【教学目标】

1. 能够用积极的态度参与感受、体验歌剧音乐,对歌剧、歌剧音乐感兴趣,乐于了解与歌剧有关的音乐文化。

2. 能够感受体验《饮酒歌》《我是城里的大忙人》的音乐情绪,并能辨认变化着的演唱形式,初步了解威尔第的生平及贡献。

3. 赏析具有代表性的歌剧选段,从感性和理性两个方向上体会歌剧。

【教学重、难点】

重点:能够体验《饮酒歌》的音乐情绪,了解演唱形式。

难点:通过学习对歌剧有粗略的认识,并能对其进行简单的赏析。

【教学准备】

收集音响、教材资料、制作课件、钢琴。

【教学过程】

活动主题一：激趣《了解歌剧背景》

一、活动目标
1. 通过介绍小说《茶花女》的背景知识，了解歌剧唱段。
2. 介绍歌剧《茶花女》的剧情，引出本课内容。

二、活动步骤

（一）背景介绍

1848年，小仲马的小说《茶花女》问世。后来，他又亲自将其改为剧本。1852年，威尔第在巴黎访问，并在此观看了话剧《茶花女》，随即产生了将其改为歌剧的想法。1853年初，皮阿维将《茶花女》写成歌剧脚本。随后，威尔第写成了歌剧《茶花女》。一年之后，此剧在威尼斯的圣内迪克特剧院演出，演出大获成功。

（二）剧情介绍

《茶花女》的简单剧情是：青年阿尔芒与玛格丽特真心相爱。而阿尔芒的父亲囿于门第之见，借口为了阿尔芒的前途和幸福，要求玛格丽特远离阿尔芒。玛格丽特痛苦地答应了下来。为了遵守诺言，她写信给阿尔芒，故意说自己已经另有所爱。阿尔芒不明真相。为了报复，他当众羞辱了玛格丽特，由此而使得玛格丽特病情加重。当阿尔芒明白真相后，赶来探望玛格丽特，而玛格丽特已经病危。与此同时，阿尔芒的父亲也意识到，是自己一手造成了这场悲剧。他也来到玛格丽特身边并向她深深忏悔。但一切都为时已晚。最后，玛格丽特将自己的画像送给了阿尔芒便离开了人世。

三、活动评价

表8

评估项目	评估内容	评估办法（聆听）	评估等级		
			A	B	C
音乐知识	是否能归纳总结歌剧《茶花女》的相关背景知识及剧情	观察	能	一般	不太能

四、设计理念

本环节活动主题运用了SECG教学模式的"激趣"——通过介绍小说《茶花女》的背景知识及歌剧《茶花女》的剧情，教师引导学生自己归纳歌剧《茶花女》的相关知识，从而引出本课课题——《饮酒歌》。

活动主题二：探趣《歌剧对比赏析》

一、活动目标
1. 聆听歌剧《茶花女》选段《饮酒歌》，对乐曲进行分析。
2. 欣赏歌曲《饮酒歌》，感受歌曲欢快活泼、热情奔放的音乐情绪等。

二、活动步骤
（一）乐曲分析

这是歌剧《茶花女》第一幕第二场中的一首歌。《饮酒歌》为降B大调，3/8拍子，单三部曲式。歌曲的旋律重复了三遍。第一遍为阿尔芒的独唱及朋友们的合唱；第二遍为玛格丽特的独唱以及两位主人公的对唱，最后有合唱呼应；第三遍是客人们的合唱，此时的旋律转入降E大调，情绪显得更加热烈欢快。

（二）作者简介

略。

（三）欣赏《饮酒歌》

1. 请学生体验音乐，感受、体验歌剧音乐，对歌曲《饮酒歌》发表自己的见解，同时进行评价。
2. 结合欣赏简要说明：威尔第的生平，《饮酒歌》中表现歌曲欢快活泼、热情、奔放的音乐情绪等。

三、活动评价

表9

评估项目	评估内容	评估办法	评估等级		
			A	B	C
音乐知识点	能够掌握歌曲表达的内容	交流提问	能	一般	不太能
	能否总结歌剧的特点				

四、设计理念

本环节活动主题运用了SECG教学模式的"探趣"——通过聆听赏析歌剧《茶花女》选段《饮酒歌》，详细地介绍了《饮酒歌》的背景知识，并通过介绍作者威尔第的生平简介，让学生体验音乐与感受歌曲《饮酒歌》并发表自己的见解。

活动主题三：创趣《赏析歌剧内容》

一、活动目标
1. 通过列举自己知道的歌剧，激发学生的学习兴趣。
2. 通过了解歌剧相关的知识，更好地赏析歌剧内容。

二、活动步骤

1. 欣赏片段《我是城里的大忙人》。

2. 罗西尼是意大利歌剧作曲家。《塞尔维亚的理发师》是19世纪意大利喜剧的代表作。

三、活动评价

表10

评估项目	评估内容	评估办法	评估等级		
			A	B	C
音乐知识点	《塞维利亚理发师》相关知识	交流提问	能	一般	不太能

四、设计理念

本环节活动主题运用了SECG教学模式的"创趣"——设计让学生充分了解歌剧《塞维利亚理发师》选段《我是城里的大忙人》。西方歌剧的音乐文化丰富多彩，具有不同的风格，而西方歌剧是西方音乐文体宝库中一颗夺目的璀璨明珠。

活动主题四：得趣《掌握歌剧知识》

一、活动目标

1. 通过列举自己知道的歌剧，与他人交流。

2. 通过了解歌剧相关的知识，拓展自己的音乐知识。

二、活动步骤

（一）列举自己知道的歌剧

《浮士德》《卡门》《乡村骑士》《游吟诗人》《阿依达》《茶花女》等等。

（二）与歌剧相关的知识

歌剧的发展：16世纪末诞生于佛罗伦萨的意大利歌剧，第一部歌剧是1597年出自培里和努奇尼之手的《达芙妮》，因为没有谱例文献被保存而无法重现。1600年，培里和努奇尼再度联手打造《尤莉狄茜》，是至今能够找到的最早的被保留谱稿的歌剧作品。

三、活动评价

表11

评估项目	评估内容	评估办法	评估等级		
			A	B	C
音乐知识点	节奏	交流、提问	能	一般	不太能

四、设计理念

本环节活动主题运用了SECG教学模式的"得趣"——通过本节课所学，扩展学生的知识面，让学生说出自己了解的歌曲，再次介绍歌剧的相关背景，让学生巩固歌剧的相关知识。

第三课时 《卡门序曲》《绣红旗》

【教材分析】

《卡门序曲》是歌剧《卡门》开场前的一首管弦乐曲。在音乐会演出时，常常略去其中暗示悲剧性结局的最后一段音乐。《卡门序曲》省略最后一段音乐后的结构形式，可看作回旋曲式。

《绣红旗》选自我国著名歌剧《江姐》，歌曲曲调优美，柔中带刚，是一首民族声乐歌曲。歌剧《江姐》主要讲述了江姐等革命同志与敌人进行不折不挠、顽强斗争的故事，体现出一种可敬的民族精神和强烈的爱国热情。学习《绣红旗》这种催人奋进的歌曲，给学生们以真、善、美的启迪，唤起学生对高尚、健康向上的精神的追求。

【学情分析】

学生的生理、心理渐趋成熟，参与的意识和交往的愿望增强，获得知识和信息的途径增多，在学习上形成了自己的初步经验，表达情感的方式较之小学有明显变化。教师通过多种形式的艺术实践活动，巩固和提高学生表现音乐的基本技能，扩大学生的音乐欣赏范围，更有意识地将音乐的人文内涵融入教学中。

【教学目标】

1. 能够用积极的态度参与感受、体验歌剧音乐，对歌剧、歌剧音乐感兴趣，乐于了解与歌剧有关的音乐文化。

2. 能够感受、体验《卡门》序曲各部分的音乐情绪，并初步认识某些歌剧序曲具有暗示剧情的作用。初步了解比才的生平及贡献。

3. 了解歌曲的时代背景，培养学生爱国主义民族意识，加深学生对民族音乐文化的热爱。

【教学重、难点】

重点：能够感受、体验《卡门》序曲各部分的音乐情绪，并初步认识某些歌剧序曲具有暗示剧情的作用，初步了解比才的生平及贡献。

难点：理解歌曲《绣红旗》的音乐情绪。

【教学准备】

收集音响、教材资料、制作课件、钢琴。

【教学过程】

活动主题一：激趣《聆听歌剧序曲》

一、活动目标

1.通过聆听乐曲《卡门序曲》理解音乐的情绪。

2. 通过《卡门序曲》的相关背景介绍，能更好地学习《卡门序曲》。

二、活动步骤

（一）聆听乐曲《卡门序曲》

师：在音乐的大家庭中，还有一位重要的成员，它集音乐、诗歌、舞蹈、戏剧于一身并以歌唱为主，散发着无穷的艺术魅力，它就是歌剧。

我先给大家播放一段歌剧的音乐片段，然后请大家听完这段音乐回答几个问题，大家要注意听了。（播放《卡门序曲》）

1. 这段音乐的情绪如何？（热烈欢快的）

2. 这段音乐让你联想到了什么？

师：非常高兴，同学们有敏锐的听觉能力，这段音乐描绘了斗牛场的情景，它选自歌剧《卡门》，该歌剧作于1874年，取材于梅里美同名小说。

（二）音乐知识

1. 作者简介：

比才1838年生于巴黎，19岁时入巴黎音乐学院学习，1857年获罗马大奖并到意大利进修三年，1861年回巴黎从事作曲，1875年6月3日逝世。他的代表作有歌剧《卡门》《采珍珠者》等，还有管弦乐组曲《阿莱城姑娘第一组曲》《阿莱城姑娘第二组曲》等。

2. 序曲介绍：

序曲是歌剧、舞剧及其他戏剧和声乐套曲的开始曲。歌剧的序曲起到暗示剧情和引导听众进入戏剧的作用。

3. 作品介绍：

这部歌剧有三个主要人物：卡门——她是位烟草女工，豪赛——卫队下级军官，还有一个是斗牛士——埃斯卡米里奥。故事发生在1800年左右，出身于农家的下级军官唐·豪赛，在吉卜赛烟草女工卡门的诱惑下，堕入情网，成了走私犯。过了些时候，卡门对唐·豪赛冷淡起来，她爱上了斗牛士埃斯卡米里奥。豪赛的妒忌，使卡门烦恼，他干涉她爱情上的自由，她被这种干涉所激怒，于是与他绝交了。后来，在一次斗牛活动中，埃斯卡米里奥获胜。当群众正在欢呼的时候，唐·豪赛杀死了卡门。随后，他自己也自杀身亡。

我们今天所欣赏的是它的开场音乐，也就是序曲——《卡门序曲》。

三、活动评价

表12

评估项目	评估内容	评估办法	评估等级		
			A	B	C
音乐知识点	能否概括归纳乐曲介绍	提问、抢答	能	一般	不太能

四、设计理念

本环节活动主题运用了SECG教学模式的"激趣"——通过欣赏乐曲《卡门序曲》,引导学生理解乐曲的相关知识,扩宽学生音乐文化的知识面,初步感受《卡门序曲》这首乐曲的情感和乐曲表达的内容。

活动主题二:探趣《了解乐曲结构》

一、活动目标

1. 分段赏析《卡门序曲》。
2. 学习回旋曲式结构。

二、活动步骤

(一)分段聆听——体验

师:这首序曲共有三个音乐片段

1. 师:我们先看第一音乐片段A,请你们聆听并思考:

a.这段音乐的情绪是怎样的?(热烈欢快的,当这一主题从乐队中忽然升腾起来的时候,谁会不为之振奋呢)

b.演奏的乐器是什么?(木管乐器及小提琴奏主旋律)

c.表现了什么样的场景?(音乐把人们带到西班牙斗牛场上的喧闹狂热的气氛中)

在欣赏音乐的时候,老师可以告诉你一个秘诀:聆听音乐的同时并跟着音乐哼唱,你一定会找到音乐的感觉。不信你试试?准备好了吗?好,我们一起来感受一下吧。(跟着音乐哼唱一下)

2. 师:我们来看第一插部B。

a.这部分的情绪是如何的呢?与第一段的情绪相比呢?(欢快的,没有第一段热烈)

b.它又运用了什么乐器演奏的?(由木管乐器及小提琴奏主旋律,少打击乐,情绪比前一段柔和一些)

c.表现了什么样的场面呢?(妇女和儿童跳跃、欢唱的场面)

我们再一起来聆听一下。(播放音乐B)

3. 欣赏第二插部C。

a.情绪如何,有变化吗?(雄壮威武的)

b.你觉得导致这种变化的原因是什么?乐曲的演奏是在一个高度上吗?增添了哪些乐器?力度有什么变化?

第一次呈现时由弦乐组奏主旋律。它抒情细腻、感情真挚。第二次呈现时,不仅将旋律提高了一个八度,还加进了木管乐器奏主旋律。其情绪威武、雄壮,带有重复凯旋的气质,表现了斗牛士气宇轩昂、英姿勃勃的形象,有一种必胜的信心。

第二遍的力度比第一段强。

  c.表现了什么样的场面呢？（英勇的斗牛场面）

  d.我们一起跟着旋律哼唱一下，去感受一下斗牛士的那种威武的英勇的形象。

（二）总体欣赏——体验

师：我们完整地聆听一遍，感受它的演奏顺序。（放音乐）

教师在黑板上板书A+B+A+C+A。

师：什么样的结构称为回旋曲式结构。

学生小结。

师：那我就将你们的回答进行归纳总结，回旋曲——包括一个多次重复的段落（主部A）及若干个与之穿插对比的段落（插部），一般主题至少出现三次，形成A+B+A+C+A的结构形式。它是一种曲式结构。

（三）情感体验与分析

1.师：A出现了三次，这三次A有变化吗？（一次比一次强），那你能用动作表示三次的不同吗？（生回答）那我就把这个任务交给第一组，第二组用动作表示B，第三组用动作表示C。（师巡视指导）

2.播放音乐进行表演。

师：大家的表现非常精彩，让我看到了你们非凡的表现力。

三、活动评价

表13

评估项目	评估内容	评估办法	评估等级		
			A	B	C
音乐知识点	是否能分段欣赏音乐	交流、提问	能	一般	不太能

四、设计理念

本环节活动主题运用了SECG教学模式的"探趣"——音乐教学不仅仅教会学生唱一首歌，或者听会一首歌曲，最终的目标是通过唱、听，培养学生创编或者创作的能力。本环节的学习主要是给乐曲分段，了解回旋曲结构。

活动主题三：创趣《感受歌剧主旨》

一、活动目标

通过欣赏D主题深入了解乐曲的情感主旨。

二、活动步骤

1.音乐进行到此，本应干脆利落地让音乐画上一个圆满的句号，可是要知道在歌剧院的乐池里，这还不能结束。下面我们一起来欣赏D主题，与前面的音乐相比，情绪上有什么不同？（凄凉）你听出它用什么乐器演奏的吗？（大提琴）你觉得这段音乐暗示了什么？（暗示卡门无法抗拒的悲剧的命运）

（1）用旋律线表示音乐的进行。（下行的音调就像是在哭泣一般）

（2）用色彩表现音乐的情绪。（暗淡的色彩）

（3）速度。（迟疑的节奏，缓慢的速度）

（4）那么，最后再问大家，音乐刻画的卡门是怎样的一个人？

（美丽动人、叛逆、对爱情、自由地执着追求，对命运不屈服的个性）

2. 播放歌曲《红梅赞》，让学生提前感受歌剧《江姐》的音乐氛围。

3. 对《江姐》主人公江姐的介绍。

江姐是著名的革命烈士江竹筠的爱称，曾用名江志炜，1948年6月14日，江竹筠在万县被捕，被关押于重庆渣滓洞集中营，国民党特务用各种酷刑，但江姐仍坚贞不屈，并领导狱中的难友同敌人展开坚决的斗争，同志们习惯称她江姐，以表敬爱之情。1949年11月14日，江竹筠被枪杀，牺牲时年仅29岁。

三、活动评价

表14

评估项目	评估内容	评估办法（聆听）	评估等级		
			A	B	C
音乐理解	是否能感受歌剧《江姐》的音乐氛围	交流、提问	能	一般	不太能

四、设计理念

本环节教学活动主题运用了SECG教学模式的"创趣"——在学生聆听完整的乐曲后，要引导学生分段赏析乐曲，加深学生对乐曲旋律的印象，让学生更好地感受乐曲表达的情绪和主旨内容。

活动主题四：得趣《赏析中国歌剧》

一、活动目标

1. 通过欣赏中国歌剧《绣红旗》，初步了解歌剧背景。

2. 通过试唱歌曲《绣红旗》，熟悉歌曲旋律。

二、活动步骤

（一）欣赏《绣红旗》

1. 初步欣赏《绣红旗》视频，请学生一边聆听一边思考歌曲的速度、基本情绪和歌曲内容。

2. 深入分析歌曲《绣红旗》，思考歌曲表达了革命先烈们怎样的思想感情。

3. 熟悉歌曲旋律，了解歌曲由六个乐句段构成，运用了戏曲一字多音的创作手法,旋律委婉曲折,数板式的朗诵节奏又让歌曲蕴含激情,很好地表现了江姐及先烈们怀着悲喜的心情,用全部心血来绣红旗庆解放的感人情景。

(二)试唱歌曲《绣红旗》

1. 引导学生随琴试唱《绣红旗》,要求轻声、有感情地唱,教师及时纠正和指导学生学唱。

2. 学生学唱完毕后,和教师一起集体演唱。

(三)实践创作

用自己感兴趣的艺术表现手法对歌曲进行二度创作,并展示创作成果。

(四)课堂小结

学习民族歌剧《江姐》片段《绣红旗》,培养学生的爱国主义民族意识,加深学生对民族音乐文化的热爱,巩固学生的演唱方法,调动学生学习的积极性。

三、活动评价

表15

评估项目	评估内容	评估办法（聆听）	评估等级		
			A	B	C
音乐演唱能力	能否演唱歌剧《绣红旗》的旋律	交流、提问	能	一般	不太能

四、设计理念

本环节活动主题运用了SECG教学模式的"得趣",教学的最终目标是提高学生的音乐素养,其中创造是最高阶目标。通过本单元三个课时的学习,教师利用五首作品作为学习材料,给学生提供一个学习中外歌剧的机会,了解歌剧的相关知识,从而真正培养学生的音乐素养。

九、教学反思

本单元只有《猎人合唱》为演唱曲目,其他五首作品都是欣赏曲目,但在教学过程中,一些经典的唱段还是加入了学唱环节,让学生更好地掌握歌剧的相关知识。我们应思考如何设计一堂音乐课,才能对学生产生较大的吸引力,从而充分调动学生的积极性和参与热情,达到课堂所追求的展示音乐魅力、愉悦学生身心、健康快乐为本的教学目标。教学中有成功、有喜悦,也有遗憾和不足,归纳总结为以下几点：

(一)学习教学大纲,明确教学目的

作为音乐教师,首先应该明确音乐教育以审美教育为核心,在整个音乐教学过程中要以音乐的美感来感染学生,要以音乐中丰富的情感来陶冶学生,进而使学生逐步形成健康的音乐审美能力。为了实现这一目标,在教学中,教师要引导学生对音乐的各种要素、各种手段做出整体性反应，要积极引导学生感受、体验、表现音乐中丰富的情感内涵，还要坚决引导学生感受、体验、鉴赏音乐的美，从而使学生不仅做到现在受益，而且做到终身受益。

（二）采用多种方法，努力提高学生的学习兴趣

针对不同学生有不同的音乐基础的特点，教师在使用音乐教材的同时，应想方设法地找资料，激发学生学习兴趣，提高课堂效率。如：课内让学生上台演唱，培养他们的参与、实践能力，使学生情绪高涨，使音乐课更加生动。

（三）关注音乐本体

无论是教唱歌曲还是欣赏歌曲的过程，我都引导学生从音乐要素出发，分析作品的速度、力度、节奏、旋律线、拍号等，分析的同时为将来学生自己进行创编奠定基础。

十、设计亮点

（一）知识回归，整合单元知识结构

整合单元知识结构，它的任务是让学生喜欢音乐，并能积极、热情地参与各种音乐活动，培养他们成为具有一定水平的欣赏者及自娱自乐者。歌剧是一门综合性表演艺术，它将音乐、戏剧、舞蹈、美术等融为一体，并将歌唱作为主要表现手段来阐述戏剧情节、塑造人物形象。本单元以"歌剧"为主线，串联初中的不同类型的中外歌剧、交响诗等，提升学生的艺术审美，挖掘每首作品重要的知识点，通过不同的教学手段对学生进行引导教学，让学生参与课堂。

（二）整合并拓展知识，举一反三灵活运用

在新课标实施的过程中，音乐教师对教学的设计和把握都会经历从肤浅到深刻，从形式到内容不断深化和完善的过程，只要音乐教师在音乐课堂教学中，从"激趣""探趣""创趣""得趣"教学模式入手，通过不懈努力，我们的音乐课堂教学会更生动、更有效，亮点更多。本单元教学通过整合，向学生拓展相关音乐知识，并通过"创趣"这一教学模式让学生在音乐课堂的学习过程中举一反三，开发学生的发散思维，从而体验不同歌剧选段歌曲的音乐旋律特点和情绪。

九年级下册第四单元《非洲灵感》教学设计

深圳外国语学校龙华学校　陈培立

一、内容概述

内容简介：本单元是九年级下册第四单元，是本套教材介绍世界各地区、各民族音乐的最后一个单元。本单元的教学内容是非洲的民族民间音乐，四首作品都具有鲜明的非洲民族特色。中非民间歌谣《阿伊亚——非洲的灵感》是一首曲调、节奏与演唱形式新颖独特、饶有趣味的歌曲。《非洲的节日》是一首热烈粗犷，中间带有一段歌唱加上马林巴与打击乐合奏的东非民间乐曲。加纳民间乐曲《鼓乐》使我们接触到新颖有趣的一种独特的节奏组合形式。《鼓声》是一首由我国作曲家根据非洲民间乐曲改编且带有典型的非洲音乐风格的合唱曲。

作品联系：四首作品都是具有鲜明的非洲民族特色的音乐，《阿伊亚——非洲的灵感》为带有领唱的无伴奏女声三重唱，歌曲《鼓声》则是我国作曲家龚荣光根据几内亚民间音乐改编的合唱曲，两个人声作品可以在各个方面做对比。《非洲的节日》是一首马林巴与打击乐合奏曲，《鼓乐》则是非洲加纳共和国阿散蒂部落的一段鼓乐曲，两首都是打击乐的器乐曲，也值得在音乐的听觉感受上做对比。

教学价值：在本单元的学习中，通过SECG中的激趣、探趣、创趣和得趣的教学模式，潜移默化地激发学生对非洲音乐的兴趣，增强学生对音乐的探索欲望，增强学生对不同民族音乐的感受，进而领会非洲音乐的风格和节奏特点、乐器特点、演唱特点、常用的表达手法等等，为今后更深入地学习世界音乐打基础、做铺垫，并能将本单元学习的内容联系至今后的学习中。

二、学习目标

审美感知：感受四首作品不同的表达形式带来的听觉内涵，感知不同表达形式赋予的情感变化。《阿伊亚——非洲的灵感》女声三重唱的独特韵味，《非洲的节日》中马林巴灵动活泼且活力充沛的特点，《鼓乐》错落有致、热情奔放的音乐元素，歌曲《鼓声》欢快、富有动感的曲调，都表达了非洲人民对家乡的美丽风光和幸福生活的赞美之情。

艺术表现：能够模仿演唱歌曲《阿伊亚——非洲的灵感》，感受、体验非洲民间歌曲的风格特点，并能自信地、有表情地表现歌曲；能够随着歌曲大胆地律动，能即兴编创一段（四句）具有非洲音乐风格的音乐。

创意实践：通过反复聆听，营造出《非洲的节日》和《鼓乐》的音乐气氛，激发学生的想象，简单编创风格相似的音乐。

文化理解：理解每首音乐作品的相关知识，如典型非洲打击乐器；能够喜欢、尊重非洲音乐文化，了解世界音乐文化的多样性，以正确的态度对待世界多元音乐文化。

三、教学安排

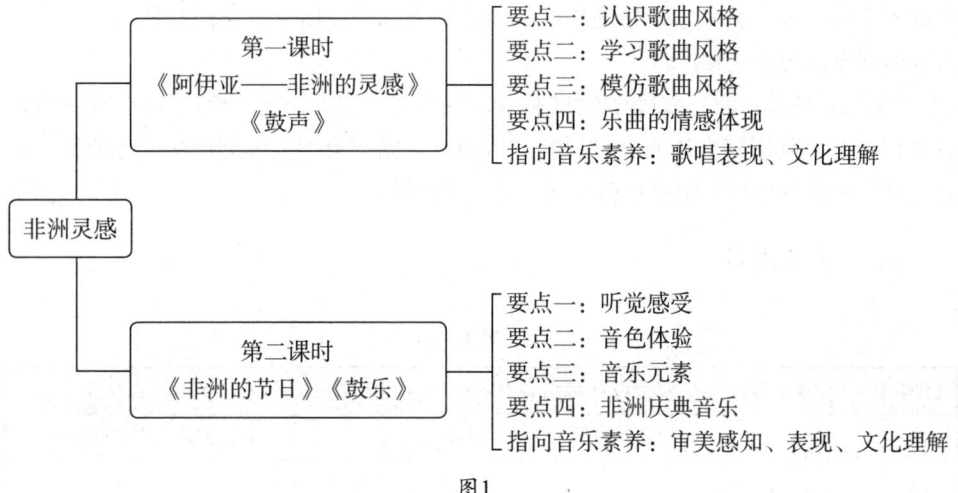

图1

四、学习评价

表1

评价内容	评价目标	评价方式	评价结果运用
认识本单元的音乐	通过聆听作品描述本单元非洲音乐的听感	教师评价或生生互评	了解学情，改善方法，寻找原因，改进课堂不足，在下一课时以复习的方式解决问题
音乐要素感知	准确感知几首音乐的特点	教师评价或生生互评	为下一环节做准备
情绪、情感体验	体会几首作品的音乐表达的不同	生生互评	可形象生动地描述这几首作品的音乐风格

五、教学建议

重、难点解决：

（1）充分利用歌曲演唱的录音资料，让学生反复聆听并进行模仿，采用听唱和模唱的方法学习歌曲《阿伊亚——非洲的灵感》，将学习演唱和欣赏结合起来进行，体会本歌曲的韵味和演唱形式。

（2）在歌唱教学中，教师自编发声口诀引导学生练习歌唱方法，通过每节课分步骤练习解决歌唱技术的问题，通过循序渐进地分析音乐元素，抓住典型，让学生在深入理解作品的基础上进行学习，始终遵循在和声的氛围中，让学生在听够旋律的基础上，慢慢加入合唱。

（3）在音乐作品《非洲的节日》和《鼓乐》的音乐分析方面，调动学生对非洲民间器乐的兴趣，鼓励学生跟随作品的内在元素和声音听感，利用肢体语言表现出对这两首音乐的感受和体验。

（4）在创作方面，鼓励学生自愿组成演唱组，选出本单元的任何一首音乐作品进行表达，利用好自选或者自制的"乐器"，抛开束缚去编创风格接近的音乐作品，过后采取组与组之间的互相评议，选出最佳组合。

六、活动设计

表2

课时	作品名称	教学设计侧重点	关注要点	活动设计
第一课时	《阿伊亚——非洲的灵感》	介绍本作品	风格与特点	通过聆听找出特点
		模仿演唱	对比两首音乐的不同，感知音乐形象	对比欣赏，对比赏析
	《鼓声》	介绍本作品	对作品的兴趣	了解作品
		学唱	音准、节奏、完整性	聆听、模仿演唱、各种形式的演唱
第二课时	《非洲的节日》	介绍马林巴	演奏特点、音色	听音乐、乐器
		感知音乐形象	对比两首音乐的不同，感知音乐形象	对比欣赏，对比赏析
	《鼓乐》	介绍各种非洲鼓的音色	演奏特点、音色	听辨
		模仿、表演	模仿编创	风格模仿

七、前后关联

表3

之前	之后
九年级下册第三单元《黑土传情》	九年级下册第五单元《戏曲撷英》

八、教学实施过程

第一课时　《阿伊亚——非洲的灵感》《鼓声》

【教材分析】

《阿伊亚——非洲的灵感》是一首经过改编的中非民间歌谣。演唱形式为带有领唱的无伴奏女声三重唱,三声部重唱部分实际上是不断重复一个乐句的伴唱,领唱部分则不断变化,是一种特殊形式的无伴奏女声合唱。三个声部伴唱的节奏相同,仅有一个乐句,音域比较窄,仅在三、四度范围内进行,因而旋律起伏很小。但是听起来十分自然、和谐,给人以错落有致的感觉。

歌曲全曲没有语义性的歌词,只有"嗨呀,嗨呀"等衬词,表现了一种相互思念、呼唤的情景。黑人歌唱的特点多为"一人领唱、众人应和",合唱部分为多个声部,经常出现复调形式,常有多变的节奏和多线条节奏。

【学情分析】

本课是初中三年级的音乐课,按照《义务教育艺术课程标准(2022年版)》的学段划分,八、九年级的学生划分在第四学段,此学段学生对音乐作品有一定的见解,懂得欣赏结构稍复杂、内涵较为丰富的音乐作品;能从音乐的表现元素、形式和手段方面做出较为准确的听辨并描述对音乐作品的感受;有一定的歌曲演唱经验,了解常见的音乐符号以及音乐术语,能在演唱中对教师的引导做出正确反应;熟练掌握课堂乐器的演奏技巧,能结合音乐的情绪、特点和内容,即兴演唱、演奏、律动或者舞蹈,会根据特定的情景进行综合性的艺术编创和表演。

【教学目标】

1. 端正歌唱姿势,能够用自然、和谐、富有弹性的声音演唱《阿伊亚——非洲的灵感》。
2. 了解本非洲歌曲的特点,掌握换气时机,能模仿与本曲范唱相似的演唱音色。
3. 在演唱和聆听中感受、体验、理解歌曲深厚的非洲民间风格。

【教学重、难点】

重点:能够用轻快活泼、富有弹性的声音演唱歌曲《阿伊亚——非洲的灵感》,并能用和谐的声音唱好两声部合唱部分的音准和节奏。

难点：对演唱音色和风格的把握，对节奏、三声部音准的把握，用与范唱相似的演唱风格表达歌曲真正的独特内涵。

【教学准备】

多媒体资料、钢琴。

【教学过程】

活动主题一：激趣《探索音乐》

一、活动目标

1. 欣赏《阿伊亚——非洲的灵感》，初步了解歌曲的音乐风格。
2. 学生能体验三声部重唱的艺术表现特色，感受有特色的和声。

二、活动步骤

（一）欣赏与感受

师生共赏《阿伊亚——非洲的灵感》。

师：同学们觉得我们刚刚听的是哪里的歌曲？（非洲）

师：非洲在你的脑海里都留下了怎样的印象？今天我们就一起走进非洲，去感受非洲音乐的魅力。非洲不仅有广阔的地域环境、丰富的矿产资源，还有丰富的音乐文化。下面我们就进入中非，去体验一下中非的民歌特点。

（二）作品的背景

教师讲解作品的风格背景。

师：《阿伊亚——非洲的灵感》是由"黑色之音"演唱组演唱的一首中非民间歌谣。全曲没有语义性歌词，只有"嗨呀，嗨呀"一类的衬词，表达了一种相互呼唤的情景。同学们在欣赏的过程中思考它属于什么演唱形式（无伴奏女声三重唱）。它还有一个特点——一人领唱，众人应和，为多声部音乐。

三、活动评价

表4

评估项目	评估维度	评估办法（观察）	评估等级（参考）		
			A	B	C
参与程度	对非洲音乐的感受	学生根据教师讲解，加深对本曲风格的感受，并能参与师生互动	深度参与	积极参与	参与不够
音乐理解	能说出听觉感受	根据举手人数或师生交流判断学生对音乐的理解	积极举手发言	能够举手发言	很少举手发言

四、设计理念

本活动主题一运用SECG教学模式之"激趣"环节——通过歌曲聆听，让学生在视觉感官上融入非洲地域特色，配合当地风格的音乐引发情感共鸣；再通过欣赏歌曲《阿伊亚——非洲的灵感》视频，将画面和音乐、歌词结合，吸引学生的注意力，让学生初步感受歌曲三声部重唱的艺术表现特点，为本课的歌唱学习做准备。

活动主题二：探趣《亲近歌曲》

一、活动目标

1. 根据聆听时的感受模仿歌曲《阿伊亚——非洲的灵感》的演唱。

2. 开展以"SECG"趣味性教学理念为主导的探索实践活动，以积极的态度感受非洲民族音乐以正确的态度对待世界多元音乐文化。

二、活动步骤

品味歌曲特点

1. 欣赏《阿伊亚——非洲的灵感》，感受作品的演唱形式。

（无伴奏女声三重唱）

2. 模仿演唱，沉浸式感受音乐。

（1）请同学们跟随教师的琴声一起演唱领唱第一乐句。

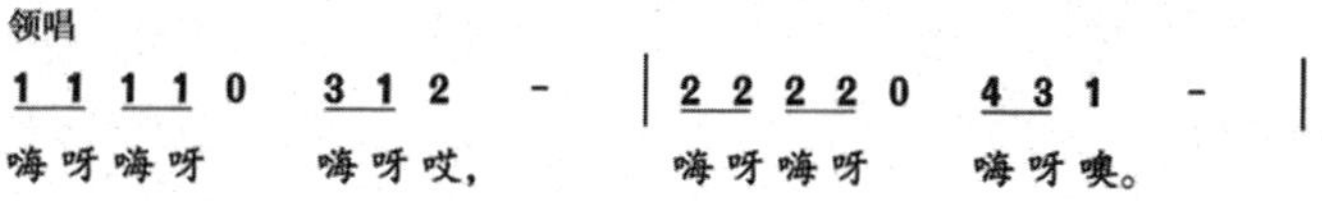

图2

师：全曲没有语义性歌词，只有"嗨呀，嗨呀"一类的衬词，表达了一种相互呼唤的情景。

（2）请同学们跟随教师的琴声来模仿伴唱部分的三声部演唱。

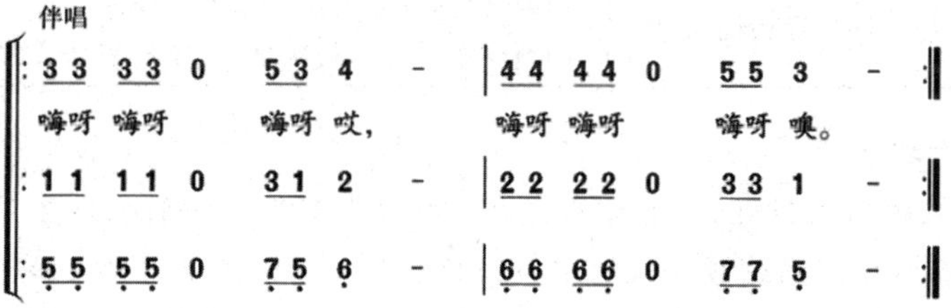

图3

师：同学们在模仿和欣赏过程中，思考它属于什么演唱形式。它还有一个特点——一人领唱，众人应和，为多声部音乐。

（3）跟随教师继续进行演唱风格的模仿。

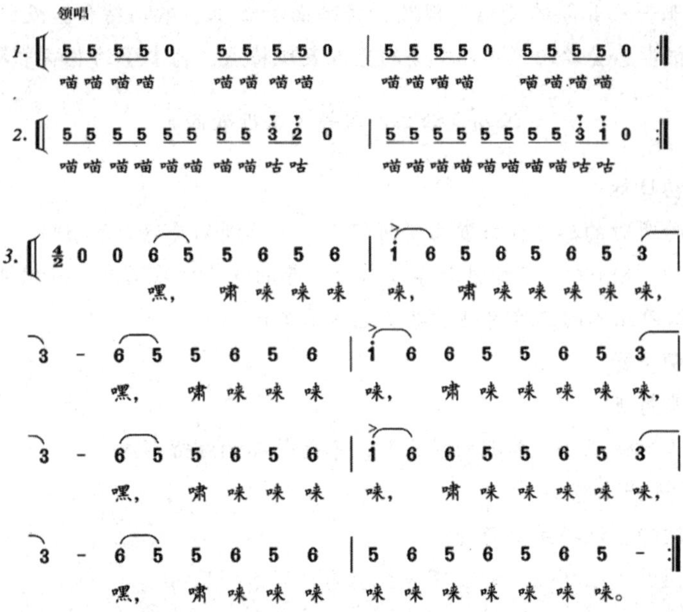

领唱

1. ‖: 5 5 5 5 0   5 5 5 5 0 | 5 5 5 5 0   5 5 5 5 0 :‖
   喵喵喵喵 喵喵喵喵   喵喵喵喵 喵喵喵喵

2. ‖: 5 5 5 5 5 5 5 3 2 0 | 5 5 5 5 5 5 5 3 1 0 :‖
   喵喵喵喵喵喵喵咕咕   喵喵喵喵喵喵喵咕咕

3. ‖: ⅘ 0 0 6 5 5 6 5 6 | 1 6 5 6 5 6 5 3
      嘿， 啃咪咪咪咪， 啃咪咪咪咪咪，

   3 - 6 5 5 6 5 6 | 1 6 6 5 6 5 3
   嘿， 啃咪咪咪咪， 啃咪咪咪咪咪，

   3 - 6 5 5 6 5 6 | 1 6 6 5 6 5 3
   嘿， 啃咪咪咪咪， 啃咪咪咪咪咪，

   3 - 6 5 5 6 5 6 | 5 6 5 6 5 6 5 - :‖
   嘿， 啃咪咪咪   咪咪咪咪咪咪。

图4

三、活动评价

表5

评估项目	评估维度	评估办法（观察）	评估等级（参考）		
			A	B	C
模仿演唱能力	是否能够唱出音准、节奏、力度情绪的变化	观察、聆听歌声	全程参与	基本参与	很少参与
音乐知识点	能否描述歌曲的听感	根据举手人数或师生交流判断学生对音乐的理解	积极举手发言	能够举手发言	很少举手发言

四、设计理念

本活动主题二运用SECG教学模式之"探趣"环节——引领学生用心聆听，唤醒学生的模仿欲望，通过模仿歌曲唱与和的配合、听中探索风格、聆听歌曲感受情绪等活动，使学生浸润在风格独特的非洲音乐中，建立起学生对非洲音乐的学习支架，让学生感受到非洲音乐的情感。

活动主题三：创趣《引吭高歌》

一、活动目标

1. 让学生在进一步学习中接触非洲的鼓文化。
2. 学唱歌曲《鼓声》。

二、活动步骤

（一）聆听欣赏《鼓声》

师：接下来我们聆听一首根据非洲音乐改编的歌曲。

（二）谈感受

请学生谈谈感受。

（三）学唱《鼓声》

1. 后半拍节奏练习。

2. 学唱歌曲前四小节，注意节奏的准确性。

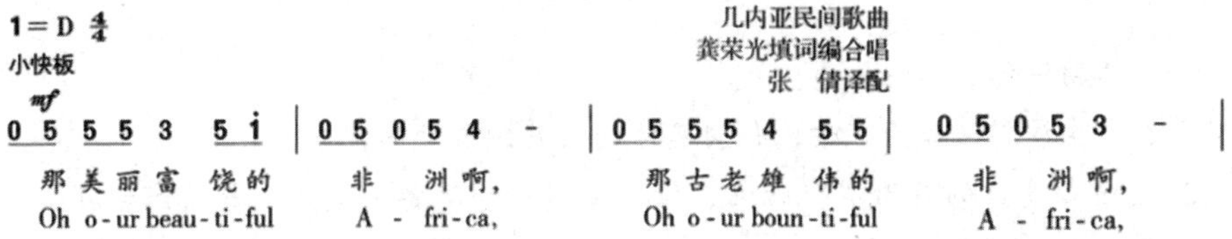

```
1=D 2/4                              几内亚民间歌曲
小快板                                龚荣光填词编合唱
                                     张 倩译配

0 5 5 5 3  5 i | 0 5 0 5 4  - | 0 5 5 5 4  5 i | 0 5 0 5 3  - |
那美丽富 饶的   非 洲啊,        那古老雄 伟的   非 洲啊,
Oh o-ur beau-ti-ful A-fri-ca, Oh o-ur boun-ti-ful A-fri-ca,
```

图5

3. 学唱歌曲5~12小节，先学5~8小节，请注意高音音准。

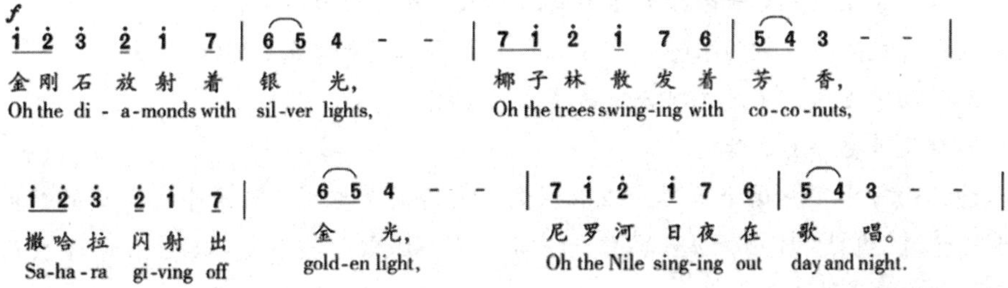

```
f
1 2 3 2 i 7 | 6 5 4  - - | 7 i 2 i 7 6 | 5 4 3 - - |
金刚石 放射着 银 光,         椰子林 散发着 芳 香,
Oh the di-a-monds with sil-ver lights, Oh the trees swing-ing with co-co-nuts,

1 2 3 2 i 7 | 6 5 4  - - | 7 i 2 i 7 6 | 5 4 3 - - |
撒哈拉 闪射出   金 光,       尼罗河 日夜在 歌 唱。
Sa-ha-ra gi-ving off gold-en light, Oh the Nile sing-ing out day and night.
```

图6

师：同学们请看9~12小节，是5~8小节的重复旋律。

4. 教师领唱，学生跟教师反复练习至熟练演唱歌曲。

5. 分组教学，学生个人演唱。教师注意及时纠正演唱中的错误。学生演唱时要注意对速度和节拍的把握。

6. 感悟歌曲，体会情感。

三、活动评价

表6

评估项目	评估维度	评估办法（观察）	评估等级（参考）		
			A	B	C
参与程度	演唱《鼓乐》	评估学生的积极性	深度参与	积极参与	较少参与
歌唱水平	用自然放松的声音演唱	歌唱时的准确性	很准确	基本准确	不够准确

四、设计理念

本活动主题三运用SECG教学模式之"创趣"环节——通过学习音乐《阿伊亚——非洲的灵感》的活动,引出鼓文化的概念,让学生进一步了解不同民族的鼓文化,利用歌曲《鼓声》的学习激发学生对非洲音乐的好奇与喜爱之情。这部分教学为提高和发展学生歌唱音乐素养的重要环节,着重于对学生的声音模仿能力、音色的训练,有利于加强学生对非洲歌曲演唱能力的培养,进而引导学生感受非洲风格歌唱作品的魅力,提升学生的音乐素养。

活动主题四:得趣《作品延伸》

一、活动目标

1. 在学生演唱《鼓声》时,利用身边的文具编创节奏伴奏。
2. 通过趣味性的音乐实践活动,使学生进一步了解《鼓声》与《阿伊亚——非洲的灵感》,引导学生讨论、比较。

二、活动步骤

(一)为歌曲加入打击乐伴奏

1. 提示学生利用双手跟随音乐节奏敲一敲,练习节奏伴奏。

播放《鼓声》,教师跟随音乐循环击掌,演奏节奏伴奏:XXX XX。

2. 带动学生用击掌方式配合《鼓声》的演唱。

3. 改变节奏伴奏的音色。

师:老师希望把这个节奏变成有强弱音交替的节奏型,让这个伴奏型能够更有音乐的味道,同学们可以帮我思考一下吗?(一遍歌曲演唱完毕后,要求学生用左右手配合的方式做出节奏型)

4. 建议左手握拳敲出重音、右手用指甲碰桌子发出清脆的声音提示学生把节奏型"XXX XX"进阶为"左右左 右左"的节奏伴奏型。

5. 把学生分成演唱组和伴奏组,形成学生之间的合作,演唱歌曲《鼓声》。

(1)完整欣赏歌曲:谈一谈这首歌曲与我们以前学过的歌曲有什么不同。

(2)再听歌曲,小声跟唱。

(3)教唱歌曲,用听唱和模唱的方法学习。

(二)设作业,课后延展续学

搜集材料了解《非洲的节日》《鼓乐》,并聆听这两首作品。

师:我们刚刚体验了非洲民歌的演唱特色,下面请同学们看一下音乐在非洲人们生活中的作用。

(三)巧预习,评析作品异同

1. 播放下一节课要学习的内容《鼓乐》。

师:这首作品和我们今天接触到的音乐有什么最大的不同?说说听后的感想。

2. 看了这些，同学们有没有在想非洲的音乐是用什么乐器、怎样演奏的呢？非洲的乐器有哪些特色？

出示幻灯片，有背景音乐，让学生猜是哪类乐器，再出示非洲乐器的幻灯片，教师做简要介绍。

三、活动评价

表7

评估项目	评估维度	评估办法（观察）	评估等级（参考）		
			A	B	C
音乐表现	对本课所学歌曲的感知	观察学生匹配打击乐的能力	准确	基本准确	不准确
互动参与度	预习过程中的专注度	根据参与程度评估	积极举手发言	能够举手发言	很少举手发言

四、设计理念

本活动主题四运用SECG教学模式之"得趣"环节——充分激发学生参与的欲望，加强了节奏伴奏的练习和学习，增强学生对歌曲学习和欣赏的积极性，以伴奏与演唱相结合的学习形式，巩固歌曲的学习成果，同时利用节奏伴奏这个话题，让学生提早了解下节课的学习内容，为下节课教学做准备。

第二课时 《非洲的节日》《鼓乐》

【教材分析】

《非洲的节日》是东非地区的一首马林巴与打击乐合奏曲，表现了东非人民在节日里，在马林巴和打击乐器伴奏下唱歌舞蹈的情景。非洲人民能歌善舞，往往在欢度节日、欢庆胜利或打猎归来时，男人们围坐一圈，利用打击乐器一边演奏一边歌唱，女人们踏着鼓点，翩翩起舞。

《鼓乐》是非洲加纳共和国阿散蒂部落的一段鼓乐曲。这段鼓乐具有非洲音乐多声部节奏的特点——"跨节奏"的多声部节奏。在非洲鼓乐演奏中，不同的人演奏不同的节拍，从横向的角度看，每人都保持着同样的时间长度，并不断地变化、反复；但从纵向的角度看，就形成了极为复杂的多声部节奏重合。在建立起这样的节奏模式以后，各个演奏者在演奏中还进行各种即兴的变奏。也就是说，一群人在演奏，每个人的演奏与别人是不同的，各个演奏声部又都在同一个周期里独立地反复演奏，形成非常复杂、彼此错落的节奏合奏，因此这种节奏被称为"跨节奏"。演奏这首《鼓乐》的各种乐器有铃铛和阿莎拉托（用葫芦做成的一种节奏乐器），以及各种各样的鼓，这些打击乐器按照顺序逐一加入演奏，并不断进行变化和反复，最后各种乐器同时演奏。

【学情分析】

通过前面两节课，教师感受到学生对音乐求知欲较强，基本能跟着琴视谱演唱，有一定的听觉或欣赏能力，对音乐元素、音乐旋律表现的情感和音乐人文知识有自己的看法和见解，在歌唱能力方面也有一些自己的方法。

由于九年级学生正处于紧张的学习阶段，因此教师需要多营造这种欢快的气氛，使学生的内心得到放松，并学习到非洲传统音乐，了解非洲的地域文化。

【教学目标】

1. 了解非洲音乐中丰富多彩的打击乐和歌舞，以积极的态度参与音乐实践活动，开阔音乐视野。

2. 体验非洲音乐中复杂多变的节奏特点，感受非洲民间音乐的风格特点及其丰富的艺术感染力。

【教学重、难点】

1. 体验非洲音乐中复杂多变的节奏。

2. 了解、掌握非洲民间音乐的风格特征。

【教学准备】

课件、非洲鼓、钢琴。

【教学过程】

活动主题一：激趣《趣识马林巴》

一、活动目标

1. 欣赏《非洲的节日》，听辨出马林巴的声音。

2. 通过趣味性的创意实践活动，组织学生参与节奏合奏练习。

二、活动步骤

（一）聆听作品，介绍马林巴

1. 了解非洲民间音乐的风格特征，认识乐器马林巴。

2. 聆听这首乐曲，着重引导学生感受非洲音乐风格和听辨马林巴音色，介绍非洲乐器马林巴，可以采用让学生"先听辨、后讲解"的方法。

（二）学习主题节奏型，引导学生参与节奏模仿

图7

1. 学习主题节奏型，利用左右手交替的方法完成。

2. 集体练习中，配上《非洲的节日》的音频。

师："听到这首乐曲你能想象到怎样的情景？"

聆听乐曲时引导学生发挥想象力，可向学生提问："听到这首乐曲你能想象到怎

样的情景？"让学生带着这样的问题聆听，听后进行讨论。虽然非洲乐曲的节奏和旋律不好把握，歌词难以理解，但是非洲音乐的风格特征十分突出，因此聆听时要启发学生发挥丰富的想象力，用声音引领学生来到"非洲丛林"。

三、活动评价

是否能模仿节奏的拍击声、为节奏创编旋律，评估学生对节奏感的记忆和创造能力。

四、设计理念

本活动主题一运用SECG教学模式之"激趣"环节——以激发兴趣为主要手段带领学生探索非洲文化。音乐是激发兴趣的最佳途径，打击乐则是最重要的窗口。

活动主题二：探趣《趣识非洲鼓》

一、活动目标

开展以"SECG"趣味性教学理念为主导的探索实践活动，带领学生感受非洲鼓乐，让学生参与体验其节奏感。

二、活动步骤

（一）欣赏《鼓乐》，师生互动

1. 师：有感觉到音乐把你带到非洲了吗？
2. 师：音乐的情绪怎样？（热情、豪迈、愉悦等）
3. 师：他们是用什么乐器演奏的？（康佳鼓、墩墩鼓、金贝鼓等）

（二）模仿节奏

1. 师：鼓乐分几个部分，你能模仿出主要节奏吗？（三个部分）
2. 多声部交错节奏鼓乐的特点。

（1）集体击鼓时鼓声气势磅礴、雄壮激昂。

（2）敲击鼓的不同部位，发出不同音色。

（3）多声部交错节奏：不同的人演奏不同的节奏，每个节奏声部又在一个周期里独立反复地演奏。

三、活动评价

表8

评估项目	评估维度	评估办法（观察）	评估等级（参考）		
			A	B	C
音乐表达	模仿拍击的情绪表达	观察学生的投入程度	全情投入	积极参与	较少参与

四、设计理念

本活动主题二运用SECG教学模式之"探趣"环节，积极让学生探索乐器的特点,并感受音乐。

活动主题三:创趣《琴鼓相和鸣》

一、活动目标

1. 模仿《鼓乐》的风格,吸取《非洲的节日》里的音乐元素,让学生分组创作多人演奏的节奏组合。

2. 通过趣味性的创意实践活动,让各组学生相互配合完成节奏组合,并以稳定速度熟练地循环演奏。

二、活动步骤

1. 再次聆听欣赏《鼓乐》。

师:多名鼓手共同完成此作品,他们演奏的节奏是否相同?他们是以怎样的顺序演奏的?与单线型音乐相比产生了怎样的音乐效果?你能模仿哪一种节奏?

小组回答:跨节奏、依次演奏,形成多线条、多层次、多声部的复杂节奏,分三组视唱不同节奏。

2. 师:鼓乐中丰富的节奏、热情的歌声,给予我们热情,那还有什么艺术形式能展现非洲鼓乐的热情奔放呢?你能编创出非洲的舞蹈动作吗?

(小组表演)

3. 师:非洲音乐节奏有什么特点?

(1)非洲音乐节奏感很强。

(2)非洲音乐节奏很复杂,而且热情奔放。

三、活动评价

表9

评估项目	评估维度	评估办法(观察)	评估等级(参考)		
			A	B	C
音乐理解	描述非洲鼓乐作品的特点	聆听学生的表述	准确	基本准确	不准确

四、设计理念

探索非洲文化,音乐是最佳的途径。本活动主题三运用SECG教学模式之"创趣"环节——利用鼓的认识作为最重要的窗口,引导学生认识鼓,体会非洲的文化精髓。

活动主题四:得趣《声声入我心》

一、活动目标

1. 利用上一环节练习的节奏组合,与歌曲《鼓声》的演唱结合起来。

2. 总结本课学习到的非洲音乐的一些重要特点。

二、活动步骤

（一）练习节奏与演唱

1. 学生把合作完成的节奏组合跟随速度呈现出来。
2. 学生演奏节奏组合，教师播放《鼓声》范唱。
3. 鼓励学生手上一边完成节奏练习，一边跟上范唱。（演练两次）
4. 第三遍，教师带领着学生一边完成节奏组合，一边唱。

（二）体验导趣

1. 了解非洲的地理人情。
2. 分别请学生代表介绍在课前了解的非洲。
3. 教师补充。（出示非洲地图和有关非洲的图片）
4. 学生一边敲击所学的节奏，一边同时结合《鼓声》。

三、活动评价

表10

评估项目	评估维度	评估办法（观察）	评估等级（参考）		
			A	B	C
文化体验	描述音乐场景	聆听学生的联想	准确	基本准确	不准确

四、设计理念

本活动主题四运用SECG教学模式之"得趣"环节——在非洲鼓语中结束本课。学生对打击乐的认识由理性上升为创编，产生一种意犹未尽的感觉。这堂课中，教师突破以往旧的教学观念，紧紧围绕课题，始终以"玩鼓"为主线，巧设问题，让课堂气氛十分活跃。教师只要巧设教学环节，就会使学生从被动地学转变为主动地学，学生就会喜欢上音乐课。

九、教学反思

本单元的内容都取材于非洲，包含两首声乐作品、两首器乐作品。为了引导学生深入欣赏和学唱作品，教师在人文上以感受特色地域文化为引导，在知识点中突出了非洲不同地域的音乐特性，也兼顾其共性，领悟其音乐背后的意义，同时追踪溯源深入作品的地域特点，更好地了解作品。在风格模仿《阿利亚——非洲的灵感》过程中注重形式的表达，在学唱《鼓声》过程中注重情感的抒发和特色律动的表现，在欣赏《非洲的节日》《鼓乐》中以实践活动增趣来体验音乐的特点。教学中有成功、有喜悦，也有遗憾和不足，归纳总结以下几点：

（一）智慧课堂，以生为本

在课堂教学中我们需以人为本，以学生的情感体验、情感表达、情感满足为本。本课时刻践行"让音乐属于每一个人"的教学理念，培养学生理解音乐情感和用音乐表达情感的能力。

（二）音乐教学，沉浸为先

在课堂教学中遵循实践性原则，巧妙运用沉浸式音乐教学方法，从作品特征入手，带领学生从作品的情感抒发达到高阶体验，让情感贯通，直达心里。

（三）美育学科，以德为重

紧紧抓住地域特色和音乐活动两条主线展开教学，入情入境、动情共情，做到以兴趣促学习、以参与促理解，彰显了音乐学科的意义，达到育人无痕的目标。

（四）音乐思维，高阶发展

从学生的实际学情出发，在侧重音乐感知的同时关注学生高阶思维的发展，在相对开放的学习空间里，适时对学生进行点拨、鼓励。

十、设计亮点

（一）瞻前顾后，构建整体知识结构

单元整体教学不仅是对本单元知识的简单罗列，更是要联系以前所学、现在要学、今后还要继续学习的内容，以及知识之间的纵横关系。本单元以"非洲音乐"为主线，串联生活当中对非洲音乐的认识，乃至对节奏的模仿能力，促使学生尊重文化的多样性。从知识结构上，教师充分发挥每个作品的教学价值，在教学设计中加以整合，让学生感受不同作品的不同点。

（二）链接知识，迁移经验学以致用

本单元教学由声乐作品到器乐作品，让学生体验歌曲的色彩呈现和情绪表达。学生通过理解与练习掌握其要领，接着将练习后掌握的歌唱技巧和节奏表达进行结合。比如，第二课时中在模仿《非洲的节日》和《鼓乐》的打击乐演奏之后，教师安排歌曲《鼓声》的演唱环节，模仿出非洲人欢庆节日的场面，最终让学生的音乐素养得到提升。

高一年级上篇第一单元《学会聆听》教学设计

深圳市红山中学　王丽娜

一、内容概述

内容简介：本课是人音版高一年级音乐鉴赏上篇第一单元《学会聆听》的第一节《音乐要素及音乐语言》，主要学习音乐语言"音色要素"。乐曲节选了中国声乐作品《一杯美酒》，在复习巩固人音版七年级下册第三单元《天山之音》学习过的新疆地区少数民族音乐的基础上，进一步认知音乐要素——节奏、调式等。歌剧序曲《轻骑兵序曲》是奥地利作曲家、指挥家苏佩创作的，为复三部曲式。

作品联系：人音版七年级下册第三单元《天山之音》囊括了维吾尔族、哈萨克族、塔塔尔族、柯尔克孜族等民族的民歌、器乐、歌舞音乐，增进了学生对于我国新疆地区少数民族音乐的喜爱之情及对我国多元音乐文化的自豪感。

在高一年级音乐鉴赏上篇第一单元《学会聆听》的第一节《一杯美酒》的学习中，同学们将对固定节奏型、相似旋律语汇以及特定调式继续深入感知。

七年级下册第一单元《行进之歌》对进行曲的体裁、西洋管弦乐队的主要乐器都做了介绍。

教学价值：具有情景性、创意性的音乐欣赏，是深受高中学段学生喜爱的、易于接受的欣赏方式。通过SECG教学模式在本单元的建构，培养学生"听"变化、"想"旋律、"辨"音色的习惯，让学生快速养成专心聆听、认真思考音乐的良好习惯，并在趣味性学习的过程中，充分激发学生参与音乐的兴趣，快速掌握运用音乐要素分析作品的方法。

二、学习目标

审美感知：在赏析《一杯美酒》时，结合聆听及表现活动，进一步体会和寻找固定节奏音型、相似旋律语汇的不断发展与演变，以及特定调式等音乐形式要素所勾勒出的、独特的民族音乐风格和年轻姑娘对美好情感的追求。

艺术表现：通过模唱、视唱、背唱，表现《一杯美酒》第一乐句与尾声部分的情绪变化；能够敲击麦西热普固定节奏型的基本形态，主动寻找体现强、弱力度的音色和创造性打击方式，通过合作或者共同体二声部加以表现。

文化理解：能够在了解新疆维吾尔族音乐的发展手法、节奏、旋律、调式特点的基础上，理解新疆地区的音乐中体现出的文化融合性特点。

三、教学安排

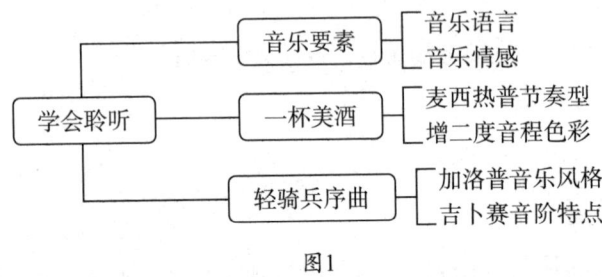

图1

四、学习评价

表1

评价内容	评价目标	评价方式	评价结果运用
音乐要素感知	学习节奏、节拍、力度、速度、旋律、音阶、音色	教师评价	运用要素分析作品
情绪、情感体验	感知音乐要素变化，体会情绪、情感的变化	生生互评	可形象生动地进行演唱表演
律动创作	能够敲击麦西热普固定节奏型的基本形态	全员互评	丰富节奏型创作
学习维吾尔族舞蹈动作	动作到位、姿态丰富	全员互评	结合作品进行表演

五、教学建议

重、难点解决：

（1）对节奏型和旋律发展的探寻：模仿和创造性敲击麦西热普固定节奏型，感受切分节奏的强弱律动；从第一乐句开始模唱，结合谱例分析，寻找乐句间相同或相似的旋律发展关系。

（2）结合对调式多样性和音乐风格的分析，综合探寻维吾尔族音乐的融合性特点；对比聆听自然小调音阶和加入升Ⅶ级音的和声小调音阶，从强调增二度的角度，引导学生模唱；体会由这种音乐思维构成的旋律色彩，进一步感受、体验维吾尔族音乐的风格特征，进而合作探究其内在文化历史背景如何影响这种融合性特点的产生。

六、活动设计

表2

课时	作品名称	教学设计侧重点	关注要点	活动设计
第一课时	《一杯美酒》	节奏型和旋律发展	切分节奏增二度音程	聆听音乐、模唱旋律
		赏析作品	分析要素变化，感知音乐形象	完整欣赏视频、分段赏析音频
		律动、表演	创作节奏，舞蹈表演	载歌载舞

七、前后关联

表3

之前	之后
人音版七年级下册第三单元《天山之音》	高一年级上篇第二单元《腔调情韵——多彩的民歌》少数民族民歌《牡丹汗》

八、教学实施过程

第一课时 《一杯美酒》

【教材分析】

《一杯美酒》

风格：维吾尔族在文化和历史方面具有很强的融合性，这种融合性在音乐中体现得非常明显。维吾尔族音乐融合了多地区的音乐语言，形成了该民族独特的音乐风格。

题材：维吾尔族的传统民歌从题材上可以分为劳动歌曲、爱情歌曲、历史歌曲、生活习俗歌曲。《一杯美酒》属于爱情歌曲题材。这种题材的歌曲在维吾尔族民歌中有着重要的地位，《一杯美酒》是其中流传最广泛的民歌之一。

调式：维吾尔族音乐常以多地区的各种调式为基础，不同风格的调式、调性经常在一个作品中交替出现，使维吾尔族的音乐情感更加丰富、风格更加突出。常见的有两种，一种是同主音调式的交替，另一种是前后主音互为五度关系的交替转换。《一杯美酒》具有同主音调式交替的特点，体现出欧洲音乐体系对其音乐文化的影响。全曲建立在f自然小调的基础上，只是在第三乐句出现了和声小调的特色音级升Ⅶ级音，但它并没有像欧洲音乐体系一样向主音解决，而是下行二度到Ⅵ级音上，这样的增二度音程色又体现出波斯一阿拉伯的调式特点。这也就是维吾尔族音乐极具融合性的体现。

节奏：维吾尔族音乐的节奏分为两种类别：一种为固定节奏型，又可细分为三种，每种固定节素型有不同的名称，表现不同的情绪。另一种为散板和非固定节奏型。《一杯美酒》属于固定节奏型中的麦西热普节奏型。

节拍：维吾尔族音乐常用弱起节拍，其语言重音常常落在最后一个音节，起音自然就被弱化了，在这种语言特点之下产生的民间歌曲，其律动形成了抑扬格的形式，具有弱起的特点，因此音乐中就会经常出现切分节奏和弱起拍。从作品本身来讲，更能体现出歌者对所爱之人的真切心意和对美好爱情的憧憬。

旋律线条：这首作品最具特色的旋律线条是在上行跳进之后级进回旋进行。

【学情分析】

本课是高中阶段第一节音乐要素的讲解和结合乐曲的鉴赏课。对于高一年级学生来说，有欣赏流行歌曲的习惯，但是不喜爱课本的专业作品，有初步的欣赏基础，但不能够完全使用专业术语进行表达，并且对于音乐要素的专业定义认知较模糊，还不愿意积极主动参与课堂实践活动。因此，教师要把SECG以"趣"赋能的音乐大单元主题设计模式中的激趣、探趣、创趣、得趣环节充分运用到教学活动中，根据学情创设情景，让学生主动参与。

【教学目标】

1. 学习音乐要素：节奏、节拍、力度、速度、旋律、音阶、音色。
2. 模唱《一杯美酒》主题旋律，敲击麦西热普节奏型。
3. 在完整地欣赏音乐时，能运用音乐要素，全面、准确地分析作品和视频。

【教学重点】

音乐要素的深入理解与准确表达。

【教学准备】

多媒体教学平台、钢琴。

【教学过程】

活动主题一：激趣《一根弦 玩吉他 趣辨音色引激情》

一、活动目标

1. 欣赏由宁夏音乐家协会会员周建军和宁夏流行音乐学会会员王波共同创意的别样吉他弹唱表演，引导学生感受一根弦的民谣吉他演绎的旋律和生活中常见物品音色的巧妙运用，激发学习兴趣。

2. 分别请同学们起来回答聆听后的感受，教师进行综合知识积累和音乐素养摸底，同时引导学生运用书面语和音乐专业术语进行表达。

3. 通过同学们非常熟悉的乐器——民谣吉他，瞬间拉近音乐世界；以不同于常规的仅有一根弦的吉他弹唱,充分激发学生的探究兴趣;以充满创意的演绎方式,巧妙运用生活中的物品进行打击乐的配合,让学生感受到音乐无处不在,在轻松愉快的学习过程中,感受音乐之美,提高赏乐之能,获得玩乐之趣。

二、活动步骤

(一)吉他结构知多少

1. 请每班会弹吉他的同学为大家介绍民谣吉他的结构和发音原理,教师引导学生对比电贝斯与民谣吉他的区别。

2. 课前准备,请同学们准备一小段吉他弹唱表演,学生自评,大家互评,提升音乐专业性思维。

(二)不同乐声趣辨音色

1. 教师和学生一起玩律动游戏——"随手拍拍拍"。

(1)播放原创歌曲的演奏旋律视频片段,请同学们仔细聆听,模仿其中的节奏。

(2)学生用手边的物品通过敲击发出声音来进行节奏律动,还可以尝试敲击同一物品的不同位置,感受音色的细微变化和对比。

(3)小组合作创编小片段,可以是纯节奏律动,也可以是边演唱边律动。

2. "创意视频拼脑力"。

在一段充满风趣幽默的题目问答视频中,请同学们分析并总结:作品欣赏的首位要求——良好欣赏习惯的养成,论专注与思考的重要性。

三、活动评价

表4

评估项目	评估维度	评估办法(观察)	评估等级(参考)		
			A	B	C
文化理解	双簧管的介绍	介绍、问答	完全了解	基本了解	不太了解
音色辨别	能准确听辨生活中常见物品的音色	聆听、比较、问答	全部能听辨正确	基本听辨正确	不正确
艺术表现	能够灵活进行节奏律动并尝试创编	聆听、展示、互动	完全掌握	基本掌握	不能掌握

四、设计理念

旋律与音色、节奏、节拍等各要素的有机融合,是无限创造的原动力,在欣赏聆听这一充满创意的视频后,同学们兴趣大增,摩拳擦掌。教师应引导学生分析各个音乐要素,认识其特性,继而引入节奏律动模打和创编环节,使学生获得直接经验。本活动主题一运用SECG教学模式之"激趣"环节——"趣玩人声""趣辨音色"导入新课,目的是引导学生在充满创意性、趣味性的氛围中学习分辨人声、乐器、物品的不同音色,并可灵活运用在音乐中,为进一步聆听作品和学习音乐要素打好基础。

活动主题二：探趣《仔细品，分段探乐有妙招》

一、活动目标

1. 通过创意视频，学生可以学习各个音乐要素，能够深入理解并准确表述。
2. 能听辨出《一杯美酒》切分节奏出现的地方，并准确模打。
3. 在完整欣赏作品时，能结合音乐的进行，感知音乐表达的意境。
4. 通过逐段赏析引导学生探究旋律走向、音阶变化，能够模唱、视唱主题旋律，理解维吾尔族音乐融合性特点。

二、活动步骤

1. 音乐要素讲解：运用创意视频，立疑激趣，训练学生的创意思维、发散性思维，变传统照本宣科为逆向思维，同时引导学生在"玩中学"。

（1）请同学们齐读旋律定义。

（2）请同学们以学习共同体的形式继续解读，感知生活中的旋律，写出音高并尝试创编。

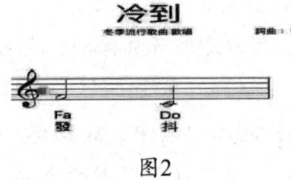

图2

2. 欣赏《一杯美酒》歌伴舞版本：播放音乐教师本人的唱跳视频，激发学生共鸣与学习兴趣。

（1）以教师本人的演绎，让同学们直接感受到作品的氛围与意境。

（2）学生在欣赏前还要带着问题进行思考，分析作品的音乐要素，即节奏、速度、调式、情绪、拍子、力度。

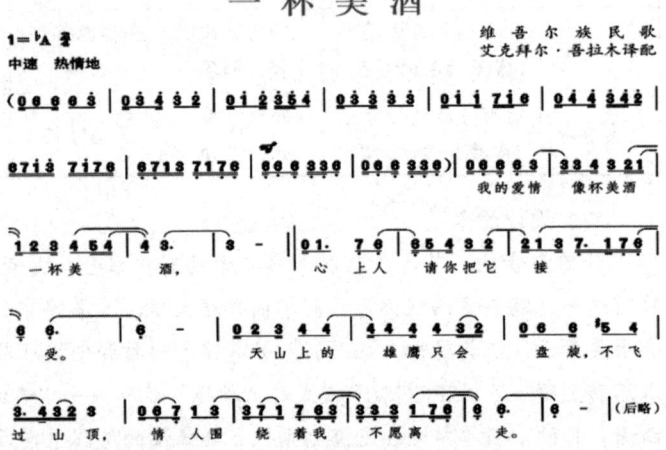

图3

3. 完整听赏吴碧霞老师演唱的《一杯美酒》，模唱、视唱主题旋律，感受维吾尔族音乐特色——增二度音程。

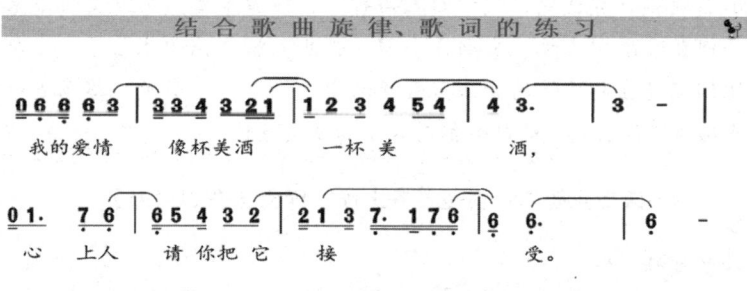

对于《一杯美酒》而言，切分、弱起、附点节奏是歌曲的一大特点，且歌曲的节奏律动富有舞蹈性，强烈地带动着人们的情绪。

图4

4. 作品体裁判断。

维吾尔族的传统民歌从题材上可分为：
A：劳动歌曲
B：爱情歌曲
C：历史歌曲
D：生活习俗歌曲
请判断《一杯美酒》题材为以上哪种？

图5

三、活动评价

表5

评估项目	评估维度	评估办法（观察）	评估等级（参考）		
			A	B	C
听辨	节奏对比	能听辨出乐曲中的强弱变化，并感受到切分节奏带来的情绪变化	能听辨和感受	基本能听辨	完全不能听辨
听辨	调式变化	能听辨出乐曲中的音阶变化，并感受到增二度带来的音乐风格	能听辨和感受	基本能听辨	完全不能听辨
听辨	音色对比	能听辨出乐曲中织体乐器与新疆维吾尔族乐器热瓦普的音色	能准确听辨	基本能听辨	完全不能听辨

四、设计理念

高一年级学生已经具备主动欣赏歌曲的习惯，但是没有专业作品欣赏的积累，以及没有对专业音乐要素进行分析与表达的方法，可以说，他们对于专业的"如何听""如何赏"还是一片空白。因此在高中音乐鉴赏的初开课阶段，本活动主题二运用SECG教学模式之"探趣"环节——通过对小段落乐曲的多次聆听，引导学生探索民族乐器旋律、音色变化赋予的风格特性；探索节奏、力度变化带来的情境变化；探索如何在音乐中去玩、去动、去演、去想，激发高中生分享、参与、互动、实践，使他们沉浸在趣味性的音乐探索活动中，增强内心听觉，提高直观感受，建立对音乐作品的经验链接，唤起他们对音乐的真实表达。

活动主题三：创趣《齐上阵，师生合作创精彩》

一、活动目标

1. 在肢体表演以及情景表演的基础上，引导学生进一步感受作品中蕴含的情绪、情感，并逐步加深学生对音乐的理解，形成完整的印象。

2. 通过活动化、游戏化的学习设计，激发学生对乐曲欣赏的喜爱，让学生"想"表达、"敢"表达、"乐"表达，提高表现力，建立自信心。

二、活动步骤

1. 小组合作进行律动游戏和节奏创编。

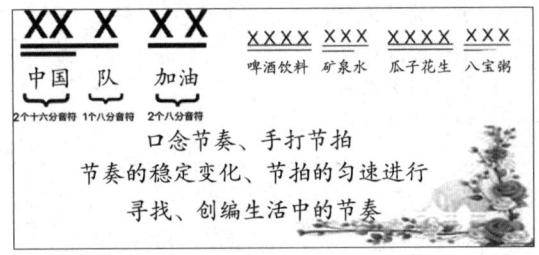

图6

2. 欣赏音乐教师本人在新疆餐厅即兴舞蹈的视频，跟随教师一起学习新疆维吾尔族舞蹈的代表动作，深入感受少数民族的风情与特点。

图7

三、活动评价

表6

评估项目	评估维度	评估办法（观察）	评估等级（参考）		
			A	B	C
编创	创造力	在设计节奏律动的过程中，充分发挥想象力	新颖	正常	一般
表演	表现力	能投入情景表演中	丰富	正常	一般

四、设计理念

为了进一步感知音乐的艺术形象，本活动主题三运用SECG教学模式之"创趣"环节——鼓励学生运用音乐独特的艺术语言进行创造性的实践活动，例如节奏律动、舞蹈表演唱等。在此环节，教师应做到鼓励先行、创意获赞，学生应做到想象无限、实践为主，通过师生不断的思维碰撞，点燃火花，培养学生创意实践的能力，提高艺术表现力。

活动主题四：得趣《内化于心，学以致用促成长》

一、活动目标

1. 了解音乐要素和作品创作背景。
2. 通过师生对话、互动，总结在课程中的收获，引导学生了解运用音乐要素分析作品、运用专业音乐语言表达作品的方法。

二、活动步骤

（一）了解作品背景

《一杯美酒》赏析

这是一首典型的新疆维吾尔族民歌，其中切分节奏、弱起、符点的运用作为突出音节重音的方式。对《一杯美酒》而言，切分、弱起、附点节奏是歌曲的一大特点，且歌曲的节奏律动富有舞蹈性，强烈地带动着人们的情绪。

维吾尔族是一个热情奔放、能歌善舞的少数民族，这个民族的大部分歌曲都以"爱情"为主题，《一杯美酒》也是如此。歌词中"我的爱情像杯美酒"，正如他们心目中想象的爱情如一杯美酒般香醇甜美；而"心上人请你把它接受"则表达出维吾尔族人民开朗大方的性格。

这首歌曲节奏鲜明，旋律优美，具有典型的维吾尔族音乐风格特点。奔放的情绪、浓郁的感情，表达了人们对美好生活的追求与向往。

图8

（二）分享感受，学以致用

师生讨论：本节课欣赏《一杯美酒》的时候，大家运用了哪些方法呢？（聆听、对比、模唱、想象、律动、创编、表演等）

在对比欣赏大家所喜爱的流行歌曲时，也可将音乐要素的分析运用其中。

养成良好的欣赏习惯，安静仔细聆听，专注积极思考，充分发挥想象，分享表达。

三、活动评价

表7

评价项目	评价维度	评价办法（观察）	评价等级（参考）		
			A	B	C
了解作品的创作背景	形成风格、特点的原因	聆听、互动	积极参与	基本参与	不参与
乐曲赏析方法	音乐要素的理解与运用	互动、问答	积极参与	基本参与	不参与

四、设计理念

一节有意义的课，即教师知道自己教授了什么，学生知道自己学习了什么。本活动主题四运用SECG教学模式之"得趣"环节——通过了解作品的创作背景和维吾尔族的音乐融合性风格，让学生了解世界多元文化音乐知识，即"得知识"；在师生讨论如何欣赏音乐作品的环节，带领学生归纳总结赏析方法，即"得方法"；在讨论如何用所学方法去欣赏其他作品，进行能力迁移，即"得致用"。整个互动交流的过程中，师生收获满满，回味无穷。

第二课时 《轻骑兵序曲》

【教材分析】

《轻骑兵序曲》是奥地利作曲家苏佩于1866年所作的歌剧序曲。主题A是嘹亮的号角音调，主题B旋律轻快跳跃，主题C的旋律为人们所熟知，具有欧洲古典舞曲风格，并暗合了马蹄声的节奏型。轻歌剧《轻骑兵》于1866年3月21日首演。时至今日，虽然歌剧本身已极少演出了，但本曲和《诗人与农夫序曲》却成为作者流传广泛的代表性作品。《轻骑兵》的序曲更是轻歌剧序曲中最为人们喜爱的作品之一，并被改编为管乐合奏曲。

【学情分析】

高一年级学生绝大多数会主动欣赏流行歌曲，而主动欣赏交响乐体裁的却少之又少，且没有得到较为全面和专业的欣赏方法指引。因此，教师需要充分调动其鉴赏兴趣并运用音乐要素进行细化分析，让学生感知作品。

【教学目标】

1. 复习管弦乐队的编制，区分同一乐器组的不同音色。

2. 准确感知模打固定节奏型、探究主题与加洛普舞曲风格的关系。

3. 通过对比聆听、模唱和声小调音阶与吉卜赛音阶，判断不同，进一步了解吉卜赛音乐的风格。

【教学重、难点】

重点：节奏、旋律、调式各要素在作品中的具体解读。

难点：准确模打附点节奏型、三连音节奏型、模唱增二度音程。

【教学准备】

多媒体教学平台、钢琴。

【教学过程】

活动主题一：激趣《交响乐团 趣奏编排》

一、活动目标

1. 欣赏深圳市实验学校行进管乐团的表演，对比、复习交响乐团配置的相关知识。

2. 复习进行曲体裁的风格特征。

二、活动步骤

（一）欣赏视频，聆听律动，判断配置

1. 欣赏作品的同时，对比管乐团与交响乐团的配置区别。

师生交流：交响乐团在管乐团的（木管乐器组、铜管乐器组、打击乐器组）基础上加入了弦乐组。

音色、声部、织体均有扩充变化。

（二）聆听作品，跟随律动

聆听中思考：判断作品中使用乐器的音色，以及所隶属的乐器组。

手打节拍，口念节奏。

师生交流：木管乐器组与铜管乐器组，作品为二拍子，铿锵有力。

三、活动评价

表8

评价项目	评价维度	评价办法（观察）	评价等级（参考）		
			A	B	C
交响乐团配置的相关知识	管乐团与交响乐团的区别	学习共同体回答问题的情况进行判断	完全正确	基本正确	不正确
体裁判断	进行曲体裁的风格特征	学生回答	完全正确	基本判断	无法判断

四、设计理念

本活动主题一运用SECG教学模式之"激趣"环节——借由对比管乐团与交响乐团的区别，复习巩固了交响乐团配置的相关知识，复习音色、声部等音乐要素。

活动主题二：探趣《探究风格，主题对比》

一、活动目标

1. 划分乐段，并按照主题欣赏作品。
2. 吉卜赛音乐风格的感知与了解。

二、活动步骤

（一）音频版本，分段欣赏

1.《轻骑兵序曲》为复三部曲式，第一部分有三个主题。聆听A段，判断作品的速度、节拍、力度、调式、旋律走向、情绪、风格。

2. 分析B段谱例，判断乐曲调式，重点感受装饰音、三连音的作用。

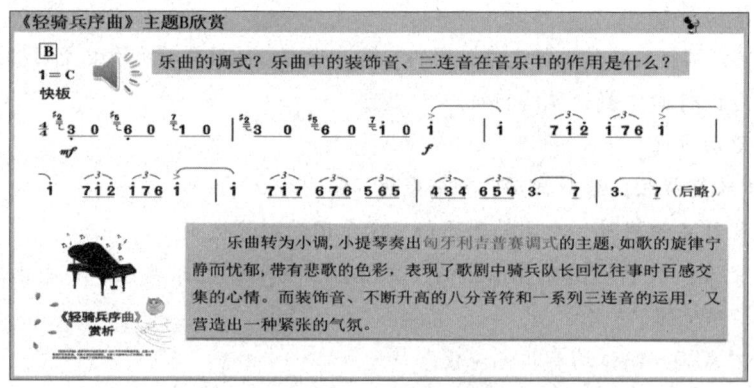

图9

3. 欣赏主题C，判断乐器音色，描述音乐形象。

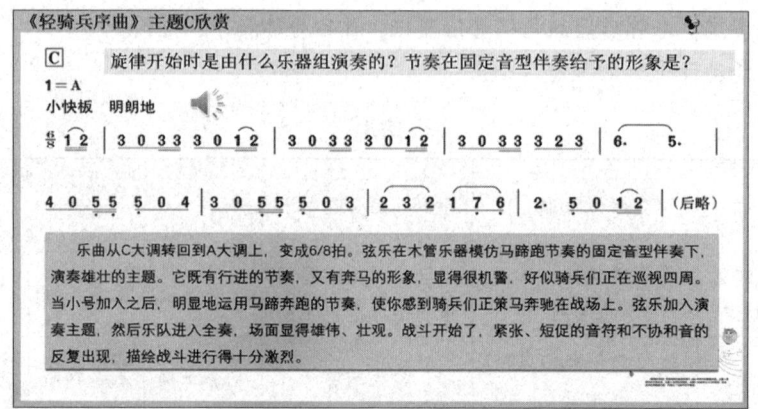

图10

（二）视频版本，完整欣赏，感知形象，音画同步

欣赏2020维也纳新年音乐会演奏版本，整体关注配器、旋律发展手法、调性转换、速度力度的对比。

三、活动评价

表9

评价项目	评价维度	评价办法（观察）	评价等级（参考）		
			A	B	C
体裁判断	进行曲	学生回答	准确描述	大致描述	无法描述
音乐要素	音色、织体、配器、调性、曲式结构	从学生的回答情况进行判断	完全正确	基本正确	不正确

四、设计理念

本活动主题二运用SECG教学模式之"探趣"环节——运用聆听、欣赏、对比的方式，让学生感知、分析作品三个主题的音乐形象，在音阶、音程、节奏等各个要素中细化感知作品。

活动主题三：创趣《合作表现自体二声》

一、活动目标

1. 探寻主题C是如何表现出轻骑兵的精神面貌和马蹄声响的。
2. 通过聆听、模唱和声小调音阶与吉卜赛音阶，判断二者的不同。

二、活动步骤

1. 从主题C中的固定节奏型学习入手，通过听记、视唱、聆听熟记主题。
2. 可采用轮唱等形式，以学习共同体为单位进行演绎。
3. 模仿进行曲行进特点的律动动作，体验感知轻骑兵的精神风貌。

三、活动评价

表10

评价项目	评价维度	评价办法（观察）	评价等级（参考）		
			A	B	C
模唱旋律、模打节奏	对三连音、附点节奏的掌握，对增二度音程的准确演唱	根据模唱旋律、模打节奏和回答问题的情况进行判断	准确完成	基本准确	不够准确

四、设计理念

本活动主题三运用SECG教学模式之"创趣"环节——通过聆听、对比、模唱、

模打等学习方式，感知作品的音乐形象以及吉卜赛音乐的风格。

活动主题四：得趣《拓展欣赏，辨别对比》

一、活动目标

运用要素，对比拓展，加强印象。

二、活动步骤

拓展：作品片段赏析
聆听两个音乐片段完成下表

片段、音乐要素	片段1	片段2
节奏	紧凑	宽松
速度	（欢）快	（缓）慢
旋律	旋律上扬	旋律下沉
情绪	活泼	悲伤
体裁	琵琶协奏曲	交响曲
形象	刻画了天真、乐观富有朝气的少年形象以及勤劳放牧的生活情景	下行的悲戚旋律、极不稳定的和声、弦乐深情的音色，使这个主题的音乐情绪悲壮而富于激情
曲名	《草原小姐妹》	《悲怆交响曲》

图11

聆听两首作品《草原小姐妹》《悲怆将想去》片段，对比各个音乐要素。

三、活动评价

表11

评价项目	评价维度	评价办法	评价等级（参考）		
			A	B	C
音乐要素	节奏、速度、旋律、情绪、体裁、形象	分别请同学回答	完全正确	基本正确	不正确

四、设计理念

本活动主题四运用SECG教学模式之"得趣"环节——通过对比不同作品的音乐片段，检测全面掌握和灵活运用音乐要素的情况，对接新课标及高中音乐学业水平考试音响听辨题目要求。

九、教学反思

本单元是一节高中一年级的鉴赏课，也是整个高中学段的第一节鉴赏课，教学内容为音乐要素的学习和对维吾尔族歌曲《一杯美酒》的赏析。为了让学生养成良好聆听的习惯、掌握初步赏析作品的方法，教学设计主要采用了以下几点方法：

（一）从学情出发，多重思维聚焦

对于高中一年级学生来说，绝大部分都有欣赏流行歌曲的习惯，但是普遍存在不喜爱音乐课本专业作品的情况；具备了初级的欣赏作品能力，但不能够完全使用专业音乐术语进行表达，并且对于音乐要素的专业定义认知较模糊；还不愿意积极主动参与课堂实践活动。基于此，本课在设计时充分运用SECG"激趣、探趣、创趣、得趣"的教学模式，高度关注导入环节的立疑激趣，严格落实核心素养的各项要求，坚持新课标的教学理念，进行创意思维、发散性思维和逆向思维的训练。

（二）教法灵活，学法拓展

在创意、灵活的多种教学方法融合的过程中，将音乐本体放在首位，引导学生在聆听、表演等基础上进行音乐体验，参与音乐活动，快速建立音乐鉴赏的意识，收获音乐鉴赏的能力。

（三）专业引领，激发热情

在教学的过程中，密切关注全体学生，尊重学生的个性发展，不断鼓励学生参与各类律动、创编活动，使学生增强对于课本专业作品的喜爱，并能够运用音乐要素去赏析作品。

十、设计亮点

（一）创意无限，素材丰富

在本单元课程设计的"激趣"和"探趣"环节中，通过聆听、模唱、模打、对比、合作、互动、实践等方法，引导学生学习各个音乐要素，并能在鉴赏作品中灵活运用。

（二）来源生活，创作表演乐无穷

本单元教学由整体到局部再到整体，让学生在欣赏作品的过程中，充分感受到音乐的无处不在，内化于心，加强直接经验，设计了多个节奏创编和旋律音高创编的环节，效果极好，达到事半多倍的效果。

高一年级下篇第十二单元《复调音乐的巡礼》教学设计

深圳市龙华高级中学教育集团高中部 黄柠柠

一、内容概述

内容简介：1600年至1750年这一个半世纪左右的时间，称作音乐发展史上的"巴洛克时期"。巴洛克时期是一个科学和文化快速发展的时期。德国著名作曲家约翰·塞巴斯蒂安·巴赫是巴洛克音乐代表人物之一。学生通过聆听伟大作曲家的作品，感受这个时期音乐作品的独特魅力，了解作为主导地位的复调音乐的意义与价值。

作品联系：在这一单元中，我们欣赏到的作品是巴赫六首《勃兰登堡协奏曲》中的第二首，在欣赏的过程中感受他华丽又质朴、灵活又简洁的音乐风格。

教学价值：通过SECG教学模式在本单元的建构，运用"赏中趣""唱中趣""创中趣""画中趣"的四步方式，通过对这一单元的学习，初步了解巴赫对世界音乐的贡献和巴洛克宗教时期复调音乐的艺术风格特征。

二、学习目标

审美感知：通过了解巴赫与学习他的《勃兰登堡协奏曲》，学生可以初步了解巴赫对世界音乐的贡献和巴洛克宗教时期复调音乐的艺术风格特征。

艺术表现：通过体验、对比、创编等活动，学生可以了解复调音乐与主调音乐的区别，并学会辨别。

创意实践：通过实践模仿填充复调旋律，学生可以感受复调精美的结构美，深刻理解复调的创作手法。

文化理解：通过学习巴赫的音乐作品，学生可以了解西方巴洛克时期伟大灿烂的音乐文化，理解和尊重不同文化的多样性，拓宽文化视野。

三、教学安排

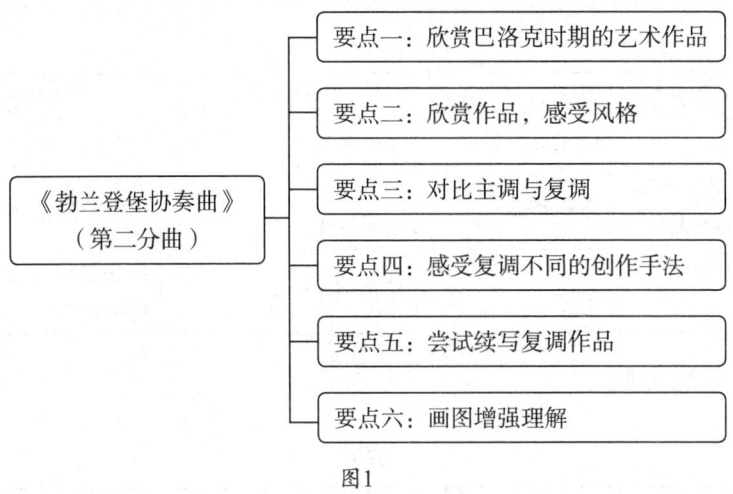

图1

四、学习评价

表1

评价内容	评价目标	评价方式	评价结果运用
乐器听辨	能通过聆听音乐片段说出乐器的名称	教师评价或生生互评	了解学情,改善方法
音乐要素感知	观察谱例与听辨音乐,辨别主、复调音乐	教师评价或生生互评	为下一环节做准备
创作手法辨别	分辨两种不同的复调创作手法	教师评价	更好地理解复调
旋律模仿创作	能根据已给出的旋律,模仿创作新的复调旋律	组内互评或教师评价	完成复调音乐的创作

五、教学建议

重、难点解决:

(1)了解巴赫对世界音乐的贡献和巴洛克宗教时期复调音乐的艺术风格特征。

(2)通过体验、对比、创编等活动,了解复调音乐与主调音乐的区别,并学会辨别。

六、活动设计

表2

课时	作品名称	教学设计侧重点	关注要点	活动设计
第一课时	《勃兰登堡协奏曲》（第二分曲）	聆听分辨乐器	乐器音色	听音乐，辨音色
		赏析作品	分析要素变化，感知音乐形象	完整欣赏，分段赏析
		创作	模仿创作旋律	能根据已给出的旋律，模仿创作新的复调旋律

七、前后关联

表3

之前	之后
第七单元《小步舞曲》	第十三单元《费加罗的婚礼》《第九"合唱"交响曲》

八、教学实施过程

第一课时 《勃兰登堡协奏曲》（第二分曲）

【教材分析】

《勃兰登堡协奏曲》是德国作曲家巴赫（1685~1750）众多管弦乐作品中最为著名的一组乐曲，该组曲展现了绚丽多彩而又富于独创性的对比，华丽而高超的复调手法，活跃而宏伟的旋律。可以说，巴赫用这首作品把大协奏曲这种当时已经趋于过时的体裁推向了最后的巅峰。全曲共六首，教材选取了其中第二首作品进行赏析。通过学习这首作品，学生可以了解巴赫对世界音乐的贡献和巴洛克宗教时期复调音乐的艺术风格特征。

【学情分析】

在初中阶段，学生接触过巴赫及其作品，对这位作曲家有一定的了解与认识。但是高中阶段更加注重对作品的内部分析，对于学生的鉴赏与理解能力有了更高阶的要求。通过聆听欣赏作品，学生可以了解巴洛克时期音乐风格的特征，理解复调这种风格在巴洛克时期的重要地位，并能辨别复调的两种创作手法，最后在理解的基础上，能创造性地模仿写旋律。

【教学目标】

1. 通过了解巴赫与学习他的《勃兰登堡协奏曲》，学生可以初步了解巴赫对世界音乐的贡献和巴洛克宗教时期复调音乐的艺术风格特征。

2. 通过体验、对比、创编等活动，学生可以了解复调音乐与主调音乐的区别，并学会辨别。

3. 通过学习巴赫音乐作品，学生可以了解西方巴洛克时期伟大灿烂的音乐文化，理解和尊重不同文化的多样性，拓宽文化视野。

【教学重、难点】

重点：了解巴赫对世界音乐的贡献和巴洛克宗教时期复调音乐的艺术风格特征。

难点：通过体验、对比、创编等活动，学生可以了解复调音乐与主调音乐的区别，并学会辨别。

【教学准备】

多媒体设备、音响、课件。

【教学过程】

活动主题一：激趣《欣赏图片，激发兴趣》

一、活动目标

1. 通过欣赏巴洛克时期的建筑、服饰、绘画等等图片，学生可以了解巴洛克这种独特的艺术风格。

2. 理解巴洛克时期的怪诞、夸张、华丽的风格对于其音乐风格的影响。

二、活动步骤

（一）图片欣赏

教师展示巴洛克时期的艺术作品，如建筑、绘画、雕塑、服饰等。

师：请问同学们，这是西方哪个时期的艺术作品呢？

交流："巴洛克"指17世纪风行于欧洲的一种艺术风格，巴洛克的本意指不规则的珍珠，有"俗丽凌乱"之意，巴洛克艺术涵盖整个艺术领域，包括音乐、建筑、装饰艺术等，其内涵也极为复杂，但最基本的特点是打破文艺复兴时期的严肃、含蓄和均衡，崇尚豪华和气派，注重强烈情感的表现，气氛热烈紧张，具有刺人耳目、动人心魄的艺术效果。

（二）初步了解主调与复调

教师弹奏《小步舞曲》的两种版本（主调与复调），让学生说出区别。

交流：左手的旋律不同，一种是弹奏和弦，另一种是弹奏不同旋律。

最后由教师总结主调与复调的区别。

主调音乐：整部作品的进行以其中某一个声部（多数情况下是高音部）的旋律为主，其他的声部以和声或节奏等手法进行陪衬和伴奏。

复调音乐：指的是将几条旋律线，按照一定的规则加以结合的一种"多声部音乐"，这几条旋律线都具有独立意义，注重各自的横向发展。

（三）巴洛克时期的音乐风格以及代表人物

巴洛克时期是复调音乐发展的鼎盛时期，代表人物有约翰·塞巴斯蒂安·巴赫。

约翰·塞巴斯蒂安·巴赫（1685—1750），出生于德国图林根州的埃森纳赫，巴洛克时期德国作曲家、键盘演奏家。巴赫的音乐作品体裁丰富，其声乐作品以宗教音乐为主，器乐作品则涵盖独奏曲、协奏曲、管弦乐合奏曲、重奏曲在内的各类体裁。因巴赫的作品对欧洲近代音乐的发展产生了积极影响，故被称为"西方音乐之父"。

三、活动评价

表4

评估项目	评估维度	评估办法（观察）	评估等级（参考）		
			A	B	C
要素听辨	区别主调与复调	能听出《小步舞曲》左手声部横向与纵向的区别	全部学生都能区别	部分学生能区别	少部分学生能区别

四、设计理念

本主题活动运用SECG教学模式之"激趣"环节，从欣赏巴洛克时期各种的艺术作品入手，激发学生的好奇心，增强学生对于巴洛克这种绮丽、夸张，有着强烈艺术表现力的艺术风格的了解，并通过巴赫的《小步舞曲》初步了解主调音乐与复调音乐的区别。

活动主题二：探趣《小组合作，感受特征》

一、活动目标

通过两组合作感受复调音乐的特征，进一步加深理解。

二、活动步骤

（一）感受对比式复调特征

教师展示《小步曲舞》乐谱，分别弹奏左右手声部，让学生感受对比式复调的特征。

图2

（二）小组合作，拍打并哼唱旋律

教师将学生分为两部分，一部分唱右手旋律，另一部分唱左手旋律，并将所唱

旋律的节奏拍打出来。

三、活动评价

表5

评估项目	评估维度	评估办法（观察）	评估等级（参考）		
			A	B	C
音准与节奏	唱旋律，拍击节奏	能协调地一边唱准音，一边准确拍击节奏	非常协调	基本协调	不协调

四、设计理念

本主题活动运用SECG教学模式之"探趣"环节，通过唱旋律和打节奏的方式，使学生更为深刻地理解对比式复调的特征，通过合作游戏的方式，增强学生的学习兴趣，为下一个环节"模仿式复调"做好准备。

活动主题三：创趣《聆听音乐，理解复调》

一、活动目标

欣赏《勃兰登堡协奏曲》片段，学习模仿式复调的概念。

理解模仿式复调的含义，并能灵活运用。

二、活动步骤

1. 欣赏《勃兰登堡协奏曲》第二分曲的第二乐章，感受模仿式复调的创作手法。

图3

模仿式复调的概念：复调音乐中的模仿是同一旋律在不同声部中先后出现（完全相同或加以变化）构成的，这一定义包含三个要素，即同一材料、不同声部、先后出现。

2. 根据已知旋律续写模仿式复调。

图4

3. 小组合作，演唱作品。

完成续写旋律后，教师将学生分为两个组，将两个声部模唱出来，感受模仿式复调的美妙。

图5

三、活动评价

表6

评估项目	评估维度	评估办法（观察）	评估等级（参考）		
			A	B	C
编创	续写模仿式旋律	能根据已给出的旋律声部，续写其他声部	正确续写	部分正确	少部分正确
歌唱	二声部演唱	小组合作演唱二声部作品	演唱非常准确	演唱基本准确	演唱部分准确

四、设计理念

本主题活动运用SECG教学模式之"创趣"环节，学生通过这一环节，感受巴赫作品独特的魅力，并能区别复调的两种形式，在此基础上能理解并运用，通过续写模仿式复调，加深对巴洛克音乐风格的理解。

活动主题四：得趣《线条图谱，帮助理解》

一、活动目标

能通过聆听不同乐曲，分辨主调音乐与复调音乐。

二、活动步骤

（一）总结规律，画出图像

学习完复调音乐后，总结与主调音乐的不同，并尝试用线条画出对比图。

主调音乐
— — — 1.只有一条具有独立意义的旋律线
········· 2.其他声部注重纵向结合，陪衬主旋律

复调音乐
— — — 1.多条旋律线
········· 2.每条旋律线都具有独立意义
—·—·— 3.注重各自横向发展
—··—··— 4.按照一定规则结合

图6

（二）听音乐，辨别类型

教师播放几首音乐片段，聆听并完成下表。

表7

曲名	主调音乐	复调音乐
牧童短笛		√
土耳其进行曲	√	
卡农		√
献给爱丽丝	√	

三、活动评价

表8

评估项目	评估维度	评估办法（观察）	评估等级（参考）		
			A	B	C
听力	分辨主调音乐与复调音乐	根据播放的音乐片段选择不同的类型	全部正确	大部分正确	少部分正确

四、设计理念

本节活动运用SECG教学模式之"得趣"环节，通过聆听音乐辨别主调音乐与复调音乐，检测学生对于主调音乐与复调音乐的理解程度。

九、教学反思

本单元从聆听鉴赏巴赫《勃兰登堡协奏曲》入手，带领学生领略17世纪西方巴洛克时期优秀的音乐作品，在单元设计的过程中，主要侧重以下几点：

（一）多维度入手，激发学习兴趣

在以往的学习中，学生接触的巴洛克时期的作品并不多，那么如何激发学生的学习热情是教师需要重点注意的。艺术是相通的，教师通过引导学生欣赏巴洛克时期的绘画、建筑、服饰等多维度的艺术作品入手，使学生找到学习的兴趣，为之后的学习建立良好的开端。

（二）建立形象思维，感受音乐风格

在这一单元中，主要让学生理解复调音乐这种体裁，并与主调音乐进行对比理解，教师应引导学生进行形象思维的训练，由于音乐是感性的听觉艺术，引导学生思考如何将音乐转化为可视的图形线条会便于学生更好地理解。

（三）了解灿烂文化，扩宽国际视野

巴赫是西方巴洛克时期伟大的作曲家，是人类音乐史上一颗璀璨的明珠。通过

学习巴赫的音乐作品，学生可以了解西方巴洛克时期伟大灿烂的音乐文化，理解和尊重不同文化的多样性，拓宽文化视野。

十、设计亮点

（一）学以致用，大胆进行探索

在理解复调音乐概念后，教师应引导学生进行简单的音乐创编，开发学生的创造力，学以致用，如续写简单的模仿式复调旋律，并通过小组合作唱出来，增强学生的学习兴趣，使学生在创意实践的活动中找到创造音乐的乐趣，增强自我表现力与自信。

（二）形象思维，线条帮助理解

音乐是感性的听觉艺术，不同的学生在听觉理解上会有差异性。教师通过引导学生将音乐听觉的内容转化为可视的图形线条，更易于学生理解。这样，学生在聆听作品时会更加有侧重性与导向性。因此，教师的教学方法不应是单一的，要根据不同学生的层次水平设计不同的教学方法。